Zu diesem Buch

Das Projekt geht zurück auf eine Initiative des British Film Institute: Regisseure wie Martin Scorsese, Stephen Frears, Jean-Luc Godard, Nagisa Oshima, Bernardo Bertolucci und Krzysztof Kieslowski haben in einem persönlich gehaltenen Filmessay die Filmgeschichte ihres Landes dargestellt. (Finanziert haben sich die Beiträge gegenseitig: Jeder Filmemacher brachte seine eigene Produktion in den Pool und erhielt die Ausstrahlungsrechte an den anderen Produktionen für sein Land.) Deutschland wird in diesem Projekt vertreten von Edgar Reitz.

Am Ende des ersten Jahrhunderts des Kinos, auf der Schwelle zum digitalen Medienzeitalter, hat Edgar Reitz Gespräche mit 25 prominenten Kollegen geführt: Wim Wenders, Volker Schlöndorff, Werner Herzog, Margarethe von Trotta und Alexander Kluge, um einige Vertreter des Autorenfilms zu nennen. Hanna Schygulla erzählt von den aufregenden Zeiten mit Fassbinder, Rosa von Praunheim spricht über Stars und Hans Jürgen Syberberg über deutsche Genies. Frank Beyer und Wolfgang Kohlhaase blicken zurück auf die DEFA-Produktion. Die verdrängte Zeit des UFA-Kinos und der Nazi-Film werden ebenso behandelt wie die vielgeschmähten Heimatfilme der fünfziger Jahre: eine Reise durch die Zeit, die am Ende in der Gegenwart angekommen ist und einen Blick in die Zukunft wagt.

Der Autor

Edgar Reitz wurde am 1. 11. 1932 in Morbach, Hunsrück, geboren. Ab 1952 Studium der Theaterwissenschaft und Kunstgeschichte in München. Erste Filmarbeiten 1958. Mitunterzeichner des Oberhausener Manifests 1962. Erster Spielfilm 1966. Mit Alexander Kluge Gründung des Instituts für Filmgestaltung, Ulm. Seit 1971 eigene Produktionsfirma. 1981–1984 entsteht die elfteilige Filmserie «Heimat», 1985–1992 in dreizehn Filmen «Die Zweite Heimat». Seit 1995 Leiter des Europäischen Filminstitutes, Karlsruhe.

Edgar Reitz

Bilder in Bewegung

Essays

Gespräche zum Kino

rororo

Rowohlt

Originalausgabe
Veröffentlicht im Rowohlt Taschenbuch Verlag GmbH,
Reinbek bei Hamburg, November 1995

Umschlaggestaltung Susanne Müller
Satz Sabon (Linotronic 500)
Gesamtherstellung Clausen & Bosse, Leck
Printed in Germany
1690-ISBN 3 499 19997 1

Inhalt

Vorbemerkung

Dieses Buch ist eine Momentaufnahme. Es beschreibt, wie deutsche Regisseure sich mit Geschichte und Zukunftsperspektiven des Films auseinandersetzen. Dies geschieht in Dialogen, Befragungen und Essays, in dem Jahr, in dem das Kino seinen hundertsten Geburtstag begeht. Der Autor und seine Gesprächspartner versuchen zunächst einmal, ihre eigenen Lebenswege im Zusammenhang mit der Geschichte des Mediums zu reflektieren. Unversehens geraten sie aber ins Nachdenken über die gewaltigen Veränderungen, denen ihr Ausdrucksmittel, der Film, jetzt schon gegenübersteht. Jeder von den Regisseuren, Produzenten und Schauspielern, die sich hier äußern, ist in seine subjektive Wahrnehmung und die Konsequenzen seiner Biographie verstrickt. Keiner kann die neue Situation allein überblicken und seinen Aufenthaltsort darin beschreiben. Alle zusammen geben sie aber ein weites Panorama von Ansichten und Haltungen wieder, das fast einer Gesamtansicht der deutschen Film-Wirklichkeit gleichkommt. Nicht nur die Bilder und ihre technischen Voraussetzungen sind in Bewegung geraten, sondern mit ihnen die kulturphilosophischen Grundlagen der Gesellschaft, die sich gern schon «Informationsgesellschaft» nennt. Niemand kann voraussagen, ob diese Gesellschaft, die ein bisher nie gekanntes Maß an Kommunikation anzubieten hat, auch eine demokratischere sein wird, ob der Weg vom humanistischen, linear-reduktionistischen Menschenbild, das uns noch als abgetrennten Teil begreift, zum Kommunikationszeitalter mit einer neuen Einbindung des Menschen in die Wissenssysteme von Natur und Kosmos gelingen wird. Allzu nahe liegt uns das Bild vom Ameisenstaat, wenn wir über das Individuum als «Fraktat» sprechen und uns anhören, wie die Medienphilosophen uns die «Synchronizität von Vielfalt und Einheit» verkünden, in der alle Teilnehmer an der Multimedia-Welt sich angeblich gleichwertig, so wie die einzelnen Zellen des Körpers, auf bestimmte Funktionen spezialisieren und erst in ihrem Zusammenwirken als Gestalt «funktionieren».

Das Erzählen in Bildern war immer schon etwas anderes als der Umgang mit dem geschriebenen Wort. Immer schon haben wir, wenn wir Filme machen, unseren Reichtum aus dem unterbewußten Bildermeer geschöpft, das uns unendlich und unergründlich erschien. Das einseitig-diskursive Denken der Bildungsbürger und ihrer Schullehrer war uns immer suspekt, selbst dann, wenn sie uns die feinsten humanistischen Ideale als unveräußerbares Bildungsgut gepriesen haben. Wir Filmleute tragen auch aus der hundertjährigen Geschichte unseres noch vom mechanischen Weltbild geprägten Metiers eine Skepsis gegenüber der bürgerlich-humanistischen Kultur in uns. Wir sind deshalb auf deren Untergang eher gerüstet als die Vertreter des klassischen Kulturbetriebes, der Opernhäuser, der Theater oder des Literatur- und Musikbetriebes. Sie alle werden sich mit den Veränderungen der Multimedia-Gesellschaft noch schwerer tun als wir Filmleute, denen immer noch etwas von dem unseriösen Jahrmarkt anhängt, von dem wir abstammen. Man nimmt die rasanten Entwicklungen, denen die Bilder zur Zeit durch Digitalisierung und Datenhighways ausgesetzt sind, viel zu ernst. Im Zusammenspiel von technischem Fortschritt und Marktinteressen der Industrie wird verdeckt, daß die kulturhistorische Bedeutung dieser Entwicklungen sich in Grenzen halten wird. Es sind gerade die Bildungsbürger von gestern, die plötzlich von einer völlig neuen Weltsicht sprechen und den Untergang des Humanismus prophezeien. Es gibt ein wachsendes intellektuelles Mitläufertum, das sich den in allen Entwicklungen, von denen hier die Rede ist, verborgenen Marktinteressen in den Rachen wirft. Es ist oft beschämend, wie schnell sich Politiker, Kulturfunktionäre und Künstler den pseudointellektuellen Schnickschnack mit all den Computer-Anglizismen angeeignet haben, um modern zu erscheinen.

Dennoch strahlt von allen diesen Neuerungen eine enorme Irritationswelle in die Hirne der Filmemacher. Unübersehbar ist dabei, daß sich die ökonomischen Voraussetzungen für die Autoren wesentlich verändern. Die Diktatur der Einschaltquoten beseitigt nach und nach jedes andere Argument. Nichts geht mehr so wie noch vor einigen Jahren, wenn es sich darum handelt, freie Projekte zu realisieren. Auch wir

Regisseure beginnen unter dem Verfall der freien Individualität des Machens in den öffentlichen Sendeanstalten zu leiden. Die Zeiten sind für Individualisten härter geworden.

Diese Texte und Gesprächsprotokolle sind eine Momentaufnahme. Es ist möglich, daß die Regisseure, die hier befragt wurden, sich selbst und ihre Rolle jetzt schon wieder anders sehen als vor wenigen Monaten. Es kann sein, daß die Analysen und Gedanken, die hier vorgetragen werden, sich schon jetzt mit ganz neuen Entwicklungen in der Medientechnik auseinandersetzen müßten, denn die Technologien schreiten in rasendem Tempo voran. Immer noch ist Geschwindigkeit das Credo des Fortschritts, wie vor hundert Jahren, als der Film nur deshalb erfunden werden konnte, weil es gelungen war, die nötige Geschwindigkeit beim Ablauf zu realisieren. Es ist anzunehmen, daß sich in wenigen Jahren das Unbehagen gegenüber der Medientechnologie und ihren Systemen gelegt haben wird und daß die bewegten Bilder wieder selbstverständlich in unser Weltbild passen. Zur Zeit aber sind beide Betrachtungsrichtungen ungewiß: Der Blick in die Vergangenheit zeigt uns eine Welt, zu der wir nicht mehr gehören wollten, der Blick in die Zukunft zeigt uns aber eine Welt, von der noch keiner von den Filmemachern sagen kann, welchen Anteil er daran haben wird.

E. R., Herbst 1995

Film im Strom der Zeit

Gemeinsamkeiten

Wenn ich vom deutschen Film spreche, dann kommt mir das Bild einer zerstrittenen Familie in den Sinn, deren Mitglieder alles tun, um sich aus dem Wege zu gehen und Distanz zueinander zu gewinnen. Man hat sich schließlich nicht aussuchen können, als wessen Kind man geboren wird. Auf den Berliner Filmfestspielen, bei den Partys der Förderungsfunktionäre oder bei der Verleihung der Bundesfilmpreise kann man beobachten, wie die Film-Verwandtschaft sich untereinander meidet und dennoch alles tut, um dabeizusein! Das war schon in den glorreichen zwanziger Jahren so und in meinen Anfangsjahren, den sechziger Jahren, besonders. Das Oberhausener Manifest war eine Kriegserklärung an den deutschen Film, zu dem wir Jungen nicht gehören wollten. Auch heute gibt es solche Distanzierungen und grundsätzliche Schwierigkeiten, die Filmleute hierzulande untereinander haben. Was ich zu beschreiben versuche, hat nichts mit der Konkurrenz zu tun, die in einem Land herrscht, dessen Markt zu klein ist und dessen Fördertöpfe nicht ausreichen, um alle Filmemacher-Träume zu erfüllen. Es ist vielmehr in der Geschichte der Deutschen selbst begründet, daß sie, besonders im kulturellen Leben, einen gewissen Selbsthaß entwickeln.

Es gab gute Gründe, die provinzielle Kinounterhaltung der fünfziger Jahre ebenso wie die gegängelte DEFA-Produktion der DDR-Zeit abzulehnen. Der Neue Deutsche Film, der uns in den siebziger und achtziger Jahren wieder Anerkennung in der Welt einbrachte, stärkte einer ganzen Generation von Filmemachern das Selbstbewußtsein, hat es aber nicht fertiggebracht, unsere Identität als deutsche Filmschaffende wiederherzustellen. Zu tief sind die Brüche, die durch Naziregime, Teilung und deutschen Selbsthaß gerissen wurden. (Wenn es um Fußball geht, verhalten wir uns anders. Ich frage mich, warum uns gerade deutsche Kultur so leicht zum Greuel wird.)

Was wir Regisseure des Neuen Deutschen Films gelten ließen, das ist die Frühgeschichte bis 1933. Autoren wie Wegener, Lubitsch, Murnau oder Lang waren zwar nicht unsere Vorbilder, aber wir wußten, daß sie zu den besten ihrer Zeit gehörten und daß ihr Andenken international mehr noch gewahrt wird als in Deutschland. Drei Jahrzehnte folgten, die in unserem Urteil nichtig sind, und dann, ab Mitte der sechziger Jahre, fing unser Wunschdenken an: Wir wollten die Schande, die über dem deutschen Film schwebte, aufheben. Das ist bekanntlich nicht gelungen, und manchmal habe ich den Verdacht, daß uns das ganz recht war. (Nach dem Motto: Mein Vater ist selber schuld, wenn ich friere...) Aber schon steht eine neue Generation am Start, die zu allem, was vor ihr kam, besonders zum Neuen Deutschen Film, dem Autorenfilm nach Oberhausen und zu den Regisseuren, die in diesem Buch zu Wort kommen, auf Distanz geht.

In unseren europäischen Nachbarländern sind die Dinge in den Nachkriegsjahren glücklicher gelaufen: Italien hat mit der Bewegung des Neorealismo eine blühende, ganz und gar eigenständig italienische Filmkultur hervorgebracht, die sich begierig und lustvoll mit dem oft sehr harten Alltagsleben der Italiener in allen Teilen des Landes von Mailand bis Catania befaßte und ohne Hemmungen die von Mussolinis Faschisten errichteten Studios in Cinecittà benutzte. Auch in Frankreich hat es der Film verstanden, eine kontinuierliche Weiterentwicklung von der Vorkriegszeit aufzugreifen. Auch hier wurden Themen aus dem Leben der Menschen in Paris und den Provinzstädten von der Normandie bis Marseille erzählerisch aufgegriffen und mit großer Freude am eigenen Leben realisiert. Als Ende der fünfziger Jahre die Nouvelle Vague entstand, ging es nicht darum, eine unerträgliche Kriegsgeneration zu entmachten, sondern darum, die Filmkunst mit den Impulsen einer neuen Generation zu bereichern. Renoir lebte ja noch, als Truffaut anfing, und ebenso war es in Italien, wo Rossellini noch mitten in seinem Schaffen war, als Antonioni begann, das neue Lebensgefühl der frühen Sechziger zu beschreiben, und den Weg bereitete für Bertolucci, Olmi oder die Tavianis. Man hatte verehrungswürdige Väter, und der Schlachtruf «Le cinéma du papa est mort» wurde erst in der deutschen Version ein Aufruf zum kulturellen Vatermord.

Deutsche Städte, Landschaften und Dörfer blieben von Anfang an unbeschrieben im Film. Die berühmten expressionistischen Filme der zwanziger Jahre spielten meist in Studiodekors und fiktiven Welten. Für «Die Nibelungen» ließ Fritz Lang in den Babelsberger Ateliers einen künstlichen Wald errichten: Die von ihm angestrebte Stilisierung vertrug sich nicht mit der Natur, Realität durfte nicht in die Szene dringen. Der Alltag der Menschen ist kein Thema des deutschen Films. Es gibt einige wenige Ausnahmen wie «Menschen am Sonntag», «Berlin Alexanderplatz» oder «Kuhle Wampe». Die Ufa brachte es fertig, Deutschland in ein realitätsfernes Märchenland zu verwandeln, in dem der Krieg bis zuletzt nicht vorkam und auch nicht das Leben der Leute, wie es in den französischen, italienischen (auch amerikanischen) Städten und Dörfern so lebensvoll dargestellt wurde. Vor allem in den Jahren, in denen das leichtere Filmgerät entdeckt wurde und man in allen anderen Ländern regelrecht im Entdeckungsfieber war, Geschichten von Land und Leuten aufzufinden und sie in Dramen und Lustspiele zu verwandeln, blieb der deutsche Film realitätsfern und illusionär. Dies mag ein Erbe des deutschen Protestantismus sein, der schon seit Jahrhunderten den Mystizismus, die Romantik und idealistische Wirklichkeitsferne hervorbrachte. Sicher ist es aber auch ein Ausdruck unseres gebrochenen Verhältnisses zur Nation, das uns alle Gefühle, die wir «Patriotismus» nennen, verdächtig macht. Die Liebe zu unserer Heimat ist uns vergällt, wenn wir an diejenigen denken, die da Heimatliebe predigen. Dennoch bleibt es ein Versäumnis der deutschen Filmgeschichte, unser Land nicht öfter in poetischen Bildern dargestellt zu haben. Auch die Autoren des Neuen Deutschen Films haben in den siebziger und achtziger Jahren nur in wenigen (wenn auch den besten) ihrer Werke deutsches Land und Leben beschrieben. Sogar in den europäischen Nachbarländern wird man als Filmemacher oft gefragt, wo die deutschen Filme über Heidelberg, Dortmund, Lüneburg, die Pfalz, den Spessart, über Oldenburg oder Berchtesgaden bleiben. Wo sieht man die Ostseestrände, die Wälder in der Oberpfalz, wo die Berge und das flache Land Deutschlands im Film? Ja, selbst die deutschen Großstädte treten in den Filmen merkwürdig anonym auf, eher als abstrakte Stadtsymbole denn als bestimmte Orte, die man lieben kann.

Der Film: ein Spiegelbild der Zeit

Dies ist kein Appell, einen neuen Heimatfilm zu schaffen, sondern im Gegenteil, die Erinnerung daran, daß gerade das von Pathos und falschen Tönen triefende Genre des Heimatfilmes unsere Beziehung zum eigenen Land verstellt hat. Besonders die Generation des heutigen Nachwuchses meidet die Berührung mit dem eigenen Land und sucht möglichst neutrale internationale Themen, die an den kommerziellen Hollywoodfilm erinnern sollen. Unsere Häuser, unsere Familien, unsere Ferienziele und unsere Feste sind uns ein Greuel, bestenfalls Gegenstand der Satire oder bitterer Abrechnungen. Unsere Geschichte und unsere Geschichten sind verdorben von Anfang an. Wie kann dieser Gegenstand sich noch in Poesie verwandeln?

Der deutsche Film kann überraschenderweise filmhistorisch als Einheit betrachtet werden. Historisch ist es unmöglich, Teile davon, die zwischen 1933 und 1963 entstanden sind, einfach zu übergehen. Der deutsche Film existiert trotz seiner Brüche als ein Ganzes, den DDR-Film eingeschlossen. Ebenso wie ein Land nicht ohne ein gewisses Maß an Vaterlandsliebe gedeihen kann, so wird es uns auch nicht gelingen, den deutschen Film zu einem vermittelbaren Kulturgut zu machen, wenn wir ihn nicht lieben und nicht herausfinden, wessen filmgeschichtliche Kinder wir sind. Eine «internationale» Lösung dieses Problems gibt es nicht, weder in den Künsten noch in der Filmkultur, denn auch sie kann immer nur von der Gestaltung der eigenen Lebensräume und der Aufarbeitung ihrer eigenen Erfahrungen profitieren.

Es ist sehr wohl möglich, Filme unserer Geschichte, auch der Nazizeit, unter dem Gesichtspunkt der gemeinsamen Herkunft zu betrachten. Nicht in allem wird sich Faschismus wiederfinden, denn auch er ist nur ein Teil und entspringt nicht nur deutscher Mentalität. Wohin kommen wir, wenn wir schon die Drehorte, die penible Art, Drehpläne zu machen, das dramatische Licht in der Schwarzweißfotografie, die Lust an Tiefe und Grübelei als «faschistisch» abtun? (Es ist versucht worden!) Es gibt nun einmal eine deutsche Art, die Dinge anzugehen, das erkennen wir auch an «antifaschistischen» Filmen oder an den filmischen Versuchen, unserer Geschichte zu entkommen. (Denken wir an Autoren, die in die Südsee oder an den Amazonas gegangen sind, um ihre deutschen Filme zu machen!) Ebenso wie unsere Eltern dieselben geblieben sind, als sie im Adenauerstaat versucht haben, eine demokratische Wohlstandsgesellschaft aufzubauen, ebenso ist auch der Geist der UFA fortgesetzt worden, als man in den fünfziger Jahren Revuefilme drehte und behauptete, nun völlig unpolitisch geworden zu sein. Wir bilden uns gern ein, mit der Geschichte völlig gebrochen zu haben. Wir hätten es in den siebziger Jahren gern gesehen, wenn uns die Welt als atypische Deutsche angesehen hätte. Es hat internationale Kontakte gegeben und hin und wieder (auf Festivals) europäische Verbrüderungen. Aber gerade in diesen Jahren, als die intellektuelle Welt wieder auf den deutschen Film blickte, waren wir für alle «die Deutschen», mit unserer Art, die Dinge anzugehen, verwandt in den Augen unserer Nachbarn mit Wagner, Nietzsche, Mann oder Kleist. Unser Talent zur Komödie blieb bescheiden. Es gibt eine Kontinuität im deutschen Film, die uns nicht bewußt ist. Wissen wir überhaupt, wovon wir sprechen, wenn wir den deutschen Film meinen? Kennen wir die Filme, die unter dieser Rubrik in den Geschichtsbüchern stehen?

Unsere Filmgeschichte ist ein Spiegelbild der nationalen Geschichte dieses Landes und in den einzelnen Abschnitten so unterschiedlich, wie die Zeiten es waren: die Zeit der Monarchie bis 1918, die Zeit der Weimarer Republik bis 1933, die Zeit der Nazidiktatur bis 1945, die Zeit der kommunistischen Diktatur im Osten bis 1989 und zur gleichen Zeit die Bonner Republik im Westen mit ihrem «Wirtschaftswunder», mit dem «Kalten Krieg», mit den Revolten von 1968 und dem RAF-Terrorismus. Seit dem Fall der Berliner Mauer erleben wir eine Zeit von Identitätskrisen und einer Stagnation des Filmschaffens. Nur mühsam lernen die Deutschen, daß sie nicht mehr so reich sind wie in all den Jahren der alten BRD. Nirgendwo auf der Welt ist die Filmgeschichte so eng mit der Zeitgeschichte verbunden wie in Deutschland, nirgendwo hat sie so unterschiedliche Produktionsbedingungen erlebt wie in diesem Land, das im Zentrum von zwei Weltkriegen stand.

Und dennoch: Wählt man aus dem Gesamtbild der Filmgeschichte die Werke der deutschen Filmkunst aus, so haben wir ein Bild vor uns, das sich dieser historischen Betrachtungsweise widersetzt. Es scheint, daß jeder Film einen neuen Versuch darstellt, sich aus dem kollektiven Strom der Zeit herauszuwinden. Jeder gute Autor sucht auf seine Weise Erinnerungsarbeit zu leisten, indem er die Bruchstücke seiner erlebten Bilder auf ganz individuelle Weise aus dem Gedächtnis hebt. Sich erinnern heißt auch, die Fragmente des Lebens neu zusammenzusetzen. Die besten Filme unserer Filmgeschichte scheinen auf eigenartige Weise außerhalb der Geschichte zu stehen. Aber gerade diese Tatsache erlaubt es uns, einzelne Filme aller Epochen ins Herz zu schließen und so zu lieben, daß sie ein Teil unserer persönlichen Geschichte als Filmemacher werden.

Fatale Filmförderung

Die Generationen der Kriegs- und Nachkriegseltern waren verrückt nach deutschen Filmen. Sie hatten ihre Stars, ihre Lieblingsgeschichten und ihre festen Kinogewohnheiten. Das lag nicht allein an der Abwesenheit des Fernsehens. Nein, es war das Gefühl, mit allen seinen Wünschen und Träumen, mit seiner Art, die Welt zu sehen, in den Filmen vorzukommen. In den ersten Filmen des Jungen Deutschen Films funktionierte das noch. Filme wie «Es», «Zur Sache, Schätzchen», «Abschied von gestern», «Mahlzeiten» spielten mitten im deutschen Alltag und hatten Erfolg beim Kinopublikum und erreichten mehrere Millionen Zuschauer. Höhepunkte in der Behandlung deutscher Themen waren in den siebziger Jahren Filme wie «Die Ehe der Maria Braun» und «Die Blechtrommel». Es ist nie diskutiert worden, warum so viele Filme, die in den Siebzigern aufhörten, deutsches Lebensgefühl in sich tragen zu wollen, den Weg zum Publikum verfehlten. Das ist nicht unbedingt ein Problem der intellektuellen Ansprüche. Es geht mehr um die Frage, ob Liebe zu den Menschen aus den Filmen spricht. Und wo sollte sich solche Liebe konkretisieren, wenn nicht in der eigenen menschlichen Umgebung?

Die jährlichen Statistiken der deutschen Filmwirtschaft offenbaren einen traurigen Zustand: Von den Filmen, die mit fast 300 Millionen DM Förderungsmitteln und vielen Millionen DM Koproduktionsgeldern der Fernsehanstalten jährlich hergestellt werden, kommen nur kläglich wenige überhaupt in die Kinos. Jedes Jahr lese ich in den Statistiken Dutzende von Titeln und Regisseursnamen, die niemals öffentlich in Erscheinung getreten sind. Wo bleiben alle diese von Gremien und gutmeinenden Fernsehredakteuren ermöglichten Filme? Sind sie nicht alle Ausdruck von Hoffnungen? Wieviel Lebensenergie, wieviel

Glückserwartung, wieviel professionelle Zuversicht ist in jedem dieser geförderten Filme untergegangen? Wo sind überhaupt diese deutschen Filme, die seit Jahrzehnten niemals das Licht der Leinwand erblicken? Werden sie gesammelt, archiviert, als Dokumente verfehlter Förderpolitik studiert? Es müssen Hunderte von Filmen sein, die da im Lauf der Jahre dem Vergessen anheimgefallen sind! Als ich von dieser gewaltigen unsichtbaren Produktion deutscher Filme auf einem Meeting der europäischen Regisseure in Rom berichtete, war entsetztes Schweigen die Reaktion. Die Welt ahnt nicht einmal, was Filmpolitik in Deutschland angerichtet hat. Das Schlimmste daran ist, daß alle anscheinend glücklich sind, denn von den Fördermillionen lebt die ganze Branche. Ob ein Film zur Aufführung gelangt oder nicht: Alle sind finanziell befriedigt. Die Regisseure, die Schauspieler, die Kameraleute, die Techniker, die vielen Filmschaffenden, sie alle haben ihre Gagen erhalten. Die Produzenten haben ihre «Handlungsunkosten», ihre Büros, ihre Steuern und ihre Mitarbeiter bezahlt, die filmtechnischen Betriebe wie Kopierwerke, Gerätelieferanten, Tonstudios oder Rohfilmhersteller haben mit den Filmleichen ihr Geld verdient. Die gesamte Infrastruktur des deutschen Films basiert mehr oder weniger auf diesen staatlich geförderten Flops. Selbst wenn keiner der Filme zur Aufführung käme, könnte man das deutsche Förderungssystem nicht abschaffen. Pleiten im ganzen Lande, vor allem der kleineren und mittleren filmtechnischen Betriebe, wären die Folge.

Besinnung tut not. Vieles steht an: Diskussion über den Sinn der staatlichen Filmförderung, Verteidigung des europäischen Films gegen die amerikanischen Bilder, Schaffung von neuen Zentren des Films und neuer Filmtheater für den europäischen Film, aber auch die Sammlung der deutschen Autoren in einem neuen Bewußtsein der eigenen Filmgeschichte. Wir sollten unsere Filme besser kennenlernen, mit ihnen unsere Standpunkte bestimmen, unsere Neigungen daran studieren und ein einfacheres Verhältnis zur filmischen Heimat suchen. Selbst im Film der Fünfziger würden die jungen Regisseure von heute verwandte Seelen entdecken und bemerken, wie wenig nötig gewesen wäre, die damaligen Projekte zu respektableren Werken zu machen. Nicht das Deutsche ist das Erdrückende an unserer Geschichte, sondern immer nur unsere Verdrängung davon.

Europa ist unsere Chance. Aber Europa heißt, die nationalen Kulturen zur Blüte zu bringen. Das bedeutet nicht Abgrenzung, sondern im Gegenteil leichteres Verstehen. Denn nur wer sich selbst versteht, wird den anderen verständlich. Das gilt besonders für den Film und die Deutschen. Die europäische Filmfamilie bildet sich immer dort, wo wir uns gegenseitig an unseren Werken erkennen.

Von der Krise des Kinos und von einem bevorstehenden Ende der Kinogeschichte wird schon seit Jahrzehnten geredet. Gleichzeitig drängen überall intelligente und phantasievolle junge Menschen in die Filmschulen oder wollen auf andere Weise lernen, Kino zu machen. Nichts scheint der Attraktivität dieses Mediums gleichzukommen, und im Vergleich mit dem Fernsehen, das die Filmgeschichte in Krisenzeiten zwar gepflegt hat, behielt das Kino auch in seinen schwierigsten Zeiten die Aura des Besonderen. Der Grund für die Vitalität des Kinos ist offenbar seine Fähigkeit, die Menschen aus der Alltäglichkeit ihrer Wohnungen herauszulocken und ihnen einen Ort zum öffentlichen Träumen anzubieten. Nur diejenigen unter den Regisseuren und Schauspielern, die Kinofilme machten, konnten bei Publikum und Kritik «die höheren Weihen» erhalten. Eigentlich weiß jeder Kinobesucher, daß es schönere Orte gibt, seine kostbare Freizeit zu verbringen, als das Kino. Aber all unser Wissen von den besseren Möglichkeiten findet heute noch keine Antwort in der Produktion und der Distribution von Filmen. Die schlimmsten Zeiten der «Schachtelkinos» sind zwar vorbei, aber das Kino von morgen hat noch nicht Gestalt angenommen. Auch die sogenannten Multiplex-Kinos sind keine Antwort, denn sie imitieren die Warenhäuser und bieten nur selten das bewegende Einzelereignis, das große Filme brauchen, um Teil der Alltagskultur zu werden.

Die Nacht der Regisseure

Meine Überlegungen für einen Dokumentarfilm über das erste Jahrhundert des deutschen Films gingen davon aus, daß es keine objektive Wertung geben kann. Die Liebe, die einer für einzelne Filmwerke empfindet, ist der eigentliche Maßstab. Nun ist aber die Filmkunst immer auch ein Massenmedium gewesen, und ihre besondere Magie entsteht dadurch, daß wir die Filme in Gesellschaft mit anderen Menschen erleben. Die Augen der Zuschauer sind im Kino zwar gemeinsam auf die Leinwand gerichtet, der Blick unseres Geistes richtet sich aber während der Vorführung nach innen, auf die Welt unserer individuellen Erfahrungen, in die Tiefen der Seele. So entsteht der Film in jedem von uns neu. Ich wollte also versuchen, die Filmbeispiele aus der persönlichen Sicht von heutigen Regisseuren zu beschreiben.

Die Vorarbeiten und Recherchen für «Die Nacht der Regisseure» begannen im Oktober 1993, die Dreharbeiten im Februar 1994. Den Anstoß hatte ein internationaler Aufruf des British Film Institute in London gegeben, das bekannte Spielfilmregisseure aufforderte, das erste Kinojahrhundert im jeweils eigenen Land zu beschreiben. So entstanden ca. 15 einstündige Fernsehsendungen von Regisseuren wie Martin Scorsese, Stephen Frears, Jean-Luc Godard, George Miller, Nagisa Oshima, Bernardo Bertolucci. Keiner der Beteiligten wußte, wie die Kollegen der anderen Länder ihre Beiträge gestalten würden. Ein spannendes Unternehmen, das auch darauf hinauslief, sich gegenseitig mit den Beiträgen zu überraschen.

Auch das Finanzierungskonzept war originell: Das BFI erhielt die weltweiten Rechte an allen Beiträgen und übertrug die nationalen Auswertungsrechte an die beteiligten Filmemacher, so daß jeder Produzent die Fernsehrechte an allen anderen Programmen für sein Land erhielt. So konnte ich durch Verkauf des Gesamtprogramms an ZDF, ARTE und PREMIERE den größten Teil der Mittel für die Herstellung meines Films aufbringen.

Zur Vorbereitung meiner Arbeit beschaffte ich mir von Filmhistorikern, den Filmmuseen und der Stiftung Deutsche Kinemathek einige hundert deutsche Filme, um meine Kenntnisse der deutschen Filmgeschichte aufzufrischen. Im Zentrum des Interesses stand jedoch die Begegnung mit den heutigen deutschen Regisseuren und deren Verhältnis zur deutschen Filmgeschichte. Wie lebt die deutsche Filmgeschichte in ihrer Arbeit, oder wie findet die Abkehr von dieser Geschichte statt? Wie stehen deutsche Regisseure zu Autoren wie Lang, Ophüls, Murnau, Lubitsch, Pabst, Siodmak, Riefenstahl, Harlan, Käutner, Staudte, Wolf, Fassbinder? Welche Anziehungskraft haben für uns die historischen Schauplätze des deutschen Films, die Studios in Babelsberg, Geiselgasteig, die filmtechnischen Betriebe, die Kameras, Projektoren,

Scheinwerfer aus deutschen Traditionsfirmen, was empfinden wir bei den Beleuchtungsmethoden und Bild-Stilen der deutschen Filme, bei den Gesichtern der deutschen Schauspieler? Fragen, die tief in unser heutiges Lebensgefühl und die Beziehungen zur eigenen Nation leuchten könnten. Vieles ist im deutschen Film auch heute noch ganz anders als in der übrigen Welt.

Bei der Besichtigung der deutschen Filme und in anschließenden Gesprächen, vor allem mit Hans Günter Pflaum, stellte sich heraus, daß bestimmte Aspekte sich wiederholen, so daß man von einer Permanenz der Gefühle im deutschen Film sprechen kann. Der erste Effekt war, daß ich mich selbst in neuen Zusammenhängen wiederfand: Ich erkannte, wie ich dazugehöre und wie unmöglich es ist, den historischen und kulturellen Bindungen zu entfliehen, die einen hervorgebracht haben. Aber auch die Kollegen und Freunde, die besonders fest entschlossen waren, sich als Teil der internationalen Filmkunst zu definieren, erwiesen sich als Geschwister, die aus demselben Mutterleib der deutschen Filmgeschichte geschlüpft waren. Wir stellten einen kleinen Katalog von Begriffen auf, die sich beim Rekapitulieren der Filme eingestellt hatten. Darunter sind inhaltliche Stichworte wie Erotik, Landschaft, Jahreszeiten, Religion, Humor, Ideale, aber auch professionelle Fragen nach Erfolg, Publikum, Generationen, Stars, Autorenfilm, ersten Filmerlebnissen und Muttersprache. Im Zentrum der Diskussionen aber standen die zutiefst deutschen Begriffe wie Romantik, der unverstandene Künstler, das Genie, Fernweh, der deutsche Wald, das Dämonische, Heimat, deutsche Schuld, Herbst, Nacht, die Berge, die Wüste. Ich habe aus diesen Stichworten eine Liste von Fragen aufgestellt, die ich in meine Gespräche mit den deutschen Regisseuren einfließen lassen wollte.

Während der Berliner Filmfestspiele im Februar 1994 begann ich mit den Interviews. Wir hatten im Palace-Hotel, gegenüber dem Cinecenter, ein kleines Studio eingerichtet, in dem die Gespräche mit den Kollegen auf Digital-Video aufgezeichnet werden konnten. Alle Unterhaltungen fanden vor einer «Blue Screen» statt, einem blauen Hintergrund, der es uns erlaubte, die Person in einem späteren Bearbeitungsprozeß mit Hilfe des Chroma-Key-Verfahrens freizustellen und mit Hilfe von elektronischen «Masken» in die neuen Hintergründe «einzustanzen». Ich habe den Kollegen vor unserem Gespräch die Möglichkeiten der digitalen Bildbearbeitung erklärt und von einem virtuellen Kino berichtet, in dem ich sie mit den anderen Regisseuren elektronisch zu einer Jubiläumsveranstaltung vereinigen wollte. Ich hatte mir vorgenommen, bei dieser Gelegenheit alle neuen Techniken und Digitaltricks kennenzulernen. Die Dokumentation über die hundert Jahre des Films sollte damit zugleich einen Blick in die Medienzukunft werfen.

Die Bilder, die mit Hilfe der neuen Techniken zustande gekommen sind, sprechen eine vollkommen andere Sprache als die Bildersprache, die ich aus meiner gewohnten Filmarbeit kenne. Ich kann auch nicht sagen, ob es jemand gibt, der diese neue Sprache schon beherrscht und voraussagen kann, welche emotionalen Wirkungen durch die elektronischen Bilder ausgelöst werden. Ich war jedenfalls völlig überrascht, wie die Bilder auf unvorbereitete Zuschauer gewirkt haben. «Die Nacht der Regisseure» erlebte seine Erstaufführung bei den Internationalen Filmfestspielen in Berlin am 12. Februar 1995. Man sprach von einer melancholischen Abschiedsstimmung, mit der ich die imaginäre Versammlung von Regisseuren des deutschen Autorenfilms betrachtet hätte. Man interpretierte den Film als Abgesang auf den deutschen Film, dessen Vertreter seltsam «hohl» und «tot» erschienen. Ihre Äußerungen wurden als leere Statements empfunden, weil ihnen die Bereitschaft zum Dialog mit der Außenwelt fehle.

Diese Atmosphäre des Films habe ich während des Machens überhaupt nicht wahrgenommen. Offensichtlich versetzt uns die neue Arbeitsweise in eine ganz ungewohnte Autorenposition. Die Macht, das Abbild von Menschen so weitgehend zu manipulieren und Personen, die sich nie im Leben am gleichen Ort befunden haben, in fiktiven Räumen zu vereinen, ist für den Autor viel zu groß. Leicht verliert man das Gefühl für die Lebensgeschichte der Personen, indem man sie «objektiviert», indem man sie verschiebt, verkleinert, kontert und nebeneinandersetzt. Es gibt keine Zufälligkeiten mehr in der Bildkomposition. Sobald man bestimmen kann, wie die Personen ins Bild gruppiert werden, ordnet man sie nach ästhetischen Vorstellungen und unterwirft sie ihnen. Die Bilder rächen sich heimlich für die Manipulationen, indem sie «den Geist aufgeben». Daher mag der Ausdruck des «Toten» kommen, den die Versammlung der Regisseure angenommen hatte. Ich vermag nicht vorauszusagen, ob wir Regisseure lernen werden, diese Mittel mit derselben künstlerischen Sensibilität anzuwenden, wie wir dies mit den bisherigen Ausdrucksmitteln des Films gelernt hatten. Ich halte es für möglich, daß die digital erzeugten Bilder noch viele Jahre lang tote Bilder sein werden. Solange wir im Film mit lebendigen Menschen arbeiten, sei es als Darsteller oder als Themen in Dokumentarfilmen, werden wir uns mit Grenzen auseinandersetzen, die in der Würde der Menschen liegen. Es lag bisher nicht in der Macht der Filmemacher zu entscheiden, wer mit wem an welchem Ort auftritt. Da hatten die Abgebildeten immer noch ein Wort mitzureden. Auf geheimnisvoll-unerklärliche Weise behalten dieselben Regeln auch im digitalen Bild ihre Gültigkeit. Vielleicht ist auch unsere Fähigkeit, Liebe zu den Personen zu empfinden, wenn wir sie elektronisch manipulieren, noch gar nicht entwickelt. Die Arbeit in den Digital-Studios erfordert ein Maß an Objektivierung, das uns zu monströsen Technokraten im Umgang mit den Menschen und ihrem Abbild macht.

Der Zauber der schönsten Filme ging immer von einer Liebesbeziehung aus, die zwischen den Machern und den dargestellten Personen herrschte. Dieses geheimnisvolle, zarte Band, das mit keinem der Gestaltungsmittel des Films, nicht mit Licht, nicht mit Bildaufbau oder Schnitt, geknüpft werden kann, bestimmt letztendlich die poetische Kraft eines Films. Es ist eine menschliche Kraft, die da wirkt, und nicht eine professionelle Kraft der Produktionsmittel.

Die Gespräche, die ich im Frühjahr 1994 mit 25 deutschen Regisseuren und Produzenten führte, waren ein Ereignis besonderer Art in meinem Filmemacher-Leben. Nicht, daß diese Begegnungen, die selten länger als zwei Stunden dauerten, von besonderer Tiefe der Gedanken oder besonderer Originalität der Themen gezeichnet waren: Nein, es ereignete sich eine unerwartete Übereinstimmung der Meinungen und Hoffnungen, die mich jenseits der sonderbaren Distanzierungen auf die Wiederkehr freundschaftlicher Beziehungen hoffen ließ. Schon lange gibt es unter den deutschen Filmleuten nicht mehr diese filmpolitische Solidarität der siebziger Jahre oder dieses offene Interesse für die Arbeiten der Kollegen. Aber es besteht dennoch ein inneres Band, das selbst die seltsamsten Geister unter den Machern verbindet. Es scheint gar nicht davon abzuhängen, ob sie sich öffentlich verbrüdern oder nicht. Die kulturellen Bande, die heute so gern geleugnet werden, halten sie fester zusammen, als sie meinen.

Ich habe in dem Dokumentarfilm nur wenige, oft nur sehr kurze Ausschnitte aus meinen Gesprächen mit den Kollegen verwenden können. Auch erlaubte die digitale Fiktion nicht, den Dialog wiederzugeben, in den ich mit den Regisseuren trat. Einige von ihnen kommen im Film überhaupt nicht zu Wort, obwohl das Gespräch mit ihnen wichtige Themen berührte. Mit diesem Buch werden die Gespräche schriftlich dokumentiert. Sie sind in einem wichtigen Moment der Filmgeschichte zustande gekommen: am Ende des ersten Jahrhunderts des Kinos. Dies ist kein zufälliges Datum, allein vom Jubiläum diktiert: Wir erleben in diesen Jahren den Beginn einer weltweiten, völlig neuen Mediengeschichte, deren Regeln uns allen noch fremd sind.

25 Gespräche mit deutschen Regisseuren und Produzenten

Wolfgang Becker

Edgar Reitz: *Als Oberhausener wäre ich beleidigt gewesen, wenn einer mir nachgesagt hätte, in meinen Filmen erinnere etwas an die Vätergeneration, und sei es nur eine Betrachtungsweise, ein Bild, ein kleines Detail. Und so ist es inzwischen wieder. Es gibt junge Leute, die empfänden es als Beleidigung, wenn man sie mit dem Autorenfilm der sechziger Jahre in Zusammenhang brächte. Wo und wann hast du angefangen, das Kino zu lieben?*

Wolfgang Becker: Ich komme aus einem kleinen Kaff im Sauerland, und da gab es den Amtsjugendring. Der hat am Samstagnachmittag Filme gezeigt, für Kinder, für Jugendliche. Die ersten Filme, mit denen ich im Kino in Berührung kam, waren die Karl-May-Filme, also «Old Shatterhand» und «Winnetou». Es waren auch internationale Filme zu sehen, zum Beispiel «Warte, bis es dunkel ist» mit Audrey Hepburn. Das war der erste amerikanische Film, den ich bewußt im Kino gesehen habe und der mich bis heute begeistert.

Hast du auch Karl May gelesen?

WB: Ich habe als Kind, glaube ich, alle 50 Bände gelesen.

Karl May war ein typischer Deutscher, dessen Phantasie immer in die Ferne ging, obwohl er, wie wir wissen, aus seinem sächsischen Nest nie hinausgekommen ist. Die Phantasie, die in die Ferne schweift, dieses Fernweh, hat es dich manchmal gepackt?

WB: Es gab in diesem Kaff, in dem ich gewohnt habe, eine kleine Buchhandlung. Im Hinterraum gab es Trivialromane, die konnte man privat ausleihen. Ich habe die Bücher abgestaubt, als Lohn durfte ich mir ein Buch aussuchen. Und ich habe mir immer Karl-May-Bücher mitgenommen. Vielleicht drückt sich so dieser Traum aus: Wenigstens beim Lesen konnte ich aus dem Kaff rauskommen.

Das Gefühl, eingesperrt zu sein und rauszuwollen, wie kommt dieses Gefühl in deinen Filmen vor?

WB: Ich glaube, in meinen Filmen spürt man immer die Enge der Welt. Man sieht zwar manchmal weite Landschaften, Brachland, ausgefranste Industriestadtränder. Ich siedle die Geschichte immer so an, daß man nicht erkennt, ob das nun das Sauerland ist, Bayern oder Berlin. Das ist für mich alles Deutschland, und ich fühle, daß man in Deutschland überall so eingesperrt sein kann. In den «Schmetterlingen» ist das weniger Thema als in den «Kinderspielen».

Könntest du dir vorstellen, daß die Phantasie sich wirklich auf die Reise begibt, daß du zum Beispiel eine Wüste als Schauplatz wählen würdest?

WB: Die Wüste finde ich optisch sehr reizvoll. Ich habe einmal einen Dokumentarfilm als Kameramann in der Teneri-Wüste gedreht, und da ist mir klargeworden, daß die Wüste permanent in Veränderung begriffen ist, weil der Wind der Architekt dieser Landschaft ist. Man kann wunderbar die unterschiedlichen Lichtstände der Sonne sehen. Ich habe aber keine Geschichte, die in der Wüste spielt.

Der Begriff Autorenfilm, in meinen Anfangsjahren ein Ideal, später umstritten, wie stehst du zu ihm?

WB: Ich bin gezwungenermaßen ein Autorenfilmer. Das heißt aus der Notsituation heraus, weil ich kein gescheites Drehbuch habe. Ich bekomme schlechte Drehbücher für Fernsehserien angeboten, aber das, was ich für das Kino machen will, das muß ich mir selbst ausdenken. Dann versuche ich, einen Autor, vielleicht sogar zwei, dazuzugewinnen, um das Projekt als Koautor zu begleiten.

Gezwungenermaßen? Heißt das, du suchst nach einer fremden Qualität?

WB: Was ist Autorenfilm eigentlich? Man hat ihn hier sehr einseitig definiert: Autorenfilm ist Autor und Regisseur in Personalunion. Ich finde, daß Truffaut sehr wohl Autorenkino gemacht hat. Bei Truffaut stehen oft drei, vier Namen unter «Drehbuch». Das heißt, er hat immer Leute für seine Ideen gewinnen können, man weiß nicht genau, wer was geschrieben hat. Mit dieser Art von Autorenfilm, das ist ja europäisches Kino, hab ich gar keine Schwierigkeiten. Ich hab's jetzt grade am Sonntag wieder im «Tagesspiegel» gelesen: Die Misere des deutschen Films, was ist schuld, der Autorenfilm! Wenn wir davon wegkommen wollen, brauchen wir erst einmal andere Autoren. Das ist auch das, worin ich mich von deiner Generation absetze. Also, man sagt, deutscher Film, das ist immer larmoyant und selbstreflexiv und schwer; was wir brauchen, sind Komödien und lockere Stoffe. Ich habe keine Schwierigkeiten mit Komödien, ich würde selbst gerne eine machen, aber wenn das die einzige Alternative ist, die wir haben, dann finde ich das sehr arm.

Robert Altman, zum Beispiel, oder Woody Allen, sind das nicht auch Autorenfilmer?

WB: Für mich sind das Autorenfilmer, gerade Woody Allen. Auch «Short Cuts» empfinde ich als einen Autorenfilm. Altman hat zehn Kurzgeschichten von Raymond Carver zu einem mosaikartigen Bild von Los Angeles vereinigt, das ist zweifellos die Arbeit eines Autors.

Welche ist deine Lieblingsjahreszeit?

WB: Das, was Tucholsky die «fünfte Jahreszeit» nennt, die aber nur alle vier, fünf Jahre mal vorkommt. Diese merkwürdige Woche zwischen Sommer und Herbst. Der Sommer ist ganz klar vorbei, und manchmal geht das bruchlos, dann kommt eines Tages der große Wind, und die Blätter fallen runter, und es gibt diese fünfte Jahreszeit. Da ist eigentlich der Herbst schon da, es hat sich schon alles verfärbt und plötzlich... Es ist noch ein bißchen anders als der Altweibersommer, «Indian Summer» heißt das in Amerika, das ist hier ein bißchen anders. Plötzlich hat man das Gefühl, es bleibt etwas stehen, es wird wieder ein bißchen wärmer. Da kann man tolle Waldspaziergänge machen.

Der Wald. Die meisten deutschen Märchen spielen im Wald. Was ist der Wald für dich?

WB: Ich bin gerade dabei, eine alte Idee wiederaufzunehmen: ein Film, der an einem einzigen Tag im Wald spielt. Die verschiedensten Menschen, alles Stadtmenschen, haben das gleiche Bedürfnis: Sie wollen Luft tanken, den Kopf wieder klarkriegen. Aber der Wald ist nicht mehr so, wie die Romantik ihn beschrieben hat. Da gibt es Leute, die ihr Unwesen treiben, da gibt es auch Waffendepots, die man entdeckt, also, es ist eine absurd-sarkastische Auseinandersetzung mit dem Erholungsbedürfnis des Stadtmenschen, der es einfach nicht schafft, seinen Mist, den er im Kopf hat, auf dem Parkplatz vor dem Wald zu lassen. Er trägt alles in den Wald hinein.

Also, der Wald der Gebrüder Grimm ist kaputt und vergessen.

WB: Der Grimmsche Wald steht mehr für das Dunkle, das ist ja immer ein tiefer dunkler Wald, wo man reinläuft, sich verirrt, dann nicht mehr zurückkommt und über Nacht da bleiben muß und dann ein Fabelwesen trifft. Also, für mich ist der Wald im Grimmschen Märchen gerade nicht, was die Romantiker daraus gemacht haben.

Filme machen heißt oft, an seine Grenzen zu gehen. Wo siehst du deine Grenze, oder was war bisher deine Grenze?

WB: Die Grenze war bei mir da, wo ich's nicht mehr nachvollziehen kann. Sadomasochismus zum Beispiel. Er wird im Film meistens auf eine spekulative Art und Weise dargestellt. Darüber weiß ich nur aus Büchern, aus dritter Hand. Ich bin aber kein Sadist, das ist nicht meine sexuelle Phantasie. Also würde ich mich sehr hüten davor, einen Film zu machen, der die Innenwelt des Sadomasochimus beschreibt. Was anderes ist es, wenn man einen Autor hätte, der sich gut auskennt und ein überzeugendes Buch schreibt, wo man sagt, aha, da spüre ich etwas davon.

Es gibt viele Bereiche, die wir nicht persönlich kennen, zum Beispiel Mord, eins der häufigsten Themen im Film.

WB: Hast du noch nie im Traum jemanden ermordet? Also, ich träume nicht von Mord, aber ich träume immer davon, wie ich diese verdammte Leiche loswerde. Also weiß ich schon etwas von den Ängsten, die man da hat.

Es gibt Leute, die sagen, daß sich unsere Filme erst dann wirtschaftlich tragen, wenn wir von diesem verdammten Deutsch wegkommen, das kaum jemand in der Welt versteht. Es werden mehr und mehr ambitionierte Koproduktionen in englischer Sprache gedreht.

WB: Ich weiß nicht, wieviel Leute in Europa Deutsch sprechen, es müßten aber so um die hundertdreißig Millionen sein. Das ist doch eine große Kundschaft, die wir da haben. Es wäre für mich völlig undenkbar, einen Film wie «Kinderspiele» auf englisch zu drehen. Ich bin kein großer Fan des Synchron, aber ich freue mich jedesmal, wenn ich «Amadeus» in der deutschen Synchronfassung sehe, auf amerikanisch ist es einfach grauenhaft. Also, ein Mozart, der im breitesten Amerikanisch redet, ist für mich ziemlich unerträglich.

Aber haben die Bilder auch eine Nationalität? Kann man sagen, es gibt deutsche Bilder, französische Bilder, schwedische Bilder? So wie es verschiedene Sprachen gibt?

WB: Ja, ich finde schon. Du hast den Bruch in unserer Filmgeschichte beschrieben. Die Franzosen haben den nicht, die Amerikaner nicht. Das heißt, da sind immer Genres entstanden, die man über Jahre benutzen konnte. Die Franzosen haben zum Beispiel den Film Noir, mit dieser Schlapphutgestalt, diesem Alain Delon mit seinem Killergesicht. Das ist für deutsche Verhältnisse lächerlich. Auch die Cops, die durch Amerika rasen, mit ihren schwarzen Sonnenbrillen und schicken Autos. Wenn hier ein grün-weißes Auto rumfährt und es steigt ein Mann aus, das sieht immer nach «Tatort» aus. Es gibt diesen Heimatfilm, diese Bergfilme der fünfziger Jahre, damit bin ich aufgewachsen, es gibt dann noch die «Winnetou»-Filme, das war ja ein kleines Genre, und dann halt eben noch Komödien. Alles, was mir vom Neuen Deutschen Film gut gefällt, das kann ich schlecht in irgendein Genre einordnen. Das sind alles Unikate, die keiner Tradition folgen.

Ich frage mich zum Beispiel, warum gucken die Zwölf- bis Fünfundzwanzigjährigen sich überwiegend Filme an, die eine Welt zeigen, die anders ist als die Welt, in der sie leben. Also, von den Filmen her kennen sie die Skyline von New York, sie kennen den Grand Canyon, sie kennen natürlich Kalifornien, sie kennen all diese Autos, wie die Menschen angezogen sind, das ist denen alles viel gegenwärtiger, als was im eigenen Land vorkommt. Vielleicht will man das Fremde sehen, weil man das Eigene jeden Tag auf der Straße sehen kann.

Ich habe mir die Filmgeschichte daraufhin angesehen, welches die deutschen Genres gewesen sind. Es gibt etwas, was in der ganzen Welt so nicht vorkommt, das nennt sich Problemfilm, etwas sehr Deutsches! Es gibt eine spezielle Art von deutscher Komödie, im Sinne von Schwank, es gibt im Kriminalfilmbereich das Dämonische, Dämonenfilme würde ich's fast nennen…

WB: Ja, analog zu dem Schauerroman.

Ich kann mir nicht vorstellen, daß man Genres neu erfindet. Es gibt sie doch, die deutschen Genres! Wir haben ebenso viele davon wie andere Filmnationen. Einige von ihnen sind zeitweise in Verruf geraten, aber das wäre doch kein Grund, zu tun, als gäbe es sie nicht. Vielleicht haben wir nur vergessen, wie wir sie nutzen könnten.

Frank Beyer

Frank Beyer: Ich habe mein Leben lang versucht, Filme zu machen für ein breites Publikum.

Edgar Reitz: *Was ist das – ein breites Publikum?*

FB: Eine Million sollten ins Kino gehen, wenn man einen Film macht, der zwei, drei oder fünf Millionen Mark kostet.

Wodurch kann man eine Million Leute erreichen?

FB: Die Amerikaner machen uns das vor: Filme, die humorvoll sind, nicht philosophisch, die zur Sache gehen. Und die Stars sind ein wichtiger Punkt. Schauen Sie die amerikanischen Filme an und die Namen, die weltweit das Publikum ins Kino ziehen.

Sie sagen, Humor sei eine seltene Eigenschaft der Deutschen…

FB: Ja, überhaupt in der deutschen Kultur, dennoch gibt es Ausnahmen. Lubitsch hat wunderbare Filme gemacht, die schönsten in Amerika. Einer ist «Sein oder Nichtsein», ein amerikanischer Film natürlich, aber es ist ja ein deutscher Regisseur, der das auch schon kultiviert hat in den zwanziger Jahren. Ich habe das Glück gehabt, daß ich ein paarmal einen Stoff gefunden habe, der mich interessiert hat und der eine Komödie war, eine Tragikomödie. Das habe ich dann auch mit großem Spaß und großen Anstrengungen gemacht. Ich würde gerne nur Komödien drehen.

Eine Lieblingsszene aus einem Ihrer Filme?

FB: In «Jakob der Lügner» gibt es mehrere Situationen, die komisch sind und dann aber wieder gebrochen.

Es gibt ein anderes Thema, das in deutschen Filmen selten ist, Erotik.

FB: Eine deutsche Mangelerscheinung, ich kann mich da nicht ausschließen.

Humor und Erotik, die jüdischen deutschen Regisseure waren es, die das am besten gekonnt haben. Denken Sie an Ophüls.

FB: Ja, das ist möglich.

Gab es in der DEFA auch die Tradition des «philosophischen» Films?

FB: Es gab in der DEFA das, was man Erzählkino nennt. Staudte hat immer Erzählkino gemacht. Und das hat ja auch eine Tradition aus den zwanziger Jahren. Einer der interessantesten Filme aus dieser Zeit ist für mich «M» von Fritz Lang. Ein wunderbarer Film, auch heute noch, der große Erfindungen macht in der Erzählweise. Das ist eine deutsche Filmtradition, die mir gefällt und in der ich mich auch sehe.

Die allerdings letztendlich das amerikanische Kino befruchtet hat durch die Emigration. Zum Thema Emigration: ein deutsches Drama, eine deutsche Neigung?

FB: Eine deutsche Neigung mit Sicherheit nicht. Ich muß sagen, zu diesem Begriff habe ich inzwischen ein gebrochenes Verhältnis. Ich hatte früher ein einfaches und eindeutiges Verhältnis in den ersten Jahren nach dem Krieg und in der Zeit, als ich als junger Regisseur gearbeitet habe. Damals war das Wort Emigration eindeutig besetzt: Es waren die von den Nazis vertriebenen deutschen Schriftsteller und deutschen Filmleute, die aus politischen und aus rassischen Gründen aus dem Land getrieben worden sind. Die Gebrochenheit, die ich heute bei diesem Thema empfinde, rührt daher, daß wir erleben mußten, daß es eine zweite Welle der Emigration von Intellektuellen gab, die die DDR verlassen haben. Sie setzte ein mit der Ausbürgerung von Wolf Biermann, und es war eine Art Vertreibung. Es ging zwar nicht um das Leben – darin unterschied sich diese Emigration von der des Jahres 1933 –, es ging um grundsätzliche Fragen, um Arbeitsmöglichkeiten.

Herkunft, Verhältnis zur Heimat, zum eigenen Land?

FB: Ich bin ein Dorfjunge, den irrsinnig viele Zufälle in dieses Metier verschlagen haben. Als achtzehn-, neunzehnjähriger Junge hätte ich überhaupt nicht gewußt, wie ich in diesen Beruf kommen sollte, als mitteldeutscher Abiturient, für den die einzige Möglichkeit, Film zu machen, weit weg war, in Potsdam. Es gab ja nur dieses eine Studio.

Es sind eine Reihe von Möglichkeiten, die dieser DDR-Staat in den ersten Jahren seines Bestehens jungen Leuten gegeben hat. Es gab praktisch keine sozialen Ausgrenzungen mehr, und man konnte – auch wenn man aus einfachen, ganz einfachen Verhältnissen kam – in diese Berufe hineinkommen. Ich hatte die Chance, im Ausland zu studieren, das war eine ungewöhnliche Sache für das Jahr 1952. Damals gab es noch nicht einmal Reisepässe in der DDR, da gab es nur Personalausweise, und ich hatte die Chance, in Prag zu studieren. Andere haben in Moskau studiert.

Die Heimat, Ihre mitteldeutsche Provinz, aus der Sie kommen, wie kommt sie in Ihren Filmen vor?

FB: Sie kommt als äußeres Motiv nicht vor. Ich bin immer ein politischer Mensch gewesen und habe versucht, Filme zu machen, die etwas mit der Gesellschaft zu tun haben, also auch mit den Auseinandersetzungen der Gesellschaft, seien es die frühen Filme, die ich gemacht habe, die in der Nazizeit spielen, aber auch Filme wie «Spur der Steine», der einen scharf zugespitzten individuellen Konflikt behandelt vor einem gesellschaftlichen Panorama. Also, den Heimatbegriff in Ihrem Sinne, den ich schätze, den gibt es bei mir, glaube ich, nicht.

Wie waren Sie als DEFA-Regisseure fixiert, welches waren Ihre Gemeinsamkeiten?

FB: Wir waren fixiert auf die eigene Gesellschaft und deren Fortkommen. Wir waren nach 1961, nachdem die Mauer gebaut wurde, in einer widerspruchsvollen Situation insofern, als man die Mauer nicht als eine Sache angesehen hat, die man als Sieg feiern kann, so wie das in den Zeitungen stand. Das war natürlich eine Niederlage. Aber wir hofften doch, daß wir aus dieser Niederlage herauskommen können und daß wir Filme machen könnten, in denen man sich kritischer mit der Gesellschaft beschäftigt und auseinandersetzt – was vorher immer abgeschlagen wurde mit der Bemerkung, wir seien ja im vordersten Schützengraben, und dort diskutiert man bekanntlich nicht, da wird pariert. Und da gab es im DEFA-Studio eine richtige Bewegung, wo eine Reihe von Filmen entstand, die scharf zugespitzte Konflikte hatten, die wirklich zur Sache kamen. Diese Entwicklung wurde dann abgebrochen durch Einbrüche in der Politik.

Ich gebe Ihnen ein Stichwort, vielleicht fällt Ihnen spontan etwas dazu ein: moderne Kunst – Avantgarde.

FB: Sie meinen die bildende Kunst, Malerei und Experimente: kommt im DEFA-Film nicht vor, weil über Jahre hinweg bestimmte Dinge unterdrückt wurden.

Der klassische deutsche Film, gerade der Film des Expressionismus, hat sich intensiv beschäftigt mit den extremen Ausdrucksmöglichkeiten der modernen Kunst. Das ist nie mehr wieder aufgegriffen worden.

FB: Weil das auch einen sehr künstlichen Aspekt in den Film brachte. Wenn Sie an «Das Cabinet des Dr. Caligari» denken, das hat mit moderner Kunst nichts zu tun, sondern mit Bildgestaltung. Es hat in den fünfziger Jahren kräftige Bewegungen gegeben, als aus der Sowjetunion plötzlich wieder hochinteressante Filme kamen, mit denen man sich besann auf die alten Traditionen, auf Eisenstein und Pudovkin. Es gab im DEFA-Studio für Spielfilme auch eine Bewegung, die Filmbilder in ihr Recht einzusetzen. Denken Sie an bestimmte Filme von Konrad Wolf, da finden Sie das ganz ausgeprägt: «Sterne», auch ein Gegenwartsfilm wie «Der geteilte Himmel» oder «Ich war neunzehn» oder auch der Goya-Film.

Romantik, ein, sagt man, besonders deutsches Gefühl.

FB: Ein fremdes Thema für mich.

In der DEFA ist man möglicherweise diesem Thema ausgewichen, in der Geschichte des deutschen Films taucht es jedoch immer wieder auf, interessanterweise besonders in der Nazizeit.

FB: Es gibt eine Eichendorff-Verfilmung in der DEFA, merkwürdigerweise mit einem amerikanischen Schauspieler in der Hauptrolle.

Ein romantisches Motiv ist das Fernweh.

FB: Ja, ein sehr wunder Punkt für Leute, die in einem Land gelebt haben, aus dem man praktisch nicht verreisen konnte, wo Millionen nicht verreisen konnten, wenn man davon absieht, daß gewisse Schleusen geöffnet wurden in Richtung Bulgarien, Ungarn und Tschechoslowakei. Das ist ein sehr schwieriges Thema auch für mich, weil ich zu den Privilegierten gehörte, denen hin und wieder erlaubt wurde, das westliche Ausland zu besuchen. So wie es Sportlern erlaubt wurde, so wurde es uns Filmleuten erlaubt, mit unseren Filmen zum höheren Ruhm der DDR in das westliche Ausland zu reisen. Ich glaube, das Fernweh ist eine traumatische Sache für die 17 Millionen DDR-Bürger, weil in diesem Jahrhundert nicht nur für den Intellektuellen, sondern auch für die einfachen Leute hier in Europa Reisen bedeutet, den Horizont zu erweitern.

Bildungsreisen, eine alte deutsche Tradition, nicht erst seit Goethe.

FB: Und ich habe mir das auch verschafft. Ich hatte das Gefühl, ich muß diese Gelegenheiten nutzen, wenn ich herauskam zu Filmfestivals, und habe da immer eine Reise angehängt.

Sie haben auch im Westen gedreht?

FB: Anfang der achtziger Jahre habe ich hier in der Bundesrepublik zwei Filme gedreht, aus einer schweren Konfliktsituation heraus. Ich mußte mir das erzwingen damals, ich hatte einen Film gemacht, der verboten war, und hatte keine Arbeit. Ich war ein hochbezahlter Frührentner, ich bekam ein Monatsgehalt, aber keine Arbeit. Es war eigentlich nicht mein Wunsch, aber ich war in einer wirklich verzweifelten Situation.

Das waren Fernsehfilme?

FB: Ja. «Der König und sein Narr» mit Wolfgang Kieling und Götz George, und dann drehte ich «Die zweite Haut» mit Angelica Domröse in der Hauptrolle.

Ideale...

FB: Verlorengegangene Ideale, ja. Ich war sehr lange Zeit ein Anhänger dieses DDR-Systems. Ich war auch lange Mitglied in der SED – bis zum Jahre 1980 – und habe tatsächlich geglaubt, jedenfalls bis 1968, bis die Warschauer Truppen in Prag einmarschierten, daß es eine Chance gibt, einen demokratischen Sozialismus in Europa zu verwirklichen. Ich dachte, das kann man erreichen. Und das ist aber dann alles den Bach hinuntergegangen.

Auf beiden Seiten.

FB: Wir hatten ja immer Kontakte auch zu Kollegen in der Bundesrepublik. Wir waren aber mit verschiedenen Dingen beschäftigt, glaube ich. Die Bewegung, die im Westen parallel lief, also der junge deutsche Film bis zu der achtundsechziger Studentenbewegung, hier war ja die intellektuelle Jugend vollständig verstrickt. Wir haben nach Prag geschaut, damals. Wir haben nicht so sehr auf die Bundesrepublik geschaut, sondern wir haben nach Prag geschaut. Ich besonders natürlich, denn ich hatte dort mehrere Jahre gelebt, und ich hatte die Ereignisse dort verfolgt.

Ein Wort, das für uns Deutsche auch ein schwieriger Punkt ist: Nation.

FB: Sehr unterschätzt in dem Land, aus dem ich komme. Man hat dort gedacht, man könne innerhalb von einer Generation, indem man eine Grenze zieht, indem man die Kontakte verhindert, die Dinge so weit klären, daß es keine Verbundenheit mehr gibt. Das Gegenteil ist der Fall. Wenn Sie sich heute auf der europäischen Landkarte umschauen, sehen, was in Jugoslawien stattfindet, was in Teilen Rußlands stattfindet, so stellt sich heraus, daß die Nation eine zählebige Angelegenheit ist.

Wie sehen Sie als Filmemacher Ihre Zukunft?

FB: Ich bin, was die Situation des deutschen Films anbelangt, in einer geradezu verzweifelten Ratlosigkeit. Ich habe mich immer als ein Kinomann gefühlt, ich habe mein Leben lang den alten 35-mm-Film belichtet. Jetzt arbeite ich fürs Fernsehen. Es gibt noch Plätze bei den großen Anstalten, wo ich die Themen und die Geschichten, die ich erzählen will, unterbringen kann, aber es ist wirklich eine verzweifelte Situation im deutschen Kino. Wann sind wir denn in die Lage gekommen, daß uns die großen Geschichten abhanden gekommen sind? Warum gibt es keinen einzigen deutschen Schauspieler mehr, dessen Name ein Millionenpublikum ins Kino lockt? Ich kann aus meinen DDR-Erfahrungen nur sagen, das Land war klein, wir sind mit unseren Filmen sehr schwer auf den westlichen Markt gekommen, aber wir haben unsere Stars gehabt. Manfred Krug war ein Kinostar, und Armin Mueller-Stahl war ein Kinostar, Erwin Geschonneck, Angelica Domröse und Jutta Hoffmann waren Stars im Kino. Immer im Rahmen dieses kleinen Landes. Auch in der Bundesrepublik hat es in den fünfziger Jahren Stars gegeben. Da sind die Leute ins Kino gegangen. Wann ist uns das abhanden gekommen? Und wann sind uns die wenigen großen Firmen abhanden gekommen, die hier Filme produziert haben?

Detlev Buck

Edgar Reitz: *Wann hast du angefangen, wann hast du deinen ersten Film gemacht?*

Detlev Buck: 1985 kam «Erst die Arbeit und dann!?» auf die Berlinale, gedreht wurde der Film 1984.

Gibt es deutsche Filme, die dich beeinflußt haben?

DB: Als ich angefangen habe zu drehen, da habe ich mir diese Frage gar nicht erst gestellt. Ich wollte einfach eine Geschichte erzählen. Und da hat mich nichts geprägt. Geprägt hat mich die Begegnung mit Peter Pewas, von dem ich mir «Straßenbekanntschaft» angeguckt habe. Pewas habe ich in Hamburg getroffen, in einer kleinen Wohnung, Sozialwohnung, Souterrain, so 'n naßkaltes Zimmer. Der war damals schon fast achtzig. Ihm habe ich das erste Drehbuch gegeben, und er sagte, das ist ein sehr schönes Drehbuch, aber jeder träumt davon, daß er eine Hure vor der Gosse rettet. Das Thema meines Films hieß: «Ein Bauer kommt in die Stadt.» Und da sagte Pewas, der Bauer müßte eine Hure vor der Gosse retten. Das ist aber zu billig, zu klischiert, dachte ich. Da sagte er, das muß so einen Bogen haben, da treffen zwei Welten aufeinander. So haben wir über das Drehbuch geredet, was mich sehr fasziniert hat. Er hat sich viel Zeit genommen. Im Gespräch schlief er manchmal ein, war dann aber wieder da. Ja, er war fast achtzig. Ich dachte, meine Güte, der Mann hat große Filme gemacht, aber daß der jetzt so endet – also, so hatte ich es nicht vor. Der Bauer rettet in «Erst die Arbeit und dann!?» keine Hure vor der Gosse, sondern er trifft auf eine Frau, das ist alles. Und letztendlich haben die Amerikaner es dann gemacht mit «Pretty Woman».

In deinen Filmen spielt Landschaft eine große Rolle. Vor allem die Landschaft im Norden, die selten gefilmt worden ist in der deutschen Filmgeschichte.

DB: Das hat einfach damit zu tun, daß ich meinen ersten Film da angefangen habe, wo ich herkomme. Ich meine, das konnte ich irgendwie umsetzen, mit einer Überhöhung und mit einem besonderen Touch. Bei «Karniggels» sollte die Handlung in der Stadt angesiedelt sein, aber mir fehlte die Atmosphäre an gewissen Dingen. Ich fragte immer, wo soll ich hier die Kamera aufstellen? Es muß ja immer ein besonderer Ort sein.

Und das ist da, wo du aufgewachsen bist.

DB: «Karniggels» und «Wir können auch anders» hätte man woanders drehen können, denn ich habe ja auch in Bayern gelebt, eine Zeitlang, und da bin ich genauso fasziniert von der Landschaft. Also, es ist nicht so, daß ich mich nur im Norden wohl fühle, überhaupt nicht. Ich mag gerne draußen sein.

Bedeutet Landschaft noch irgend etwas anderes als nur Schauplatz?

DB: Ich habe gestern einen Stroheim-Film gesehen, «Greed», der fängt irgendwo in der Stadt an, irgendwann klaut der Held, bringt seine Frau um die fünftausend Dollar und reitet in die Wüste. Denke ich, wat für 'n Bruch, plötzlich rennen sie alle in Cowboy-Klamotten rum! Ich denke, wie kommt Stroheim plötzlich darauf? Bloß, plötzlich denke ich mir: die Gier! Das mal auf den Punkt bringen: Da ist eine Wüste, zwei Männer und fünftausend Dollar. Ich meine, das ist vereinfacht, da weiß man, worum es geht. Da ist nichts, nur fünftausend Dollar, ein kleiner Esel, eine Knarre und zwei Leute, die beide diese fünftausend Dollar haben wollen. Im Hotelzimmer würd's auch gehen. Aber draußen hat es so eine Größe, weil die Sonne brennt, und dann erschießt der eine den anderen und merkt, nachdem er ihn erschossen hat, daß er angekettet ist, und merkt, das ist sein eigenes Todesurteil. Während im Hotelzimmer, da würde er den Roomservice, nee, den kann er ja nicht anrufen, weil er dann schuldig ist, aber er würde nicht verdursten oder verhungern. In der Wüste ist das eben ein bißchen essentieller.

Es gibt Leute, die haben Filme in der Südsee gedreht, es gibt Leute, die haben in den höchsten Gebirgen, den fernsten Wüsten gedreht.

DB: Ich spar mir das alles noch ein bißchen auf. Also, ich hätte schon Lust dazu. Wir haben neulich in Litauen gedreht, und ich dachte, Wilna, das ist eine phantastische Stadt, aber nur dahin zu fahren, um da zu drehen, reicht nicht. Mittlerweile sind so viele Bilder von aller Herren Länder im Fernsehen und auch im Kino, daß es nicht Grund genug ist.

Amerika, ist das ein Traum?

DB: Nicht unbedingt. Also, ich war ja nur in Kanada. Auch wieder Landschaft, nicht?

Hollywood?

DB: Ich habe immer nur gehört, daß Los Angeles sehr langweilig sein soll, daß es da keine guten Restaurants gibt. Claus Boje war da, das ist der Produzent, mit dem ich zusammenarbeite, der sagte, wie kann Billy Wilder das nur aushalten? Der muß ja seine Arbeit wahnsinnig geliebt haben, damit er das aushält. Da hüpfen jetzt ja sehr viele Deutsche rum. Ich weiß nicht, ob die sich alle zum Skat treffen, abends. Sicherlich werde ich da mal hinfahren, aber dann müßte ich eben auch was Konkretes vorhaben, denn ich könnte da nicht warten, also, das würde mich verrückt machen. Das ist es nicht wert, daß man dann nach zehn Jahren zurückkommt mit einem Film und sagt, ich war in Hollywood, ist das nicht Klasse?

Und da haben viele Künstler warten müssen, manchmal jahrzehntelang.

DB: Wahrscheinlich sind die wahnsinnig angetrieben von diesem Traum, ein Hollywood-Filmchen zu machen, wobei es letztendlich ihnen scheißegal ist, was es ist. Nichts gegen Petersens «In the Line of Fire», aber «Tod im Spiegel» fand ich Schrott.

Man sagt, das Kino kann ohne Erotik nicht leben. Wie siehst du das?

DB: Das stimmt. Obwohl man immer sagt, in meinen Filmen, da ist eigentlich gar nichts mit Erotik. Ich meine, wodurch entsteht Erotik? Du meinst, zwischen Mann und Frau? Finde ich absolut wichtig, denn das interessiert immer alle, und es interessiert mich, aber es muß nicht andauernd Erotik sein. In meinen Filmchen ist es bis jetzt nicht besonders thematisiert, aber es spielt eine Rolle für mich, wenn ich caste, sowohl bei Männern als auch bei Frauen. Also, ich merke, der hat eine erotische Ausstrahlung.

Könntest du dir vorstellen, einen erotischen Film zu drehen?

DB: Ja, wir haben da mal mit gespielt, gedanklich, aber ich habe große Angst vor Peinlichkeit. Also, es ist wirklich eine hohe Kunst, die Erotik.

Romantik, spielt sie eine Rolle bei dir?

DB: Ja, klar, ich bin sowieso ein kleiner Träumer. Zum Beispiel Altman: «Short Cuts» finde ich tadellos beobachtet und inszeniert, toll verwoben und geschnitten, aber irgendwas fehlte, da brauche ich ein bißchen mehr Romantik.

Man sagt, daß die junge Generation cool sei. Deswegen erstaunt und freut es mich, wenn du sagst, du seist ein Träumer.

Was ist für dich Familie, oder sagen wir mal, Vater und Mutter?

DB: Wichtig.

Wäre das auch ein Thema?

DB: Im Moment nicht, weil es da stimmt. Also, weil ich da nicht leide.

Du kennst nicht den Generationskonflikt.

DB: Natürlich, aber ich gehe nicht dran kaputt. Das muß ich nicht verarbeiten. Das mag ich sowieso nicht bei Filmen, wenn man andauernd sich selber zum Thema macht. Da könnte ich ja jede Woche einen neuen Film anfangen.

Es heißt, die Zukunft des Kinos sei ungewiß. Eine Frage an die Jungen: Wird das Kino überleben?

DB: Da habe ich keine Bedenken. Diese Vereinzelung zu Hause mit Bildschirm wird auch einen Overkill geben. Die Leute haben das Bedürfnis, sich zu treffen. Eine Kinoaufführung, eine große Leinwand ist eben was anderes.

Ich nenne mich schon Mittelgeneration. Letztendlich hat jeder, der einen Film macht, irgendeine Verantwortung, das ist mir klar, aber das nach vorne zu schieben, halte ich für affig. Wichtiger ist, daß eine Lust bleibt. Die scheint mir eher abzugehen bei vielen. Daß eine spielerische Lust entsteht und daß wir sagen, wir machen was. So wird vieles gebremst. Da sind die Deutschen, sie sind nicht nur Romantiker, sondern auch ein schweres Denkervölkchen, manchmal auch ein bißchen dicht. Analytiker hoch fünf. Das finde ich fast gefährlich. So sind die Amis, die die meisten Filmchen reindonnern hier, nicht unbedingt organisiert.

Wie ist das mit Stars? Wir haben keine. Es gibt nicht mal richtige europäische Kinostars.

DB: Doch, ein paar europäische finde ich schon. Gérard Depardieu ist für mich ein Star, absolut.

Deutsche gibt's nicht.

DB: Nee, es ist schwierig, klar.

Brauchen wir wieder Stars?

DB: Ja, natürlich. Es gibt Fernsehstars und keine richtigen Kinostars, weil es ja keine funktionierende Kinoindustrie hier gibt.

Siehst du unter den heutigen Schauspielern welche, die Stars sein könnten?

DB: Natürlich. Es gibt auch phantastische Schauspieler und Schauspielerinnen, die wirklich etwas Besonderes haben. Andie MacDowell, die ich gerade in «Short Cuts» gesehen habe, ich meine, det is 'n Madel, die ist zum Star gemacht worden. Sie hat in «Green Card» gespielt, und plötzlich wird sie hochgejubelt. Jetzt ist sie ein Star. Aber sie ist nicht irgendwas Besonderes. Es gibt sehr viele, auch in Deutschland, die noch mehr haben als sie. Bei «Karniggels» spielt Ingo Naujoks mit, der hat seit zwei Jahren keine Rolle gehabt. Der hat für mich totale Star-Qualitäten. Eine Präsenz vor der Kamera, die ich wahnsinnig fand. Aber: keine Industrie, keine Stars.

Danke schön.

DB: Ich dachte, wir reden noch ein bißchen über Autos, weil, Autos sind auch hundert Jahre alt. Ein bißchen über Autos! Da könnte man genauso philosophieren, was für ein Autofahrer man ist, ob man mehr Rennfahrer ist oder Hobbyfahrer oder Wochenendausflügler oder Chauffeur oder... nee, is gut.

Das ist wahr, das Kino und das Auto!

DB: Absolut! Beide fangen auch manchmal an zu nerven. Und die ersten steigen schon wieder um auf Fahrräder.

Peter Fleischmann

Edgar Reitz: *Du bist ein Regisseur des Neuen Deutschen Films. In welcher Weise spielt für dich die deutsche Filmgeschichte, von der wir uns nach 1962 abgewendet haben, eine Rolle? Gibt es Filme aus dieser Geschichte, von denen du sagen könntest, daß sie dich trotzdem beeinflußt haben, oder die eine große Liebe geworden sind?*

Peter Fleischmann: Ich spreche jetzt von den großen Klassikern. Klassiker kann man lieben, sie können einen aber nicht so beeinflussen wie Filme, die wirklich die Generation vor uns schafft. Ja, Fritz Lang, Ophüls, vielleicht weil wir aus der gleichen Gegend sind, mag ich den besonders. Es gibt auch Filme, wie «Kuhle Wampe» von Dudow, wo Anfänge von einem deutschen Realismus zu spüren sind. Als ich meinen ersten Spielfilm machte, habe ich mich mehr an den ungarischen, tschechischen Filmen der sechziger Jahre orientiert. Es gab jugoslawische Filme, die mir damals näher waren als die französischen, obwohl ich ja in Frankreich auf der Filmschule war.

Du hast Max Ophüls genannt. Ophüls hat in den Jahren, wo er noch in Deutschland gearbeitet hat, Filme mit vorwiegend erotischem Inhalt gemacht.

PF: Erotik ist einer der Hauptmotoren. Nicht nur bei Ophüls, sondern überhaupt im Film.

Man sagt, der deutsche Film sei gerade auf diesem Gebiet etwas spröde – oder protestantisch.

PF: Und dann manchmal so betont entkrampft. Ophüls hatte eben diese Grazie der Wiener Schule, eine schnitzlersche Melancholie, die ihm erlaubte, keine sexuellen, sondern erotische Filme zu machen.

In welcher Weise spürst du da Verwandtschaft?

PF: Er kommt aus Saarbrücken, und ich bin in Zweibrücken geboren – nebenan. Das ist halt die Südwestecke, wir sind Alemannen, wir sind ein Grenzvolk. Man hat zu beiden Ländern eine Haßliebe, man fühlt sich in beiden Ländern zu Hause, und zugleich wird man dann von den Deutschen oft als sehr französisch angesehen oder von den Franzosen als urdeutsch.

Was ist das Urdeutsche?

PF: Was die Franzosen als urdeutsch empfinden, das ist z. B. Syberberg, wenn er uns sieben oder acht Stunden mit Wagner-Tönen vollfüllt. Als ich «Das Unheil» gemacht habe, einen barocken Film, da haben die Franzosen gesagt, das ist ein sehr deutscher Film. Zu «Jagdszenen aus Niederbayern» natürlich auch.

Max Ophüls entstammte einer jüdischen Familie in deinem Grenzland, also doch eine andere Tradition als bei dir.

PF: Ich glaube nicht, daß die Religion eine so wesentliche Rolle gespielt hat. Ich glaube, daß der Einfluß der Gegend genauso groß war, daß man sich erst mit der Zuspitzung des Konfliktes gefragt hat, wer ist protestantisch, wer ist katholisch, wer jüdisch.

Gibt es Weinbau in der Gegend?

PF: In der Pfalz, ja. Ich bin aus einer Weinbauernfamilie.

Prägt das den Charakter, der Weinbau?

PF: Das prägt sogar den Charakter der ganzen Gegend.

Kommt das in deinen Filmen vor?

PF: Ich habe über meinen Onkel, den Winzer, einen Dokumentarfilm gemacht. Auch «Frevel» habe ich mit einem Team von sieben, acht Leuten bei mir zu Hause in der Pfalz gedreht, und ich selbst war der Hauptdarsteller. Das war wirklich die Endphase des Autorenfilms für mich, von der Idee bis zum Buch, von der Regie bis zum Produzenten und Cutter und bei der Vertonung – und Darsteller war ich auch noch, das bekommt dann so was Autistisches.

Was ist von diesem Ideal, das Produkt künstlerisch vollkommen zu bestimmen, übriggeblieben?

PF: Ach, das war so eine Notlösung am Anfang, weil wir allen mißtraut haben und zu Recht. Es war zugleich etwas Pubertäres, wenn man sich selbst sucht, traut man niemand anderem was zu. Mir hat mal Tonino Guerra, der fast alle Antonioni-Filme geschrieben hat, gesagt, meinst du, deshalb ist Antonioni weniger Autor als du, der alles selber machen will? Da gibt es die Einsamkeit des europäischen Filmschaffenden, besonders in Deutschland. So was hat es früher nicht gegeben, in den Zeiten von Fritz Lang oder von René Clair. Film ist Gruppenarbeit, und ich glaube, da müssen wir auch wieder hin.

In dieser Haltung der Einsamkeit gedeiht die Romantik.

PF: Ja, aber auch die Nabelschau, dieser Narzißmus.

Was man im Ausland als Deutsch empfindet, dieses Wagnerianische oder dieses Dämonische, hast du davon nichts, gar nichts an dir?

PF: O ja, ich fühle mich sehr deutsch. Ich glaube, man wird geprägt von seinen Vorfahren und auch von seiner Umgebung, wo man aufwächst, und das ist eben einfach eine deutsche Tradition.

Auch diese Neigung zum Mystischen...

PF: Henri Langlois hat mich einmal gefragt – er sagte, er würde das immer die ausländischen Regisseure fragen, die bei ihm zu Gast in der Cinémathèque sind –, was das größte Vorurteil sei, das man meinem Land entgegenbrächte. Da habe ich geantwortet, daß die Deutschen ordentlich sind. In Wahrheit sind wir sehr chaotisch und haben Angst vor der eigenen Unordnung. Die deutsche Putzfrau macht nicht sauber, sie räumt auf. Das hindert uns daran, Konflikte auf der Leinwand voll zum Leben zu erwecken. Wir denken immer gleich, wir müssen sie wieder niederbügeln. Wenn man das weiß, macht es auch Spaß, damit zu spielen. So wie z. B. Fritz Lang mit «Dr. Mabuse, der Spieler» in einen Bereich reingegangen ist, der damals noch völlig neu war und geheimnisvoll. In den Grenzbereichen der Realität sind die Deutschen ganz stark. Das wird auch wieder kommen.

Und das Symbolische?

PF: Ein Symbol muß immer erklärbar bleiben. Für mich ist das Leitmotiv von Wagner wichtig. Das Wiedererkennen von Elementen, von Strukturen. Wenn jemand zum drittenmal die Treppe runterfällt, dann ist es eben komisch.

Du hast von der Pfalz gesprochen. Was bedeutet «Landschaft» für dich?

PF: Die Landschaft bringt die Ideen, es muß nicht die eigene sein. Seit «Jagdszenen aus Niederbayern» glaubt jeder, ich sei Bayer. Wenn Herzog mit seiner Sehnsucht nach fernen Ländern an den Amazonas fährt, da ist auch für ihn die Landschaft dort das Entscheidende.

Sind es auch die Städte, die so auf dich wirken?

PF: Berlin ist im Begriff, eine Stadt zu werden, die einen Regisseur anzieht. Weil es da noch unausgeleuchtete Ecken gibt, weil nicht alles so clean ist, ich glaube, unsere deutschen Filme der Adenauerzeit haben darunter gelitten, daß sie in einem so aufgeräumten Land spielten. Als ich in die Gerade-noch-DDR reingefahren bin, war das große Erlebnis das Unaufgeräumte. Daß da nicht jeder Winkel so ausgenutzt war und sauber und geradegerückt, daß es da Zerfall gegeben hat, daß noch Kinder auf der Straße spielten. Irgendwie hatte ich das Gefühl, ganz eigenartig, von Freiheit, obwohl wir ihnen gerade beigebracht hatten, daß wir sie aus der Unfreiheit retten.

Was ist ein Profi?

PF: Wir müßten uns wieder mehr darauf besinnen, daß wir unser Handwerk verstehen. Von jedem Schreiner verlangt man, daß er seine Gesellenprüfung macht, daß er gut ist. Ich will das nicht institutionalisieren, aber wir müssen wissen, daß Filmemachen ein kompliziertes Handwerk ist, das wir erlernen müssen. Doch schon die Filmschulen fangen an, nach kleinen Godards zu suchen, statt sie im Handwerk auszubilden.

Gibt es im deutschen Film eine Frau, ein Frauengesicht, eine Schauspielerin, einen weiblichen Star, der dir gefällt?

PF: Leni Riefenstahl in «Das blaue Licht».

Das unschuldige Mädel?

PF: Nein, man merkt bei der Riefenstahl sofort, daß etwas dahinter ist, daß sie eine wahnsinnig intelligente und tatkräftige Frau ist. Ich bin ein Leni-Riefenstahl-Bewunderer.

Auch der späteren?

PF: Ich mag sie, kann man sagen, mit aller Schuld, die sie auf sich geladen hat. Unser ganzes Leben lang laden wir Schuld auf uns. Sicher war sie nicht opportunistischer als der Großteil der deutschen Künstler.

Hast du eine Utopie oder Vision davon, wie die zweiten hundert Jahre des Kinos aussehen könnten?

PF: Sicherlich anders, als wir es uns heute vorstellen. Wir müssen uns bewußt werden, daß wir Teil einer sehr wichtigen Industrie sind, die Wachstumsraten hat und arbeitsplatzintensiv ist, einer Industrie, die wir nicht ganz den Amerikanern überlassen sollten. Das sehen auch unsere Regierungen. Und ich glaube, wir sind – gerade wir Deutschen, deren Tradition abgebrochen wurde durchs Dritte Reich – auch wieder dabei zu verstehen, daß der Film das Herz und der Motor ist von dieser audiovisuellen Industrie. Ob ein Film auf Zelluloid gedreht wird oder auf elektronischen Trägern, das spielt für mich keine so große Rolle. Es werden sicherlich die HD-Paläste der Zukunft dem Kino ebensowenig ähneln wie die Kutsche dem Automobil.

Welche Chance bietet Europa dem Kino?

PF: Wir haben seit dem Fall des Eisernen Vorhanges fast doppelt so viele potentielle Zuschauer: 350 Millionen in ganz Europa. Reicht, um alle unsere Filme zu amortisieren. Wir müssen den europäischen Markt für unsere europäischen Filme wiedergewinnen. Wir haben ihn verloren, wir haben auch keine Verleiher, die transnational sind, außer den amerikanischen. Aber das wird sich in den nächsten Jahren ändern. Eigentlich sind wir so krank, daß es uns nur noch bessergehen kann. Wenn man ganz unten ist, hat man nichts mehr zu verlieren.

Bist du ganz unten?

PF: Ja, und mit dem Rücken zur Wand! Wir können nur noch vorwärts gehen, und das gibt uns Kraft. Wir müssen zurück in die Kinos, nur in den Kinos entsteht Mythos.

Hans W. Geissendörfer

Edgar Reitz: *Kannst du dich erinnern, wann du zum erstenmal im Kino warst?*

Hans W. Geissendörfer: Daran kann ich mich gut erinnern, es war in Neustadt an der Aisch. Ich sah «Das Dschungelbuch», mein nächster Film war «Das doppelte Lottchen». Davor war ich oft an den Türen eines Kinos in der Bismarckstraße. Auf meinem Schulweg kam ich dort vorbei, sah die Plakate und wußte, was abends läuft. Ich habe mich zu Hause rausgestohlen, die Ohren an die Türen gelegt und gelauscht.

Warst du allein beim Lauschen?

HWG: Gleichaltrige waren dabei, auch meine Schwester und mein Bruder.

Haben dort schon deine Phantasien begonnen, einmal selbst Kino zu machen?

HWG: Nein, ich schrieb Gedichte und malte.

War das Malen einmal eine richtige Leidenschaft?

HWG: Ich habe große Gemälde gemalt, irische Hafenlandschaften und verliebte Leute.

Aus der Phantasie?

HWG: Meist aus der Phantasie.

Worin siehst du den Unterschied zwischen Filmbildern und der Malerei?

HWG: Das Filmbild kann rasen, es kann aber auch einen unheimlichen Frieden ausstrahlen. Italowestern waren oft eine sentimentale Angelegenheit und gleichzeitig brutal, weil Großaufnahmen vorkamen, so richtig große. Die Ausschnittwahl des Regisseurs hat nichts mit einem Gemälde zu tun. Der Film malt viele, viele Dinge, um am Ende ein großes Bild zu machen, eine Landschaft, eine neue Welt. Ein Ölgemälde oder eine Pastell- oder Kreidezeichnung ist etwas, wo du lange guckst oder immer wieder guckst.

Wo die Zeit sozusagen aufgehoben ist?

HWG: Ja, womit du frei umgehen kannst. Einen Film kannst du nicht immer wieder anschauen. Gut, heute mit den modernen Techniken ist das denkbar. Es ist aber selten, daß du eine wirkliche Leinwand zu Hause hast, wo du den Film immer wieder siehst und wiederholst, in einer Schleife, die dich wirklich betäubt.

Meinst du, daß der Film den Zuschauer betäubt?

HWG: Es klingt negativ, ich meine es aber positiv. Dieses Betäuben ist eine Art Konzentration. Wenn du ins Kino gehst, lieferst du dich aus. Wir waren ja mal antiautoritär und haben gesagt, das autoritärste Medium ist das Kino. Wir müssen Filme machen, die dem Zuschauer erlauben, frei spazierenzugehen von einer Ecke des Bildes zur anderen. Wir haben Filme fast nur mit Totalen gedreht. Die Suggestionskraft ist bei Totalen nicht so groß wie bei Close-Ups.

Laß uns über die Anfänge sprechen. Wann hast du deinen ersten Film gemacht?

HWG: «Der Fall Lena Christ», das war 1967.

Mit Heidi Stroh. Du kanntest sie aus «Mahlzeiten», meinem ersten Film.

HWG: Ja, für mich war sie ein Star. Ich hatte deinen Film mindestens fünfmal gesehen, und dann bin ich zu ihr hingegangen. Sie lag auf dem Bett und hat Champagner am frühen Morgen getrunken und hat mich sehr bezirzt.

Mich rief sie daraufhin an und sagte, da ist ein junger Mann, ich glaube, der hat Talent. Er heißt Hans Geissendörfer, kennst du den? Ich kannte dich nicht, habe ihr aber zugeraten.

HWG: Ich habe versucht, mich bei euch ins Boot zu setzen. Aber entweder habt ihr es mir schwergemacht, oder ich habe es mir selber schwergemacht. Historisch gesehen, saßen wir alle im selben Boot. Wenn ich daran denke, wie der Filmverlag der Autoren zustande kam: die Gründungsmitglieder, alle voller «Selbstlosigkeit». Ich dachte, endlich komme ich ins Gespräch mit denen, die ich teilweise sehr bewunderte. Aber das Gespräch hat nie stattgefunden, bis heute nicht.

Was steckt dahinter?

HWG: Angst voreinander, Eifersucht, ich glaube, daß in diesem Land Neid viel wichtiger ist als Liebe. Die Leute können erst dann souverän mit ihren Talenten umgehen und sich nicht eifersüchtig einkerkern, wenn sie wirklich Erfolg haben. Gerade in den Anfangsjahren nach Oberhausen hat jeder seine Bücher behütet und hat sie ja niemand lesen lassen. Ich weiß noch, bei Vorführungen im Filmverlag der Autoren hieß es immer, hoffentlich ist der Film von einem Kollegen, den wir jetzt sehen werden, nicht gut.

...nicht gut?

HWG: ...nicht gut! Ich erinnere mich an einen Film, wo das verbalisiert worden ist: «Furchtlose Flieger» von Veith von Fürstenberg.

Hatte man Angst, daß einer dem anderen seine Chancen wegnimmt?

HWG: Ich will nicht sagen, das sei das einzige Motiv gewesen, weshalb die Leute zusammenkamen.

Nun, es sind in dieser Zeit permanent Gruppierungen gegründet worden. Es fing mit der Oberhausener Gruppe an. Die ist hervorgegangen aus einer Gruppe, die sich «doc 56» nannte, einer Gründung von Haro Senft. Diese Gruppe traf sich immer in einem chinesischen Restaurant in der Münchener Tengstraße. Danach gab es die Leute, die das Kuratorium Junger Deutscher Film gegründet haben, dann die Arbeitsgemeinschaft Junger Deutscher Film, der ich auch angehörte. Es sind haufenweise Vereine gegründet worden, der Filmverlag der Autoren usw. Man sieht, daß wir ein Bedürfnis hatten, uns zu sammeln. Gleichzeitig hatten wir Angst voreinander. Vielleicht entsprang das Gruppengründen dieser Angst: Wenn man näher rückt, hat man den «Freund» besser unter Kontrolle.

HWG: Ich glaube, daß die damalige Zeit verlogener war als die rein kommerzielle heute. Die ästhetische Revolution, wir machen es anders, raus aus den Fußstapfen der Väter, jeder kann eine Kamera in die Hand nehmen, all das klang verführerisch. Dann kam sehr schnell die Arroganz derer, die glaubten, alles besser zu wissen.

Hat auch diese politische Vorstellungswelt, die sozialkritische Analyse und der ästhetische Marxismus, Angst erzeugt?

HWG: Vielleicht eine Art von Vorzensur: Welchen Stoff drehe ich, welchen Stoff nicht? Ich hatte damals einen guten Kontakt zu Wim Wenders, den ich ganz ehrlich gefragt habe: Was muß ich tun, um möglichst schnell zu lernen? Er hat mir gesagt, du solltest mehrere

Genres ausprobieren und deine eigene Sprache finden. Wim war bei «Der Fall Lena Christ» Aufnahmeleiter, daher kam die Bekanntschaft.

Gab es auch Angst gegenüber der Kritik?

HWG: Ich kenne die Wichtigkeit dieser Leute, und ich habe schnell gelernt, sie nicht zu ernst zu nehmen und keine Angst zu haben. Filme für Kritiker zu machen, das ist mir nie passiert, Gott sei Dank.

Du bist in einer ländlichen Gegend aufgewachsen, in einer kleinen Stadt.

HWG: Wir hatten unmittelbar am Haus einen sogenannten Stadtpark. Schon als kleiner Junge konnte ich selbständig ausreißen.

Was bedeutet Wald für dich?

HWG: Wald, das sind frühe Sammelerlebnisse, Pilze sammeln, alleine bleiben, Schwarzbeeren pflücken mit einem Mädchen, mit den Geschwistern, Lauschen auf Stimmen, ist auch wieder das kleine bißchen Unwohlfühlen, auch was man in den Märchen gehört hat, die Dunkelheit, der Schatten, das Licht, die grellen Unterschiede zwischen Schwarz und Weiß. Ich erinnere mich auch an das Gehen im Wald, den Boden, das Moos, die Nadeln, das Sichhinsetzen, eventuell das Summen, die Töne. Schwarzbeeren pflücken, das haben wir nach dem Krieg sehr intensiv getan. Damit haben wir unsere ersten Taschengelder verdient; einhundertein Putzeimer voll an einem Tag, von früh acht bis abends.

Landschaft, die dir besonders nahe ist, die dich zum Geschichtenerzähler macht?

HWG: Das sind Korridore, keine Landschaften, sondern Türen, offene Türen, Blicke durch offene Türen oder eine Tür, die geheimnisvoll geöffnet wird.

Das Innere von Häusern?

HWG: Ich wollte immer im Studio drehen, weil ich mir meine Welt selber bauen wollte. Im Studio kann ich die Sonne aufgehen lassen, ich habe alles in der Hand. Die Wahrheit der Natur brauche ich im Kino nicht. Landschaft hat mich immer gestört. Am Meer habe ich Schwierigkeiten mit dem Framing, weil ich mich eigentlich einengen will.

Der französische Film hat uns gerade in den sechziger Jahren geprägt. Interessant ist, daß die Regisseure der Nouvelle Vague, Truffaut z. B., Kenner des deutschen klassischen Films waren. Sie kannten Mur-

nau und Lang, Lubitsch, Wiene, Ophüls, Pabst oder Sternberg und haben alle ihre Filme studiert. Die Kollegen vom Neuen Deutschen Film kannten die deutsche Filmgeschichte kaum.

HWG: Ich glaube, das ist typisch für unsere Generation. Wir haben mehr von amerikanischen oder vielleicht von französischen Filmen erfahren als durch die eigenen. Wenn du aber an die Auswanderer deutscher oder auch österreichischer Abstammung denkst, die nach Hollywood gegangen sind: Es kam ja alles indirekt wieder zurück.

Kommst du aus einer katholischen Familie?

HWG: Ich bin ein protestantischer Pfarrerssohn.

War deine Erziehung kinofeindlich?

HWG: Kino war eine Welt, die den einfachen Bürgern nicht so vertraut war wie heute. Das war eine Welt der Illustrierten, des Glitters, und daher kam die Abwehr, «um Gottes willen, mein Junge soll Oberschullehrer werden, oder er soll Arzt werden».

Du hast viel fürs Fernsehen gearbeitet.

HWG: Ich glaube, daß wir es im Fernsehen geschafft haben, spezifische Welten und auch nationale Welten zu schaffen. Wir haben die deutsche Produktion deutlich abgesetzt vom amerikanischen Import. Ich halte es für möglich, daß das europäische Kino dasselbe leisten kann.

Vadim Glowna

Edgar Reitz: *Vadim, du bist ursprünglich Schauspieler, dann bist du Filmregisseur geworden. Hat die Liebe zum Film bei dir erst spät angefangen?*

Vadim Glowna: Nein, im Gegenteil. Ich war noch ganz klein, keine zwei Jahre alt, als das losging. In Oltin in Schleswig-Holstein, wo wir lebten, wurde ein Film gedreht. «Immensee» von Veit Harlan. Und da war ich das Baby von Kristina Söderbaum, das sie im Arm hält, als sie vor dem Rathaus steht. Da hat meine Mutter mich für ein Tagesgeld vermietet.

Aber kannst du dich an diese frühe Szene erinnern, du, als Baby auf dem Arm eines Kinostars?

VG: Ich habe den Film später gesehen.

Welche anderen ganz frühen Filmerlebnisse waren so stark, daß du sie nicht vergessen kannst?

VG: Als mein Vater aus der Kriegsgefangenschaft kam, hab ich ihn in ein Kino geschleppt. Das war in Hamburg. Wir sahen uns einen Film an, den ich nie vergessen werde: «Mein großer Freund Shane», die Geschichte zwischen einem erwachsenen Mann und einem kleinen Jungen. Mein Vater saß neben mir und rutschte immer mehr in sich zusammen, und die Tränen kamen, mir kamen auch die Tränchen.

Das war ein amerikanischer Film.

VG: Deutsche Filme, das waren diese Heimatfilme, Schnulzen und Revuefilme wie «Bonjour, Kathrin». In den fünfziger Jahren, wo man sich so hinschlich, weil man vom Internat aus noch gar nicht ins Kino durfte. Ich wollte immer schon Regisseur werden, nicht Schauspieler.

Ein Star ist noch etwas anderes als der Schauspieler: eine Identifikationsfigur, auch ein Bestandteil des finanziellen Konzeptes der Filmwirtschaft.

VG: Ich habe nie verstanden, warum der Star bei uns so abwertend behandelt wurde. Auch beim Oberhausener Manifest. Gut, ich verstehe die Protesthaltung: daß man gegen die Mißwirtschaft ankämpfen wollte. Aber daß man den Schauspieler so schlecht behandelt hat, ich glaube, das ist ein wichtiger Punkt, warum das deutsche Kino heute so kaputt ist. Mit einem Mal waren die Leute wie O. W. Fischer, Dieter Borsche, Maria Schell nichts mehr. Ein paar von diesen Stars haben dann Fernsehen gemacht, für eine müde Mark, aber sie konnten nicht mehr so leben, wie sie es gewohnt waren, und das ist auch wichtig für den Zuschauer, daß ein Star ein bestimmtes Leben leben kann, von dem man träumen kann. Im Fernsehen gibt es Stars, aber im Kino?

Du bist auf der Suche nach Schauplätzen für deine Filme in die weite Welt gezogen. Hast du Fernweh?

VG: Ich glaube, das haben viele von uns. Meinen allerersten Film, «Desperado City», habe ich in meiner Heimatstadt Hamburg gedreht. Und den nächsten Film dann gleich in Amerika, in Texas.

Landschaft wäre mein neues Stichwort.

VG: Ich habe bei meinem zweiten Film, «Dies rigorose Leben», eine Wüste gesucht. Aber die Wüste in Texas oder in New Mexico war nicht so, wie ich mir es vorgestellt hatte. Ich hatte eine Vorstellung, da ist es heiß, es gibt Wind, man schwitzt, und der Wind treibt den Sand auf die Haut, und der bleibt dort kleben: Wenn man jemand streicheln will, dann ist das wie Schmirgelpapier. Um diese Landschaft zu finden, bin ich fast ein halbes Jahr kreuz und quer durch Amerika gereist, keine Wüste gleicht der anderen, und dann hab ich den Ort gefunden. Ich suche immer den magischen Ort.

Also das Rätsel, das Unerklärbare, das Geheimnis. Sind deine Figuren Spiegelbilder oder Abbilder deines Lebens?

VG: Das weiß ich nicht. Als Schauspieler entwickelt man ein anderes, vielleicht ein distanziertes Verhältnis dazu. Gleichzeitig sucht man auch sich selbst, geht auch auf eine Reise, wenn man eine Figur spielt.

Welche Art von Menschen fasziniert dich?

VG: Das Böse ist faszinierend. Wenn ich in meinen eigenen Abgrund schaue, dann schaudert's mich.

Die europäischen Nachbarländer sehen in uns Deutschen immer das Wagnerianische, dieses Grüblerisch-Pathetische, das symbolistische Denken. Fühlst du dich darin erkannt?

VG: Nein, gar nicht. Mein Großvater war Franzose, und meine Familie kommt aus Polen.

Wahnsinn ist faszinierend, ebenso das Böse, oder?

VG: Alles, was nicht normal und voraussehbar ist, hat eine Faszination. Wahnsinn kann sich in Träumen, in Raserei und auch in Kriminalität äußern, dann sind wir wieder bei dem Begriff Abgründe.

Welche Jahreszeit ist dir die liebste?

VG: Der Herbst. Da fallen Ernte und Melancholie so schön zusammen.

Weißt du, daß das bei allen deutschen Regisseuren so ist?

Reinhard Hauff

Edgar Reitz: *Reinhard, das Kino ist jetzt einhundert Jahre alt. Denkst du, es gibt noch einmal hundert Jahre Kino?*

Reinhard Hauff: Gar keine Frage! Die Leute mögen das Kino, man sieht das an den Zuschauerzahlen. Mehr denn je rennen sie ins Kino. Sie wollen eben nur gewisse Filme sehen, Filme, die eine Energie ausstrahlen. Wenn Zuschauer diese Energie in einem Film nicht spüren, dann gehen sie nicht rein. Und wenn man dann noch aus einem Land kommt, das durch Sprache und Vergangenheit, durch Kultur-, Verleih- und Kinostrukturen behindert ist, hat man's schwieriger. Aber dieses kulturkritische Räsonieren unserer Generation teile ich überhaupt nicht.

In welchen Zeiten hatte das deutsche Kino diese Energie?

RH: Die Energie hatte es immer, wenn es Vorreiter war, im Entertainment oder in einer Anti-Haltung. Letzteres betrifft unsere Generation. Die Alternative hatte eine gewisse Wut, eine Lust, eine Emotion und Energie am Anfang. Da gab es auch Erfolge. Jetzt ist die Zeit anders, wir haben momentan keine Alternative zu bieten, weder politisch noch sozial, noch ästhetisch. Wir müßten uns entscheiden, bei diesem Mainstream-Kino mitzumachen, was ja nicht identisch ist mit kommerziellem Kino. Gute Filme, die kommerziell funktionieren, aber nicht billig geplant, spekulativ sind. Den Zuschauer mit allen Mitteln erreichen zu wollen, das muß man wagen und probieren, dazu braucht es viel Wissen und Können, eben diese gewisse Energie. Wenn man die nicht mehr hat, weil man älter geworden ist, ein bißchen müder, oder man nichts auf der Pfanne hat, dann muß man sich auch nicht daran beteiligen und nicht traurig sein. Es müssen nicht alle Filme machen. Es sollen nur Leute Filme machen, die was zu bieten haben. Das ist in jedem Beruf so.

Im Ausland hört man immer wieder bestimmte Meinungen über das angeblich typisch Deutsche: Man erwartet das Dämonische, das Wagnerianische oder das Romantische an uns.

RH: Das stimmt und stimmt wieder nicht. Es sind auch andere Filme im Ausland gut gelaufen: «Das Boot» hat nichts Teutonisches, Wagnerianisches oder Nietzscheanisches. Das ist ein gut gemachter Actionfilm.

Das internationale Urteil trifft wohl mehr auf den deutschen Autorenfilm zu?

RH: Nicht auf den ganzen Autorenfilm, sondern nur auf ganz wenige, die das verkörpern. Das hat bei deiner «Heimat» sicher eine Rolle gespielt oder wenn die Franzosen Sehnsucht nach Syberberg haben. Aber das sind ein paar Ausnahmen. Das gilt nicht generell.

Welche Rolle spielt in deiner Vorstellungswelt die deutsche Landschaft?

RH: Die deutsche Landschaft war für mich nie so wichtig, obwohl ich viele Filme auf dem Land und auch mit viel Landschaft gedreht habe. Das gehört zu einem Film wie die Landschaft von Gesichtern. Ich bin immer an Filme anders herangegangen. Für mich waren es Geschichten, Konflikte von Leuten, Probleme, denen ich mich dann mit dem Film genähert habe. Es war für mich immer wichtig, daß es real war und zu erkennen war, wo das stattfand.

Ich frage deshalb, weil in deinen Filmen Landschaft oft eine natürlichere Rolle spielt als in den meisten deutschen Filmen, in denen Landschaften symbolisch aufgeladen werden, Landschaften, die für Pathos geeignet sind, zum Beispiel die Berge.

RH: Vielleicht habe ich das noch vor mir. Ich habe mich immer mehr vom Konfliktstoff genährt, und deswegen waren das Pathos und die Überhöhung, was man mit Musik, mit Landschaft, mit Mystifizierung usw. betreiben kann, bisher nicht mein Thema.

Ich möchte zurückkommen auf das, was du Energie genannt hast. Verstehst du darunter auch Dramatisierung?

RH: Wir haben uns daran gewöhnt, alle Konflikte diskursiv zu lösen, was menschlich gesehen kein Rückschritt ist, aber dramatisch ein Verlust. Diesen Verlust von dramatischer Auseinandersetzung mit dem Leben spürt man überall. Bevor es zum Zusammenstoß kommt, diskutieren wir alles aus. Das ist eine freundliche, demokratische Form des Umgehens, aber fürs Drama ungeeignet.

Kommt das vielleicht von der vielzitierten deutschen Neigung zum Grüblerischen?

RH: Das Analysieren, das Reflektieren ist die Vorstufe einer dramatischen Arbeit, aber sie darf nicht vor der Kamera stattfinden. Dieses Fühlen von Gestalten und Visionen, alles auf einen einfachen Nenner zu bringen, das ist das schwerste. Wenn man sieht, z. B. in einer Filmschule, wie alle versuchen, sich zu spezialisieren, damit sie nur nicht dieses Ganze, dieses Klare, Einfache und trotzdem Überhöhte hinkriegen müssen, da entlarven sich alle Unfähigkeiten brutal und gnadenlos. Wenn man dann eine schöne Musik draufmacht oder alles ein bißchen mit Blau, dann gelingen manchem irgendwelche Filme.

Unsere Eltern waren große Kinogänger, in einer Zeit, als es eine mächtige staatliche Filmindustrie gab, die ungeheuer erfolgreich war beim Publikum. Auch das ist eine Tatsache, der wir ins Auge blicken müssen. Es hat ihn einmal gegeben, den wirklich erfolgreichen deutschen Film, der aber gleichzeitig ein bitteres Kapitel in unserer Geschichte ist. Kann es sein, daß man seitdem dem Erfolg mißtraut?

RH: Die haben dem Erfolg nicht mißtraut, die haben ihn gemacht.

Ich spreche von uns.

RH: Du mißtraust dem Erfolg der Filme im Dritten Reich, meinst du das?

Ich will damit sagen, daß in den sechziger Jahren, als wir angefangen haben, ein generelles Mißtrauen gegenüber dem Erfolg bestand.

RH: Ach so. Das war ein Mißtrauen gegenüber der Vätergeneration, so ein historischer Moment, aber nun ist der irgendwann einmal vorbei. Nicht daß sie bewältigt ist, diese Vergangenheit, aber das ist kein Thema mehr für die Jugend heute. Die müssen ihre Energien woanders her beziehen. Sie haben zehn verschiedene Entwürfe parallel, fast gleichwertig, kein Feindbild mehr, und sie können sich auch nirgendwo anschließen wie wir bei der Nouvelle Vague. Sie müssen einfach genial sein, um durchzubrechen, während wir doch mit einer gewissen politischen, ideologischen Bewegung mitschwimmen konnten. Da wußten wir auch ungefähr, wer vor uns sitzt, aber die Jungen wissen nicht, wer ihre Filme anguckt. Das ist sehr viel ungewisser und schwieriger für diese Generation.

Um so größer ist deswegen das Verlangen nach Erfolg.

RH: Das Verlangen nach Erfolg ist o. k., das ist in dieser Gesellschaft so angesetzt. Aber die Vorleistung, daß man etwas bringen muß, bevor man einen Film machen darf, das akzeptieren nur wenige, weil es durch die Fördermittel zu leicht ist für viele. Es gibt kein Land, wo man so schnell einen Film machen kann wie in Deutschland. Die Schwelle ist nicht hoch genug gesetzt. Ich bin knallhart geworden gegenüber meiner früheren Sicht. Unsere Bemühungen waren, daß jeder erst mal machen darf und dann erst beweisen muß. Nachdem nun Filme von dieser entsetzlichen Beliebigkeit und Harmlosigkeit gemacht werden, bin ich absolut dafür, daß man die Latte viel höher hängen muß. Diese Inflation von nie gesehenen Filmen ist doch langsam lächerlich. Der Ehrgeiz der Jungen ist sinnlos, wenn das Rennen nie losgeht, weil hundert Autos am Start stehen und einfach nur «brumm-brumm» machen.

Also zuviel Förderung.

RH: Ja, absolut, eine zu beliebige Förderung. Es wird Geld ausgegeben, damit es nicht verfällt. Die Gremienmitglieder sagen, eigentlich dürften wir diesmal keinen fördern, denn da ist keine Power dahinter, aber das Geld wollen wir nicht dem Staat zurückgeben. Die meisten Filme sind so nur halbe Filme geworden.

Überraschungsfrage: Welches ist deine Lieblingsjahreszeit?

RH: Ich weiß nicht. Außer dem Winter gewinne ich allen Jahreszeiten irgendwas Positives ab. Ich mag lieber die Wärme als die Kälte.

Die Wärme innen im Haus?

RH: Du willst jetzt hoffentlich nicht noch wissen: «innen in mir»! Der Mensch paßt sich in der Weise an, daß er den Winter auch noch schön findet. Ich fühle mich da, wo's warm ist, besser als in so grauen Städten.

In den sechziger Jahren waren wir gegen das Starwesen im Kino. Haben wir unsere Meinung geändert?

RH: Diese Antihaltung war kurzsichtig und hat nichts hervorgebracht. In Deutschland werden die Stars durchs Fernsehen gemacht. Siebzig Serien werden in Deutschland produziert, und die TV-Produzenten haben auch dieses Problem gar nicht mehr. Sie beziehen ihre Stars aus der letzten erfolgreichen Fernsehserie. Demnächst werden alle Fernsehstars im Kino erscheinen, da werden wir gar nicht gefragt, ob wir dafür oder dagegen sind. Das Fernsehen wird uns das alles abnehmen, da brauchen wir gar nicht mehr darüber nachzudenken. Fassbinder wurde mit seiner Fernsehserie populär, du bist nur durch deine Fernsehserie populär geworden, und so ist das mit Schauspielern erst recht. Die meisten Schauspieler haben in zwanzig deutschen Filmen gespielt, und kein Schwein kennt sie. Wie sollen sie auch bekannt werden, wenn die Filme nicht gesehen werden? In Amerika wird auch besetzt, wer im Fernsehen erfolgreich war.

Ich komme zurück auf «Energie». Ist das Böse eine Energie in deinem Sinne?

RH: Das Böse ist eine Energie, die wir uns haben austreiben lassen. Das Gute zu wollen, ich beziehe mich da ein, die Menschheit aufklären zu wollen und das Böse ausklammern zu wollen ist ein großer Fehler. Wir haben unsere Personen immer eindimensional im Guten geschildert, statt auch das Böse in unseren Helden zu sehen und diese Widersprüche zu beleuchten. Wenn man merkt, der Held ist ein guter, aber er ist irgendwo auch ein Schwein, dann ist das viel spannender und interessanter. Das gab es immer in der Literatur, nur in unseren Filmen kam es nicht vor.

Wie ist das mit den Idealen?

RH: Schwierig, denn keiner weiß richtig, welche Ideale richtig sind. Mit Idealen wird man heute nicht zu einem Helden. Die meisten Ideale haben sich selbst diskriminiert. Das ist ein spannendes Thema, wenn man es offen und auch viel härter und schonungsloser angeht. Dann ist es vielleicht ein Thema, das die Jungen wieder in die Kinos holt. Sie wissen ja, daß ihr Vater eigentlich auch ein Schwein ist.

Es gibt die Tendenz, Filmprojekte, die auf den Erfolg setzen, in englischer Sprache zu produzieren. Hat die Verteidigung der deutschen Muttersprache im Film noch Sinn?

RH: Wir sehen alle Filme synchronisiert und akzeptieren das. Als ich neulich Bertoluccis «Little Buddha» im Original gesehen habe, d.h., die Mönche in Bhutan sprachen alle englisch, ist mir die ganze Fragwürdigkeit dieser Internationalisierung des Films deutlich geworden. Inszenieren in einer Fremdsprache ist grausig, inszenieren in fünf Sprachen, das habe ich auch schon gemacht, ist noch furchtbarer. Es führt zu schrecklichen Ergebnissen. Es gibt deutsche Produktionen, bei denen deutsche Schauspieler englisch sprechen mußten, da kann man eine totale Verlangsamung beobachten: derselbe Schauspieler spricht, spielt und denkt ungefähr um die Hälfte langsamer. Das ist ganz furchtbar.

Du hast das beste Beispiel gegeben: Du hast gesagt, ich kann «Ich liebe dich» eigentlich nur in meinem Heimatdialekt sagen, in Hochdeutsch wäre das immer peinlich. Das ist eine sehr sensible und genaue Beobachtung. Wenn man genau beobachtet, genau und sensibel bleiben will im Film, dann ist die Muttersprache ganz wichtig.

Europa: Haben wir schon ein europäisches Lebensgefühl, aus dem heraus man Filme machen könnte?

RH: Ich glaube, die Filme aus Europa verraten deutlich ein europäisches Lebensgefühl. Die stärkeren Filme von Bertolucci sind eben die, in denen er nicht versucht, durch die Augen einer amerikanischen Familie den Buddhismus kennenzulernen. Es gibt viele Filme, die kann man überall drehen. Ich will nicht diese Regionalisierung verherrlichen. Man muß akzeptieren, daß Europa nicht mehr eine eigenständige Kultur haben wird, auf Dauer gesehen. Die Internationalisierung wird fortschreiten, und ich finde nichts Schlechtes dran. Die Frage ist, ob man sich für den Mainstream entscheidet, ob man das große Publikum erreichen will, oder ob man sagt, ich will reine, saubere Kunst machen. Das akzeptiere ich, dafür muß es auch Gelder geben, aber nur, wenn da einer wirklich was leistet, nicht wenn er das nur behauptet. Entweder man nimmt am Rennen teil, dann muß man sich auch organisieren, produktions- und verleihgemäß, und nicht denken, ich bin so traurig, ich habe meinen Film so schön gemacht, und nun läuft er nicht. Wenn man diese ökonomischen Seiten nicht sieht, dann ist man naiv.

Das heißt, Film ist immer auch Industrie?

RH: Ja, Teil einer großen Medien-Industrie. Das ist nicht zu verhindern, indem man in der Ecke schmollt und eine Nischenkultur betreibt. Ich verachte das nicht, aber man darf dann nicht sagen, die anderen sind die Bösen und ich der Gute. Das ist sentimentale und larmoyante Scheiße.

Werner Herzog

Edgar Reitz: *Weißt du noch, welcher der erste Film in deinem Leben war?*

Werner Herzog: Daran erinnere ich mich noch sehr genau, und zwar deswegen, weil ich in Oberbayern in einem abgelegenen Gebirgstal aufgewachsen bin, wo ein Auto eine Sensation war, wo eine Banane völlig unbekannt war, ich kannte das Wort nicht einmal. Ich habe auch nie eine Orange gesehen und mußte das alles erst mal lernen, ich mußte auch Hochdeutsch erst lernen. Später in der Schule, im Alter von elf Jahren, wurden zwei Filme vorgeführt, und zwar Dokumentarfilme. Eskimos, die einen Iglu bauten, direkt danach wurde gezeigt, wie Pygmäen, irgendwo in Kamerun oder in der Zentralafrikanischen Republik, eine geflochtene Brücke aus Lianen über einen Fluß bauten. Da schwang sich ein Pygmäe an einer Liane wie Tarzan über den Fluß. Wie Spinnen hingen die an der Hängebrücke. Das war eine Sensation in meinem Leben.

Hat das damals schon dieses Fernweh ausgelöst?

WH: Ich glaube nicht, denn dort, wo ich aufgewachsen bin, war ich zufrieden, und ich hatte eine schöne Kindheit. Sie war vaterlos. Ich glaube, viele von den Regisseuren, die im Neuen Deutschen Film gearbeitet haben, waren vaterlos, von dem Standpunkt aus gesehen, daß sie keine Lehrer hatten und keine Kontinuität in der Filmgeschichte. Wir waren alle Waisenkinder. Fernweh existiert bei mir gar nicht, aber die Neugier, woanders hinzugehen und einen Platz zu finden, der menschenwürdig ist und wo wir eine fast utopische Existenz leben können. Das kam erst später, vielleicht mit vierzehn. Da hatte ich eine intensive religiöse Phase und fing an, von der Schule auszureißen. Ich wollte nach Albanien, und ich bin, nachdem ich nicht in das Land hineinkonnte, immer der Grenze folgend, bis zur Adria gegangen. Immer sozusagen im Kosovo bleibend, immer die Grenze linker Hand von mir, manchmal nur fünfzig Meter entfernt, aber ich habe mich nicht ins Land hineingetraut. Und zu diesem Zeitpunkt kam auch das feste, unabdingbare und unumstößliche Wissen, ich würde Filme machen. Obwohl ich kaum Filme gesehen hatte. Ich hatte «Dr. Fu Man Chu» und «Tarzan» gesehen und «Zorro»-Filme. Auch ein paar besondere Filme, z.B. «Ugetsu Monogatari» von Mizoguchi. Das waren Momente von Erleuchtung.

Es war also ein Filmerlebnis, das in dir den Wunsch geweckt hat, selber Filme zu machen.

WH: Nicht ein einzelnes Filmerlebnis, wo ich sagen könnte, das war ausschlaggebend. Sondern es war für mich völlig klar, das war mein Schicksal, das ich auf meine Schultern laden werde, dieses Gefühl war sehr früh da und hat mich nie verlassen.

Spürst du einen künstlerischen Auftrag in dir?

WH: Ich würde vorsichtig sein mit dem Wort «künstlerisch». Filmedrehen ist im Grunde genommen eine handwerkliche Arbeit. Sie hat viel mit Athletischem zu tun. Nicht so, daß es besondere Ausdauer und besondere körperliche Kräfte erfordert. Wenn ich von «Athletischem» rede, meine ich vielmehr «Gefühl für Raum». Wie bewegt man sich im Raum, wie stellt man Personen in den Raum, wie entwickeln sie Beziehungen zueinander, wie bewegt sich ein Blick, eine Kamera? Wie nützt man Räume, die gar nicht sichtbar sind? Ich habe immer Fußball gespielt, nie sehr gut, aber immer relativ klug, weil ich mit dem Raum gut umgehen konnte. Es kommt dazu, daß ich immer Dinge machen wollte, die für Menschen nicht wirklich möglich waren, zu denen wir nicht gebaut sind, physisch. Ich wollte immer fliegen können. Ich wollte Skispringer werden, Skiflug-Weltmeister. Das beschäftigt mich bis heute. Bei der Olympiade sitze ich mit Schweiß in den Händen vorm Fernsehapparat und sehe zu, wie die Leute fliegen, praktisch ohne Gerät.

Du liebst das Extreme, suchst die Herausforderung.

WH: Es ist etwas Ekstatisches, ich würde nicht extrem sagen. Dieses Gefühl von vollkommener Ekstase – aus dem herauszutreten, was wir physisch sind – hat mich begeistert und fasziniert, auch im übertragenen Sinn. Was wir im Kino leisten können, daß wir Bilder zeigen können, die nur in unserer Phantasie sind, die ganz tief in uns schlummern,

Bilder, die wir aufwecken mit einer Kamera und die wir dann auch im Zuschauer aufwecken können. Ich glaube, es sind immer Bilder, die ganz tief in uns drinstecken und auf einmal aufgeweckt werden wie Geschwister, die uns unbekannt waren. Auf einmal haben wir einen Bruder, eine Schwester gewonnen.

Woher kommt das, gibt es Erinnerungen an verlorengegangene Fähigkeiten?

WH: Vielleicht kann ich es am ehesten mit Michelangelo erklären. Die Sixtinische Kapelle: Ich war wirklich schockiert von der Größe dieser menschlichen Leistung. Seitdem es Menschen gibt, hat es menschliches Pathos gegeben, aber Michelangelo war derjenige, der es artikulieren konnte. Seitdem er die Sixtinische Kapelle gemalt hat, wissen wir viel besser darüber Bescheid, wer wir sind. Michelangelo hat uns eine Seite von uns bekannt gemacht, die wir vorher nicht gesehen haben.

Ich sehe dich in deinen Filmen immer wieder in fremden Landschaften, in extremen Landschaften, die zum Leben eigentlich nicht geeignet sind. Was ist das, was du dort suchst?

WH: Landschaften spielen eine große Rolle in allen meinen Filmen, auch jüngst in «Lektionen in Finsternis». Der Film ist in Kuwait gedreht worden, wo praktisch eine ganze Welt gebrannt hat. Sechzig Minuten lang gibt es nicht ein einziges Bild, wo wir unseren Planeten noch wiedererkennen. Da ist eine Landschaft, die nicht mehr bewohnbar ist und jede Würde verloren hat. Wenn ich mir Hollywood-Filme anschaue oder Werbefilme im Fernsehen, das sind ja alles verbrauchte, beleidigte Landschaften. Da wird Landschaft immer nur als Hintergrund verwendet. Bei mir ist Landschaft immer eine innere Landschaft. Der Urwald in «Aguirre, der Zorn Gottes» oder in «Fitzcarraldo» ist ein menschlicher Zustand, es ist ein Fieberwahn, ein Delirium, eine fast erfundene Landschaft. Landschaften können so weit «inszeniert» werden, daß sie auf einmal Eigenschaften unserer Seele sind. Das verbindet mich stark mit Caspar David Friedrich, der genau dasselbe versucht hat, natürlich mit anderen Mitteln und in einer anderen Zeit. Die Frage war immer: Wie können wir Landschaften der Seele darstellen?

Bei den Bildern von Caspar David Friedrich hat man oft das Gefühl – Menschen sind darin ja immer sehr klein –, daß man in der Landschaft

Gott näher ist. Du sagst, daß Landschaften «beleidigt» werden können: Wer ist es, der da «beleidigt»?

WH: Ich glaube, es ist etwas auseinandergelaufen in unserem Verhältnis zur Landschaft und mit unserer Spiritualität. Die Momente, wo in unserer Zivilisation, weit zurückreichend, die Dinge schiefgelaufen sind, lassen sich benennen. Der Prozeß gegen Galileo Galilei war ein wichtiger solcher Punkt. Die Kirche wußte, daß er wissenschaftlich recht hat, aber die Frage war, was ist wichtiger, Glauben oder wissenschaftliche Wahrheit. Damals ist für den Glauben entschieden worden, und Galilei wurde verurteilt. Vielleicht hat einen der entscheidenden Fehler der Menschheitsgeschichte Petrarca gemacht, als er auf einen Berg gestiegen ist. Niemand hat vorher daran gedacht, auf einen Berg zu steigen. Man hat die Berge in ihrer Würde und in ihrer Unantastbarkeit belassen. Keines der Bergvölker auf der Welt, weder die Tiroler noch die Tscherpas, noch die Baltis, noch irgendein Bergvolk ist je auf Berge gestiegen. Petrarca war der erste, und er hat in einem Brief seine Bangigkeit beschrieben: Er wußte, er geht wegen des Fortschritts in neue Räume, und er wußte, er geht wahrscheinlich zu weit. Ich glaube, es war ein Sündenfall, um jetzt in religiösen Kategorien zu reden. Einen anderen Sündenfall können wir nicht so genau datieren, er liegt wohl zwischen dem Paläolithikum und Neolithikum, als das erste Schwein gezüchtet wurde. Im Paläolithikum gab es nur Jäger und Sammler, die als Nomaden lebten. Den ersten Hund zu züchten ist kein Sündenfall, denn der war ein Jagdbegleiter, das erste Pferd auch nicht, ein Transportmittel oder ein Fortbewegungsmittel, aber das erste Schwein ist der wirkliche Sündenfall. Da ist eine Entwicklung angelaufen, die uns heute zu schaffen macht. Und ich versuche, um noch einmal darauf zurückzukommen, in Landschaften einen Ort zu finden, der uns unsere Würde und unsere Balance wiedergibt.

Wenn du mit einer Kamera und mit einem Team auf die Berge gehst oder in die Urwälder, kannst du damit die Würde wiederherstellen, oder sündigst du nicht auch?

WH: Die Sünden sind alle schon begangen worden. Ich sündige natürlich auch, aber ich kann eine Erinnerung an die Würde einer Landschaft wiedergeben. Ich glaube, das kann ich. Aber man muß vorsichtig sein mit solchen Aussagen, man sollte den Mund nicht zu voll nehmen.

Eine Landschaft kann man wirklich nur zu Fuß erfahren. Distanzen ermessen zu Fuß! Deswegen gehe ich alle wirklich entscheidenden Strecken in meinem Leben zu Fuß. Wenn ich eine Frau liebe und will mit ihr Kinder haben und sie heiraten, dann gehe ich zu Fuß. Das spielt keine Rolle, welche Entfernung das dann ist.

Die Rolle des Menschen in der Natur ist eigentlich die eines Gewalttäters, oder?

WH: Ein Mensch, der zu Fuß kommt, ist nie gewalttätig. Ein Tourist ist gewalttätig. Der zerstört Kulturen. Man braucht sich nur Griechenland anzusehen! Tourismus ist Sünde. Zu Fuß gehen, das ist die Tugend. Und so kann auch Kino sein, mit einer Würde und mit einer bestimmten Wahrhaftigkeit, die durch nichts anderes herstellbar ist, durch keinen technischen Trick, durch nichts in der Welt.

Nun hast du in deinen Filmen oft Menschen beschrieben, die Gewalttäter sind. Liegt in dieser Gewalt eine Faszination?

WH: Gewalt in meinem Kino ist sicherlich anders als das, was wir aus Hollywood-Filmen wie «Rambo» gewohnt sind. Aber sicherlich, es sind Personen da, die Gewalt ausüben. Aguirre z.B., der aber riesig scheitert. Alle diese Gewalttäter scheitern in einem großen Prozeß und mit spektakulärem Ende. Ich würde nicht so sehr von Gewalt reden, sondern viel eher vom Sündenfall.

Wenn du «Sünde» sagst, denkst du an «Gott»?

WH: Die Frage von Religiosität war für mich entscheidend, weil ich aus einem militanten Atheistenhaus stamme und gegen alle Widerstände mit vierzehn zum Katholizismus konvertiert bin. Insofern haben mich solche Fragen sehr beschäftigt. Das hat sich aber gegeben, doch möglicherweise gibt es noch so eine Art von fernem Echo. Tarkowski, wenn er noch leben würde, würde mich verstehen. Er hat ganz ähnlich vom Sündenfall der Menschheit gesprochen. Mich versteht niemand, weil keiner zu Fuß geht. Und deswegen rede ich irgendwo zum Fenster hinaus und es wird verhallen, bei einem Ohr reingehen, beim anderen raus, und niemand wird es verstanden haben.

Du meintest vorhin, wir deutschen Regisseure seien «vaterlos». Wir sind «Halbwaisen» auch deshalb, weil unsere Väter in der Nazizeit Monster an Gewissenlosigkeit waren. Wenn du ans Kino denkst und deine Beziehung definieren solltest zu der Filmgeschichte unserer

Väter – gibt es einen deutschen Film, der dir über alle diese Brüche hinweg etwas bedeutet?

WH: Schaue ich auf die deutsche Filmgeschichte, stellt sich zunächst einmal ein Schmerzgefühl ein. Es gibt keine Kontinuität für uns. Als ich anfing, hatte ich immer das Gefühl, ein Waisenkind zu sein, weil die Vätergeneration sich auf die Seite der Barbarei geschlagen hat: die Barbarei des Faschismus. Die war so ein Ausfall. Eine Lücke von einem Vierteljahrhundert oder sogar mehr. Es geht nicht, daß man im Kino arbeitet und hat keinen Zusammenhang zur eigenen Filmgeschichte, deswegen diese starke Suche nach der Generation der Großväter. Eine Art von Brücke war Lotte Eisner, also eine Person, die die gesamte Filmgeschichte kannte von der Stunde Null an, als wäre sie das letzte Mammut gewesen, das jeden, der im Film gearbeitet hat, von den Brüdern Lumière bis zu Méliès und Pudovkin, Eisenstein, Fritz Lang, Murnau, alle gekannt hat. Alle haben sie auch geliebt. Über die Eisner bin ich in Berührung gekommen mit den Filmen der zwanziger Jahre. Für mich ist der große bedeutende Filmemacher, der Regisseur der Regisseure immer Murnau gewesen. Fritz Lang ist mir zu geometrisch im Denken. Ähnlich wie Eisenstein, der mir zu geometrisch ist im Verhältnis zu Pudovkin. Von allen Filmen hat mich «Nosferatu» am tiefsten berührt, weil er ein furchtbares Schreckensbild ist, fast roboterhaft, wie ein Insekt, das unwiderruflich einem näher kriecht und wogegen es keine Abwehr gibt. Ein visionärer Film! Als ich eine neue Version von «Nosferatu» gemacht hatte, da spürte ich zum ersten Mal wieder festes Land unter meinen Füßen. Bei Murnau ist der Vampir eine Figur ohne Seele, nur vorwärts krabbelndes Insekt, weil er auch so lange Fingernägel hat und die Hände so merkwürdig seitlich am Körper hält. Das sind große, tiefe Schreckensbilder, die in mir stecken. Ich habe versucht, in «Nosferatu» mit Kinski dieses Seelenlose, Unlebendige zu durchbrechen. Der Vampir versucht, an menschlichen Leidenschaften, an Liebe, an menschlicher Gemeinschaft, am Tageslicht teilzunehmen. Kinski war natürlich ein großartiger Vampir mit dieser außerordentlichen Präsenz des Schreckens. Ich glaube, im ganzen Film ist er nur 18 Minuten, aber es ist so, als wäre er von der ersten bis zur letzten Minute da.

Kinski, der Vampir in deinem Leben?

WH: Nicht direkt, denn wir hatten große Momente miteinander. Er war der schwierigste Mensch, den man sich vorstellen kann, aber er hatte gleichzeitig eine Präsenz und eine Ausstrahlung auf der Leinwand, die ohne Beispiel ist. Ich wüßte niemand in der Filmgeschichte, der das hatte, was Kinski hatte. Man hat das nie richtig sehen können, denn wenn von ihm die Rede war, redete man von seinen Skandalen, und das ist ganz unwesentlich. Aber die Filme bleiben.

Bist du auf der Suche nach einem ähnlich schwierigen Menschen?

WH: Ich suche keine schwierigen Menschen. Mir wäre lieber, sie wären einfacher zu handhaben. Vielleicht gerade, weil es so viel Berserker-Wut und Kraft kostete, diesen Mann für die Leinwand zu domestizieren, spürt man etwas über diese Bilder hinaus.

Ist das Filmemachen immer ein Kraftakt?

WH: Ich wäre froh, wenn es nicht so wäre. Meine Filme sind oft nur über außerordentliche Kraftakte zustande gekommen. Zum Beispiel «Fitzcarraldo»: Wir hatten ein Schiff, 340 Tonnen schwer, und das mußte in einem Stück über den Berg gewuchtet werden, anderthalb Kilometer weit, über einen sehr steilen Berg. Er war zunächst 60 Grad steil, und wir haben ihn auf 40 Grad abgeflacht, aber das ist immer noch unvorstellbar steil. Noch dazu im Urwald, wo der nächste bewohnte Ort tausendvierhundert Kilometer entfernt war. Aber es war mir immer klar, es darf keine sogenannte Plastiklösung geben, so wie es Hollywood gemacht hätte, also ein Modell über einen Studiohügel zu schleppen und so zu tun, als wäre es ein wirkliches, großes Schiff. Heute wissen die Sechsjährigen schon, das war ein Trick, und sie wissen sogar, wie er gemacht worden ist. Das ist eine Frage von Wahrhaftigkeit, die entscheidend ist im Kino und in Zukunft eine immer größere Rolle spielen wird. Je mehr wir technische Tricks machen können, über digitale Bilder, desto wichtiger wird die Frage der Wahrhaftigkeit: daß das Publikum seinen eigenen Augen wieder trauen darf. Ich selber habe noch Anfang der sechziger Jahre in Mexiko in einem Dorfkino gesehen, wie die Leute mit der Leinwand redeten und den Bösen beschimpft haben. Einer zog die Pistole und schoß in die Luft, um den zu erschrecken. Es gibt im Kino andere Schichtungen von Wahrheit, die man erforschen und ergründen kann und die nur dem Kino zu eigen sind. Es gibt im deutschen Kino genügend Beispiele dafür, fast alle

Filme von Murnau gehören dazu, «Nosferatu» an erster Stelle. Auch Filme von Fassbinder, «Die bitteren Tränen der Petra von Kant» z.B., so ein wunderbarer Film mit einem Nichts an Aufwand, alles in einem Zimmer, vier oder sechs Personen. Oder frühe Filme von Schroeter, «Der Tod der Maria Malibran», «Eika Katappa». Kein Mensch erinnert sich heute an diesen Film, das ist ein Wunder gewesen für mich, etwas Besonderes, das nur im Kino gemacht und geleistet werden kann.

Ist Poesie, eigentlich ein Begriff aus der Literatur, ein Kriterium für deine Auswahl?

WH: Man sollte den direkten Vergleich mit der Literatur scheuen. Ich nenne «Ugetsu Monogatari» von Mizoguchi. Der hat das, was du Poesie nennst. Gerade habe ich den Film «Wo ist das Haus meines Freundes?» von dem Iraner Abbas Kiarastami gesehen. Ein Junge, der von seinem Banknachbarn aus Versehen dessen Schulheft mit nach Hause genommen hat, versucht verzweifelt, ihm das zurückzugeben, weil der Lehrer, nachdem er schon mehrmals seine Hausaufgabe nicht gemacht hatte, droht, ihn aus der Schule zu werfen. Dieser Junge, der zu Hause Aufgaben zu erfüllen hat, der Brot einkaufen sollte, auf das Baby aufzupassen hat, durchbricht die ihm auferlegte eiserne Disziplin und läuft davon, läuft über den Berg und sucht seinen Freund. Das ist ein ergreifend schöner Film. Oder «Close-Up», ebenfalls von Kiarastami. Ein armer Mann phantasiert sich in die Rolle, ein großer Filmregisseur zu sein, sieht auch ähnlich aus wie ein großer iranischer Regisseur und gibt sich einer Familie gegenüber als dieser aus. Er entwickelt ein Projekt, und die lassen ihn bei sich wohnen. Aber er ist ein Betrüger, ein Doppelgänger, und wird verhaftet. Er hätte tatsächlich einen Film gedreht mit dieser Familie, die ihn dann finanziert hat. Er wird verhaftet, und dreiviertel des Filmes spielt während der Gerichtsverhandlung, ein authentischer Fall. Ich habe selten so etwas Ergreifendes, von solcher Schönheit und Poesie gesehen.

Wir tragen in uns die Erinnerung an solche und andere Ereignisse in unserem Leben. Ist das Filmemachen auch eine Art, sich zu erinnern?

WH: Wir werden einsamer, und ich glaube, das nächste Jahrhundert wird, wenn man es jetzt schon beschreiben kann, ein Jahrhundert der Einsamkeit. Das Kino ist was anderes. Das Kino führt uns heraus aus dieser Einsamkeit, das Kino bringt uns mit anderen Menschen zusammen, und es bringt uns vor allem auch mit uns selber in Einklang und bringt uns mit unseren Bildern zusammen, die in uns geschlafen haben.

Damit bin ich sehr einverstanden. Auf der Suche nach den Spuren des deutschen Films in uns möchte ich aber noch ein finsteres Kapitel berühren. Wir kennen eine Reihe von Filmen, die uns zutiefst abstoßen.

WH: Als ich angefangen habe, wollte ich keine Gegenposition zu den Nazifilmen schaffen. Damals kannte ich diese Filme gar nicht. Ich war eher in der Situation, daß ich Kino für mich erfinden mußte. Ich bin ohne Filmhochschule ans Filmen gekommen, war auch nie Assistent. Vieles habe ich selber erfunden. Natürlich ist das eine Illusion. Man erfindet das nicht selber. Die Nazifilme, Filme wie «Kolberg» und auch die Wochenschauen, führten zu einer negativen Abgrenzung, die aber erst viel später in meinem Leben eine Rolle gespielt hat, zu einer Zeit, wo ich schon genug negative Definitionen hatte, z. B. die negative Definition des deutschen Films der fünfziger und sechziger Jahre. Bei dem, was Anfang der sechziger Jahre gemacht worden ist, wußte ich immer: So nicht, da sind keine Bilder, da sind keine Menschen, denen ich auch nur ein Wort glauben würde.

Wie findest du Leni Riefenstahl?

WH: Leni Riefenstahl hat mich nie sonderlich beeindruckt. Ich sehe natürlich, daß sie gut mit Bildern umgehen konnte, aber die falschen Töne, die klingen eben heraus. Wie sie das Kino benutzt hat, ist etwas, wo ich sehr hellhörig bin und genau hinschaue. Man muß achtgeben, daß Film in der politischen Tagesentwicklung keine solche Rolle spielen darf wie bei ihr.

Aber war sie eine Künstlerin?

WH: Daran habe ich keinen Zweifel. Ich würde nicht in Abrede stellen, daß es auch in einer faschistischen Diktatur kreative Personen gibt wie Leni Riefenstahl. Sie hat aber für mich nie eine Rolle gespielt. Bis heute habe ich vielleicht zwei oder drei Filme gesehen von ihr: einen «Olympia»-Film und «Triumph des Willens». Das hat mich nicht sonderlich beeindruckt. Ich wollte z. B. die Rede von Goebbels im Sportpalast einmal in voller Länge hören oder zumindest lesen. Das war ja eine zweieinhalbstündige Rede, die in diesen Ausruf mündet: «Wollt ihr den totalen Krieg?» Goebbels war ein außerordentlicher Redner, eine beachtliche rhetorische Leistung, kein Zweifel. Dadurch schärft sich auch das Gefühl, wie sehr Wort, Bild, Rede, Kino mißbraucht werden können und wie eben auch falsche Töne und eine Sprache in eine Katastrophe führen können.

Du hast des öfteren Opern inszeniert. Gibt es eine Verwandtschaft zwischen Oper und Kino?

WH: Zwischen Oper und Kino besteht nur wenig Verwandtschaft. Es haben kompetente Leute versucht, Opern an Originalschauplätzen zu verfilmen. Das ist immer gescheitert. Ich glaube, daß sich Oper und Kino wie Katze und Hund beißen. Das hängt mit vielem zusammen. Wenn z.B. eine Frage gestellt wird, folgen zehn Minuten Musik, bis die Antwort kommt, und die wird dann fünfmal wiederholt. Das funktioniert im Kino nicht, und auch Gefühlswelten funktionieren in der Oper anders. Die Oper arbeitet eher mit Archetypen, es kommen die unglaublichsten, reinsten aller Gefühle vor, die es in der alltäglichen Existenz gar nicht gibt. Fast wie mathematische Axiome, aufs äußerste reduziert und konzentriert, so in der Welt nicht vorkommend. Sie kommen natürlich irgendwo her, und wir erkennen uns wieder – ich kann in der Oper Rotz und Wasser heulen. Im Kino werden Gefühlswelten anders aufgebaut. Aber die Art, wie Musik rezipiert wird, daß wir unsere Herzen öffnen und die Gefühle in uns aufnehmen, das gibt's auch im Kino.

Das größte Thema der Oper, das behaupte ich einfach, ist der Tod. Er bezeichnet die äußerste Grenze dessen, was wir überhaupt denken können. Verbindet das nicht Oper und Kino?

WH: Ein gewisses Todesgefühl ist auch im Kino immer da, im großen Kino. Ich meine jetzt Filme von Kurosawa, von Pudovkin, nirgends wird so schön gestorben wie in «Sturm über Asien», wo die Hauptfigur erschossen wird, d.h., sie überlebt diesen Tod und hat eine Wiederauferstehung. «Erde» von Dovženko beginnt mit dem Tod eines alten Mannes, der dann bei der Apfelernte auf einen Apfelhaufen gebettet wird. So wunderbar haben das nur die Russen machen können. Todesgefühle gibt es auch in vielen meiner Filme. In «Lektionen in Finsternis» ist es der Tod von Landschaften, der Tod eines ganzen Planeten. Auch «Fata Morgana» ist eigentlich ein Requiem, obwohl es so aussieht, als wäre es ein Film über die Weltschöpfung und das Paradies. Oder «Die große Ekstase des Bildschnitzers Steiner»: Ein Mann tritt aus dem heraus, was wir als Menschen sind, und ist unmittelbar vom Tod bedroht, denn er fliegt. Würde er auf der Ebene landen, würde er auf der Stelle tot sein, er würde erschlagen sein. Aber er fliegt so weit, daß er an die unmittelbare Grenze des Todes heranreicht. Und diese Grenze des Todes ist sogar im Schnee gezeichnet, eine rote Linie. Überfliegt er sie, dann wird er tot sein. Und er fliegt und fliegt. Am Schluß des Films erzählt er von einem Raben, den er unter der Achselhöhle ausgebrütet hat, und das war sein einziger Freund. Er hat ihn gefüttert, der Rabe verlor Federn und konnte nicht mehr richtig fliegen. Die anderen Raben haben dann auf ihn eingehackt, und Steiner hat seinen eigenen Raben erschossen, weil er nicht mehr fliegen konnte. Und dann sehen wir, wie Steiner fliegt. Das ist so einer von den Momenten, wo ich das Gefühl habe, ja, da ist mir was gelungen.

Hundert Jahre Kino sind vorbei, hundert Jahre, gemessen an anderen Künsten eine kurze Spanne. Seit mindestens viertausend Jahren gibt es die Musik und auch die Dichtung. Die nächsten hundert Jahre – wird es das Kino noch geben?

WH: Im Kino zeichnet sich etwas für die allernächste Zukunft ab: Die Bilder werden sich weiterentwickeln. In den letzten fünfzehn Jahren hat sich der Ton außerordentlich entwickelt, durch digitale Aufnahmen, durch Dolby und ähnliches. Jetzt, auf einmal, ist es möglich, durch digitalisierte Bilder und Computeranimation Dinosaurier lebendig zu machen. Ich rede nur von der unmittelbaren Zukunft. Wir werden auf das zurückkommen, was weit entfernt ist vom Fernsehen und entfernt von diesen ganzen virtuellen Möglichkeiten, die zunächst exzessiv genutzt werden. Ich selbst habe ein Projekt, wo ich aus Zwang der Umstände auch solche Bilder benutzen werde, aber das ist nicht entscheidend. Entscheidend wird sein eine gewisse Spiritualität, eine Wahrhaftigkeit und eine Vision, die wir nur im Kino erleben können.

Schlußfrage: Welches ist deine liebste Jahreszeit?

WH: Der Herbst. Aber ich bin oft in Gegenden, wo es keine Jahreszeiten in unserem Sinne gibt.

Alexander Kluge

Edgar Reitz: *Alexander, erzähle mir doch einmal die Geschichte, wie du als kleiner Junge zum ersten Mal ins Kino gekommen bist.*

Alexander Kluge: Das sind Eindrücke aus dem «Kapitol» in Halberstadt und den «Kammerspielen», aber hauptsächlich «Kapitol», wo eine Frau Graf Kinokassiererin war, die ich bestochen hatte mit Eiern, die mein Vater als Landarzt kriegte für Genesung, für gute Behandlung. Die Eier habe ich geklaut, und dafür durfte ich in Filme, die für Jugendliche nicht zugelassen waren. Ich mußte mich in einer Seitenloge in Deckung halten. Im wesentlichen sind meine ersten Eindrücke Hörfilme. Der erste Film, der mich sehr bewegt hat und den ich suche seitdem, ist ein italienischer Film mit Frau Czebotari, synchronisiert in Deutsch, der die Geschichte der Madame Butterfly schildert. Vorher enthält der Film noch unsägliche Operettenlieder, also eigentlich ein Wunschkonzertprogramm, aber mit einem ernsten Teil am Ende, mit der Liebesszene aus «Madame Butterfly». Das ist meine Vorstellung von Film.

Ist das auch heute noch ein Bedürfnis bei dir, Kino sozusagen aus der Seitenloge heraus zu sehen?

AK: Ja. Ich habe beim Film oft das Gefühl, daß mich das Bild eher stört. Licht ist das Wesentliche, Zeitraffung, Licht, das unserem gewohnten Auge nicht entspricht, und Musik. Und dann habe ich noch eine Zuneigung zu Worten. Im Grunde bin ich kein wirklicher Cineast.

Du bist als Kind oft illegal im Kino gewesen. Gab es da ganz besondere Vorlieben oder Verliebtheiten?

AK: Es gab einen Film mit Willy Birgel. In Ungarn ist Aufstand, böse Rote planen den Umsturz. Die haben alle Glatzen, wie Lenin. Ich kannte Lenin nicht, ich weiß inzwischen natürlich, was die andeuten sollten. Mit einer Kompanie Reiter kann Willy Birgel diesem Aufstand zuvorkommen.

Hieß der Film «Reitet für Deutschland»?

AK: Nein, das ist er nicht. «Reitet für Deutschland» ist aber auch ein wahnsinnig spannender Film gewesen, aber dies hier war «Agent XY13» oder «Rettet Ungarn», ein relativ unbekannter Film, der aber zeigt, wie ein Gentleman gegen alle Roten einen Aufstand verhindert, nur weil er Ulanen befehligt. Hat mir großen Eindruck gemacht, auch der UFA-Film «Heimat», über den ich auch noch heute weinen kann.

«Heimat» von Carl Froelich mit Zarah Leander?

AK: Hat mich sehr erschüttert. Dies ist alles nicht Film in dem Sinne, wie ich selber Filme machen würde, aber es ist das, was mich in der Seele bewegt und zum Kino immer wieder hinziehen wird, wenn ich diesen dunklen Raum, die Seitenloge und das Verbotene daran bedenke, denn «Heimat» war ja für Jugendliche verboten. Der Film wurde erst ab sechzehn zugelassen, und ich war vielleicht acht Jahre. Durch unsere Eier kamen ich und mein Freund Fritz Wilde da rein und konnten in der Klasse berichten.

Nun gab es in «Heimat» einen sehr strengen Vater. Heinrich George spielte diese Vaterrollen im Dritten Reich. Da war die Figur, die Aufsicht übte, auch über eure Gefühle, schon eingeplant in den Film. Haben diese Vaterfiguren dich gestört?

AK: Heinrich George ist schon eine mächtige Person, aber nur zusammen mit seiner Tochter, Zarah Leander. Und insofern bilden diese Filme raffinierterweise eine Familie, eine Familie, die ich zu Hause nicht hatte. Zu Hause sah es anders aus: Meine Mutter geht fremd und läßt sich scheiden. Zusammen bleibt die Familie nur in den Spielfilmen. Das mag damals für mich die wesentliche Information gewesen sein.

Wie geht das weiter? Es kam der Krieg, und im Krieg hat sich wahrscheinlich auch das Filmerlebnis geändert?

AK: Am 8. April 1945 wird die Stadt Halberstadt zerbombt. Das «Kapitol» trifft auch eine Bombe. Frau Graf, die Kinokassiererin, von der ich sprach, saß unten im Keller, der besonders sicher war, weil das Kino stattlich gebaut war, und sie hatte die Zwei-Uhr-Vorstellung vorbereitet. Der Luftangriff kommt um elf Uhr früh, und jetzt eilt sie nach Ende des Luftangriffs hinauf und will den Schutt beseitigen, damit die Vierzehn-Uhr-Vorstellung wieder stattfinden kann. Die ganze Stadt brennt. Auch das Kino wird vom Brand ergriffen. Es sind vier Tote unten im Keller des Kinos, weil der Heißwasserboiler ausgelaufen ist. Eine Katastrophe, aber sie ist immer noch dabei, die Vierzehn-Uhr-Vorstellung zu ermöglichen. Das einzige, was sie verzweifelt werden läßt, ist, daß dieser regelmäßige Ablauf des Kinos: 14 Uhr, 16 Uhr, 18 Uhr, 20 Uhr, vielleicht die Spätvorstellung 22 Uhr, unterbrochen wird. Dies versucht sie bis drei Uhr mittags abzuwenden. Danach flüchtet sie in die Berge. Das ist Kino 1945.

Welche Filme hat man ganz am Ende des Krieges noch gespielt?

AK: «Kolberg», das ist bekannt. Es wurde aber das ganze Repertoire noch durchgespielt, etwa 200 Filme. Dazu kommen französische Filme, deutsch synchronisiert, italienische, ungarische Filme, das heißt, man macht sich heute keine Vorstellung, was hier dem Publikum vorgeführt wurde, also dieser Durchfluß eines Filmkontinents, in diesem eigenartigen Reich der Achsenmächte, zwischen Bordeaux und Charkow, zwischen Oslo und Sizilien. Die Kinoindustrie, der Vertrieb funktionierten bis zuletzt.

In den Retrospektiven des deutschen Films läßt man diese zwölf Jahre gerne aus, obwohl diese Zeit vielleicht die einzige Zeit war, in der der deutsche Film einmal wirklich erfolgreich war. Es wurden von der UFA auf ihrem Markt, der kriegsbedingt so gewaltig war, Milliardenumsätze erzielt.

AK: Geheimrat Winkler, so ein kleines Rumpelstilzchen, hat den gesamten Film zusammengerafft, zusammengekauft, und dafür gesorgt, daß alle Gewinne privat bleiben und der gesamte Inhalt zentral gesteuert werden konnte durch das Reich, durch das Propagandaministerium.

Geheimrat Winkler?

AK: Ein Vertrauensmann, ein Treuhänder, der von Geheimrat Klietzsch, dem Aufsichtsratsvorsitzenden der UFA, ausgesandt war, alles aufzukaufen. Er hat auf indirekte Weise, ohne wirklich Eigentum des Reiches zu bilden, ein mittelbares Eigentum aufgebaut, in dem alles zusammengefaßt war. Ich habe so ein Imperium nie kennengelernt. Der Chef dieser Filmindustrie, ein Landgerichtsrat Dr. Pfennig, wurde 1942 gestürzt. Konkurrenten, die ihm sein Amt neideten, hatten herausgefunden, daß er ein Wurstpaket aus Prag angenommen hatte. Darauf wurde der Herrscher aller Filme zwischen Bordeaux und Charkow gestürzt, von einem Tag auf den anderen. Es ist ein eigenartiges, neronisches Reich, dieses Dritte Reich, das aber alle Gewinne ausgeschüttet hat an einzelne private Firmen.

Und wo sind diese Gewinne geblieben?

AK: Ein paar, die in der Tschechoslowakei geblieben waren, liegen heute beim Bundesinnenministerium. Dazu gehört auch das Vermögen der Murnau-Stiftung und von Transit-Film. Alles übrige ist 1945 von den Alliierten beschlagnahmt worden. Es wurde der Deutschen Bank übereignet und von Arno Hauke, dem Chef der Nachfolgegesellschaft UFA, verplempert. Dann wurden diese Verluste sozialisiert, indem der Bund sie zum Teil übernommen hat. Damit wurde das Erbe des deutschen Films eigentlich den Erben weggenommen. Eigentlich müßten die Filme des Dritten Reichs frei sein, müßte das von Goebbels zusammengeraubte Vermögen, von Geheimrat Winkler zusammengestükkelte Vermögen, der Allgemeinheit gehören und publizierbar sein. Aber es gehört jetzt dem Bund und wird für teures Geld an Einzelkonzerne verschachert.

Das heißt, das Dritte Reich war eigentlich leichtsinnig oder leichtfertig, denn dieses Verhalten stimmte nicht mit seiner Ideologie überein.

AK: Das will ich so nicht sagen. Aber daß das Erbe veruntreut worden ist und das, was das Dritte Reich an filmischem Unglück gebraut hat, heute nicht mehr eine Sache der Öffentlichkeit und der Analyse sein kann, daß man es nicht einmal ohne Bezahlung zitieren darf, nenne ich eine Veruntreuung eines Erbes.

Das ist aber eine Schuld der Erben!

AK: Nicht der Erben, die wurden enterbt, sondern der Testamentsvollstrecker, also der Bundesregierung, des Bundesinnenministeriums. Die Alliierten waren damals gleichgültig.

Gab es in den Filmen des Dritten Reiches auch Erotik?

AK: Eine sehr verkrampfte Form davon, selbstverständlich gab es Fronturlaubererotik, Soldatenerotik, Gelegenheitserotik. Es gibt pausenlos das Versprechen von Erotik. Die Erfüllung dagegen wird selten gezeigt. Die Nazionalsozialisten sind hinsichtlich Erotik nicht prüde. Himmler hat die Nacktbadekultur wie niemand sonst protegiert und propagiert, den freien Körper, wobei, so richtig erotisch und diffizil erotisch ist das nie, weil jede Abweichung verboten ist. Also, wenn das erotische Lebewesen Mensch, seit meinetwegen 40000 Jahren, polymorph-pervers ist in Wirklichkeit, dann wurde hier eine gerichtete, nur genitale Erotik aus der Wehmut, aus der bittersüßen Verweigerung, aus dem Verzicht heraus dargestellt. So geht «Immensee», so geht «Heimat», so geht...

... «Romanze in Moll».

AK: Ja. Auf jeden Fall ist das Grundgefühl eine ungeheure, geballte, gewissermaßen in tausend Rucksäcken mitgeschleppte Sehnsucht, deren Erfüllung das Dritte Reich verspricht.

Die aber nie kommt.

AK: Nie kommt. Rittergüter auf der Krim, eine Geliebte in Kreta, Damenstrümpfe, französischen Sekt und Puffbesuche in Paris, eine richtige, eigene Frau aus Oslo. Eine Sklavin jenseits des Ural, als Zweitfrau. Martin Bormann hatte die Absicht, für Parteigenossen, je nach Rang, zwei, drei, vier Frauen zuzulassen. Er korrespondierte darüber mit seiner Ehefrau.

Wie stand es mit dem Humor im Dritten Reich?

AK: Ich kann über die Witze im UFA-Film nicht lachen. Wenn jemand sagt, über «Amphitryon» könne man lachen, diese Komödie hätte irgendwas mit offenbachschem Witz zu tun, dann ist das absurd. Ich kann lachen über Theo Lingen, Hans Moser, also über Spezialisten.

Wann ist dir eigentlich die klassische Zeit des deutschen Films zum ersten Mal begegnet mit Leuten wie Fritz Lang, Murnau usw.?

AK: Die Filmbesuche während meiner Kinderzeit haben zu nichts geführt. Mein Ideal, während ich Jura studiert habe, war, Schriftsteller zu werden, und ich fühle mich eigentlich als Autor. Das Schlimme an den Büchern ist allerdings, daß sie keine Musik enthalten, also ein Stück Bewegung fehlt. Das ist mein Zugang zum Film. Hätten Bücher die Möglichkeit, Töne zu produzieren, dann würde ich Autor geblieben sein. Ich habe Enno Patalas besucht in München und habe gesagt, ich melde mich hier zum Film. Ich hatte vorher volontiert bei Fritz Lang. Aber dies hatte mir als Erfahrung nur gebracht, daß ich danach wußte, diese Art von Spielfilm kann ich nicht, will ich gar nicht. Wenn bei den Dreharbeiten ein Tiger, der aus dem Zoo hertransportiert worden ist und den ich für zahm hielt, auf ein Lämmchen springen soll, und in der

Mitte der Szene, bevor es stirbt, macht man einen Schnitt, dann ist das allen Authentizitätsgeboten, die ich kenne, entgegengesetzt. Ich habe Fritz Lang sehr verehrt, aber sich vor Schauspielern hinknien und denen eine Mimik vormachen, damit sie das nachmachen, das fand ich affig. Ich habe zweitens gelernt, daß er immer abends eine Kiste Sekt kriegte. Wer trinkt am Abend eine Kiste Sekt aus? Dafür durfte er seine Regieabsichten nicht durchführen. Dieses ganze System wurde geleitet von der Schwägerin des Produzenten, einer sehr rabiaten, hübschen Frau mit südamerikanischen Verbindungen. Und die durfte Leute wie «Mäuschen» – das war der Oberbeleuchter – oder den Kameramann anweisen, nicht weiterzuarbeiten, wenn der Regisseur Anforderungen stellte, die Geld kosten.

Das war die Produktion «Das indische Grabmal».

AK: Ein Film, der die Karikatur dessen geworden ist, was Fritz Lang vorhatte. Er hat diesen Stoff von Thea von Harbou 1921 verloren an Joe May, das heißt, jemand anders hat ihn verfilmt, und dann wurde 1938 das Remake mit La Jana gemacht, und jetzt, 1959, wollte er als Krönung seines Lebens machen, was «Metropolis», «Nibelungen» vergessen macht. Dieser Mann hätte einen hinreißenden Film machen können, denn er war nach wie vor besessen. Aber er mußte konventionell, brauchbar sein für den mittleren Geschmack der fünfziger Jahre. Ich habe damals gelernt, warum man Widerstand leisten, gegen die Spio arbeiten muß und daß es einen alternativen Film geben muß, weil das die Fortsetzung der zwanziger Jahre ist.

Wer war der Produzent?

AK: Artur Brauner, der aber nicht persönlich auftrat. Er trat durch Delegierte auf, das Team, das er stellte, durch die Gewalt, die er als Studiobesitzer gegenüber jedem hat, der in seinem Studio tätig wird.

Wie kam es dazu, daß du bei Fritz Lang volontieren konntest?

AK: Ich war Justitiar beim Institut für Sozialforschung.

In Frankfurt bei Adorno…

AK: …und Horkheimer. Adorno schickte mich zu Fritz Lang, den er verachtete… Sie waren Freunde, Brecht, Fritz Lang und er, Arm in Arm antichambrierten sie in den Hollywood-Studios, aber er fand Fritz Lang immer einen Kitschbruder. Das sagten die sich nicht wirklich, sie hatten eine gemeinsame Freundin, und alle waren untereinander ge-

geneinander, der Brecht wiederum gegen Adorno, Adorno gegen Brecht usw. Die waren nicht verträglich, und er fand, wenn er mich dahin schickt – so weit hat er mich immerhin respektiert und meinem Urteil vertraut –, mich dort mit dem Film in Berührung bringt, dann kann ich vor dieser Kulturindustrie nur Abscheu empfinden, und dann werde ich wieder Jurist und bleibe beim Institut. Dieser Plan ging nicht ganz in Erfüllung, weil ich in der Kantine, in der wunderbaren Kantine der CCC-Studios, «Lebensläufe» geschrieben habe und außerdem einen solchen Haß kriegte gegen das Unterdrückungssystem, das auf dem Film liegt, daß ich mich bei Enno Patalas meldete, mit der Absicht, Kurzfilme zu machen.

Es wurde also aus dieser Begegnung, die dich vom Film abbringen sollte, doch eine Faszination.

AK: Jedenfalls habe ich das Buch zu Ende geschrieben und mich nicht abschrecken lassen.

Wobei aber gerade dieses Buch zur Keimzelle deines ersten Spielfilms wurde.

AK: Ja, «Abschied von gestern», und das verbindet mich mit dir. Ich muß sagen, das ist ein Film, den ich nie alleine hätte machen können. Du, meine Schwester und ich, das war ein Dreieck. Ein Dreieck, das jedes Team in Schwung halten kann. Ich kenne keine Schwierigkeit, die wir drei nicht bewältigt hätten. Das war eine kollektive Arbeit.

Du hast von Musik gesprochen, einer großen Liebe, die bei dir vielleicht sogar noch ein bißchen größer ist als die zur Literatur.

AK: Zunächst einmal ist die Musik die einzige ernste Form, in der die Menschheit Freiheit verbunden hat mit Konstruktivität. Die wirklichen Dome aus Stein sind kalt. Wenn der Glaube einmal abgestorben ist, der im zwölften Jahrhundert Dome entstehen ließ, dann sind das kalte Gebäude, in denen keiner wohnt, in denen ich nie beischlafen würde. Musik dagegen biegt auf eine Weise, die ich nicht auf Brauchbarkeit reduzieren kann, die zwei Hirnhälften, die unsereins besitzt, zusammen.

Was hat Film mit Musik gemeinsam? Gibt es nicht grundlegende Unterschiede?

AK: Ich sehe keinen Unterschied. Die Bilder, die Bewegung des

Lichts, sind auch musikalisch. Musik macht man nicht nur mit Geigen oder Orchester, sondern sie ist alles, was sich in einer konstruktiven Weise polyphon bewegen kann, und das können Filmbilder genauso. Der Film ist eigentlich ein Zweig der Musik. Er ist in meinen Augen überhaupt nichts, was nennenswert mit Fotografie zu tun hat.

Woher kommt deine heutige Liebe zum Film? Gibt es eine Gattung des Films, die dich speziell fasziniert?

AK: Die größte Faszination geht für mich vom New Yorker Film zwischen 1900 und 1915 aus. Diese Zeit nennt man «primitive diversity», also «einfache Vielfalt». Das war ein pausenloser Versuch, den Film zu erfinden, und immer, wenn er erfunden wurde, wurde er noch mal erfunden. Man könnte sagen, hier gibt es den Ursprung von mindestens zehn, zwanzig, dreißig verschiedenen Filmgeschichten, die alle nicht begangen worden sind, die alle hinterher durch kommerzielle Einbahnstraßen eingeengt wurden. Wenn die Produzenten etwas ausgelaugt haben, lassen sie es einfach liegen und fangen irgendwo anders wieder an. Die Avantgardisten des Films waren wissenschaftlich interessierte Menschen. Sie waren neugierig. Sie wollten wissen, ob das Pferd seine Hufe wirklich zeitweise alle vier vom Boden erhebt, ob Pferde fliegen können usw.

Nun war das in der Frühzeit, in der wirklich noch das Zelluloid erfunden wurde…

AK: Aber es wurde immer wieder und mit Neugierde experimentiert. Die Pioniere haben sich gewundert, daß dieses hinreißende Instrument, dieses Erkenntnisinstrument Film, dazu benutzt wird, um mittelmäßige Theaterstücke abzufilmen. Das habe ich bis heute übrigens auch nie verstanden. Weil der Film doch diese Fähigkeit hat, zum Beispiel durch Zeitraffung ganz neue Lichtverhältnisse zu schaffen. Es geht mir nicht um die Beschleunigung des Zeitraffers, sondern darum, daß alle Lichter anders aussehen in dieser Geschwindigkeit.

Aber kann man diese Erkenntnissuche im Film immer weiter fortführen? Ist nicht eines Tages der Film erfunden?

AK: Ich kann es nicht so empfinden. Wenn Reinhard Kahn nach Island fährt und mit filmischen Mitteln ein anderes Licht hier importiert, dann finde ich das fesselnd. Ein Team von «10 vor 11» fährt jetzt nach Tromsø, um das Nordlicht aufzunehmen. Ich kann nicht finden, daß die Bilder sich gleichen: Die Welt ist noch nicht aufgenommen.

Du hast eine besondere Liebe zum Experimentalfilm, zum Avantgardefilm.

AK: Wobei das Avantgardistische kein Dauerzustand ist, sondern zu visuellen, sinnlichen Resultaten führt. So wie man in der Industrie etwas entwickelt in der Entwicklungsabteilung, genauso gehe ich davon aus, daß wir das Reich der visuellen Eindrücke überhaupt noch nicht abgeschritten haben.

Fragen wir einmal anders: Kann die Kamera Wahrheit abbilden?

AK: Sie kann Unterscheidungsvermögen entwickeln. Ich glaube nicht, daß Menschen ein Interesse oder einen Zugang zu dem Begriff Wahrheit entwickeln, sondern ich glaube, daß sie eine extreme Fähigkeit haben, Unterscheidungen zu machen. Ein Diamant unterscheidet sich von einem Kieselstein, das ist einfach präzise und umfassend. Wenn ich 20000 Entscheidungen in einen Stein gießen kann, dann habe ich einen Edelstein. Er ist nicht wahrer als der Kieselstein, denn der Kieselstein ist echt als Kieselstein, und der Diamant ist echt als Diamant.

Also kann ich das Filmbild nicht an der Wirklichkeit messen.

AK: Nein. Wahrheit ist sozusagen ein theologischer Begriff. Ein Begriff, von dem weder die Philosophen etwas einlösen noch die Literaten, noch die Musiker. Wenn du jetzt fragst, was ist wahre Musik, für einen Musiker ist das ein unsinniger Gesichtspunkt.

Führt uns nicht die elektronische Bildtechnik in eine Welt, in der wir die Bilder so hemmungslos manipulieren können, wie es noch nie möglich war?

AK: Dies können wir auf arme und reiche Weise machen. Wir können es nicht auf wahre oder unwahre Weise machen. Wenn du anfängst zu lügen, dann bist du gefesselt und geknechtet durch die Wirklichkeit, durch die Wahrheit, wenn du so willst. Ein Lügner ist meist fähiger, mit der Wahrheit umzugehen, als der Wahrheitssuchende. Woher soll der feststellen, was wahr ist? Der Lügner weiß das sehr genau. Er prüft dauernd, ob, gemessen an dem, was für wahr gehalten werden kann, seine Lüge Bestand hat.

Eine ganz andere Frage: Was ist Landschaft für dich, auch als Thema im Film?

AK: Wenn ich dir ehrlich antworten soll: Topographie. Ich bin kein betrachtender Mensch, und mir ist im Grunde jede Landschaft egal. Ich entsinne mich, wenn ich Helmuth Becker, meinen Lehrherrn als Anwalt, im Engadin besuchen mußte, dann würzte er diesen Zwangsaufenthalt, daß ich in Ferienzeiten Dienst tun sollte und ihm seine Schriftsätze machen mußte, mit Hinweisen auf die schöne Landschaft. Das Engadin ist schön. Ich muß dir ehrlich sagen, mir kannst du das Engadin gratis servieren. Ich finde einen Monitor genauso schön, auf dem ich keine Landschaft sehe. Anders gesagt, ich bin sehr neugierig auf Landkarten, und der Satz aus dem Zürcher Dada-Programm von 1916: «Mit einer Landkarte von Großlondon den Harz durchwandern» ist mir ein ästhetisches Ideal, weil ich immer etwas finden werde. Ich werde notfalls über den Abgrund stolpern, weil die Landkarte falsch war. Ich habe kein direktes Gefühl zur Landschaft, und Ölgemälde kannst du mir anbieten, ich werde sie nicht kaufen.

Gute Maler malen nur noch selten Landschaften.

AK: Ich bin ein Abstrakter.

Ein Extremfall von Landschaft: Wüste. Was sagst du nun?

AK: Interessiert mich sehr.

Also doch!

AK: Ich könnte den Film «Fata Morgana» von Herzog fressen. Wie ein Kannibale würde ich ihn immer wieder verzehren.

Was findest du in der Wüste?

AK: Barren Country, leeres Land. Du sollst dir kein Bildnis machen, heißt es, von Gott, und das ist in der Wüste, in der Arktis, am Himmel, in der Ferne vorhanden.

Ist man Gott näher in dieser Stille?

AK: Gott ist möglich.

Fühlst du dich nicht allein in der geliebten Leere?

AK: Nein, denn ich trage ja meine Vorfahren, Großlondon oder was immer in meinem Kopf ist, mit mir herum, wenn ich durch die Wüste laufe. Wüsten sind auch die zertrümmerten Städte von 1945. In Halberstadt kann ich sie auch beschreiben, Wüsten, die ausgefüllt sind mit sämtlichen Hoffnungen der Welt. Fast habe ich den Eindruck, daß die Musik neu erfunden werden könnte in diesem Moment. Auch der Film kann dort neu erfunden werden, wie es die DEFA-Leute kurze Zeit nach dem Krieg versucht haben.

Also Landschaft nur in dieser extremen Version.

AK: Ich möchte Wüsten nicht anrichten. Ich wünsche sie mir nicht. Aber wenn sie vorkommen, sind sie ein leeres Blatt, eine Herausforderung. Sie werfen uns auf uns zurück. Wir werden voll von Geschichte. In der Wüste bin ich 4,2 Milliarden Jahre alt.

In Deutschland und in der deutschen Vorstellungswelt spielt etwas eine große Rolle: der Wald.

AK: Ich habe eine Sendung gemacht, die von einem Fotografen handelt, der Waldränder auf Film aufgenommen hat, in Italien und in Franken. Aus der Zeitraffung nimmt er Einzelbilder. Wenn er das projiziert, dann kann man aus den Interruptionen des Lichtes entnehmen, welche Wälder krank und welche gesund sind. Ein kranker Wald läßt viel Licht durch, ein gesunder Wald läßt wenig Licht durch. Das ist eine Information, die mich ästhetisch bewegt hat und die auch sehr schön aussah.

Und der Wald der Gebrüder Grimm?

AK: Wenn du darauf hinauswillst, ob der mir unheimlich ist, das kann ich nicht sagen, denn die Gebiete südlich von Halberstadt bestehen nur aus Wäldern. Wir haben dort immer gespielt, ich habe nie Räuber dort vermutet. Der Wald hat für mich die Idee von Verstecken, ich kann mit einer Freundin dahin gehen und alles tun, was man auch in französischen Hotels tun würde.

Bist du ein Mensch des Tages oder der Nacht?

AK: Der Dämmerung, der Morgendämmerung und der Abenddämmerung.

Ist das auch ein filmisches Thema?

AK: Ich drehe gern im Herbst oder Winter, wo mich das Licht so fesselt, daß die Improvisation einsetzt. In der Dämmerung gibt es immer den Streß, wenn das Licht schwindet, daß man die Randzonen des Lichts noch nutzt. Das sind die schönsten Bilder.

Götterdämmerung?

AK: Hat damit wenig zu tun. «Götterdämmerung» ist ein Thema, das mich als Kind erschüttert hat. Ich sehe mich auf der Hochzeit eines

Dienstmädchens von uns sitzen und im Opernführer lesen. Und dann sagen die Gäste: «Ach, der kleine Kluge liest so einen schweren Text.» Ich konnte grade lesen, war elf Jahre alt, und es hat mir großen Eindruck gemacht, daß die das Wort «Götterdämmerung» so wichtig fanden. Ich dachte immer, in der «Götterdämmerung» von Wagner käme was Wichtiges vor. Aber das ist nur die langweilige Geschichte vom Tod dieses albernen Siegfried und der Trauer zweier Frauen über diesen überflüssigen Typen. Das heißt also, ich habe «Götterdämmerung» immer nur für eine Wortidee gehalten, aber ich habe nie herausgefunden, ob es eine Götterdämmerung wirklich gibt, denn Gott ist unsichtbar. Ich kann mir weder vorstellen, daß der die sieben Plagen über Ägypten verhängt, noch daß er «dämmert». An Götter habe ich nie geglaubt. Ich finde faszinierend, was die Griechen oder Hölderlin über Götter sagen, aber das sind metaphorische Gebilde. Wenn ich glaube, glaube ich an einen Gott.

Du bist Protestant?

AK: Ja.

Du sollst dir keine Bilder machen.

AK: Und aus der Kirche müssen sie entfernt werden.

Ist der Protestantismus nicht ein Feind des Films?

AK: Er ist gegen die Bilderwelt, aber der Film macht noch etwas anderes als Bilder. Es gibt in «Moses und Aaron» von Arnold Schönberg eine Szene, in der das ganze Opernhaus abgedunkelt wird. Jean-Marie Straub hat in seiner Verfilmung nicht verstanden, was das bedeutet. In dem Moment, in dem das Volk Israel das Rote Meer durchquert und die Ägypter sterben, da kann es kein Bild geben. Wenn ich das vom Bedauern über den Tod meiner Feinde löse, dann kann ich die Bibel wegschmeißen. Von daher gibt es eine Ernsthaftigkeit, die zunächst gegen den Film spricht. Aber der Film gehört nicht Aaron, und er gehört auch nicht Moses, sondern es gibt etwas Drittes.

Ein eigener Gott?

AK: Es gibt etwas zwischen Bild und Nicht-Bild. Es wäre absurd, zu sagen, alle Blinden seien Autoren, nur weil der blinde Homer ein Autor war. Aber man muß die Augen schließen, um einen Film machen zu können. Eine etwas schematische Ansicht, die ich nur mir selber zurechne.

Also aus der Seitenloge des Halberstädter Kinos heraus, halb hörend, halb sehend.

AK: Du bist fast blind, aber noch ein Lichtblitz trifft dich.

Dies scheint mir fast ein Schlüssel zu sein für dich, dieses Halberstädter Kindheits-Kino.

AK: Wir leben ja nicht im Herzen. Das ist nur ein Muskel, der pulst. Nein, es gibt die ganze Welt noch einmal in unserem Kopf. Aber der sieht doch gar nichts! Es ist schematisch zu sagen: keine Bilder. Du kannst mir glauben, daß ich nicht Bilderverbote ausspreche, aber es gibt kein Bild, das wirklich polyphon ist. Die Bilder neigen, wie die Sirenen, dazu, dich zu fesseln und zu sagen: «Ich bin das Bild, nur mich sollst du sehen.» Kein Mensch würde sagen, ein einzelner Ton, das C oder das F, wäre schon Musik, sondern es geht um die Beziehung von F zu A. Quart oder Quint, das sind Beziehungen. Von da fängt die Musik an. Und diese Modulation, die steckt in den Bildern selber noch nicht, sondern erst in der Montage der Bilder.

Das wiederholt sich mit dem abstrakten Denken. Es ist aber das Drama der Neuen Musik, der ernsten Musik unseres Jahrhunderts, daß sie die Herzen der Menschen nicht erreicht hat.

AK: Das hat auch Gottes Wort nicht.

Wie ist das mit dem Kino und dem Publikum, mit dem Erfolg, oder den Einschaltquoten?

AK: Es gibt einen Satz von Rosa Luxemburg: «Bei der Mehrheit bleiben, selbst wenn sie irrt.» Deswegen haben sie sich damals den Namen Spartakus gegeben, weil Spartakus seine Sklaven nicht aufhalten konnte. Nachdem sie alle römischen Heere besiegt hatten, waren sie auf dem Weg ins Keltenland, wären dort in Sicherheit gewesen, nie mehr einzuholen. Da wollten sie noch mal zurück, Beute machen. So wurden sie geschlagen und gekreuzigt. Spartakus hat das vorausgesehen und gesagt: «Bei der Mehrheit bleiben, selbst wenn sie irrt.» Rosa Luxemburg hat dasselbe gesagt, und sie wurde ermordet. Sie hätte sich ohne weiteres in einen Kurort zurückziehen können, 1918. Ich gehe davon aus, daß man Menschen vertrauen soll und daß man ihnen verantwortlich ist. Das meine ich ganz wörtlich. Aber wenn die Mehrheit Auschwitz duldet, dann ist die Behauptung, diese Mehrheit hätte recht, ein verbrecherischer Satz. Das Publikum, das sagt: «Wir brauchen

Wunschkonzert und für die andern Auschwitz», ist ein verbrecherisches Publikum. Dieses Verbrechertum in den Menschen gibt es seit 40000 Jahren. Wir müssen versuchen, hier Unterscheidungsvermögen zu entwickeln. Nichts gegen die Mehrheit, aber wir können ihr nicht vertrauen: Sie kommt nicht von Gott.

Wolfgang Kohlhaase

Edgar Reitz: *Können Sie mir spontan sagen, was Sie als Erfolg empfinden?*

Wolfgang Kohlhaase: Wenn man einen Film gemacht hat und es gehen ein paar Leute hin, mit denen man gerechnet hat, und es gehen außerdem ein paar Leute hin, mit denen man nicht gerechnet hat. Natürlich kann man auch bei der Kritik Erfolg haben. Ich denke, das eigentliche Abenteuer des Films ist der anonyme dunkle Raum.

Wollen Sie versuchen, sich an Filme zu erinnern?

WK: Ich kann einen Klassiker meiner Kindheit nennen. Es ist der einzige Film, den ich bis zu meinem sechzehnten Lebensjahr fünfmal gesehen habe, das war «Die Feuerzangenbowle». Das traf sich mit meinem Pennälerbedürfnis, sich der Schule per komische Distanzierung zu entziehen. Das war mein erstes großes Lacherlebnis im Kino.

Mit Heinz Rühmann und anderen Komikern des deutschen Kinos dieser Jahre.

WK: Wunderbare Leute wie Erich Ponto und Paul Henckels. Die Konstellation ist so eine klassische Schulgeschichte, daß jeder, der in der Schule war, so einer Geschichte irgend etwas abgewinnt.

In Ihrem eigenen Bereich oder in den DEFA-Filmen: Humor?

WK: Naja, wir haben uns immer schwergetan. Man kennt die klassischen Erklärungen, die deutsche Literatur sei arm an Humor, oder dem Deutschen sei er nicht gegeben. Die DEFA war da auch unterschiedlich glücklich. Es war ein permanenter Ruf nach dem Heiteren, aber wenn ein Projekt in die manchmal mühseligen Diskussionen geriet, dann ging der Humor still aus der Hintertür. Humor oder Ironie sind wunderbare Verfahren, um der blinden Gewalt der Fakten nicht zu unterliegen und Distanz zu gewinnen, um einen Vorgang von mehr als einer Seite zu sehen. Die alte Mutter meines frühen Freundes und Partners, des Regisseurs Gerhard Klein, der aus Kreuzberg stammte, sie sagte zu allem, was passierte: Wer weiß, wozu es gut ist? Das ist ein dialektischer Satz. Alles, was eine Vorderseite hat, hat eine Rückseite. Und die Rückseite ist oft komisch.

Erotik?

WK: Erotik haben die Leute offensichtlich gern, also wie Damen und Herren miteinander umgehen. Im deutschen Film hatte das immer so etwas Edles, es war nicht ganz von Fleisch. Wenn ich an die Zeit denke, als mich Erotik als Möglichkeit im Kino brennend interessierte, d. h., als ich zwölf oder dreizehn Jahre alt war: Die Stelle, die den Film für mich zu einem «verbotenen Film» machte, die Stelle kam nie.

Schöne Frauen?

WK: Zarah Leander ist für mich so eine Säule, der bin ich nie nähergetreten, auch in Gedanken nicht. Wen ich mochte, das war Marianne Hoppe mit meinen zwölf oder dreizehn Jahren. Ich fand «Der Schritt vom Wege», die Gründgens-Verfilmung von «Effi Briest», ungeheuer traurig und schön. Obgleich ich damals sicher nicht das Wort gebraucht hätte, hat mich «Romanze in Moll», nach einer Erzählung von Maupassant, seltsamerweise tief berührt, wahrscheinlich, weil der Film zu den emotionaleren und eigentlich auch ernsthafteren Geschichten gehörte.

Generationen?

WK: Da fällt mir aus dem deutschen Kino nur ein, daß es dumpf und heftig zugeht, also Vater und Vatermord, Vater und Sohn, Vater und Tochter, wabernder Konflikt, der sich am Ende meistens klärt, also gerührte Wiedererkennung zwischen zwei Generationen.

Heimat?

WK: «Heimat» hat mich gerührt, aber ich meine, das ist auch die Musik von Gluck, die Einsamkeit der edlen Tochter und Heinrich George in einer Rolle, die er oft so ähnlich gespielt hat: der Mann mit der unbeugsamen, redlichen Engherzigkeit.

Sie sprechen von dem Film «Heimat», den Carl Froelich 1938 bei der UFA inszenierte, mit Zarah Leander. Ich möchte das aus begreiflichen Gründen betonen. Was macht einen Film für Sie wichtig?

WK: Wenn ich die Nachkriegszeit einbeziehe, dann werden Filme für mich wichtig, die ihrerseits etwas erledigt haben, nämlich die unmittelbar zurückliegende deutsche Geschichte. Es macht einen Film vielleicht nichts so wichtig, als wenn er eine Frage stellt, die einen selbst gerade beschäftigt. Die schreckliche Kindheit, die für mich mit Krieg, Not und Tod verbunden gewesen ist, aber trotzdem auf merkwürdige Weise durchschnittlich war. Ich war glücklich bei alldem Unglück ringsherum. Als ich begriff, was das für eine Zeit war, habe ich nach Filmen geguckt, die davon handelten, auch nach Figuren, die mir einen Blick erlaubt haben aufs Leben meiner Eltern, damit auch einen zweiten Blick auf meine eigene Situation. Da sind für mich Leute wie Staudte wichtig oder der Käutner der ersten Nachkriegsjahre oder Erich Engel mit seinem wunderbaren Film «Affaire Blum». Die Filmemacher dieser ersten Jahre: Slatan Dudow, der aus der Emigration kam, irgendwie wußte man seinen Namen aus der Filmgeschichte. Das große Erlebnis dieser Jahre: Leute, die eigentlich schon ins Lesebuch gehörten, waren plötzlich wieder da, und man konnte mit ihnen reden, sie saßen am Tisch. In der Nachkriegszeit war ich in dem Alter, wo man sich umguckt nach beruflichen oder moralischen Vorbildern.

Wurzeln, Herkunft?

WK: Ich bin aus einem Vorort von Berlin, wo es in unserer Bekanntschaft und Verwandtschaft weit und breit keinen Menschen gab, der jemals etwas anderes gemacht hätte, als mit den Händen sein Geld zu verdienen. Vater ging in die Fabrik, als er aus dem Krieg wieder da war. Daß diese Welt mit ihrer durchschnittlichen Tapferkeit, ihren durchschnittlichen Katastrophen ein Gegenstand von Kino sein könnte, verdanke ich dem neorealistischen Film. Ich habe auch immer gedacht, ich will eigentlich Filme machen, um meinen Nachbarn zu verwundern, zu erschüttern oder zu belustigen. Sie wissen ja, Schreiben heißt jemandem schreiben. Man denkt an Adressen, wenn man schreibt. Nachbarschaft war immer eine Adresse für mich.

Die Landschaft interessiert Sie nicht?

WK: Das einzige, wo ich wirklich Bescheid weiß, ist Berlin. Ich habe schon gewisse Hemmungen, wenn es nach Thüringen geht, geschweige denn weiter weg.

Landschaft kommt im deutschen Film erstaunlich selten vor.

WK: Möglicherweise. Berlin kommt vor, aber nicht in gleicher Weise wie Paris oder New York im französischen oder amerikanischen

Film. Gut, der deutsche Film spielt oft in den Bergen, aber so sieht es dann auch aus. Die Landschaft ist eher als Postkarte verwendet, wobei es sicherlich schwer ist, eine Landschaft wirklich zu begreifen, sie nicht einfach nur als Hintergrund zu nehmen. Ich fahre manchmal durch die Berliner Umgebung, die sich jetzt rasend verändert, aber dadurch, daß viele Dinge in der DDR so langsam gingen, noch die Kulissen der zwanziger und dreißiger Jahre zeigt. Die Dörfer sehen zum Teil noch aus, wie sie in den Büchern aus dem Jahre 1925 beschrieben sind. Das ist eine Landschaft, die mir nahe liegt.

Eine Frage, die sich durch die deutsche Geistesgeschichte seit 1945, auch durch die Filmgeschichte zieht, ist die Frage nach der deutschen Schuld.

WK: Ich war vierzehn, als der Krieg zu Ende ging. Ich war bei aller Manipulation, der ein Kind unterworfen ist, nicht sehr verbunden mit den Dingen, die den Bach runtergingen. Man kann sich sein Land, seine Zeit nicht aussuchen, seine Eltern nicht aussuchen. Vieles, was die DEFA immer wieder gemacht hat, ist der Versuch, deutsche Geschichte und deutsche Schuld nicht zu vergessen und etwas davon aufzuheben. Filme oder Bücher sind eine gemeinsame Erinnerung, die über die persönliche hinausgeht. Ich rede nicht davon, daß nicht nur Bewußtseinsgewinn stattgefunden hat, sondern partiell auch wieder Bewußtseinsverlust, weil durch die deutsche Situation, die Konfrontation und den Kalten Krieg ganz bestimmte Prioritäten gesetzt wurden. Auf beiden Seiten wurde Geschichte verkürzt und handhabbar gemacht, aber es gibt in der Literatur der DDR, so in den siebziger Jahren, einen zweiten Ansatz, wo eine neue Generation wieder nach den Eltern fragt, nicht mehr mit derselben Haltung, wie man 1950 gefragt hat. Diese durchgehende Aufmerksamkeit für Geschichte war etwas, wofür es Beispiele gibt. Konrad Wolf, der aus Moskau von der Filmhochschule kam, war so ein Mann, bei dem sich das durch seine Arbeit zieht. Er war aus Gründen, für die er nicht konnte – diese merkwürdige Biographie, aufgewachsen in der Emigration, nach Deutschland gekommen als Neunzehnjähriger, aber als Leutnant der Roten Armee –, in die tiefe Frage verwickelt, ob er eigentlich hierher gehörte. Wolf konnte gar nicht anders als Geschichte persönlich nehmen.

Ich frage nach folgendem Begriff alle Regisseure. Aber für einen

Künstler, der in der DDR aufgewachsen ist, mag er anders klingen: Fernweh.

WK: Da denke ich wieder in Gegensätzen. Der eine Satz heißt, Reisen bildet. Das ist ohne Zweifel richtig, und der andere Satz heißt, der Weise sitzt am Fenster und kennt doch die ganze Welt. Das ist auch richtig. Man hat nicht alles, was man fotografiert, auch verstanden. Aber natürlich war dieses Thema in der DDR eine hochtraumatische Geschichte, weil für die überwiegende Mehrzahl die Welt nicht erreichbar war. Das war eine der Geschichten, die das Land und seine inneren Gemütslagen am stärksten belastet haben. Ich persönlich bin damit klargekommen, einmal weil ich aus beruflichen Gründen reisen konnte, aber auch, weil ich eigentlich gerne zu Hause bin. Ich denke, man wird am Ende sterben und hat einen Fleck, der zehn mal zehn Kilometer groß ist, nicht mit Geduld gesehen. Eines der Abenteuer führte mich nicht in die Welt, sondern zum Filmemachen. Das war ja auch eine Abreise aus einem völlig anderen sozialen Ort zu einem anderen hin.

Ich hab mal einen Zug nach Paris fahren sehen aus dem Bahnhof in Saarbrücken. Da war ich schon in der Mitte meiner Jahre, und ich dachte, irgendwie hat dich nie jemand gefragt, ob du mit dem Zug mitfahren wolltest. Wirklich hat mich nie jemand gefragt, also bin ich auch nicht mitgefahren, und ich hatte ein Gefühl von Versäumnis.

Eigentlich hätte das Thema Fernweh doch in der DEFA-Produktion vorkommen müssen.

WK: Es ist eher verdrängt als behandelt worden.

Das nächste Thema heißt Ideale.

WK: Man könnte die Dinge vernünftiger regeln, und es gäbe so etwas wie ein Modell, das aus deutscher Geschichte entstanden ist: ihre Irrtümer in eine soziale Vernunft gewendet. Ein Ideal, das sagt, man müsse die bisherigen Denkmuster verlängern in andere Richtungen und kontrapunktieren. Die Leute in diesem Jahrhundert sind eigentlich angeschissen worden. Wenn ich an die Generation meiner Eltern denke, die haben immer mehr Suppe ausgelöffelt, als sie sich eingebrockt haben. Alle diese Leute hätten es verdient, daß es nicht einfach weitergeht, wie es gegangen ist. Die Ideale haben bei mir mit diesem frühen Aufbruch, mit dieser Sehnsucht nach einer Utopie zu tun.

Mein letztes Stichwort heißt Zukunft des Kinos.

WK: Die Beziehung des deutschen Films zum deutschen Publikum hat mit der allgemeinen Lage zu tun. Ob das Publikum offen ist für gemeinsame Erlebnisse, für übergreifende Fragen. Ein sozial engagierter Film braucht eine gewisse Resonanzfläche, kann sich nicht an lauter einzelne wenden und kann sich diese Resonanzfläche auch nicht selbst herstellen. Sie muß als Bewegung, als Bedürfnis in der Öffentlichkeit vorhanden sein. Meine etwas altmodische Beziehung zu der Sache: Ich glaube nach wie vor, daß man im Kino wahre Geschichten erzählen muß. Jeder Filmhochschulabsolvent kann heute fünf, sechs technische Dinge lernen, die sich vor zwanzig Jahren nicht mal die großen Regisseure träumen lassen konnten, aber alles, was da erfunden worden ist, taugt nur, wenn du etwas zu erzählen hast. Der Zuschauer muß nach fünf Minuten wissen, wovon an dem Abend die Rede sein soll. Ich glaube an den erzählerischen Film, ich glaube nicht an die Show. Die Leute mögen Schauspieler, und Schauspieler mögen wiederum Geschichten, in denen sie nicht verlorengehen.

Peter Lilienthal

Edgar Reitz: *Ich habe beobachtet, daß für einen Filmemacher seine frühesten Filmerlebnisse sehr wichtig sind.*

Peter Lilienthal: Ich habe meine Mutter danach gefragt: Sie hat mich in ein Kino reingeschmuggelt, in Deutschland. Da war ich wohl vier Jahre alt, es lief ein Film mit Bette Davis, aber ich habe keine Erinnerung. Ich weiß nur, daß ich illegal reinkam und daß meine Mutter das geschafft hat, weil ich relativ groß war.

Diese Kindheit in Deutschland, lebt sie wie ein Film in deinem Gedächtnis, oder gibt es sogar Filmbilder, die sich mit den Erinnerungen mischen?

PL: Ganz merkwürdig, es sind Gesten und der Ausdruck von Menschen, die mir etwas bedeuteten, wie Edward G. Robinson oder Bette Davis, bestimmt nicht Kinderstars. Nachträglich habe ich den Eindruck, es waren immer Menschen, die versuchten, etwas Vergebliches zu machen, die sich auch fremd fühlten in ihrer Umgebung. Es konnte auch ein Westernheld sein, aber meine Aufmerksamkeit lag nicht so sehr in der Handlung, sondern ich war verzaubert von einem Gesicht und von einem Drama, das ich dann meistens nachspielte. Das heißt, ich lief mit einem traurigen Gesicht rum und hatte mir die Vergeblichkeit des Lebens von Bette Davis als Kaiserin angeeignet.

Wie alt warst du, als du unter den Nazis Deutschland verlassen mußtest, damals mit deiner Familie?

PL: Beim erstenmal fünf, dann kam ich noch mal zurück, und dann war ich neun.

Kannst du dich an deutsche Filme erinnern aus dieser Zeit?

PL: Nein, denn an der Kasse stand: «Juden unerwünscht». Aber dafür habe ich nach meiner Ankunft in Uruguay viele Filme gesehen und war überhaupt nur zu zivilisieren, indem man mir garantierte, daß ich am Samstag und Sonntag ins Kino gehen konnte.

Es ist bei einem Menschen, der aufgrund der politischen Umstände seine frühen Prägungen nicht in Deutschland empfangen hat, ein bißchen seltsam, nach Erinnerungen an das deutsche Kino zu fragen.

PL: Ich kann nur sagen, was ich als deutschen Film deklarierte: Antinazi-Schinken aus Hollywood, bei denen die finsteren Nazis meistens von jüdischen Schauspielern gespielt wurden. Das war für mich Deutschland: Nazis im Schnee, das war phantastisch, daran habe ich eine Erinnerung. Aber das waren natürlich keine deutschen Filme, sondern amerikanische Filme. Kindheit und deutsche Filme, das bestand nur aus einem Mißverständnis.

Ich glaube, der erste deutsche Film, den ich nach dem Krieg sah, war «Die Mörder sind unter uns» von Staudte.

Wann ist dir die klassische deutsche Filmgeschichte zum ersten Male begegnet? Die Filme des Expressionismus, die Meisterwerke der Weimarer Zeit?

PL: Ich weiß, daß mich «Der letzte Mann» beeindruckt hat. Da habe ich mich schon bewußt für Filmgeschichte interessiert und war so zwanzig, fünfundzwanzig Jahre alt.

Hattest du das Gefühl, eine abgerissene Geschichte nachzuholen?

PL: Ich war von den französischen Klassikern und den italienischen Realisten so stark beeinflußt, daß ich diese Filme nur als Gegensatz sehen konnte, beispielsweise einen deutschen expressionistischen Film zu De Sicas «Fahrraddiebe». Und mein Herz schlug immer für den italienischen oder den französischen Film. Das hatte nichts zu tun mit einer politischen Ablehnung oder, wie man vermuten könnte, mit einer grundsätzlichen Ablehnung von deutscher Kultur. Ein Film von Jean Vigo bedeutete alles: «Betragen ungenügend». Diese Filme hatten etwas mit mir zu tun: in der Geste, in der Erzählweise, in den Menschen, die dort auftauchten: Sie waren still, ruhig, hatten eine Melancholie, die mir persönlich sehr lag. Ich suchte meine Verwandten und Brüder, Leute, denen man sich anvertrauen kann.

Was ist deutsch?

PL: Etwas, was ich als übermenschlich empfand. Leute, die unter einem Diktat handelten. So habe ich das empfunden. Das war für mich deutsch: Leute, die im Auftrag handelten und die etwas verkündeten. Und das lag mir persönlich überhaupt nicht.

Meinst du «verkünden» auch im politischen Sinne, weltanschaulich, religiös?

PL: Ja, Leute, die neben sich traten. Ob sie nun von Gott sprachen oder von einem kleinen Hündchen, sofort waren es Deutungen.

Das symbolische Denken.

PL: Vielleicht nennt man es so. Also, ich ging ins Kino und suchte mir das, was ich im realen Leben nicht fand an Brüdern, Schwestern, an Freunden, und aus dem Mischmasch von diesen adoptierten Figuren entstand dann meistens die Person, die ich liebte.

Film war immer eine Mischmasch-Kultur, auch in Berlin vor 1933. Als man daraus eine «reine» deutsche Kultur machte, indem man die Juden vertrieb, entstand diese unerträgliche Tingeltangelwelt des bodenständigen Mittelmaßes, wie es die UFA repräsentierte. Die Emigranten wiederum befruchteten den amerikanischen Film und machten aus Hollywood das, was es heute ist.

PL: Absolut. Das waren meistens Heimatlose, keine Leute, die sich mit einem Staat identifizieren konnten oder mit einer Ideologie. Solche Menschen werden nie geliebt von Staatsmännern und doktrinären Menschen. Skeptische Nationalisten waren Menschen, die für mich bedeutend waren. Sie befanden sich schon vor der Emigration im Exil. Ich meine, ganz egal, wo diese Leute leben, sie sind Exilanten, weil ihre Heimat immer bedroht ist. Heimat ist manchmal nicht mehr als ein Zimmer, ein Stuhl, ein Fenster, ein Ausblick, nie ein Staat. Es ist auch kein Zufall, daß der Filmemacher, der mich am meisten interessiert, der Sohn eines Anarchisten ist. Jean Vigos Film «Betragen ungenügend» war verboten in Frankreich, bis nach dem Krieg. Politisch gesehen hat man die Künstler verjagt und geschändet. Aber von ihrer Natur her waren sie sowieso immer Fremde.

Würdest du so weit gehen zu sagen, daß die Filmkultur international ist und auch sein muß?

PL: Ja, wenn ich überhaupt zu irgendeiner Theorie oder einem Dogma neigen würde. Warum sollen Filme anders sein als unsere Freunde, unsere Kleidung, unser Trinken und unser Essen? Wie sind wir domestiziert worden von der Schule, um strammzustehen für einen Staat, sogar für den Namen einer Straße. Das ist doch schrecklich.

Das Sehnsuchtsmotiv, also der Traum vom Glück in der Ferne, spielt eine große Rolle in der deutschen Kultur.

PL: Da ich sehr viel unterwegs bin, empfinde ich genau das, was viele Menschen fühlen, die immer unterwegs sind und im Hotel leben: Eines Tages sehnt man sich nach einem Ort, wo man sich wohl fühlt, wo man zum Bäcker geht, freundlich angesprochen wird, unterwegs einen Hund findet, der sich nicht zusammenkrümmt und erschrickt, wenn man «Guten Tag» sagt. Das ist aber meistens woanders.

Du bist für mich ein deutscher Regisseur. Bist du es für dich auch?

PL: Ich muß mich nicht definieren. Wenn du das sagst, dann freue ich mich, ich habe nichts dagegen.

Du hättest aus deiner Lebensgeschichte heraus Grund zu sagen, der deutsche Film ist ein so finsteres Kapitel, das so eng verbunden ist mit allen Untaten, daß ich mich anders definiere. Ich fühle mich in anderen Teilen der Welt wohler.

PL: Ich habe Gespräche in Tel Aviv geführt, und mein Gegenüber sagte mir, du bist genau wie ein «Jeckes», also, du bist wirklich ein Deutscher. Ich bin in Berlin geboren, ich spreche Deutsch, und meine Eigenart läßt das wohl manchmal zu, meine bestimmte Art, recht haben zu wollen, mich zu erheben und störrisch zu sein, herausfordernd und titanisch zu sein. Regisseure haben das. Sie sind im Kern immer ein bißchen preußisch. Sie sagen: Geh dahin, tu dies und tu jenes. Ich schäme mich manchmal dafür, aber es gehört mit zum Beruf, daß man sich so verhält.

Du weißt, wir haben Grund, wieder über das Restaurative zu sprechen. Neuerdings gibt es Leute, die alles wieder so aufbauen wollen, wie es einmal war: große Portale, monumentale Gebäude, die Größe ausstrahlen. Da ist eine ganze Generation von Architekten jetzt wieder dabei.

Werden die Filme auch so, mit großen Portalen und roten Teppichen?

PL: Ich bin zufrieden mit unserer Mischpoche von Regisseuren, die sind einsichtig in dieser Beziehung, sie sind internationalistisch. Und wenn es ihnen schlechtgeht, dann verbrüdern sie sich.

Auch ich habe meine Liebe zum Kino in den Filmen des Neorealismus, mit Rossellini, De Sica, Visconti entdeckt. Aber wenn man sich diese frühen italienischen Filme ansieht, dann kann man bei allen etwas Gemeinsames erkennen: Sie lieben das Land, in dem sie leben. Wie ist das bei uns?

PL: Offensichtlich anders. Ich habe mit tschechischen Kollegen darüber gesprochen. In der schlimmen Zeit nach dem Prager Frühling, als sich die glanzvolle Zeit des tschechischen Kinos ereignete, wie sie sich zu Hause fühlten, wirklich zu Hause. So konnte man nie mit deutschen Kollegen sprechen. Und einen Franzosen zu fragen oder einen Italiener, ob er sein Land liebt, ist einfach absurd. Der würde dich angucken... Aber tu das mal mit einem deutschen Kollegen. Wir haben alle etwas dazugelernt, um nicht zu leicht zu antworten.

Die Selbstverständlichkeit, mit der man auf die Straße geht und filmt, von den Nachbarn gefragt wird, was machst du da, wir finden es schön, diese Selbstverständlichkeit im Umgang mit den Menschen auf der Straße, wenn man filmt, wenn man Kunst macht, ist überall anders als bei uns. Seit «David» habe ich keinen Film mehr in Deutschland gemacht. Ich hatte mir vorgenommen, jedes Jahr in Deutschland einen Film zu machen. Und es ist mir nicht gelungen. Ich war in Portugal, in Chile, ich war jetzt ein halbes Jahr in Israel, und überall hatte ich das Gefühl, daß irgend etwas Selbstverständliches passiert, wenn man mit der Kamera in eine Wohnung geht. Es hat die Leute fasziniert, helfen zu können, mitzumachen und sich kennenzulernen. Es muß Neugierde da sein, das ist das Problem. – Ich möchte irgendeinen Deutschen sehen, der einfach sagt: Sie machen einen Film? Toll! Das wäre ein selbstverständliches Verhältnis. Aber nein: Falsch geparkt, können Sie sich nicht ein Stück zurückbegeben, Sie stören hier nur. Als ich «David» machte, spürte ich eine große Ablehnung, gegenüber dem Thema, aber auch gegenüber dem Filmen überhaupt. Ich habe gestört.

Die Deutschen erinnern sich ungern an die Untaten im Dritten Reich. Und die hast du mit deinem Film berührt. Aber ich kenne das auch, diese Ablehnung meiner Arbeit auf der Straße. Bei den Dreharbeiten von «Die Zweite Heimat» habe ich in München schreckliche Aggressionen ertragen müssen.

PL: Ich glaube, Film lebt oft von Klatsch, vom Sichanvertrauen. Natürlich kannst du das in einem Land, wo die Sonne scheint, leichter haben, auf einem Platz in Italien, in irgendeinem Dörfchen, da stehen die Leute rum, und man klatscht. Man lernt sich ohne große Anstrengung kennen. Diese Selbstverständlichkeit, die einer Kaffeehaus-Kultur entspricht wie in Österreich oder in der Tschechoslowakei, ist hier nicht vorhanden, die Kultur des Dialogs. Mich stören nicht die eckigen Häuser, die preußischen Sitten oder vielleicht die unsympathische Form von Autos. Was mich stört, ist, daß der Dialog nicht selbstverständlich zustande kommt. Daß man nicht hingehen kann, jemand am Arm zupft und fragt: Wie geht es Ihnen, was macht Ihre Frau, was machen die Kinder, wie geht's Ihrer Katze? Dieses lässige Sichkennenlernen ist für den Film wichtig.

Vielleicht ist das eins der Geheimnisse, warum die Amerikaner ein so lockeres Verhältnis zum Film haben. Als Deutscher bist du immer wieder erstaunt, wie neugierig die Amerikaner auf dich sind, wenn du mit ihnen ins Gespräch kommst. Nun sind das kulturelle Eigenschaften, die wir nicht beeinflussen können.

PL: Wir können sie beeinflussen. Die neue Generation geht damit schon viel selbstverständlicher um.

Die Welt des Kinos ist eine universalistische Welt, also eine, die nicht nur alle Lebenserfahrungen in sich aufnimmt, sondern auch in der Innenwelt der Menschen das Universelle sucht.

PL: Menschen, die den Unernst der Welt der Erwachsenen entdeckt haben, haben schon sehr viel in ihren Händen, um Film zu machen. Das sind die Rebellen, die sich nicht domestizieren ließen von der Schule, vom Staat. Erinnere dich an dieses Bild in «Stunde Null» von den Kindern, die fliehen. Die Fluchtbewegung, das ist ein Ziel...

Sie fliehen aus der Aufsicht der Erwachsenen, der Lehrer, der Reglements.

PL: Habe ich dir erzählt, daß mich meine Mutter, als ich zehn Jahre alt war, zum Psychiater bringen wollte, weil ich über alles lachte, was sie tat? Sie mußte nur eine Tasse Kaffee in die Hand nehmen, und schon bekam ich einen Lachkrampf. Ich hatte plötzlich das klare Bewußtsein von den Manierismen, den Masken, die man aufsetzt als Erwachsener. Für mich war das später als Regisseur wichtig, denn damit arbeiten wir, mit den kleinen Manierismen. Deutschland hat nicht die Manierismen und das Pathos der romanischen Welt. Man ist ernst. Man nimmt die Dinge so, wie sie sind. Man handelt im Auftrag. Du erinnerst dich an die schönen Filme von Werner Schroeter: Sie versuchten, daraus zu entfliehen, und übertrafen sich selbst im Pathos. Doch zurück zu diesem Wahnsinn, den ich hatte als Zehnjähriger: Das ist mir geblieben. Und das rettet mich auch. Eines Tages sitzt du irgend jemand gegenüber, wie ich jetzt in meinem letzten Film, einem Jazzmusiker, der eine Mischung ist aus Chruschtschow und Charlie Chaplin. Und ich habe immer vergessen, «cut» zu rufen, weil er mich so fasziniert hat. Seine Augen, sein Wesen, das war kein Erwachsener.

Dein erster Film …

PL: Ein Dokumentarfilm über einen Leierkastenmann, der auch Filmvorführer war: «Im Handumdrehen verdient». Er wurde vom SFB produziert, als ich noch Student war der Hochschule für Künste. Ich habe den Mann in seinem Kino besucht, und er sagte, eigentlich will ich gar kein Filmvorführer sein, sondern Leierkastenmann.

Und dein erster Spielfilm? Wie ist der zustande gekommen?

PL: Durchs Fernsehen. «Stück für Stück», das Drehbuch wurde geschrieben von Benno Meyer-Wehlack, handelt von einem Jungen, der unbedingt ein Fahrrad haben will, aber die Mama kann es sich nicht leisten. Der Sohn schlägt ihr vor, den Heiratsantrag von einem etwas älteren Mann anzunehmen, damit er ein Fahrrad bekommt. Das war sozusagen die Quintessenz.

Aus der Sicht des Jungen.

PL: Ja. Das habe ich in Berlin gedreht, in einer kleinen, engen Arbeiterwohnung und auf der Straße.

Seitdem hast du über dreißig Spielfilme gedreht, ein Dutzend Dokumentarfilme, zahllose internationale Preise und Bundesfilmpreise gewonnen.

Eine einfache, persönliche Frage: Welche Jahreszeit ist dir die liebste?

PL: Frühling. Obwohl er mich müde macht. Aber im Frühling vermisse ich den Herbst. Es ist eher die Sehnsucht nach einer Jahreszeit als wirklich die Jahreszeit selbst. Ich gehe durch den Frühling und denke: Oh, ein bißchen zu bunt, zu kitschig und duftet zu penetrant!

Was sagt dir das Wort «Mystik»?

PL: Sich verlieren, der Versuch, mit Gott einen Dialog zu führen und sich dabei perfekt selbst zu täuschen.

Kann ein Film mit Gott sprechen?

PL: Es gibt Momente – und das sind ja die meisten –, die von jemand anderem bestimmt werden. Zum Schluß sagen wir: Wir haben den Film gemacht, da steht unser Name, ob da nun Gott geholfen hat oder nicht, weiß ich nicht. Ich wünsche es mir, und manchmal frage ich mich, wo kommt denn das her, das ist ja phantastisch, daran hätte ich nie gedacht. Du erinnerst dich vielleicht an ein Bild aus «Es herrscht Ruhe im Land»: Die Leute stehen mit erhobenen Händen vor den Soldaten, vor ihnen ist ein Huhn im Bild. In dem Moment, wo die Leute die Arme nach oben heben, nimmt das Huhn auch die Flügel nach oben und fängt an zu flattern. Welcher Regisseur kann einem Huhn sagen, es soll die Flügel heben? Und im selben Moment flog ein Schmetterling über die Köpfe der Frauen, sichtbar für die Kamera und für mich. Diese Synchronität von flatterndem Huhn und Schmetterling über den Köpfen, gleichzeitig die Bedrohung durch das Militär, das kann man sich nicht ausdenken. An solchen Stellen werde ich natürlich zum Mystiker.

Das ist das Glück…

PL: Ja, man bemüht sich und strampelt herum, und zum Schluß kommt es eigentlich nur darauf an, daß im verborgenen etwas Unbekanntes wirkt.

Jeanine Meerapfel

Edgar Reitz: *Siehst du dich als deutsche Regisseurin?*

Jeanine Meerapfel: In Deutschland bin ich eine deutsche Regisseurin. In Argentinien eine argentinische. Altman sagt, er lebt da, wo man ihm Geld gibt, um Filme zu machen. Ich erzähle Geschichten, wenig aus Deutschland, mehr aus dem Blick von außen. Meine Geschichten handeln von Menschen, die ihr Land verlassen müssen, die weggehen oder zurückkommen. Es ist so viel Abstand und so viel Nähe. Vielleicht bin ich eine deutsche Regisseurin in dem Sinn, daß ich bei dir und bei Alexander Kluge gelernt habe, Bilder zu machen über die Welt, oder die Bilder zu finden, die etwas mit mir zu tun haben. An dieser Auffassung ist sicher etwas Deutsches. Während meiner Studienzeit bei euch in Ulm habe ich gelernt, etwas von mir selbst zu verstehen, von politischen Zusammenhängen, die ich vorher nicht kannte, und über die deutsche Sprache, das deutsche Konzept der Welt.

Dein Vater ist Deutscher gewesen?

JM: Deutscher Jude. Es gab ein Land, in das ich niemals hinfahren sollte, und das war Deutschland. Das ist die eine Seite. Die Tatsache aber, daß die Eltern aus Deutschland kamen, die Tatsache, daß Vaters Sprache Deutsch war und daß er aus diesem Dorf Untergrombach kam, das in der Nähe von Karlsruhe liegt, die Tatsache, daß Ulm gar nicht so weit weg war von diesem Ort, daß der Dialekt, der da gesprochen wird, auch gar nicht so anders ist als der Dialekt, den meine Tanten in Argentinien noch heute sprechen, daß man auch in Argentinien wußte, was Spätzle sind, bewirkte, daß ich doch dahin gehen wollte, wo die Eltern einmal gewesen sind. Aber du fragst nach ihrer Wunde. Sie sprachen sehr wenig über Deutschland, so wie Emigranten überhaupt. Ich mußte sie regelrecht ausfragen.

Ich habe für meine Gespräche mit den Kollegen eine kleine Arbeitshypothese: Wir gehören nicht nur zu unserer Generation, sondern un-

sere Vorstellungswelt, unsere Phantasie und ihre Antriebe bilden sich in größeren Zeiträumen als der eigenen Lebenszeit. Deswegen sind wir mehrere Generationen alt, wenn wir Filme machen in Deutschland.

JM: Ich bin fünftausend Jahre alt.

Als Jüdin?

JM: Ja. Ich glaube auch, daß wir nicht nur die hundert Jahre Filmgeschichte in uns tragen, sondern auch die Bilder aus der Sprache, die Bilder aus der bildenden Kunst, die Bilder, die vor Hunderten von Jahren existierten. Und ich trage nicht nur die Bilder von Alexander Kluges «Abschied von gestern» in mir, was ein Teil meiner Geschichte ist, sondern in mir leben auch die Bilder aus dem ersten lateinamerikanischen Film, den ich gesehen habe. «Abschied von gestern» war ein Erlebnis, das mich schockiert hat, aber auch, als ich «Sunrise» von Murnau zum erstenmal gesehen habe.

Wenn wir vom ersten Kinojahrhundert in Deutschland sprechen, sieht das leicht so aus, als hielten wir den Film für eine nationale Angelegenheit.

JM: Ich glaube auch, Film hat keinen Paß. Film hat keine Nationalität. Film hat eine Herkunft, kann eine Identität haben, verfügt über eine Sprache, kommt von der Begegnung mit einer Realität und vom Verstehen dieser Realität. Aber ist das deutsch?

Welches sind neben den genannten Titeln die Filme, die dich geprägt haben?

JM: Die Filme von Visconti aus seinen späten Jahren, dann die Filme von Glauber Rocha. Was ich in den Filmen aus Lateinamerika gefunden habe, die kubanischen Filme der siebziger Jahre, das hat mich sehr bewegt. Und später, als ich selber Bilder gemacht habe in Lateinamerika, habe ich immer nach dieser Identität gesucht, nach dieser Sprache, weil ich dachte, daß sie Geschichten erzählten, die Wahrheit enthielten.

Was ist Wahrheit in Bildern?

JM: Wenn ich aus der Liebe zu einer Figur, zu einer Situation, von Menschen erzähle, wenn ich erreiche, dir zu zeigen, daß sie etwas mit dir zu tun haben, dann ist Wahrheit in dem Bild.

Von deinem letzten Film «Amigomio» ausgehend: Was bedeutet dir Landschaft?

JM: Gar nichts. Landschaft ist da, sie existiert. Aber wenn darin

Menschen sind, und du erzählst ihre Geschichte, und sie suchen darin ein Zuhause, dann hat Landschaft eine Bedeutung für diese Menschen und damit auch für mich. Landschaft heißt auch atmen, Himmel, Licht. Das ist etwas, was ich in Lateinamerika wiederfinde: Das Licht meiner Kindheit ist dort, da kann man besser atmen, aber ich denke, daß die Landschaft erst dann eine poetische Kraft haben kann, wenn die Geschichte, die du erzählst, auch wieder etwas mit dem Zuschauer, mit dir, mit mir zu tun hat.

Also, das Hochland von Peru in viertausend Meter Höhe, eine Landschaft, die fast nicht bewohnbar ist, weil die Luft so dünn ist und dort fast nichts mehr wächst, wäre alleine für dich kein Thema?

JM: Ich gebe dir ein Beispiel: In Bolivien gibt es die Stadt Potosi, mit dem Berg Cerro Rico. Dieser Berg sieht aus, als ob ein Kind ihn gemalt hätte. Er ist voller Löcher, wie ein Käse, weil die Spanier, später die verschiedenen Europäer, daraus Silber gefördert haben. Das haben sie mitgenommen nach Europa, und mit diesem Silber ist die industrielle Revolution gemacht worden. In Potosi sind Tausende, vielleicht Millionen von Indios gestorben. Potosi ist die Wunde Lateinamerikas. Du kannst noch die koloniale Größe der Stadt sehen, und gleichzeitig siehst du immer diesen Berg mit den Löchern, die heute noch für den Zinkabbau benutzt werden. Für mich ist Potosi immer das Zentrum meiner Geschichte gewesen. Der Ort ist schwer zu erreichen, nur mit Busse und das in viertausendvierhundert Meter Höhe. Die mythische und zugleich historische Bedeutung war für mich wichtig.

Es gibt also so etwas wie «historische Landschaft»?

JM: Ja, ich suche nach den Spuren, die von dem Geschehenen erzählen.

Diese Verbindung von Geschichte, Erinnerung und Landschaft habe ich «Heimat» genannt. Ein sehr deutsches Wort. Kennst du auch dieses innere Bild, das im Deutschen «Heimat» heißt?

JM: Es gibt Herkunft. Ich komme von dieser sehr gemischten Geschichte her, ich komme vom deutschen Judentum, ich habe ein Teil französisches Erbe, und ich habe sehr viel lateinamerikanisches Wissen und auch Töne, Leben, Konzepte, Begriffe in mir, Bilder, Farben, Gerüche. Ich komme aus alldem, das ist meine Herkunft. Heimat kenne ich nicht.

Verloren?

JM: Nicht verloren. Ich habe sie nie gehabt, glaube ich. Ich war einmal eine argentinische Patriotin. Wenn ich dort geblieben wäre, hätte ich vielleicht keine Filme gemacht. Heimat heißt auf spanisch «Patria», kommt von «Pater». Aber ich respektiere die Heimat der anderen, und es hat mich immer erstaunt, wenn meine deutschen Freunde im Ausland ihre Pässe versteckten oder sagten, sie seien Holländer. Ich habe gesagt, wieso, du kommst von Kleist, du kommst von dieser wunderbaren deutschen Sprache, du bist deutsch; auch wenn deine Eltern Nazis waren, du bist nicht Nazi. Inzwischen denke ich nicht mehr so. Es ist viel komplizierter, auch für diese deutschen Freunde. Es ist schwierig für deutsche Freunde, deutsch zu sein. Jeder löst das auf die eine oder andere Weise. Die Figur in meinem Film «Amigomio» löst sein Problem überhaupt nicht. Der Junge löst es. Er will Ecuadorianer sein, so wie ein Sohn von Türken hier ein Deutscher ist. Der Junge hat das Problem gelöst, meine deutschen Freunde haben es nicht gelöst. Sie hadern damit – vielleicht nicht die schlechteste Art, deutsch zu sein.

Die besten Deutschen sind die Deutschen, die keine Deutschen sein wollen. Es ist da ein entsetzlicher Widerspruch in unserer Geschichte entstanden. Es wäre so viel schöner, wenn wir einfach stolz sein dürften auf unsere Kultur. Daran kann man auch im deutschen Film nichts ändern. Unser Stolz auf Ernst Lubitsch, Max Ophüls, auf Fritz Lang, Murnau, Dieterle, Wilder, Detlef Sierck klingt prätentiös.

JM: Aber ihr habt wieder etwas aufgebaut, du und die anderen Filmemacher. Ihr habt das Ruinenfeld beschrieben, und dann habt ihr angefangen, etwas aufzubauen.

Die Welt wartet seit fünfzig Jahren auf den «anderen Deutschen». Dennoch war der deutsche Dämon immer der bessere Exportartikel. Man denke an die Nazi-Schergen im Hollywoodfilm, an gewisse düstere, wagnerianische Naturen unter unseren Künstlern, die immer wieder in Paris verehrt werden. Hat man außerhalb Deutschlands auch in dir das Deutsche gesehen?

JM: Für das Goethe-Institut war ich ein guter Exportartikel, denn die konnten zeigen, hier ist eine deutsche Regisseurin, die packt ein Türkenthema an, die packt ein jüdisches Thema an, und das wird in Deutschland gefördert, schaut mal. Ich habe mich gern herumschicken lassen, denn die Deutschen haben mir tatsächlich das Geld gegeben, um diese Filme zu machen. Sie gaben mir Geld für «Die Kümmeltürkin geht» und für «Im Land meiner Eltern».

Deine Filme, die auf spanisch gedreht sind, haben in Argentinien großen Erfolg. Was ist dort im Kino so vollkommen anders als hier?

JM: Dort lieben es die Menschen, ihre eigenen Geschichten zu sehen. Sie lieben es, im Kino ihre eigene Sprache zu hören, ihren Humor, ihre Art, die Welt zu sehen, ihren Tango, ihre Musik. In Deutschland herrscht der amerikanische «way of life», weil man das seit vielen Jahren hier eingeträufelt hat, über die Filme, über die Medien, so daß die Kids jetzt US-amerikanische Musik, US-amerikanische Kleidung, sogar die Exekutive besser kennen als die eigene. In Argentinien zum Beispiel ist der nationale Rock ein Ereignis, und die Kinohelden sprechen spanisch. Erst danach kommen «Jurassic Park» und die anderen «Block Busters».

Du bist in einer Zeit nach Deutschland gekommen, als Ideale eine andere Bedeutung hatten als heute. Sind auch deine Ideale in Gefahr?

JM: Nein, sie sind die gleichen geblieben. Vielleicht bin ich nicht mehr so naiv. Wir glauben nicht mehr, daß wir die Welt verändern werden mit unseren Filmen. Aber die Vorstellung, daß wir in einer gerechteren Welt leben sollten und daß wir mit unseren Bildern und Geschichten dazu beitragen können, dieses Ziel ist geblieben.

Autorenfilm, damals eine unserer Entdeckungen. Ist es ein Konzept, das immer noch bedenkenswert ist?

JM: Natürlich. Autorenfilmer sind Robert Altman und Spielberg auch. Das sind Menschen, die etwas zu sagen haben. Autorenfilm bedeutet, ein Konzept zu haben und deine Geschichte zu erzählen, und zwar so, daß du dich mit dem Publikum unterhältst.

Warum ist das Autorenkino in Deutschland in Verruf geraten?

JM: Diese Dummheit haben manche unserer Kollegen begangen, die sich absetzen wollten. Sie wollten hier in Deutschland eine Industrie aufbauen wie in Hollywood. Sie wollten schreiben können «directed by», als ob ein Studio dich hier als Regisseur besetzt und dir sagt, hier ist das Drehbuch von X, und mit dem Schauspieler Y müssen Sie jetzt den Film drehen. Das gibt es hier nicht. Nur ein paar Verrückte, die Lust haben, Geschichten zu erzählen im Kino, und die das immer machen werden. Auch die, die schreien, das Autorenkino sei tot, sind Autoren.

Dann möchte ich dich noch fragen: Welches ist deine liebste Jahreszeit?

JM: Frühling, Frühling. Wenn das alles anfängt zu wachsen und das Licht dünn wird. Das ist meine liebste Jahreszeit.

Hast du in einem deiner Filme den Frühling beschrieben, wenigstens ein bißchen?

JM: Nein. Ich habe nie eine Jahreszeit beschrieben, so wie du das gemacht hast in «Heimat», was mich auch erinnert an Alain Tanners «Die Mitte der Welt». Das ist etwas Schönes. Du weißt, wir Frauen machen immer diese inneren Geschichten, und plötzlich habe ich in den Anden gedreht und einen Abenteuerfilm gemacht. Aber die Jahreszeit war nicht so wichtig. Ich glaube nicht, daß wir die Natur im Kino wiederherstellen können.

Und wie ist das mit der Zeit? Können wir die Zeit des Lebens im Film wiederherstellen oder einholen?

JM: Wir können vierzig Jahre eines Lebens zeigen, auch hundert Jahre. Wir können auch zeigen, wie die Zeit vergeht, wie ein Mensch älter wird. Wir können unsere Eltern wieder leben lassen und können Kinder haben, die wir nie hatten. Und wir können Kinder sein. Deshalb machen wir wahrscheinlich Filme, weil wir Sandburgen bauen können und gleichzeitig uralt und kindisch sein dürfen.

Ulrike Ottinger

Edgar Reitz: *Ulrike, ich schätze, daß dir kaum ein Film aus der deutschen Filmgeschichte gefällt?*

Ulrike Ottinger: Das alte Bilderkino gefällt mir gut. Einer der Filme, die mich beeindruckt haben, war «Das Cabinet des Dr. Caligari», weil das sehr imposantes Bilderkino ist. Dann gefällt mir noch «Die freudlose Gasse» von G. W. Pabst – ich finde diese Großstadtthematik interessant – oder «Varieté» von E. A. Dupont.

Und aus der Nazizeit?

UO: Einer von den Nazifilmen, der mir in Erinnerung ist, den ich in Amerika gesehen habe, ist «Kolberg», also diese Durchhaltegeschichte. «Jud Süß» habe ich nicht gesehen. Was ich das Perfideste und Obszönste finde, was ich je in meinem Leben gesehen habe, ist «Der Führer schenkt den Juden eine Stadt». Sonst kenne ich keine Filme aus dieser Zeit. Ich habe sie mir bewußt nicht angesehen.

Riefenstahl, die berühmteste Frau unter den Regisseuren damals?

UO: Ihren Bergfilm habe ich gesehen, das ist das einzige.

«Das blaue Licht». Und die sehr populären Filme der UFA, z.B. Filme mit Zarah Leander, kennst du nicht?

UO: Ich habe fast nichts davon gesehen. Das ist mit Sicherheit eine Abwehrhaltung bei mir. Ich kann es kaum ertragen, schlechte Filme zu sehen. Aber das hängt bei mir vielleicht damit zusammen, daß ich von Hause aus mit Bildern aufgewachsen bin, mit der bildenden Kunst. Daher auch meine sehr starke Beziehung zum frühen Bilderkino und zu einem Kino, wie es heute z.B. aus Georgien kommt.

Du hast viele, große Reisen in die Ferne gemacht mit der Kamera, auf deine Weise bis zum Ende der Welt. Ist das ein Traum von dir, liegt in der Ferne das Glück?

UO: Die Faszination für Asien war schon ein Kindertraum. Ich habe bereits meine ersten Filme mit asiatischen Themen gemacht. Das waren

Reisen, die in der Phantasie stattfanden. «Madame X», dieser Film über eine chinesische Piratenkönigin, wurde auf dem Bodensee, leider nicht im chinesischen Meer gedreht. Vielleicht sollte ich das «leider» weglassen. Ich lebte lange in Frankreich, vom Anfang der sechziger bis zum Beginn der siebziger Jahre. Als ich zurückkam, war mein Blick auf die veränderte deutsche Landschaft sehr geschärft. Die Sprache hatte sich verändert, meine Freundinnen von früher hatten sich völlig verändert, und so kam es zu dieser frühen Komödie über die Frauenbewegung, die damals unglaublich kontrovers diskutiert wurde. Das war der einzige Film, für den ich tätlich angegriffen wurde. So weit gingen die Emotionen und Leidenschaften.

Ich habe relativ spät angefangen, mit meinen Filmen zu reisen. Das erste war ein dokumentarischer Film in China, wo wir zu dritt durch China gereist sind, immer mit der Bahn, also immer auf der Erde. Wir haben nie das Flugzeug genommen. Ich habe mit der Kamera einfach nur ein Tagebuch geführt. Als ich in Beijing auf den großen weiten Platz vor dem Flughafen trat, war ein unglaublicher Sturm von der Gobi, der diese Sandwolken mit sich bringt. Es gab viele Radfahrer, die bei dem starken Gegenwind nicht vom Fleck kamen, immer radelten und radelten und einfach nicht weiterkamen. Das war ein starkes Bild.

Als Filmemacherin gegen den Strom zu schwimmen kann dahin führen, daß du als Künstlerin unverstanden bleibst.

UO: Unsere Intuition gibt uns die Kraft, bestimmte Widerstände und auch Unverständnis auszuhalten.

Wenn du in deine Heimat zurückkehrst, hast du dann einen anderen Blick auf die Dinge?

UO: Ich bin mit achtzehn Jahren aus Deutschland weggegangen, weil ich hier nicht mehr leben wollte. Es fällt mir schwer, darüber zu sprechen. Es ist so, daß meine Eltern im Nationalsozialismus verfolgt waren. Meine Mutter war jüdisch, mein Vater moderner Maler und teilweise jüdischer Abstammung. Ich empfinde den Bodensee als meine Heimat. Unsere Familie war seit über dreihundert Jahren in Deutschland, Landjuden, mein Großvater war der koschere Metzger von Konstanz. Die haben sich so als Deutsche gefühlt, wie man sich nur fühlen kann. Ich selbst habe ein ambivalentes Verhältnis zu Deutschland.

War das der Grund, so früh wegzugehen?

UO: Meine Eltern habe ich damals nicht verstanden, daß sie wieder in Deutschland lebten. Ich wollte weggehen, aber nachdem ich sehr lange in Paris war, konnte ich auch wieder zurückkommen. Wolf Vostell hatte mich gebeten, für ihn eine Happening-Dokumentation zu machen. Da bin ich 1973 zum erstenmal nach Berlin gekommen. Die Stadt hat mir so gut gefallen, daß ich dann gleich wieder zurückkam und mir hier eine Wohnung suchte. Damals haben wir uns auch kennengelernt, wenn ich mich recht erinnere.

Ich erinnere mich. Ich glaube, es war 1974. Ulrike, aus Deutschland sind immer wieder sehr talentierte Leute ausgewandert. Die Emigration, ist das auch deine Perspektive?

UO: Ich arbeite jetzt an einem Film, der im Emigrantenmilieu spielt. Die meisten Menschen, die immer an einem Fleck sitzen, können sich gar nicht vorstellen, was passiert, wenn man von einem Tag auf den anderen alles, was man bisher hatte, seine ganze Umgebung, seine vertraute Umgebung, seine Freunde, seine liebgewordenen Gewohnheiten verlassen muß, um in ein anderes Land zu gehen, wo man die Sprache nicht spricht, wo man sich erst mal eine Wohnung suchen muß und kaum Möglichkeiten hat, eine zu finden. Das können sich die meisten Menschen hier in Deutschland nicht mehr vorstellen. Man merkt das an ihrer Reaktion allem Fremden gegenüber. Das habe ich auch in «Johanna d'Arc of Mongolia» und im «Dorian Gray» thematisiert.

Schönheit? Was ist das?

UO: Da halte ich es mit den Mongolen. Für sie ist ein schöner Mensch einer, der z. B. wunderbare Epen vortragen kann.

Rosa von Praunheim

Edgar Reitz: *Erfolg?*

Rosa von Praunheim: Ich glaube, das ist das Geheimnis für alle jungen Filmemacher. Man muß alles tun, um nicht berühmt zu werden. Das ist die beste Methode, um auf sich aufmerksam zu machen.

Publikum?

RvP: Publikum bin ich selber. Ich denke, man kann nur von sich selbst ausgehen, man muß immer ehrlich mit sich selber sein.

Humor?

RvP: Ich bin ein sehr ernster Mensch, deswegen sind meine Filme immer recht lustig.

Erotik?

RvP: Das ist so 'n vornehmes Wort, das versteh ich nicht. Lotti sagt immer, ich wär ein Holzhammer und sie ein Stilett.

Ein schöner Mann?

RvP: Komischerweise sind viele berühmte Filmregisseure häßlich, vielleicht muß das so sein.

Deutsche Filmschauspieler?

RvP: Conrad Veidt ist zum Beispiel jemand, der mich sehr fasziniert hat.

Intelligenz?

RvP: Ist für den Neuen Deutschen Film oft ein Hindernis gewesen.

Intellektuelle?

RvP: Ich mag die Mischung von Analytischem und Sentimentalem, wenn manche Filmer interessante Bilder machen und auch was Kluges sagen können.

Elitär?

RvP: Da fällt mir Botho Strauß ein, der in einem schrecklichen Aufsatz geschrieben hat, daß nur die Elite die Welt retten kann. Ich glaube, das ist mit meiner Generation ein bißchen aufgebrochen: Wir haben mit wenig Geld kritische und künstlerische Filme gemacht, also nicht elitäre Filme.

Generationen?

RvP: Wenn man älter wird, ist es eigenartig, nicht mehr zur Avantgarde zu gehören, nicht mehr zu denen, die was Neues, Aufregendes machen. Ich glaube, es ist sehr schwer, die andere Generation zu verstehen.

Die Jugend?

RvP: Jugend – da bin ich sprachlos.

Schauspieler?

RvP: Oft stört die Konkurrenz zu den Regisseuren.

Professionell?

RvP: Ich habe immer das Professionelle als eine Einengung empfunden.

Aussage?

RvP: Diejenigen, die mit einer vorgefertigten Meinung an die Arbeit und an das Material gehen, sind oft die langweiligsten.

Wahnsinn?

RvP: Ein Begriff, den ich aus dem Expressionismus kenne, also eine Steigerung der Gefühle. Wenn Wahnsinn real wird, das macht mir angst.

Herkunft?

RvP: Ich bin in Praunheim aufgewachsen. Das ist ein besonders häßlicher Stadtteil von Frankfurt. Da sind meine Wurzeln, und ich denke, darauf muß man sich immer beziehen.

Landschaft?

RvP: Landschaften flößen mir Angst ein und langweilen mich. Also, ich würde nie ein Häuschen irgendwo am ruhigen Fleck haben und kann Landschaft auch nicht genießen.

Das Meer?

RvP: Mir fällt da so ein psychologischer Test ein, aber das war kein Meer, sondern ein spiegelglatter See, und ich saß auf einem Krokodil.

Herbst?

RvP: Herbst und Winter sind die Zeit, in der ich am produktivsten und vitalsten bin. Frühling und Sommer lähmen mich eher.

Vater?

RvP: Meinen Vater habe ich sexuell sehr begehrt. Ich glaube, für einen Schwulen ist der Vater oft eine sehr schwierige Person.

Exil?

RvP: Exil ist für mich ein schöner Begriff. Ich finde es schön, immer wieder neu anfangen zu müssen, immer wieder neue Erfahrungen zu machen und sich nicht auf einen sicheren gewohnten Platz zurückziehen zu können.

Im deutschen Film?

RvP: Tragisch fand ich die Exilanten, über die ich Filme gemacht habe in Amerika. Sie haben es nicht fertiggebracht, sich neu zu orientieren, sondern nur auf das Alte bezogen. Das tut weh, wenn man das sieht.

Romantik?

RvP: Die deutsche Romantik habe ich immer als sehr schwul empfunden: Männerfreundschaften in der Literatur und insofern sehr positiv. Bei Deutschen, die es vielleicht sonst schwer haben, Gefühle zu zeigen, in der Romantik klappt das.

Stars?

RvP: Ein Star muß schön und ausdrucksvoll sein, sich abheben und distanziert sein. Wir haben versucht, genau das Gegenteil zu kreieren. Ich würde mich Warhol anschließen und sagen, daß jeder ein Star ist.

Ideale?

RvP: Ist ein verkommener Begriff. Ideale können gefährlich sein, ein Begriff aus der Nazizeit, den ich nicht mag.

Krankheit?

RvP: Dieser Anspruch, immer gesund, vital und produktiv sein zu müssen, stört mich. Das Schwache, das Hilflose und Kranke hat mich oft mehr interessiert.

Muttersprache?

RvP: Ich habe Russisch in der Schule gelernt und spreche das sehr schlecht. Ich kann nur Phantasiefranzösisch und Phantasiechinesisch und chinesisch singen, aber Deutsch ist die Sprache, in der ich mich am besten ausdrücken kann. Allerdings, wenn ich Sex habe, dann bin ich freier in einer anderen Sprache.

Deutsche Identität?

RvP: Ich denke, ich muß mit dazu beitragen, daß das Deutsche nicht wieder in Verruf gerät.

Musik?

RvP: Ich mag thailändische Militärmusik, das ist alles.

Bilanz?

RvP: Ich habe es gewagt in meinem ersten Film 1967, selbst zu singen. Das war sicher ein großer Fehler. Ich habe von Kameraarbeit nichts verstanden und habe trotzdem in zwanzig Filmen selber Kamera gemacht, obwohl ich nicht mit dem Belichtungsmesser umgehen konnte. Ich habe viele Menschen ausgenutzt, indem ich schrille, exzentrische Personen wie meine Tante Luzi lächerlich gemacht habe vor der Kamera in «Die Bettwurst», und ich habe heftig die Schwulen kritisiert in meinem Film «Nicht der Homosexuelle ist pervers, sondern die Situation, in der er lebt», statt sie in Schutz zu nehmen, und gesagt, wie unpolitisch sie sind und wie feige und daß sie so wenig tun zu ihrer eigenen Emanzipation. Und es ist mir nie gelungen, Geschichten zu erzählen, mit denen die Leute sich identifizieren können und wo sie weinen können. Das ist, glaube ich, ein großer Mangel.

Günter Rohrbach

Edgar Reitz: *Filmproduzent in Deutschland, ist das etwas anderes, als in einem anderen Land Filme zu produzieren?*

Günter Rohrbach: Ich habe nirgendwo sonst Filme produziert als in Deutschland. Wenn ich theoretisch vergleiche, kann ich schon einen Unterschied feststellen: Der Produzent hat in Deutschland nie diese Bedeutung und diese Wichtigkeit erfahren, wie er sie beispielsweise in den angelsächsischen Ländern hat. In Deutschland gilt der Produzent als jemand, der mit der dicken Zigarre herumläuft, eine ebenso dicke Brieftasche hat, mit dem Scriptgirl schläft und im übrigen von Film reichlich wenig versteht. Für das angelsächsische Verständnis ist der Produzent jemand, der am Anfang des Films steht, der eine Idee hat, eine Besessenheit für diese Idee und der alles unternimmt, um diese Idee zu einem Film werden zu lassen. So kann sich natürlich auch ein Regisseur als Produzent verstehen. Es gibt ja in Deutschland viele Regisseure, die selber Produzenten sind. Dort, wo sie nicht unbedingt die wirtschaftliche Verantwortung für den Film haben wollen, aber doch die kreative Kontrolle von Anfang an, halte ich es durchaus für ein gutes und in der Filmgeschichte bewährtes Prinzip: die Teilung der Verantwortlichkeiten. Es macht mir Vergnügen, meinen Beruf in dem Sinne auszuüben, daß ich den kreativen Prozeß für eine gewisse Strecke allein verantworte, dann aber andere finde, die ich für die Sache begeistern kann, einen Autor oder mehrere Autoren, einen Regisseur, einen Kameramann, Schauspieler usw. Produzieren ist eine Arbeit, bei der man Leute um sich herum versammelt und ihre Talente zu möglichst starker Wirkung bringt. Für einen Regisseur ist es ein beruhigendes Gefühl, neben sich einen Menschen zu wissen, der gewisse Abläufe für ihn organisiert, der ihm Wege ebnet für seine eigene kreative Tätigkeit, der ihn also aufblühen läßt wie in einem Treibhaus, wenn die Temperatur auf der richtigen Höhe ist.

Was bedeutet Publikum für Sie?

GR: Auf der einen Seite, muß ich sagen, habe ich ein Haßverhältnis zum Publikum, denn vor ihm muß man sich bewähren, es entscheidet über mein Schicksal. Das Publikum ist zunächst einmal eine Bestie. Diese Bestie möchte man zähmen, für sich gewinnen, aus ihr ein freundliches Tier machen. Aber zunächst einmal hat man es mit der Bestie zu tun.

Zunächst ist das Publikum immer gegen uns?

GR: Die Leute möchten, wenn sie ins Kino gehen, ein schönes Erlebnis haben. Gleichzeitig haben sie einen gewissen Anspruch, den sie formulieren, indem sie ihre zehn oder zwölf Mark auf den Teller an der Kasse legen. Jetzt gehen sie in den Saal und wollen dafür etwas geboten bekommen. In diesem Verhalten liegt auch etwas Feindliches.

Die Feindseligkeit könnte auch darin bestehen, daß das Publikum einen jämmerlichen Geschmack hat.

GR: Nein, ich würde nie den Geschmack des Publikums zensieren wollen. Das ist für mich das Dilemma, daß dieses Publikum frei ist. Welchen Geschmack es hat, darauf habe ich keinen Einfluß. Ich kann mir nur wünschen, daß sein Geschmack dem entspricht, was ich ihm vorsetze. Ich habe gewisse Hoffnungen. Das ist eine Frage von Anspruch und seiner Erfüllung. Ich riskiere, verurteilt, nicht geliebt, sondern gehaßt zu werden. Ich hätte ja auch Lehrer werden können oder einen Beruf ergreifen, wo man sich weniger aussetzt.

Nun, das Publikum ist nichts Gleichförmiges. Das deutsche Publikum hat vielleicht sogar einen ganz anderen Entwicklungsprozeß durchgemacht als das Publikum anderer Länder. Gibt es eine spezielle Angst vor dem deutschen Publikum?

GR: Wenn man beispielsweise in Amerika ins Kino geht oder nach Disneyland, wo man das noch viel unmittelbarer sieht, kann man erleben, daß die Amerikaner zu einem ganz naiven, aber ursprünglichen, freundlichen Enthusiasmus fähig sind. Sie gehen mit dem festen Willen hin, einen schönen Tag zu haben. Wenn ich Deutsche beobachte, habe ich doch oft das Gefühl, sie gehen mit dem Zweifel rein, ob sie denn auch das kriegen, was ihnen versprochen wurde. Ich glaube, der deutsche Charakter, das mag historisch bedingt sein, hat ein besonders ausgeprägtes Anspruchsdenken.

In der klassischen Zeit des deutschen Films, in den zwanziger Jahren, aus denen wir uns immer die Vorbilder herzitieren, war Produzieren anders als heute.

GR: Damals war aber Deutschland so was wie Hollywood. Da bestand kein wesentlicher Unterschied. Die Voraussetzungen, Filme zu machen, waren geradezu phantastisch. Ein Film wie «Metropolis», wenn man es umrechnen würde auf heutige Verhältnisse, hat wahrscheinlich soviel gekostet wie der Jahresetat eines großen deutschen Rundfunksenders. Der Film hatte damals andere Bedingungen, weil es keine Sprachgrenzen gab, was den deutschen Film heute stark behindert. Außerdem war die Suche nach den Bildern sozusagen noch ein offenes Spiel.

Wenn man einmal absieht von der Vertreibung großer Künstler, dann war auch die nachfolgende UFA-Zeit paradiesisch. Kann man dieses System getrennt von Hitler und Goebbels betrachten?

GR: Ich kann eine Zeit, in der die Freiheiten der Künstler eminent eingeschränkt waren und in der die Ziele, die mit dem Film verfolgt wurden, nicht von den Künstlern definiert wurden, nicht paradiesisch nennen. Wenn man es nur wirtschaftlich sieht, wenn man nur auf diesen Teilaspekt fokussiert, dann waren in der Tat die Voraussetzungen extrem günstig. Es war ein abgeschotteter Markt. Die Menschen hatten ein großes Bedürfnis, ins Kino zu gehen, weil es die einzige Ablenkung vom Elend des Krieges war, und sie konnten nur deutsche Filme sehen. Es gibt dieses bezeichnende Goebbels-Wort: «Die gute Laune ist ein Kriegsartikel.» Das hat er auf den Film gemünzt, und nur deshalb stand dem Film alles zur Verfügung, was er haben wollte.

In den sechziger Jahren, als wir antraten, haben wir den kommerziellen Erfolg von Filmen mit Mißtrauen betrachtet. Das hatte wohl auch mit dem Erfolg der UFA und ihrer Erben in den fünfziger Jahren zu tun.

GR: Ja, man hat den Erfolg als etwas Anrüchiges betrachtet und hat die Mittel, mit denen Erfolg erzielt wird, nicht respektiert. Man muß wissen, daß der Film der fünfziger Jahre zu einem Großteil eine Fortsetzung des Films der dreißiger und vierziger Jahre war, und zwar nicht nur mit den gleichen Künstlern, sondern auch nahezu mit der gleichen Ideologie. Es war damals ein wichtiger Punkt für die Oberhausener Gruppe, daß sie sich von dieser Phase des deutschen Films ablösen wollte. Man kann langfristig nur erfolgreich sein, wenn man sich erneuert. Um heute erfolgreich sein zu können, brauchen wir andere Mittel, brauchen wir eine andere Ästhetik.

• *Hat das Kino wieder eine große Zukunft?*

GR: Ich denke, der Film wird wieder gewinnen. Das Fernsehen ist in unser Alltagsleben so weit eingesackt, daß es keine Sensationen mehr bietet. Je mehr Fernsehkanäle es gibt, desto größer sind die Chancen für das Kino.

Helma Sanders-Brahms

Helma Sanders-Brahms: Erfolg bedeutet für mich, daß ein Mensch oder zwei Menschen oder tausend Menschen in einem Film, den ich gemacht habe, etwas finden, was ihnen wichtig ist.

Edgar Reitz: *Publikum?*

HSB: Publikum ist ein Mensch, der in sich alle anderen Menschen drin hat. Wie die Puppen in der Puppe. Publikum ist im Grunde genommen ein Universum mit lauter Sonnensystemen drinnen.

Gibt es deutsche Filme, die erotisch sind?

HSB: Ja, es gibt einen deutschen Filmregisseur, den ich über alle Maßen liebe, schätze und verehre und der vielleicht der erotischste aller Filmregisseure ist: Max Ophüls. «Lola Montez» ist für mich ein Hohelied der Erotik, aber auch ein Abgesang auf die Kultur. Kultur und Erotik, eine ganz enge Beziehung, das sieht man z. B. auch in «1001 Nacht», wo die Kultur dadurch erfunden wird, daß im Bett der Liebe Geschichten erzählt werden. Das ist für mich das Vorbild von Kultur – gegen den Tod Geschichten zu erzählen, in einem Bett, in dem man mit jemandem Liebe macht. Ich denke, daß gerade Ophüls diesem Gefühl von Kultur und von Sinnlichkeit sehr nahe ist. «Lola Montez» ist auch mein liebster Film überhaupt.

Und «Liebelei»?

HSB: Auch, aber «Lola Montez» ist eben dieser Wirbelsturm von Gefühlen, von Geschichte, von Traum, von Vergangenheit, von Leidenschaft. Zugleich ist es ein großer Abgesang auf das, was Europa einmal war.

Es gab kürzlich in Florenz die Retrospektive eines der größten französischen Regisseure: Max Ophuls.

HSB: Das ist auch wahr, denn Ophüls hat sich am Ende seines Lebens für Frankreich entschieden und sicher nicht ohne Grund. Er wurde zweimal aus Deutschland vertrieben und konnte hier nicht weiterarbeiten, hat in Frankreich Menschen gefunden, die ihn mit mehr Zuneigung und Liebe behandelt haben, als solche begabten Menschen hier in diesem kalten Land oft behandelt werden.

Humor, was sagt dir das Wort?

HSB: Etwas, das den Deutschen schwerfällt, es sei denn, in der Kombination mit jüdischem Witz. Vor allem natürlich Lubitsch und Wilder, auf die wir stolz sind, weil sie deutsche Namen tragen, und die eigentlich vom «auserwählten Volke» stammen. Sie haben uns das Lachen beigebracht, bis ihnen das Lachen hier verging. Wenn man bedenkt, was dieses Land damals verloren hat, das ist eigentlich eine schlimmere Zerstörung, als der Krieg verursacht hat.

Aber Humor ist doch im deutschen Film wieder gefragt! Komödien sind angesagt.

HSB: Humor, der mich richtig lachen macht, kann ich leider seit Lubitsch und Wilder in keinem deutschen Film mehr entdecken. Diese Leichtigkeit hatte gleichzeitig Tiefe. Staudte hatte es vielleicht, als einer der wenigen Regisseure. Ich denke an den «Untertan», wo das Lachen wirklich noch eine ähnliche Schärfe besitzt, nicht einfach nur das Grölen über irgendeinen dummen, kleinen, albernen Scherz ist.

Was ist eine Persönlichkeit?

HSB: Persönlichkeit auf der Leinwand hat zu tun mit den Projektionen, die wir uns von uns selbst machen, so wie wir sein könnten: eine Möglichkeit von uns, die böse Möglichkeit, die schöne Möglichkeit, die alberne Möglichkeit usw. Das ist, was wir im Kino als Persönlichkeit erleben. Das muß nicht unbedingt eine Persönlichkeit auch im realen Leben sein. Eine der beeindruckendsten Persönlichkeiten, die ich kennengelernt habe, war Werner Jörg Lüddecke, der Drehbuchautor von Wolfgang Staudte. «Nachts, wenn der Teufel kam» hat er z.B. geschrieben oder «Herrenpartie» von Staudte, dieser leider Gottes verbotene Film! Der durfte nicht gezeigt werden in Cannes, obwohl er eingeladen war, das hatte die Bundesregierung damals untersagt. Ein Film über einen deutschen Gesangsverein, der nach Jugoslawien zieht und dort auf ein Dorf trifft, wo die Nazis alle Partisanen umgebracht haben. Dieses Buch hatte Lüddecke geschrieben, und dieser Mann ist mir als Persönlichkeit im Gedächtnis geblieben. Hoffentlich kommen solche Leute wieder, vielleicht nach einer Weile, wenn wir erst mal den Schock der Wiedervereinigung überwunden haben und wenn vielleicht wieder ein paar Juden mehr herkommen.

Die Vertreibung der Juden hat gerade dem deutschen Film damals enorm geschadet. Eine Art Selbstzerstörungstrieb?

HSB: Dieser Wahnsinn hält in vielen Punkten noch an, indem wir z. B. Theater schließen, jetzt im Sparwahn kaputtmachen. Diese Selbstzerstörung richtet sich nach innen.

Wo kommst du her, was ist deine Landschaft?

HSB: Eine Landschaft, in der es viel Himmel gibt und wenig Erde, dafür aber wieder viel Wasser. Ich komme aus einer Gegend, wo viele Menschen zur See gefahren sind, auch meine Vorfahren. Die Männer sind meistens nicht mehr zurückgekommen. Für mich ist Filmemachen immer auch verbunden mit diesem Gefühl, daß wir wie eine Mannschaft auf einem Boot sind, jeder auf den anderen angewiesen.

Ist die deutsche Küste, von der du kommst, Gegenstand des deutschen Films gewesen?

HSB: Ich selbst habe einen Film gemacht, «Flügel und Fesseln», der an der Küste spielt, aber in Frankreich. Es gibt von Petersen «Das Boot», von Hark Bohm «Nordsee ist Mordsee». Aber ein großer Film, der an der Küste spielt? Dabei ist die See, und der Himmel über der See, etwas so Reiches, auch reich an Spannung.

Aber es gibt andere Landschaften im deutschen Film, z. B. die Bergfilme.

HSB: Vielleicht weil die Berge etwas mit dem deutschen Lebensgefühl zu tun haben. Ich denke an Leni Riefenstahl, die mit Bergfilmen angefangen hat.

Stichwort Herbst.

HSB: Dazu fällt mir ein: Deutschland wird wieder braun, es wird wieder Herbst. Der Herbst ist eine Jahreszeit, die wir sehr gerne haben. Alle Deutschen, glaube ich, lieben ihn. Irgendwie spiegelt sich darin unsere nationale Todessehnsucht. Wir sind ja mit den Japanern das einzige Volk, das den Tod männlich sieht. Der Tod, alle anderen sehen ihn als Frau, also als einen Mutterschoß, der den Menschen, wenn er denn zu Ende gelebt hat, wieder aufnimmt. Die Deutschen sehen ihn als den Kämpfer, der dich tötet, die Japaner auch.

Was bedeuten dir Begriffe wie Nation, Vaterland?

HSB: Solange ich denken kann, haben sie mich geradezu obsessiv beschäftigt. In «Shirins Hochzeit» habe ich versucht, meine Nation mit den Augen einer Fremden zu sehen. Und dann habe ich mit «Deutschland, bleiche Mutter» meine eigene Geschichte erzählt, mit meiner Mutter. Ich habe versucht, in «Heinrich» über Kleist auch etwas zu beschreiben von meinem eigenen Unbehagen an meiner Nation, die immer die Besten zerstört, die sie hervorbringt. Ja, das ist das Schreckliche, was Deutschland wirklich zur Nation macht, diese Fähigkeit, Menschen kaputtzumachen.

Bist du eine Romantikerin?

HSB: Es wird von Fremden immer wieder behauptet, die Deutschen seien ganz und gar Romantiker, und zwar im Sinne der schwarzen Romantik, mit der gespaltenen Seele, also der Romantik E. T. A. Hoffmanns. Das wird von Ausländern immer gern mit Deutschen identifiziert. Für mich ist dieser Begriff derartig vielfältig, daß ich nicht eindeutig antworten könnte. Romantik, dazu gehört eine Sehnsucht nach rückwärts, auch eine religiöse Sehnsucht...

Fallen dir da Filme ein?

HSB: Du hast auch einen romantischen Film gemacht. «Der Schneider von Ulm» ist ein romantischer Film mit der Sehnsucht nach dem Fliegen, obwohl ich finde, daß gerade deine Arbeiten immer auch eine große Formstrenge haben, was zum Romantischen nicht unbedingt gehört. Romantiker sind mehr Leute wie unser gemeinsamer Freund Alexander Kluge. Im Sinne dieses Experimentierens mit Formen, wie es ja Tieck und Genossen damals gemacht haben, die eine Seite so beschreiben und die nächste Seite so.

Die Liebe, ein romantisches Ideal?

HSB: Ja, die Liebe ist sicherlich das schönste Ideal. Ich habe einmal in Paris erlebt nach der Vorführung von «Deutschland, bleiche Mutter», daß ein ganzes Kino voller Menschen, über tausend Leute, mich in den Arm nehmen wollten. Das ist wirklich ein erreichtes Ideal, daß man die Menschen so tief getroffen hat und dafür geliebt wird.

Kennst du Dämonen im deutschen Film?

HSB: Jede Menge. Das ist sozusagen unsere nationale Spezialität, mit der wir, wie F. W. Murnau und Fritz Lang, das internationale Kino erobert haben. Es war toll, daß die sich gestattet haben, ihre Dämonen so rauszulassen, das ist etwas, was uns das öffentlich-rechtliche Fernsehen verbietet.

Wo sind deine Dämonen, die bis jetzt noch schweigen?

HSB: Das frage ich mich jeden Tag, wenn ich mich an die Schreibmaschine setze und möchte, daß sie kommen. Wir müssen den Blick auf unsere Dämonen richten, denn es ist ja nicht so, daß sie nicht da sind. Ich habe kürzlich im Theater eine Arbeit gesehen von Johann Kresnik über Ulrike Meinhof, wo die deutschen Dämonen von heute wirklich in voller Größe auftraten. Das fehlt mir im Film im Augenblick.

Was bringt die Zukunft?

HSB: Als die Mauer aufging, hatte ich eine große Hoffnung auf eine unmittelbare Zusammenarbeit zwischen Regisseuren Ost und den Regisseuren West, um die deutsche Filmmisere gemeinsam zu bezwingen. Das hat nicht stattgefunden, statt dessen hat ein furchtbarer Anpassungs- und gleichzeitiger Zerstörungsprozeß eingesetzt. Wir haben unsere miese Situation auf die im Osten übertragen und leider von ihren guten Sachen nichts übernommen. Es wird eine ganze Weile dauern, bis diese verlorene Zukunft wieder zurückgewonnen werden kann.

Welche Filme der DEFA hast du geliebt?

HSB: «Das Kaninchen bin ich» von Maetzig finde ich einen herrlichen Film, der «Untertan» und «Rotation» von Staudte, «Die Mörder sind unter uns» ist etwas sentimental, aber trotzdem immer noch sehr ansehbar, dann von Frank Beyer «Spur der Steine», Konrad Wolf hat sehr schöne Filme gemacht, «Solo Sunny», «Der geteilte Himmel». Das ist ein großes Potential gewesen. Die DEFA hat vor allen Dingen eine wunderbare Ausbildung gehabt.

Magst du einmal auf den deutschen Film von heute schimpfen?

HSB: Ja, ich schimpfe auf die Bürokraten, die überall auf den Empfängen rumstehen, daß man kaum noch einen Regisseur findet, daß man mit niemandem mehr über Film reden kann, sondern nur noch ein Glas in der Hand hat und jemandem zuprostet, der auch nichts von Film versteht, und daß das ganze Filmgeschäft in Deutschland überhaupt nichts Kreatives mehr hat, sondern nur noch Leute, die miteinander über Geschäfte verhandeln, aber die Lust am Schaffen, am Arbeiten und am Träumen völlig verlorengegangen ist. Ich schimpfe darauf, daß diese ganze Bürokratie immer fetter und immer dicker wird und der Anteil an dem, was wirklich dabei rauskommt, an wichtigen Filmen immer kleiner wird und immer dünner. Ich schimpfe darauf, daß dies ein Land der Dummköpfe ist, die immer nur weiter Dummköpfe sehen wollen und immer nur weiter dumme Filme sehen wollen, und daß alles, was gescheit ist, und alles, was interessant ist, und alles, was mutig ist, sofort unter den Tisch fällt in diesen Bürokratien, weil sie sowieso auf nichts Lust haben. Keine Lust, diese Arschlöcher, überhaupt keine Lust haben sie!

Danke.

Peter Schamoni

Edgar Reitz: *Das Oberhausener Manifest, im Frühjahr 1962, war der Schlußstrich unter ein Kapitel deutscher Filmgeschichte. Unsere Generation hat nichts mehr wissen wollen von der Geschichte des deutschen Films, die wir als eine Belastung empfanden, die wir abschütteln mußten. Die Filmtechnik hatte internationalen Rang, aber in inhaltlicher, in künstlerischer Hinsicht herrschte eine schreckliche Provinzialität. Peter, wir kennen uns seit den frühen Tagen unserer gemeinsamen Studienjahre in München, den fünfziger Jahren. Ich weiß noch, daß wir damals jeder Äußerung eines Vertreters der Elterngeneration mit der Frage nachspürten, wie sich der Betreffende wohl im Dritten Reich verhalten hat. Von wenigen Ausnahmen abgesehen, waren unsere Eltern unglaubwürdig. Du warst mit deinen Eltern offenbar eine dieser Ausnahmen, und ich habe es damals mit Staunen verfolgt, wie unbefangen du mit diesen Vertretern der Nazigeneration, vor allem mit den alten Damen, umgehen konntest.*

Peter Schamoni: In unserer Familie hat der Film Tradition, denn mein Vater, Viktor Schamoni, hat schon 1926, als erster in Deutschland, eine kunsthistorische Doktorarbeit über Film geschrieben. Der Titel: «Das Lichtspiel, Möglichkeiten des absoluten Films». Dann hat er eine eigene Firma aufgemacht und Experimentalfilme produziert. Er hat Filme aus Frankreich geholt, z. B. den René-Clair-Film «Der Florentiner Hut», er hat die Man-Ray-Filme und die Experimentalfilme von René Clair verliehen. Das ging aber in der Nazizeit nicht mehr, weil alles verstaatlicht wurde. Private Firmen gab es nicht mehr, da mußte man entweder in die Reichsfilmkammer eintreten oder in die Opposition. Mein Vater hat kurz vor der Machtübernahme in Köln einen Film gedreht, mit dem er zeigen wollte, daß die Architektur des Kölner Doms quasi eingefrorene Musik sei. Er wollte das mit bewegter Kamera darstellen, die mit Seilen an den Türmen des Doms hochgezogen wurde. Meine Mutter hat mitgezogen. Sie hat die Kassetten und die Kamera geschleppt. Der Film wurde von den Nazis konfisziert, vorne und hinten abgeschnitten und kam unter dem merkwürdigen Titel «Deutsche Glocken am Rhein» als deutschnationaler Film doch noch in die Kinos. Ich habe diesen Film jetzt zufällig im Filmarchiv wiedergefunden.

Wir sind alle infiziert worden von der Filmbegeisterung meiner Mutter. Mein Vater ist im Krieg umgekommen, ein Bruder saß im KZ. Ich habe schon zu meiner Schulzeit Filme gemacht. 1957, also mit zweiundzwanzig, dreiundzwanzig, habe ich mit Jost Vacano den ersten Dokumentarfilm gedreht: «Moskau 1957». Wir hatten während der Welt-Jugendfestspiele noch einmal Gelegenheit, unzensiert in Moskau zu drehen. Als Studenten der Münchner Universität hatte man uns eingeladen, dich, Toni Regenberg und Dieter Roos. Dann kriegte ich schon Preise für diese Filme, und so ging das weiter: ein Kurzfilm nach dem anderen, mit geliehenem Material oder Filmresten, ich habe dann ungefähr dreißig Dokumentarfilme gemacht, die in Oberhausen, in Mannheim oder auf anderen Kurzfilmfestivals liefen, bis dann nach fünf verschiedenen Anläufen endlich das erste Spielfilm-Projekt zustande kam, «Schonzeit für Füchse», nach dem Roman «Das Gatter» von Günter Seuren. Dieser Roman transportierte genau die Empfindungen von damals, Anfang der sechziger Jahre.

Dieses Empfinden war geprägt durch die versteinerte Tradition der Adenauer-Zeit. Man fühlte, daß man da nicht leben konnte, daß etwas Neues anfangen mußte, ohne politisches oder sonstiges Pathos. Wir «Vorachtundsechziger» hatten nichts Radikales an uns. Es war mehr eine resignative Stimmung, die auch dieser Film transportierte. Er handelte von einer Kumpanei der Verdrossenheit, einer Freundschaft zwischen zwei jungen Menschen. Da habe ich versucht, die bestmögliche Besetzung zu finden. Ich habe sogar versucht, an die alte UFA-Tradition wieder anzuknüpfen. Für mich lebt ein Film im wesentlichen von den Gesichtern der Schauspieler. Ich suchte diese Faszination und nicht die Provokation. Das Schicksal meines Films war, daß der Hauptdarsteller eben nicht ein junger Robert Redford oder ein junger De Niro war, der eine Welt im Kino faszinieren kann, sondern ein relativ guter, aber trotzdem mittelmäßiger deutschschweizerischer Schauspieler, der das, was ich mir vorgestellt hatte, doch nicht transportieren konnte.

Ich habe dann eine kleine Komödie in Schwabing produziert, «Zur Sache, Schätzchen». Da war der Werner Enke unvergeßlich, und Heinrich von Lück hat ein kleines, naives, doofes Mädchen gehabt, die unglaublich gut ankam beim Publikum, das war Uschi Glas. Die war durchaus nicht dumm, aber sie war naiv. Ich habe nie versucht, die Filme als Bilderstürmerei zu verstehen, daß man Sehgewohnheiten oder Denkgewohnheiten verändern muß. Ich war erschrocken, als viele unserer Kollegen in den sechziger Jahren dachten, jetzt könnten sie mit dem Film die Welt verändern und Sympathien für radikale Tendenzen entwickeln bis hin zur Verteidigung des Terrorismus. Ich habe mich dann zurückgezogen und habe versucht, Filme über Künstler zu machen. Hinzu kam dann meine schicksalhafte Begegnung mit Max Ernst. Das hat mich so beglückt, daß ich auf manche Filme verzichtet habe. Mir war die Begegnung mit Max Ernst wichtiger. Ich konnte bei ihm im Atelier sein und durfte einen Kurzfilm machen, später noch mal einen großen, abendfüllenden Film. Es folgten Filme über Caspar David Friedrich und über Robert Schumann. Aber zuerst habe ich die Filme meines Bruders Ulrich produziert, z. B. «Alle Jahre wieder». Mein Bruder war der Sonnyboy des jungen deutschen Films, dem das Filmemachen leichtfiel und der großen Erfolg beim Publikum hatte mit seinem Erstling «es». Damals hieß es «die Schamoni-Brüder, man weiß nicht, wer da gerade wieder einen Bundesfilmpreis gekriegt hat, die Schamonis sind wie die Lemminge».

Mein wichtigster Film ist «Frühlingssinfonie» über das Leben von Robert Schumann, weil es mir geglückt ist, eine für deutsche Verhältnisse maximale Besetzung zu finden. Herbert Grönemeyer als junger Schumann, der die frühe Klaviermusik selbst spielt, dazu Nastassja Kinski, die Clara Wieck darstellt. Sie hat genau diese Nervosität und Sensibilität und auch dieses merkwürdige früh-geniale Schicksal.

Soll man immer nur Filme über KZ-Schergen und über Massenmörder machen? Ich weiß ganz genau, daß im Ausland der Furor Teutonicus am besten ankommt, und die Regisseure haben am meisten Erfolg gehabt, die das Schreckensbild des Deutschen zeigen, aber wenn dann einer kommt und zeigt, daß wir auch mal eine große literarische oder künstlerische Tradition hatten, ist das schwer durchzusetzen. Ich habe damals wirklich geglaubt, «Frühlingssinfonie» könnte man zum Oscar-Wettbewerb einreichen. Ich war vom amerikanischen Filminstitut in Washington eingeladen, der Film lief in der großen Kennedy Hall. Da waren die Senatoren. Sie waren begeistert: «You must bring this film to the Oscar nomination», und dann habe ich gesagt, ich mache das. Statt dessen wurde «Die flambierte Frau» hingeschickt. Die Vorführung hat das Oscar-Komitee nach zehn Minuten abgebrochen. Am schlimmsten finde ich, was vor ein paar Jahren passiert ist mit «Hitlerjunge Salomon». Man hat dem alten Atze Brauner nicht die Chance gegeben, daß er mit diesem Film zum Oscar geht. Ein Gremium erdreistet sich, zu sagen, wir haben keinen deutschen Film, obwohl doch dieser Film in Amerika so erfolgreich war.

Früher, als wir anfingen, da hat man von Schauspielern gesagt, daß sie den Film gestalten. Das ist auch heute noch meine Meinung. Ein Film wie «Der blaue Engel» lebt von Marlene Dietrich und von Emil Jannings, der Murnau-Film «Faust» von Camilla Horn und diesem unglaublichen Emil Jannings. Ich habe noch Erinnerungen an O.W. Fischer und Maria Schell. Dann kam unsere Zeit, da wurde von Regisseuren über Autorenfilm geredet, heute redet man nur noch von Funktionären. Vielleicht habe ich das nicht klar genug gesagt: Der Film ist etwas Optisches. Was in Erinnerung bleibt, sind Bilder. Die Bilder werden auch gemacht von Gesichtern. Was sind wirklich die großen Filme? Mir fällt immer nur ein Gesicht ein oder ein Schauspieler. Ich kann mir einen Herzog-Film ohne Klaus Kinski nicht vorstellen, ohne die Zerrissenheit, die Dämonie und die Leidenschaft dieses Fuzzi-Schauspielers Klaus Kinski in «Aguirre» und «Fitzcarraldo». Ich finde auch, daß Alexander Kluge mit seiner Schwester, der Karen, die er Alexandra nannte, einen solchen Glücksfall erlebte, daß dieses Gesicht diese Anita G. so unglaublich darstellte, obwohl sie gar keine Schauspielerin ist. Ein tolles Gesicht und unglaublich gut fotografiert. Da sind in «Abschied von gestern» Einstellungen, wie sie mit ihrem Köfferchen über die Brücke geht oder durch Frankfurt schlendert, diese Verlorenheit, die darin liegt, das sind Bilder, die unvergeßlich sind. Und da hast du als Kameramann genauso großen Anteil wie dieses Gesicht.

Oder, wenn ich von alten Filmen spreche, fällt mir «Der Untertan» ein. Ohne diesen Schauspieler Peters hätte der Staudte das nicht machen können. Wenn ich an große Filme denke, dann sehe ich Gesichter vor mir: Orson Welles in «Citizen Kane». Oder Brigitte Bardot. Das ist unser Dilemma, daß es uns nicht gelungen ist, ähnliche Stars zu finden oder sie zu pflegen. Man kann gegen den UFA-Film sagen, was man will, aber da wurden noch Stars kreiert.

Ich war noch ein Pimpf, mit so einer Hose und einem Braunhemd und Lederriemen mußten wir antreten, und damit wir nicht in die Kirche gingen, im Sauerland, wo ich das Ende des Kriegs verbracht habe, mußten wir auf dem Marktplatz antreten, und dann marschierten wir geschlossen ins Kino. Das war für uns ein Riesenvergnügen. Ich habe «Der große König» gesehen, «Trenck, der Pandur», «Hitlerjunge Quex», «Stukas». Otto Gebühr als «Der große König» ist mir unvergeßlich. Ein Film wie «Reitet für Deutschland» mit Willy Birgel, da haben wir geschwärmt, das waren große Eindrücke. Die Filme waren perfekt gemacht, die hatten große Emotionalität. Ich war neun oder zehn Jahre, als ich diese Filme gesehen habe. Deswegen habe ich später dann in meinem ersten Spielfilm, «Schonzeit für Füchse», bewußt Willy Birgel engagiert, der einen Jagdherrn spielt oder einen Jagddichter, der den jungen Leuten zeigt, wie man waidgerecht einen Fasan tötet. Das ist ja ein alter Nazischauspieler, aber irgendwas faszinierte mich an ihm.

Ich habe so was noch mal versucht, in einem viel größeren Rahmen, bei einem Film nach einer Novelle von Horst Bienek, «Die letzte Geschichte von Schloß Königswald». Da habe ich die alten großen Stars der UFA-Zeit noch einmal vor der Kamera versammelt, und das hat man mir gründlich um die Ohren gehauen, weil man sagt, der Schamoni, der entblödet sich nicht, die Marika Rökk vorzuzeigen, wie sie mit achtzig noch mal ihre Beine schwingen und ein Tanzstück singen darf. Also, das ist die Geschichte von acht alten Damen auf einem Schloß. Die erleben da das Kriegsende. Da ist Marianne Hoppe dabei und die von mir sehr verehrte Camilla Horn, das Gretchen in Murnaus «Faust». Chaplin wollte sie haben für «Modern Times», sie wurde dann aber zurückgeholt und hat sehr viele Nazifilme gemacht. Goebbels wollte ein UFA-Gegenstück zu «Panzerkreuzer Potemkin» machen und sagte, wenn es gelungen ist, daß die Kommunisten ein solches Meisterwerk machen, dann müssen wir das mit unseren Möglichkeiten auch schaffen. Dann ist ein Film gemacht worden, «Weiße Sklaven», die Geschichte eines Panzerkreuzers, der aber der Revolution widerstanden hat. Da werden die Kommunisten als weiße Sklaven gezeigt. Camilla Horn spielt in diesem Film die Hauptrolle. Der Film wurde dann aber von Goebbels verboten, weil ihm der Hauptdarsteller, der einen Kommunisten spielte, Werner Hinz, zu menschlich war. Dann mußte Camilla Horn immer zu Goebbels gehen, denn mit dem Regisseur und dem Autor wollte er nicht sprechen, weil die ihm zu intellektuell und zu unfügsam waren. Er wollte auch lieber mit Frauen reden. Da mußte Camilla Horn immer zu Goebbels gehen, um nachher im Studio zu berichten, welche Szenen neu gedreht werden sollten. Das war natürlich eine schreckliche Geschichte, und man hat ihr später, nach dem Kriege, das sehr übelgenommen. Marika Rökk war der Star dieser Tanzfilme wie «Die Csardasfürstin» mit Johannes Heesters. Das hat mein Vater gar nicht zugelassen, daß wir einen Marika-Rökk-Film anschauten. Wenn mein Vater Zarah Leander im Volksempfänger hörte, hat er einen Wutanfall gekriegt, «diese Filmkuh, die kann ich nicht mehr hören». Marianne Hoppe, die war ja mit Gründgens verheiratet, das war wieder eine ganz andere Couleur. Sie war Staatsschauspielerin, Marika Rökk Operettendarstellerin und Camilla Horn ein großer Movie-Star. Marianne Hoppe hat eine ganze Reihe von wichtigen Filmen gemacht, z. B. «Der Schritt vom Wege», eine sehr gute «Effi-Briest»-Verfilmung aus der Nazizeit. Ja, dann ist da eine Emigrantin, Rosie Roth, die ist inzwischen gestorben, eine alte Gräfin, eine wirkliche baltische Gräfin. Sie hat immer mit der Rökk gespielt. Brigitte Horney wollte unbedingt die Rolle der Fürstin Mutter spielen, die ich aber schon der Camilla Horn versprochen hatte, deswegen habe ich die nicht dazu gekriegt.

Also, mein Vater, der experimentelle Filme liebte, konnte keinen Film machen, weil er nicht mit dem Hitlerregime konform ging. Er wurde nicht verfolgt, er war ein deutscher Katholik, ein Freund von Walter Dierks. Mein Vater ist dann zu den I. G. Farben nach Leverkusen gegangen und machte dort medizinisch-technische Filme. Das hat er aber auch nur zwei, drei Jahre ausgehalten. Ich war am Ende des Krieges in einer Kleinstadt. Da sind wir Sonntagmorgens mit einem Nazilied auf den Lippen, «Es zittern die morschen Knochen», ins Kino marschiert. Als wir noch in Berlin wohnten, habe ich selber als Kind in einem solchen Film mitgespielt. Hans Albers war mein Vater, und ich habe mit zwölf anderen Kindern in einem Badetrog gesessen. Da habe ich zum erstenmal ein nacktes Mädchen gesehen. Meine Mutter war so filmbesessen, wenn mein Vater auf Reisen war, dann ist sie immer mit uns zum UFA-Gelände gegangen, denn wir wohnten am Breitenbacher Platz. Da wohnten auch die Regisseure, Fritz Kirchhoff usw., und da haben wir immer Kinderrollen gekriegt. In «Tango Notturno» mit Pola Negri und Albrecht Schoenhals spielte mein Bruder Viktor als kleines schwarzes, lockiges Bürschchen. Meine Mutter erzählte mir immer, daß ich in fünf Filmen schon als Drei- und Vierjähriger mitgespielt habe. Zwei Filme weiß ich. Der eine ist «Kirschen in Nachbars Garten» mit Karl Valentin und der andere der Albers-Film. Da kann ich mich genau daran erinnern, wie wir in einem großen Bottich saßen, die Tür ging auf, Hans Albers kam herein, und wir mußten alle aus dem Wasserbottich springen und «Papi, Papi» schreien.

Nach dem Krieg haben wir Revuefilme gesehen: «Die Dritte von rechts» oder «Gabriela», wieder mit Zarah Leander, aber da wurde mir schon als Vierzehn- oder Fünfzehnjähriger bewußt, was für eine ekelhafte, süßliche Soße das ist. Dann kamen diese Heimatfilme, «Grün ist die Heide» mit Rudolf Prack und Sonja Ziemann oder «Der Förster vom Silberwald», also da hatten wir eine natürliche Abwehr. Ich kann mich entsinnen, daß ich als junger Student nach London kam. Als ich auf der Straße jemanden nach dem Weg fragte, merkte der, daß ich deutschen Akzent sprach. Er hat ausgespuckt, sich umgedreht und ist weggegangen. Das sind so Erlebnisse, die wir nach dem Kriege hatten – und mit Recht, das war der Schuldkomplex, mit dem wir rumgerannt sind. Dabei haben wir den Sinn für die Größe der eigenen Kultur verloren. Ich habe Max Ernst erlebt, wie er vor einem Bild von Caspar David Friedrich stand, eine halbe Stunde lang, und sich dann verneigte und sich verabschiedete von dem Bild und sagte, das Bild werde ich wahrscheinlich in meinem Leben nicht wiedersehen. Im Glaspalast in München gab es 1930 die Ausstellung deutscher romantischer Kunst. Da sind bei einem Großbrand ungefähr fünfzehn Hauptwerke von Caspar David Friedrich verbrannt. Damals wollte Max Ernst sich das Leben nehmen. Einen solchen persönlichen Verlust hat das für seine künstlerische Existenz bedeutet. Die Ostsee-Landschaften auf den Bildern von Caspar David Friedrich waren für mich ein großer Anreiz, in der damaligen DDR herumzureisen und diese Landschaften zu erfahren. Ein unglaubliches Erlebnis, an den Stellen stehen zu dürfen, an denen Caspar David Friedrich die Kreidefelsen von Rügen oder diese Schluchten in der Sächsischen Schweiz gemalt hat. Schleiermacher sagt, es gibt keinen persönlichen Gott, aber Gott schläft in den Steinen, er spricht und träumt in den Tieren und atmet in den Pflanzen. Dieses Gefühl hat Caspar David Friedrich ausgedrückt. Der Mensch ist winzig klein, es gibt immer diese Rückenansichten, Menschen, die fasziniert in die Landschaft schauen, vor Ehrfurcht angerührt. Das hat nichts mit Kitsch zu tun. Ich habe einen Brief von Caspar David Friedrich gefunden, einen Brief an den Erzieher des Zaren, der Bilder bei ihm gesehen hatte. Dem hat er eine Kiste voll Bilder geschenkt. In dem Begleitbrief schlägt er vor, daß diese Bilder in einem dunklen Raum gezeigt werden, angeleuchtet und daß bei jedem Bild eine andere Musik ertönt. Er hätte schon mit einem Komponisten gesprochen, der eine entsprechende Musik zu diesen Bildern schreiben wolle. Einige Bilder waren auf Pergament gemalt, und die sollten von hinten angeleuchtet werden. Das ist nichts anderes als Film! Mein Gott, ich komme jetzt vielleicht ein bißchen ab vom Thema, Edgar, du solltest mich einmal unterbrechen.

Ja. Vielen Dank!

Volker Schlöndorff

Volker Schlöndorff: Man sagt ja immer, daß die Bilder vor 100 Jahren laufen lernten. Ich glaube aber, es war vielmehr so, daß sich eine neue Sprache entwickelt hat, die ihre eigene Grammatik und Syntax hat. Zwischen den Leuten, die die ersten Bilder gefilmt und aneinandergeklebt haben, und ihrem Publikum hat sich eine Sprache entwikkelt. Zuerst mußte man noch Zwischentitel machen zwischen einer Szene und der anderen, dann hat man sich mit einer Abblende und Aufblende begnügt. Ich erinnere mich an die Zeit, als ich Assistent bei Melville war, da war es ausgeschlossen, daß man von einer Szene zur anderen ohne eine Überblendung, eine Ab- oder Aufblende überging. Es war selbstverständlich, daß eine Großaufnahme eine gewisse Bedeutung hatte. Wenn ein Objekt groß gezeigt wurde, dann bedeutete es etwas ganz Wichtiges für die Story. Heute fängt jede Sequenz mit einer Großaufnahme an, nur weil der Regisseur gerade ein Glas schön findet oder weil er in Verlegenheit ist, wie er anfangen soll. Die Sprache des Films hat sich aber ursprünglich in einer Abmachung mit dem Zuschauer entwickelt. Das berühmte Bild, in dem zwei Liebende in der untergehenden Sonne in die Ferne gehen, bedeutete, jetzt ist der Film aus. Da brauchte man nicht das Wort «Ende», man wußte Bescheid. Oder die Sache mit Schnitt und Gegenschnitt: Warum akzeptiert der Zuschauer, daß zwei Leute sich ansehen, wenn sie gegeneinandergeschnitten werden? Wenn man den Film Eskimos oder Zulus vorführte, die noch nicht mit Film in Kontakt waren, würden sie nicht verstehen, was gemeint ist. Man kann sagen, daß sich die filmische Sprache zwischen den Anfängen um 1900 und dem Höhepunkt in den zwanziger Jahren als eine universale Bildersprache herausgebildet hat, die jeder verstand. Der Tonfilm hat das schlagartig erschüttert. Die Kamera wurde plötzlich wieder ganz steif, der Schnittrhythmus erstarrte, die Bildersprache zählte auf einmal nicht mehr, denn jetzt konnten ja die

Leute auf der Leinwand sprechen. Die Filme wurden ganz klein, und dann hat man sich langsam wieder von dieser Tonspur freigemacht. In den vierziger, fünfziger Jahren hat man zu einer Art Bildsprache zurückgefunden. Die wurde dann noch mal vollkommen radikalisiert durch die Nouvelle Vague, die alle Konventionen weggespült hat. Das war auch die Zeit, in der wir anfingen, Filme zu machen. Wir fühlten uns mit dieser erneuerten, beschleunigten Filmbildsprache wohl, aber in den letzten zehn Jahren kamen die sogenannten Neuen Medien. Seitdem gibt es gar keine Bildsprache mehr. Der Film ist im Fernsehen ein Teil von diesem Kontinuum geworden, das vierundzwanzig Stunden am Tag durch die Kanäle flimmert. Ob da eine Großaufnahme oder eine Totale vorkommt, ob die Kamera von unten oder von oben guckt, ob sie auf ein Bild zufährt oder sich von einem Gesicht entfernt, das hat alles keine Bedeutung mehr. Es ist eine totale Inflation aller Effekte. Auch die Behandlung der Tonspuren ist ausdruckslos, denn sie verbraucht alle Mittel. Heute, nach hundert Jahren, stehen wir ohne gemeinsame filmische Sprache da.

Edgar Reitz: *An der Entwicklung dieser filmischen Metasprache waren in den frühen Jahren auch deutsche Filmleute beteiligt.*

VS: Wir Deutschen suchten immer den überdeutlichen Ausdruck. Egal ob das nun ein Film aus der UFA-Zeit war oder aus der Nachkriegszeit, sie neigten alle zu dieser Überdeutlichkeit. Sie bevorzugten eine didaktische, schwerfällige Sprache. Da gibt es keine Ellipsen, es wird geradeaus erzählt: und dann und dann und dann...

Siehst du diesen schwerfälligen Charakter auch schon in der Zeit der deutschen Klassik, in der Stummfilmzeit?

VS: Das hängt natürlich sehr von den Regisseuren ab. Zur Stummfilmzeit war alles freier, aber ich glaube, man hat nie experimentiert, wie es die Russen in der Montage gemacht haben. Die Deutschen haben immer versucht, Bedeutung über die Sprache zu bringen. In Amerika waren der Filmschnitt und die Kamerapositionen immer darum bemüht, daß man sie nicht bemerkt, sie mußten einen natürlichen «flow» haben, sie durften nicht «pretentious» sein, sich nicht in den Vordergrund drängen. Bei den Russen ging es um eine künstlerische Betonung, um eine Zerschlagung der Wirklichkeit. Bei den Deutschen handelt es sich immer um «Bedeutung». Das hat man dann nach dem Krieg in den

Filmen von Domnick oder anderen wiedergefunden. Da nannte man es dann Avantgarde. Das war im Grunde die Fortsetzung von dem, was G. W. Pabst und andere gemacht hatten. Wir haben die Filmsprache nie als etwas Selbstverständliches hingenommen, sondern als etwas, worüber man erst nachdenken muß und das man dann, der vollen Bedeutung bewußt, einsetzt. Es gibt keinen Renoir in der deutschen Filmgeschichte, keinen D. W. Griffith, wo man das Gefühl hat, die Kamera ist immer auf der Höhe des menschlichen Auges und erzählt ohne Schnickschnack, immer einem organischen Rhythmus folgend, einer Geschichte. Der deutsche Film erzählt immer die Bedeutung einer Geschichte, aber nicht die Geschichte selbst.

Du hast eine griffige Definition des Deutschen am deutschen Film. Welcher Regisseur entspricht denn deiner Definition am meisten?

VS: Mir kommt Fritz Lang immer als der deutscheste Regisseur vor. Obwohl er Wiener und zum Teil Jude war, ist er von seiner Erscheinung und Herangehensweise sehr deutsch, auch in einem positiven Sinne, in der radikalen Haltung, die er der Sache gegenüber hatte, so nach dem Motto, es darf nichts dem Zufall überlassen werden. Das ist ebenfalls ein sehr deutsches Prinzip. Er zeichnete die Dekoration, entwarf sie dann mit dem Bühnenbildner. Wenn es in der Story heißt, da kommt einer zur Tür herein und im Vordergrund steht ein Schreibtisch, an dem sich jemand erschossen hat, dann wird die Dekoration so entworfen, daß sie genau ins Bild der Kamera paßt. Nie geht er etwa in eine vorgefundene Wirklichkeit und überlegt, wie kann ich sie vielleicht aufnehmen. Nein, sofort wird die Wirklichkeit verändert und dem Kamerabild angepaßt. Auch dem Schauspieler wird keine Freiheit gelassen, wie er sich in der Dekoration bewegt. Nein, Herr Lang geht vorher die Schritte ab und macht mit farbiger Kreide am Fußboden Einzeichnungen und Pfeile. Außerdem wird eine Geschichte gewählt, die möglichst viele symbolische Hintergründe hat. «Der müde Tod» ist, glaube ich, im guten und im lächerlichen Sinne das Deutscheste. Andere berufen sich mit Recht auf Friedrich Wilhelm Murnau, der das alles nicht hatte, der sicher der internationalste der deutschen Regisseure war, der einem lyrischen Prinzip folgte und wo alle diese Dinge nicht so zu sehen sind, dessen Filme aber auch immer einen hohen Grad an Künstlichkeit haben. Deshalb sind sie auch wieder sehr deutsch. Selbst wenn er in die

Südsee fährt und filmt mit realen Südseemenschen, dann kommt doch eine völlig verdichtete, überhöhte und künstliche Welt auf die Leinwand.

Murnau zog in eine ferne Südseelandschaft, um seine Geschichte zu erzählen. Nun ist ja Deutschland auch nicht arm an landschaftlichen Motiven, Flüsse, Mittelgebirge, Wälder und Heide, Küsten, Dünen und Hochgebirge, die aber selten in den Filmen vorkommen. Woran mag das liegen?

VS: Darüber habe ich mir noch nie Gedanken gemacht. Ich denke an Lotte Eisner, die das Wort «Stimmung» verwendete. Sie bezieht sich auch auf die Landschaft. Aber in dieser Landschaft regnet es nicht, da scheint die Sonne, und es ist kein Mittelgebirge mit Hügeln, was für mich einfach der Inbegriff der deutschen Landschaft wäre, sondern es sind die hohen Berge: eine Landschaft, die etwas bedeutet, die dräut oder finster ist, die Berge mit ihrer Majestät und mit ihrem Unheimlichen. Alles wird sofort Symbol. Es gibt auch keinen Fluß, der nur ein Fluß wäre. Wenn ich an die Filme von Renoir denke, da fahren die Leute am Sonntagnachmittag an den Fluß, sie angeln, sitzen im Gras und essen eine kleine Friture, im Gebüsch beginnt ein Techtelmechtel. Und da ist der Fluß, eine wunderbare sinnliche Wasserfläche mit ein paar Lichtreflexen darauf, der einfach zur Atmosphäre beiträgt. Im deutschen Film ist der Fluß gleich, wie in der deutschen Oper, ein Symbol für Leben und Tod. Das ist nicht einfach Wasser, was da fließt, sondern der vergiftete Rhein in «Rheingold» oder ein gewalttätiges Gewässer, das Kristina Söderbaum zum Selbstmord einlädt.

Wagnerianisch?

VS: Ich glaube, Wagner hat auch nur übernommen, was er schon überliefert bekommen hat, von Heine und anderen Romantikern.

Wie kommt Landschaft in deinen Filmen vor?

VS: Nur in meinem ersten Film, «Der junge Törless», habe ich das Gefühl gehabt, daß ich Landschaft filme. Ich habe mich damals bewußt an die deutschen Stummfilme angelehnt, mit denen ich aufgewachsen bin. «Der Student von Prag», auch Filme von Stroheim, nicht in Deutschland gedreht, aber in ihrer Inspiration doch deutsch mit diesen verlorenen Gestalten in ihren Uniformen. Sie gehen durch Dörfer, die wie bei Georg Trakl so etwas Verlassenes und Tragisches haben. Ich kann mich nicht erinnern, ob ich mir später noch die Mühe gemacht habe, Landschaft zu filmen, außer in «Der plötzliche Reichtum der armen Leute von Kombach». In einem Heimatfilm war das unbedingt notwendig, und da war es der Wald. Ich habe versucht, diese Landschaft nicht symbolisch zu behandeln, sondern nur als einen Raum der Handlung, also mehr in dem Sinne, wie die Franzosen Landschaft aufnehmen.

Du hast in deinem Wald nie an die Gebrüder Grimm gedacht?

VS: Nein. Nicht aus einem Stilprinzip heraus, sondern ich habe mich bei dem Wald von Kombach einfach an Kindheitserinnerungen gehalten. Da ist der Wald mir nicht als Symbol in Erinnerung, sondern als ein realer Ort. Es gibt da auch keine großen Geheimnisse. Da gibt es Hügel und Bäume, unter denen man sich verstecken kann, es gibt eine Schlucht und Laub, auf dem man nach unten rutschen kann. Das war eine erfahrene Landschaft, und ich habe versucht, sie so zu behandeln, statt ihr eine solche Bedeutung zu geben, daß man den Wald vor lauter Bäumen nicht sieht.

Kann eine «Landschaft ohne Bedeutung» uns Deutschen dennoch Heimatgefühle bereiten?

VS: Gut, Heimat besteht aus Kindheitserinnerungen. Ich lebte zwar mein Leben lang in Großstädten, aber richtig sicher fühle ich mich nur in einem dunklen Wald. Da kann die Eule schreien oder das Käuzchen, der Mond hinter vorbeijagenden Wolken kommen und gehen, die Baumstämme naß und düster im Wald stehen, ich fühle mich absolut sicher. Aber das ist eine Kindheitserfahrung, weil ich im Wald groß geworden bin. In den Städten kenne ich mich zwar gut aus, aber ich würde mich nie so sicher fühlen wie im Wald.

Diese Stimmung, die du in der Landschaft erlebst, ist sicher auch mit frühen erotischen Erlebnissen verbunden. Die Lust, sich zu verstecken, der Aufsicht der Eltern zu entkommen, sich pochenden Herzens zu verabreden. Sind es auch erotische Phantasien, die dich zum Film gebracht haben?

VS: Erotik ist der Grund, warum ich ins Kino gehe, wenn ich das sagen darf. Ich habe dort immer ein voyeuristisches Vergnügen empfunden. Ich liebe es, Leute zu beobachten, ohne gesehen zu werden. Als

Junge erlebte man das auf der Caféterrasse oder im Autobus, wenn man aus dem Fenster sah. Im Kino kann man sogar mit den Leuten ins Schlafzimmer gehen. Das ist natürlich interessanter als das Wohnzimmer. Man will ja wissen, wie machen es die anderen, wie leben sie überhaupt? Sie zu beobachten, das ist an sich schon etwas Erotisches. Wenn das in diesem dunklen Raum geschieht und wenn man das auch noch teilen kann mit einem anderen – wenn das ein Mann ist, wird es manchmal peinlich, denn durch das gemeinsame Anschauen entsteht schon ein homoerotisches Erlebnis –, ich meine, man steigt gemeinsam ein in eine Art der erotischen Wahrnehmung. Im Alter von fünfzehn bis fünfundzwanzig Jahren habe ich mir Erotik mehr für den Kinosaal aufgehoben als für das normale Leben. Durch die Neuen Medien wird diese Faszination entwertet, da gibt es eine Inflation. Wenn ich einen Film im Fernsehen sehe, kann es der beste Film sein, ich schlafe sofort ein. Es ist dabei völlig egal, ob ich im Bett liege oder auf einem harten Stuhl sitze, es entsteht eben nicht das erotische Verhältnis zu dem, was da flickert. Wenn es eine Direktsendung ist, vergesse ich, daß da keine Kassette ist, und ich will zurückspulen, um manche Szenen noch mal zu sehen. Ich gehe davon aus, daß im Fernsehen alles wiederholbar ist. Im Kino ist alles einmalig. Es ereignet sich gerade in dem Moment. Es gibt da ein paar Schlüsselerlebnisse in meinem Leben, wo ich mich in jemanden auf der Leinwand verliebt habe.

Aber das waren keine deutschen Stars, nehme ich an, meist auch keine deutschen Filme?

VS: Das ist ein bißchen schwierig. Die deutsche Frau habe ich als letzte entdeckt. Man denkt immer erst, es muß mindestens eine Mulattin sein. Wenn ich Filme sehe wie «Menschen am Sonntag», «Mädchen in Uniform» mit Thea Wieck oder auch ganz unbekannten Stars, entsteht da, weil ich an deutsche Frauen denke, die ich wirklich gekannt habe, ein intensives Verhältnis. Auch die Permanenz ist erstaunlich. Also, im Grunde kann ich ein deutsches Gesicht, vor allem ein Frauengesicht, sofort auf der Leinwand erkennen unter Hunderten, ganz egal ob der Film 1920 gedreht worden ist oder 1990. Die Uniformen wechseln, die Kleider wechseln, der Haarschnitt wechselt, der Ausdruck bleibt. Bei den Stars denke ich sofort an Romy Schneider, der ich nachtrauere in dem Sinn, daß ich die Gelegenheit gehabt hätte, mit ihr zu arbeiten, und es nicht getan habe, weil sie mir damals zu deutsch war. Heute sage ich mir, das wären die Herausforderungen gewesen, die man hätte annehmen müssen.

Unsere Eltern schwärmten von Stars wie Zarah Leander. Ein völlig anderer Typ, gar nicht so sehr deutsch, oder?

VS: Wunderbare Stimme, aber sie ist absolut nicht mein Typ. Ich finde, daß die Garbo im deutschen Film, in «Die freudlose Gasse», eine sehr starke Präsenz hatte und die Knef gleich nach dem Krieg in «Die Mörder sind unter uns» von Staudte, auch noch in dem Film von Anatole Litvak, «Entscheidung vor Morgengrauen».

Und Marlene Dietrich?

VS: Ich bin kein Fan von Marlene Dietrich in «Der blaue Engel». Ich mag die Dietrich mehr in Billy Wilders Filmen als in Sternberg-Filmen, denn bei Wilder wird auch gezeigt, wie sie die Erotik herstellt und wie sie damit umgeht. Gut, ich sehe sie als Kunstfigur.

Marlene Dietrich hat Deutschland verlassen, wie viele Filmleute dieser Jahre.

VS: Ich glaube, da muß man sehr scharf unterscheiden zwischen der freiwilligen und der unfreiwilligen Emigration. Wir alle reisen gerne ins Ausland. Das ist die Sehnsucht nach fernen Ländern. Auf der anderen Seite gibt es die, die wir verjagt haben, nicht nur nach 1933. Eigentlich sind immer wieder Künstler aus Deutschland verjagt worden, aufgrund ihrer Unbedingtheit. Fassbinder hat nur damit gedroht, er würde gehen, Syberberg auch. Andere sind wirklich gegangen. Lubitsch ist schon 1923 gegangen, Murnau 1927, lange bevor sie das wegen Antisemitismus hätten müssen. Sie haben in der Emigration, das ist das Interessante, deutsche Kultur oder deutsches Empfinden im amerikanischen Gewand fortgeführt. Fritz Lang hat in Amerika hervorragende Filme gemacht, und man kann sagen, ein Glück, daß er das Deutsche los war. Er war nun nicht mehr so bedeutungsschwanger, nicht ganz so radikal und stur architektonisch. Er hat etwas von dem Organischen des amerikanischen Films angenommen. Auf der anderen Seite war er mit sich selbst am meisten eins in Berlin. Ein Fritz-Lang-Film, made in USA, ist eben doch ein Kompromiß zwischen seiner strukturierten, radikalen Welt und dem, was die Amerikaner ihm abgerungen haben an Natürlichkeit.

Wenn ich dich so reden höre, habe ich das Gefühl, du möchtest alles sein, aber nicht deutsch?

VS: Das ist ganz falsch, denn ich bekenne mich dazu, ein Deutscher zu sein. Je länger ich im Ausland gewesen bin, je deutscher bin ich geworden. Je stärker ich in Frankreich oder Amerika versucht habe, mich zu assimilieren, je mehr wurde ich darauf aufmerksam gemacht, daß gerade das das Deutsche an mir sei. Die Italiener sind vor 150 Jahren nach Amerika ausgewandert und leben heute noch in Little Italy. Sie kochen Spaghetti und sprechen italienisch. Deutsche, die vor zehn Jahren ausgewandert sind, reden schon zu Hause nur noch englisch. Deutsche, die vor achtzig oder hundert Jahren ausgewandert sind, stellen ein Drittel der weißen Bevölkerung Amerikas. Sie haben sich total integriert. Ich sehe mich heute als sehr deutsch. Gerade der Kosmopolitismus ist eine der wenigen Qualitäten, die wir Deutschen haben.

Durch deine kosmopolitischen Neigungen bist du von den deutschen Regisseuren vielleicht derjenige, der die meisten Einsichten ins deutsche Wesen gewonnen hat. Du hast deutsche Eigenschaften beschrieben, zu denen auch das Grüblerische oder das Wagnerianische gehört. Ist das eine in der Welt geschätzte Qualität? Kann man sich als Deutscher auch damit verkaufen?

VS: Es fasziniert jedenfalls die Welt. Wenn man sich damit identifiziert, bringt man etwas Verkaufbares hervor. Was am besten in der Welt verkäuflich ist, ist ein Deutscher im Krieg, sagen wir mal, ein U-Boot-Kommandant, der außerdem noch faustische Ideale hat. Ich glaube aber, alle Menschen auf der Welt sind mehr oder weniger gleich. Ich lehne es ab, immer das Klischeebild zu zeigen.

Aber das Dämonische ist kinowirksam, nicht das Normale.

VS: Das Dämonische ist das Verkaufbare. Jedes Land hat es schwer, seinen Klischees zu entkommen. Nimm zum Beispiel den «Latin Lover», immer eine gute Rolle für einen Italiener. Kommt er als Schauspieler nach Hollywood, findet er Arbeit als «Latin Lover». Nimm den Franzosen, der Typ Maurice Chevalier, oder die «Femme fatale», zwei Typen von «L'amour, toujours l'amour». Das ist verkaufbar. Als Deutscher bist du irgendwo zwischen Mabuse und U-Boot-Kommandant immer verkaufbar. Schweden ist geprägt von Max von Sydow, der mit dem Tod Schach spielt, blauäugig, blond, etwas langweilig, aber doch durch und durch ein anständiger Kerl. Mit den Klischees kann man spielend Geschichten erzählen, sie brauchen diese schnell erkennbaren Typen. Unsere eigene Geschichte hat uns nun mal diese Dämonenrolle zugespielt. Man kann auch noch das Dämonische auffangen, indem es sozusagen das positive Gegenstück dazu ist, der genialische Künstler mit Beethovenmähne oder der große Denker, wo das Dämonische sublimiert ist ins Genialische. Wie dazu dann allerdings der «Krautesser» paßt mit den Würsten, das weiß ich auch nicht, der ist ja nun nicht sehr dämonisch.

Ich finde es großartig, wie du immer wieder den Film als internationale Sprache verteidigst. Insofern ist es auch ein bißchen abwegig, wenn wir uns so abgrenzen und vom deutschen Film alleine sprechen.

VS: Ja, als ob die Franzosen dauernd über den französischen Film sprechen würden oder die Amis über den amerikanischen Film, nein, die sprechen einfach über Film, und wir sprechen immer über den deutschen Film. Warum muß es immer der deutsche Film sein? «Reitet für Deutschland»! Man ist eigentlich gar nicht mehr Filmemacher, sondern man ist immer gleich Repräsentant einer Bewegung eines deutschen Films, naja, dann sagt man sich, es wäre gut, ein anderer zu sein, und man würde nicht zum deutschen Film gehören, sondern einfach zum Film-Film. Aber das ist uns wohl nicht mehr gegeben, deshalb schimpfen wir so viel. Daran ist man auch schon wieder als deutscher Filmer erkennbar. Eigentlich schimpfen wir nicht, wir klagen! Das Typische am Deutschen ist, daß er klagt, und nicht, daß er schimpft. Übrigens, das war in den zwanziger Jahren genauso. Billy Wilder hat damals im Romanischen Café gesessen und hat mit den Freunden über die Situation in Berlin, die wir heute als die Goldenen Jahre empfinden, gejammert. Und sie haben gesagt, wie kann ich es bloß nach Hollywood schaffen? Guck dir Lubitsch an, den haben sie geholt und jetzt auch noch Murnau, aber wir sitzen immer noch hier in Berlin und jammern. Aber wir gehören halt zum deutschen Film, haben die damals schon gesagt, bis man sie aus dem deutschen Film vertrieben hat. Dann hat man darüber gejammert, daß der deutsche Film nicht mehr wirklich deutsch sei, seit keine Juden mehr dabei sind, obwohl doch gerade die, die den deutsch-deutschen Film wollten, einen Film ohne Juden haben wollten. Und nach dem Krieg wollten wir auch keinen deutschen Film haben, denn das Deutschsein war schon wieder belastet. Da wäre ein Auschwitz-Film ein deutscher Film gewesen, also haben wir wieder versucht, nicht-deutsche Filme zu machen. Ja, es ist ein Kreuz.

Hanna Schygulla

Edgar Reitz: *Als Rainer Werner Fassbinder anfing, Filme zu machen, Ende der sechziger Jahre, war man sehr kritisch gegenüber dem Kino und seinem Starwesen. Man hat Anti-Konzepte prägen wollen, kreierte Anti-Stars. Antiteater, «Theater» ohne h, nannte Fassbinder seine erste Theatergruppe, in der du damals schon dabei warst. Dennoch bist du der Star Fassbinders geworden, mehr noch, du bist der einzige Star dieser Generation von Filmemachern. Ist das Kino heute noch deine Welt, nachdem diese Ära des deutschen Autorenfilms zu Ende gegangen ist?*

Hanna Schygulla: Bis jetzt war es meine Welt, aber ich kann mir gut vorstellen, daß ich mich aus dem Kino wegbewege und mehr aufs Theater zugehe.

Könnte Theaterspielen dir die Arbeit für das Kino tatsächlich ersetzen?

HS: Ich mochte das Kino immer lieber als das Theater. Das Kino hat mich mehr zum Träumen stimuliert als das Theater. Beim Kino mußte man nicht so viel darstellen, sondern es kam mehr auf Ausstrahlung an. Deshalb konnte ich als Laie, der ich damals praktisch noch war, zum Kino kommen. Auch heute ist es so, daß mich Menschen, die mit dem Kino sehr wenig Erfahrung haben, oft stärker berühren als die Profis. In «Die Zweite Heimat» hat mich dieses Mädchen mit der wunderbaren Stimme mehr berührt als alle anderen, und die hat auch zum erstenmal gespielt.

Aus der Sicht einer professionellen Schauspielerin ist dies aber eine schwere Provokation, denn da könnte ja jeder kommen! Außerdem ist man nur einmal im Leben so unerfahren und naiv. Erzähle einmal, wie das mit dir und Fassbinder weitergegangen ist.

HS: Der Rainer hat mich da reingezogen. Die Schauspielschule habe ich nach ein paar Monaten schon wieder aufgegeben. Ich habe mir gedacht, diese Art von Schauspielerei ist nichts für mich. Erst durch diese Künstlichkeit zum eigentlichen Spiel zu kommen, das ist ein zu weiter Weg. Da habe ich ziemlich schnell abgebrochen. Fassbinder hat aus diesem Künstlichen, oder auch aus dem Unbeholfenen, Poesie gemacht. Ich habe sie gespürt und deswegen alles mit mir geschehen lassen.

Du warst in Fassbinders Filmen eine Verkörperung der jungen Frau unserer Zeit, einer Mischung von kritisch, emanzipiert, selbständig, der Typ: Studentin mit Bereitschaft zum Abenteuer des Lebens, also vorsichtig sein im Leben und gleichzeitig sich hineinstürzen. Das wurde der Ausdruck einer ganzen Generation.

HS: Ich wollte Schauspielerin werden, weil ich es auf der Uni nicht aushielt, weil mir das alles wie ein Irrweg vorkam, dieses Intellektuelle. Ich habe mich so unwohl gefühlt – schon die Perspektive, Beamtin zu werden: Da geht alles nur seinen Gang. Ich wollte eigentlich nicht wissen, wohin es geht. Fassbinder hat mich geholt, weil jemand einen Unfall hatte. Ich sollte einspringen. Vom Filmemachen hat er schon immer geredet. Aber auf der Schauspielschule sind wir uns nie nähergekommen, eine gewisse elektrisierende Distanz war immer zwischen uns. Er war mir unheimlich in seiner gefährlichen Schüchternheit, die ausschlagen konnte. Das war instinktiv. Gleichzeitig war er derjenige, der mich am meisten interessiert hat von allen, die mir dort begegnet sind. Wie ich später erfahren habe, hat er damals schon gedacht, daß ich später die Heldin seiner Filme sein werde. Heldin ist ein komisches Wort, um nicht Star zu sagen. Wahrscheinlich hat er Star gedacht, denn er hat ja viele Filme gesehen. Zwei-, dreimal täglich ist er ins Kino gelaufen. Für mich war das etwas anderes als dieses intellektuelle Säbelrasseln auf der Uni. Ich wollte als Kind immer Tänzerin werden. Aber in dem Milieu, in dem ich aufgewachsen bin, war das Luxus, da mußte man ja schon als Kind anfangen. Die Filme, die mir aus der Kindheit in Erinnerung geblieben sind, haben meist mit Tanz zu tun. Z. B. war da ein Film mit Christine Kaufmann. Sie hat auf Spitze getanzt, und irgendwie war in dem Schuh ein Nagel, aber sie hat trotzdem weitergetanzt, und der Schuh wurde rot. Das habe ich dann vor dem Spiegel nachgespielt. Das muß für mich eine ganz starke Metapher gewesen sein, daß nämlich Kunst etwas mit Schmerz zu tun hat. Dann kann ich mich an «Der Dieb von Bagdad» erinnern, Douglas Fairbanks ist gesprungen wie ein Traumtänzer, von einem Tor, von einer Mauer zur anderen. Diese Schwerelosigkeit, dieses Über-die-Grenzen-Gehen, das war's für mich. Dann der Stummfilm «Die Büchse der Pandora», den ich später in Paris gesehen habe, von G. W. Pabst mit Louise Brooks, da ist mir eine Szene hängengeblieben, in der der Vater zu ihr sagt, kannst du denn noch tanzen, und dann spielt er auf seiner Mundharmonika. Sie dreht sich so wild, kein gelernter Tanz, sondern spontanes Tanzen war das. Die Szene ist ganz kurz, aber sie kam mir unheimlich lang vor.

Wann war das?

HS: Nach dem Abitur, ich war Au-pair-Mädchen. Dann bin ich immer wieder hingefahren, weil ich verliebt war in Paris.

«Ruckediguh, Blut ist im Schuh», nicht nur im Märchen. Fassbinder wurde zehn Jahre nach seinem Tod als Genie des deutschen Films entdeckt. Das konntest du nicht wissen, als ihr eure Filme gemacht habt. Wie viele Filme hast du mit ihm gemacht?

HS: So die Hälfte etwa, an die zwanzig Filme.

Welcher ist dir der liebste davon?

HS: «Die Ehe der Maria Braun», aber da spielt natürlich auch der Erfolg eine Rolle.

Das war wohl überhaupt der erfolgreichste Film von Fassbinder. Gab es denn da auch einen «Nagel im Schuh»?

HS: Das waren mehr private Nägel, die eigenen Familiengeschichten. Natürlich auch die Geschichten mit dem Faschismus. Als Generation sind wir ja dieses Gras, das viel zu schnell darüber gewachsen ist. Ich glaube, daher kommt es, daß von uns keiner Deutschland richtig mag. Dieses ganz natürliche Gefühl der Heimatliebe, für uns ein kitschiges Wort, ist in uns allen nicht aufgekommen. Die heutige Jugend hat dagegen das Gefühl, daß sich die Welt vielleicht dem Ende naht, daß die Dinge einen Kurs nehmen, der nicht mehr zu ändern ist, die Katastrophe schon unaufhaltsam rollt. Dieses Gefühl hatten wir nicht, sondern wir hatten das Gefühl, es ist alles zu ändern, es ist eine Riesenarbeit, aber man muß damit anfangen.

Die 68er-Mentalität. Man hat auch in den privaten Bereichen angefangen, über die Grenzen zu gehen. In der Gruppe um Fassbinder gab es in dieser Hinsicht wilde Experimente. Du hast später im In- und Ausland mit vielen anderen Regisseuren gearbeitet: In was unterschei-

det sich die Arbeit mit Fassbinder von jeder anderen Arbeit, die du kennengelernt hast?

HS: Daß am Anfang so viel Spiel war. Jedenfalls in meinem Bewußtsein war es so. Immer hieß es, mal sehen, was daraus wird. Einfach machen! Das war alles nicht so belastet. Man war damals gegen den sogenannten Leistungszwang. Man hat sich gesagt, er wird schon wissen, was er macht. Man spürte, daß da ein Poet am Werke ist.

Habt ihr vor dem Drehen viel zusammengesessen beim Stoffentwikkeln, beim Geschichtenerzählen?

HS: Er kam mit den fertigen Sachen an, aber ich bin in diesem Fall nicht der allerbeste Zeuge, denn so zentral ich auch war, ich bin aber andererseits immer nur so ein- und ausgeflogen im Antiteater. Die anderen haben zum Teil auch zusammen gewohnt.

Zur engeren Familie hast du also nicht gehört?

HS: Nein, es war so eine Ersatzfamilie, es waren lauter Familiengeschädigte, zu denen ich nicht gehören wollte.

Aber ich denke mir doch, daß er immer wieder versucht hat, auch dich zu vereinnahmen.

HS: Ich glaube nicht, daß er mich immer dabeihaben wollte. Er hat sich mit mir nicht so ganz wohl gefühlt, so wie ich mich mit ihm auch nicht so ganz wohl gefühlt habe.

Also ein Gefühl der Fremdheit?

HS: Wir hatten, ohne daß wir uns da je drüber verständigt hätten, wahrscheinlich dasselbe Lebensgefühl, nämlich, daß die Welt eigentlich nur dann wirklich ist, wenn sie voller Gegensätzlichkeiten ist, wenn alles darin Platz hat.

Nun haben Fassbinders Filme ja einen Zug zum Melodramatischen. Ich kann mich gut an seine sentimentale Ecke erinnern. Ich habe ihn mehrfach bei privaten Gesprächen erlebt, und er konnte ausgesprochen gefühlsstark, auch sentimental sein. Auf der anderen Seite aber hatte er dieses Tyrannische, etwas stark Besitzergreifendes. Ich stelle es mir nicht leicht vor, sich in diesem Gefälle aufzuhalten. Als Außenstehender konnte man sagen, es war ein schönes Gespräch, also tschüs. Wenn ich mir aber vorstelle, wie verwickelt du gewesen sein mußt in sein Leben, da war doch kaum ein Ausweg. Hanna, deswegen frage ich nach dem Blut im Schuh!

HS: Einerseits war ich in gewissem Sinne seine Marionette, also er hat die Fäden gezogen. Das mag ich auch, wenn ich spüre, daß jemand seine Ideen in Form umsetzen kann, dann bin ich gerne Marionette. Aber ich werde mich als Mensch nicht besitzen lassen wollen. Das geht bei mir nicht. Als Kind, da war ich vier oder fünf Jahre, hat mich einmal ein Nachbar gefragt, na, wem gehörst du denn? Da habe ich geantwortet: mir! Das Zeugesein, das Zusehen bei den Qualen, die sich um Fassbinder herum abspielten, das schmerzte mich oft, das war vielleicht das Blut in meinem Schuh.

Und du würdest heute sagen, daß du dich da ganz heraushalten konntest?

HS: Nein, nein, konnte ich nicht. Das war auch der Grund, weshalb es mir dann sehr gutgetan hat, einmal vier Jahre lang ganz von ihm weg zu sein. Aber ich habe auch gemerkt, daß in seiner Form der Grausamkeit etwas liegt, was es im Leben überhaupt gibt. Nimm einmal diese fast an den Rand des Unerträglichen gehende Szene in «In einem Jahr mit 13 Monden», die Szene im Schlachthof. Da kann man kaum hinsehen, aber trotzdem leben wir alle von diesem Fleisch und auch davon, wie es getötet wird. Diese Art von Selbstschonung, «Tu mir nichts, dann tu ich dir auch nichts», dieses Verhätscheln bringt uns nicht weiter.

Hat er dir deinen Rückzug damals sehr übelgenommen?

HS: Die Verletztheit war groß, er konnte meinen Rückzug überhaupt nicht verstehen.

Es war auch ein Schaden für ihn, denn er mußte Filme ohne dich machen.

HS: Es sind sehr starke Filme ohne mich entstanden: «Angst essen Seele auf» oder «Mutter Küsters' Fahrt zum Himmel». Jetzt, wo ich die Filme neu sehe, aus der Distanz heraus, finde ich viele sehr gute Filme aus dieser Zeit, auch «Faustrecht der Freiheit». Damals habe ich mir gedacht, naja, da hat er sich selber aber nett in die Ecke des Opfers hineinstilisiert. Ich sehe es heute alles etwas anders, durch den Tod.

Das verändert alle Perspektiven.

HS: Ja. Deshalb finde ich es wichtig, daß man alles in gewissem Sinne zum erstenmal macht, aber auch zum letztenmal, denn dieses Bewußtsein, daß jeder Augenblick einmalig ist, gibt allem ein besonderes Gewicht.

Wir sprechen jetzt über eine ganz merkwürdige Erfahrung. Fassbinder ist jung gestorben. Damit werden alle Filme, die er gemacht hat, mit dem Pathos des Todes gemessen. Sie bekommen damit eine ganz andere Dimension, denn alles, was du «spielerisch» nanntest, war der Versuch eines Kindes, seine ersten Schritte zu machen. Es denkt nicht an den Tod, aber der Tod lauert dennoch hinter jedem seiner Schritte. Wie oft hat er dich in seinen Filmen sterben lassen?

HS: Ich bin einige Male gestorben. In «Fontane Effi Briest» bin ich gestorben, in «Die Ehe der Maria Braun». Die Vorbereitungsszenen zum Sterben finde ich interessanter als die eigentlichen Todesszenen. Z. B. bei «Fontane Effi Briest» die Szene, wo ich drüber rede, daß man frühzeitig abberufen würde von einem Gastmahl, und finde, daß man eigentlich nichts versäumt. Das habe ich auch selber schon gedacht. Ich kann mich erinnern, daß ich mit Fassbinder einmal über Tod geredet habe, genauer den Selbstmord von Maria Braun. Das war eigentlich das einzige Mal, daß ich mit ihm überhaupt intensiv über eine Filmszene geredet habe. Das war nach den vier Jahren Pause. Da haben wir uns in Paris gesehen. Ich habe gesagt, mir gefällt das nicht, daß Maria Braun bewußt mit dem Auto aus der Kurve fährt, wenn sie erkennt, daß ihr Leben überhaupt nichts mehr mit dem zu tun hat, wovon sie geträumt hat. Jeder Mensch kommt doch immer wieder durch solche Phasen. Aber da hat er gesagt, nein, wenn man einmal so weit gegangen ist, gibt es keinen neuen Anfang. Da kann man nicht mehr zurückgehen.

Später hat er ungefähr folgendes niedergeschrieben: Wenn wir doch das Bewußtsein unseres Sterbens körperlich eher hätten, dann würden alle diese existentiellen Qualen wie Eifersucht, Neid, Haß von uns abfallen, und was der Mensch dann fähig wäre zu erfassen vom Leben, das wäre das eigentlich Erstaunliche. Aber er hat in diesen Zeilen auch gesagt, daß er das für sich als schon zu spät empfunden hat.

In den Jahren, die du nicht mit Fassbinder gearbeitet hast, hast du verschiedene Filme in Deutschland gedreht, u. a. «Falsche Bewegung» mit Wim Wenders. Ins Ausland bist du in dieser Zeit nicht gekommen?

HS: Nein, erst nach «Die Ehe der Maria Braun». Der Film hat mir sämtliche Türen geöffnet. Danach kamen Ettore Scola, dann Godard und Wajda.

International warst du nun die moderne, germanische Frau.

HS: So eine Verkörperung Deutschlands in Gestalt einer Frau, ob das jetzt «Lili Marleen» war oder Maria Braun oder Effi Briest, ein Stück Geschichte Deutschlands. Bei Godard hat das keine Rolle mehr gespielt. Bei Wajda habe ich die deutsche Frau verkörpert in «Eine Liebe in Deutschland», bei Ferreri war ich schon jenseits von allem Nationalen, da war ich nur noch die «Fremde», und diese Geschichte kam mir sehr nahe, das war endlich die andere Seite von mir.

Aber du bist natürlich auch das Bild der Liebenden, die sich verliert oder die sich in der Liebe verlieren kann.

HS: Wenn man mich fragen würde, was möchtest du werden, dann würde ich sagen, ich möchte eine Marionette der Liebe werden, das heißt, es ist die Liebe, die mich an Fäden hält und die mich bewegt.

Auch eine Art von Tanz?

HS: Ich weiß noch, daß ich nie so glücklich war wie damals, als der Rainer mit mir eine Tanzszene drehte. Plötzlich sagte er, so, jetzt machen wir einen Rock 'n' Roll. Das war in «Rio das Mortes», allerdings hatte ich damals so ein verrücktes Kleid an – und er, wie er nur so dastand beim Tanzen. Ich habe mich so glücklich gefühlt! Das war ein Moment von totaler Befreiung! Nichts mehr davon, was beim Kinomachen oft so lähmend ist, daß man nur von da bis da hingehen kann und schon weiß, was man sagen wird. Man weiß nicht genau, wie man reagieren wird, das nicht, aber es gibt sonst immer dieses Quantum an Vorbestimmung, das ich im Leben nicht mag und das für die Kamera notwendig ist.

Und da durftest du den Raum einmal ganz erfassen.

HS: Ich fühle mich immer gut, wenn mich etwas überwältigt. Nicht, was man sonst unter Leidenschaft versteht, dieses schäumende Überwältigtwerden, sondern, daß etwas kommt und dich führt. Es ist nicht deine eigene Entscheidung, sondern es hat dich mitgenommen.

Peter Sehr

Peter Sehr: Mein Entschluß, Filme zu machen, ist aus der Begegnung mit dem sogenannten Neuen Deutschen Film entsprungen. Die kommerziellen deutschen Filme, mit denen ich in den sechziger Jahren aufgewachsen bin, waren verlogene Filme, die mir nichts bedeutet haben. Ende der sechziger Jahre bemerkte ich auf einmal, daß es so etwas wie einen authentischen Film gibt. Wenn mich ein Regisseur beeinflußt hat, dann ist es sicher Fassbinder. Nicht ein einzelner Film, sondern das Gesamtwerk, die Haltung, die er zu seiner Kultur, zu diesem Land, zu den Problemen dieses Landes einnahm, und die Art und Weise, wie es ihm gelungen ist, darauf zu reagieren. Ich habe die frühen Fassbinder-Filme gesehen, dann bin ich 1975 aus Deutschland weggegangen. Was ich am Anfang sehr vermißt habe, ist eine Solidarität unter den Filmemachern und auch das Interesse, denen, die nachkommen, vielleicht etwas zu helfen, daß wir nicht die gleichen Fehler machen. Ich bin mir jahrelang sehr einsam vorgekommen.

Ich glaube, daß wir dort wieder anschließen sollten, wo wir Anfang der siebziger Jahre einmal waren. Damals wurden Filme mit viel größerem Selbstvertrauen gemacht, sowohl, was die Ästhetik, als auch, was die Inhalte anbelangt. Man hat gesehen, daß viele der Filmemacher, die zu diesem Zeitpunkt erfolgreiche Filme gemacht haben, auf einmal ihr Publikum verloren, sie haben ihre Themen verloren, sie sind ins Ausland gegangen und sind dort fast alle gescheitert.

Edgar Reitz: *Welcher Film von Fassbinder hat dich damals besonders beeindruckt?*

PS: «Faustrecht der Freiheit», ein Film, wo er auf unglaublich persönliche Art seine Umgebung beschreibt und selbst noch die Hauptrolle spielt. Dieser Film ist für mich auch eine Bestandsaufnahme dieser Jahre. Es wird jemand geschildert, der im Aufbruch ist, gleichzeitig scheitert, wieder auf die Füße kommt und am Ende noch einmal scheitert. Dieser Film ist nicht spekulativ, sondern einfach ein persönliches Statement. Und was mich erstaunt hat, ist, daß der Film im Ausland ein unglaublicher Erfolg war. Wenn man auf ausländische Märkte spekuliert, auf gewisse Zuschauerschichten, dann hat das meistens weniger funktioniert, als wenn man gesagt hat, das ist ein kleiner Film, den erzähle ich so authentisch und so speziell, wie's sein muß. So wird ein Film wiederum universell.

Wie hast du die Filmgeschichte kennengelernt?

PS: Relativ spät, im Stadtmuseum in München. Das wurde für mich eine Institution von großer Wichtigkeit. Der einzige Ort, wo ich unsere Filmvergangenheit aufnehmen und verarbeiten konnte. Da habe ich den Großteil des deutschen Kinos der zwanziger und dreißiger Jahre, oft auch der vierziger Jahre gesehen.

Sind dir dort auch Filme aus den früheren Zeiten begegnet, die diesen authentischen Zugang zur Welt suchen, den du so bewunderst?

PS: «Der Untertan» hat mir gut gefallen. Leider ist Wolfgang Staudte einer der Filmemacher, die verlorengegangen sind: ein Opfer des Kalten Krieges der fünfziger Jahre. Er hat aber glücklicherweise drei, vier gute Filme gemacht. «Die Mörder sind unter uns» ist ein wunderbarer Film, an dem man erkennen konnte, was er wirklich kann. Das hat er nachher leider nicht mehr zeigen dürfen. Filme, die aktuelle, brennende Probleme der Gesellschaft aufgreifen und auf filmische Weise bearbeiten. Diese Filme waren sehr spannend, unterhaltend, haben auch ihr Publikum gefunden und waren trotzdem nicht verlogen. Aus diesem Grund sind sie Klassiker geworden.

Und was sagst du zu den expressionistischen Filmen der zwanziger Jahre? Hast du zu dieser hochstilisierten, symbolistischen Art von Filmkunst eine Beziehung?

PS: Ich würde gerne in dieser Zeit leben, die risikofreudiger war als unsere. Es war eine Zeit des Aufbruchs, des politischen Aufbruchs, dem meistens auch ein ästhetischer Aufbruch folgt. Das waren für mich die zwanziger Jahre. Ich muß sagen, da beneide ich wieder ein bißchen den Jungen Deutschen Film, denn auch er ist in einer Zeit des Aufbruchs entstanden. In den sechziger und siebziger Jahren hat man den Filmemachern mehr Freiheit gelassen. Wir sind heute viel eingeschränkter, die Ängstlichkeit ist viel größer, auch meine Ängstlichkeit, das gebe ich zu. In der Retrospektive hat Oberhausen eine wichtige Funktion für uns alle.

Die Oberhausener haben sich dezidiert zum Autorenkino bekannt. Sie folgten der Nouvelle Vague, die das «Cinéma des Auteurs» proklamierte. Wie stehst du zum Autorenfilm?

PS: Ich habe erst zwei Filme gemacht, aber sie sind beide Autorenfilme. Ich habe sie nicht produziert, in diesem Sinne bin ich kein absoluter Autor, aber ich habe sie geschrieben und habe Regie geführt. Ich glaube, ich kann nicht anders.

Autorenfilm, das bedeutet für dich, daß Drehbuchautor und Regisseur ein und dieselbe Person sind, oder gibt es noch andere Voraussetzungen?

PS: Es ist der Macher, der in dem Produkt fühlbar ist. Für mich ist der Autorenfilm ein persönliches Statement. Punktum. Vielleicht muß man noch nicht mal das Drehbuch schreiben, sondern das erste Prinzip des Autorenfilms ist die Wahl des Themas und die Haltung zum Thema. Ich kann bei den meisten amerikanischen Filmen, die nicht Autorenfilme sind, nie eine Haltung erkennen. Ich kann weder den Regisseur dahinter erkennen noch den Produzenten, noch sonst irgend jemand. Es hätten ihn wahrscheinlich auch zehn Regisseure machen können. Jeder hätte ein paar Szenen anders gedreht, aber der Film hätte dennoch genauso ausgesehen.

Und wäre genauso kommerziell?

PS: Der Autorenfilm kann auch kommerziell sein, und es werden immer wieder Autorenfilme große Erfolge haben. Der Autorenfilm ist in Verruf geraten, weil man sagt, es will ihn keiner sehen, es ist sozusagen ein Biotop, wo wir noch mal vor uns «hinwursteln» dürfen. Zum ersten bin ich sicher, daß alle Entwicklungen, die das Kino vorwärtsgebracht haben, von Autoren stammen. Die Autoren sind die Wissenschaftler des Kinos. Was sozusagen das Max-Planck-Institut in der Forschung tut, macht der Autorenfilm im Kino. In dem Moment, wo der Autorenfilm verschwinden würde, würde das Kino stagnieren und verkümmern.

In welcher Landschaft hast du als Kind gelebt?

PS: Ich bin auf dem Land aufgewachsen, in der waldreichsten Gegend Deutschlands. Ich habe meine Kindheit im Wald verbracht.

Was bedeutet Wald für dich?

PS: Verstecken. Wald ist für mich ein Gebiet, das man eigentlich nie völlig erforschen kann. Ich bin immer in die gleichen Wälder hineingelaufen und habe mich dennoch immer wieder verlaufen. Und hatte Referenzpunkte, aber das war für mich ein unerforschbares Gebiet. Meine schönste Kindheitserinnerung ist der Wald. Das einzige Geld, das ich in meiner Kindheit besaß, habe ich durch Heidelbeerensuchen verdient, das heißt, der Wald hat mich auch ernährt.

Dein Wald ist also anders als der Märchenwald der Gebrüder Grimm?

PS: In den Märchen kommt der Mensch fast nie aus eigener Kraft wieder aus dem Wald heraus. Es muß immer ein Retter auftreten. Der Verlorene kann aber im Wald überleben, eine gewisse Zeit, und irgendwann kommt der Retter und führt ihn aus dem Wald heraus. Für mich aber war der Wald ein Ort, den ich freiwillig betreten habe und aus dem ich immer wieder von selbst herauskam. Die Gebrüder Grimm sind die Kondensation des deutschen Wesens. Das hört sich furchtbar an, aber unsere Kultur, die deutsche Mythologie, ist in so konzentrierter Weise in den Märchen enthalten, daß man aus jedem davon einen zweistündigen Film machen könnte.

Könntest du dir vorstellen, ein Märchen zu verfilmen?

PS: Auf der Stelle. Auch «Kaspar Hauser» ist ein Märchen, denn es kommen alle Elemente darin vor, der verwunschene Prinz, die böse Schwiegermutter, der Mensch, der weggesperrt wird, der Mensch, den man umbringen will. Alle klassischen Erzählstrukturen der Gebrüder Grimm finden sich in dieser Geschichte wieder. Deswegen hat sie auch so lange überlebt.

Du sagtest, du seist länger im Ausland gewesen. Wo warst du?

PS: Ich war fünf Jahre in England, drei Jahre in Frankreich und ein Jahr in Südamerika. Ich wollte weg aus Deutschland, ich war auch wild entschlossen, nicht mehr wiederzukommen. Erst in dem Moment, wo ich den Entschluß faßte, Filme zu machen, habe ich gewußt, entweder ich mache sie in Deutschland oder überhaupt nicht.

Muttersprache, was bedeutet sie dir?

PS: Ich habe viel in Englisch geschrieben und trotzdem mich in dieser Sprache nie wiedererkennen können.

Gibt es in den Bildern auch so etwas wie Muttersprache?

PS: Ich könnte nach Amerika gehen und den deutschesten aller deutschen Filme machen. «Stroszek» ist ein unglaublich deutscher Film von Werner Herzog. Er ist in Amerika gedreht worden. Es ist die Haltung zu deinem Thema, die deine Sprache ist.

Hans Jürgen Syberberg

Edgar Reitz: *Wie stehen Sie zu dem deutschen Begriff des Genies?*

Hans Jürgen Syberberg: Der Anspruch der Kunst kann gar nicht hoch genug sein. Heute wird Genie nicht mehr beansprucht. Der auch von mir heftig befehdete Fassbinder hatte sicher Züge davon. Er hätte das niemals von sich behauptet, und trotzdem hätte es ihn gekitzelt, wenn man ihm das nachgesagt hätte. In dieser Zeit, wo das Genie ein erstrebenswertes Lebensziel war, gab es auch behinderte Genies. Lenz z. B., der auf traurige oder tragische Weise nicht erreicht hat, was er wollte. Genies gibt es heute sehr wenige – also, ich wüßte schon einige. Die Deutschen haben, vielleicht auf kuriose oder tragische Weise, damit mehr zu tun als andere.

Auf tragische Weise – wie bei Hitler.

HJS: Hitler ist wirklich die schwarze Komponente davon. Durch ihn ist der ganze Begriff ins Kippen gekommen.

Sie haben in Ihrem Œuvre die deutschesten aller deutschen Themen aufgegriffen, auch die Genies, ich denke an Kleist, Wagner, aber auch Hitler und Karl May, denn in gewisser Weise sind diese beiden auch Genies in Ihren Augen. Würden Sie gerne einer aus dieser Galerie von Deutschen sein, einer von ihnen?

HJS: Das bin ich ja schon irgendwie.

Die Realität des Kinos kennt alles andere als den Anspruch des Genialen in Ihrem Sinne. Die Realität des Kinos ist eher eine triviale Welt der Klischees und der Unterhaltung. Wie kann man mit Ihrem Anspruch in dieser Welt bestehen?

HJS: Ja, in diesem Bereich kommt man ins Stolpern, wenn man als Deutscher, wenn man da plötzlich in diese Industrie gerät, die so kommerziell und trivial besetzt ist. Wenn man trotzdem etwas anderes will und auch weiß, daß es möglich ist. Die Gelder werden nicht verteilt wie in früheren Zeiten, wo man an Kunst ganz andere Aufgaben stellte als heute. Man kann nur mit List nicht nur dem Geldgeber, sondern auch der Zeit etwas abtrotzen. Die Branche ist ganz froh, wenn man es ihr abgelistet hat. Aber es ist ein wahnsinniger Kampf, abgesehen von diesem alltäglichen Kampf mit den Dingen des Geistes, der Erfindung, der Vorstellungskraft, der Zeit etwas abzulisten, wofür sie einen dann später belobigen wird. Ich mußte in den letzten zehn Jahren den Weg über das Theater gehen, um noch Filme machen zu können. Und dazu brauchte ich fast immer die gütige Hand irgendeines Kultursenators, wie z. B. in Berlin den vorletzten, der aus seiner Privatschatulle das Geld gab, das die Filmkommission selbst im Low-Budget-Bereich verweigerte.

Ich glaube einigen Ihrer Äußerungen entnommen zu haben, daß Sie mit dem Gedanken der Emigration gespielt haben oder doch der inneren Emigration, des sich Abwendens von diesem Lande. Trifft das zu?

HJS: Ja. Ich habe das in meinem Hitlerfilm mit in Relation gebracht. Oder denken Sie an Thomas Mann, der seinen großen Nachkriegsroman «Dr. Faustus» schrieb und in Deutschland nicht verstanden wurde und arg kritisiert, vielleicht auch, weil er emigriert war und die Ferne zu Deutschland erkennbar war im Roman. Aber er sagte, es täte ihm sehr weh, denn gerade nur in Deutschland würde er verstanden. Er wurde gelobt im Ausland und kritisiert in Deutschland, aber als Emigrant wußte er, daß er in Deutschland bestehen mußte mit diesem Roman, selbst bei diesen Lümmeln, die ihn vielleicht verhauen haben. Nicht, weil er so sentimental war, sondern weil er ganz einfach wußte, da ist der Grund, wo er wieder hinmuß, und da muß er bestehen. Oder Kleist, in seiner Emigration in Italien: Er konnte seine «Marquise von O.» in Italien ansiedeln aus politischen Gründen oder die alten Germaninnen mobilisieren für seine «Hermannschlacht». Und doch hat Kleist nie etwas anderes geschrieben als über sein Land. Es nützt nicht viel, wenn man geht: Man entkommt dieser inneren Situation nicht, auch nicht, wenn man sich das Leben ein bißchen leichter macht. Aber so weit sind wir noch nicht. Nur, diese Filme, die ich in den letzten zehn Jahren gemacht habe, sind schon ein Rückzug. Ich habe auf elektronischem Material drehen müssen, damit war das Kino mir praktisch versperrt, nun gut, daraus habe ich eine eigene Ästhetik gemacht. Man hat Mühen, weil diese Urbänder alle sieben Jahre zerfallen. Man muß sie immer wieder umkopieren, da verlieren sie an Qualität, und irgendwann wird nichts mehr davon dasein. Das sind fast selbstmörderische Nachteile, aber ich verwende das Wort Emigration nicht gerne, denn es ist für eine andere Epoche besetzt. Aber geistig gesehen, ist für die Kunst, zumal im Filmgeschäft, die Demokratie heutiger Art ein Emigrationsgrund.

Die Demokratie ist gegen die Kunst?

HJS: Leider, muß ich sagen. Die Demokratie mit ihren Spielregeln läßt eine Arbeit, wie ich sie meine, schwer zu.

Sie haben den Anspruch, Werke zu schaffen, die Gültigkeit behalten über diese Zeit hinaus, möglicherweise für sehr viel längere Zeiträume, als wir sie überhaupt jenseits unseres Lebensradius denken können, auch länger, als das Filmmaterial je wird halten können.

HJS: Ja, das ist natürlich eine Fiktion meines Selbstverständnisses oder von Kunst überhaupt. Aber sonst könnte ich das gar nicht machen, was ich tue. Natürlich weiß auch ich, daß die Materialien brennbar und brüchig sind, vergänglicher als Stein oder andere Materialien. Wie die anderen Künste arbeiten, das weiß ich auch, trotzdem ist es interessant, daß der Film heute immer als erstes dienen muß, wenn jemand stirbt. Die ersten Meldungen sind meistens Bilder auf Film, die den Toten als Lebenden noch mal bannen. Der Tod ist das, was die Kunst überwinden will. Sie will Unsterblichkeit, sie will also in die Gottesnähe kommen. Unsterblichkeit wird nur erreicht auf einer gewissen Höhe. Und das ist natürlich ein Kunstbegriff, mit dem ich heute sehr anecke.

Ich könnte noch lange mit Ihnen philosophieren über Kunst, Unsterblichkeit, deutsche Geistesgeschichte und protestantisch-preußische Gedankenwelt. Ich möchte aber auch Ihnen die Fragen stellen, die ich mir für alle Gespräche mit den Kollegen vorgenommen habe. Zum Beispiel: Welches ist Ihre liebste Jahreszeit?

HJS: Früher hätte ich sicher gesagt: Herbst. Da bin ich aber heute nicht mehr so sicher. Aber das habe ich auch von meinem ländlichen Ursprung. Es wäre also ungerecht, wie bei Kindern in der Familie, wenn man einen vorzöge. Der Sommer mit der Hitze und barfuß gehen, das würde ich nicht missen wollen.

Thema: Europa. Wir sprechen vom europäischen Kino, von den Chancen der Zukunft. Was hat der deutsche Film Europa zu bieten?

HJS: Die letzte Behauptung Europas im Bereich des Films war die UFA von Hitler und Goebbels. Es ist klar, was das heißt, das hat natürlich mit Politik zu tun. Der Untergang Europas ist leider verbunden mit diesem Phänomen, was wir als Hitler bezeichnen. Als Selbstbehauptung, eben auch im Bereich der Filmkunst, sind wir danach eigentlich nicht mehr da. Danach wurden die Filme auch sofort unwichtiger. Die UFA-Filme unter Hitler sind filmästhetisch Hollywood überhaupt nicht unterlegen, und ich meine, daß die Harlan-Filme mit Hollywood in jeder Weise konkurrieren können, sowohl in dem Massenanspruch als auch in der Technik. Das ist nun alles in Frage gestellt. Wir haben in Europa die letzten Schritte hinter uns: Neorealismus, Nouvelle Vague, der Neue Deutsche Film, aber nun? Gut, Rußland, da gibt es wichtige Namen zu nennen.

Wenn ich Sie richtig verstehe, sagen Sie, Hitler war der letzte Europäer?

HJS: Der letzte Europäer mit Macht! Und die Leute, die ihn gewählt haben, waren die letzten, die neben den beiden anderen Großmächten in einem europäischen Sinne eine Machtposition gehalten haben. So weh uns das tut, daß dieser Abgang so ist, aber diese Erkenntnis ist einer der tragischen Momente, von denen wir leben. Meine Filme handeln immer von diesem Phänomen, das ich nicht anders nennen könnte als Hitler. Ich kann eben dieses Phänomen nicht Holocaust nennen, denn unser Phänomen heißt Hitler. Aber er umfaßt natürlich noch ganz was anderes, dieser Name «Hitler». Man muß sich vorstellen, Hitler hat aus allen europäischen Ländern die SS-Kompanien gehabt in seiner Elitetruppe, und da gab es ja Millionen Leute drin, das ist einfach wahnsinnig. Er hat einen europäischen, nicht einen deutschen Anspruch gehabt, es war nicht so, daß er die Welt erobern wollte, sondern er hatte das Gefühl, er ist die Speerspitze Europas. Und diese Erkenntnis muß dazu dienen, daß man darunter leidet, daß er derjenige ist, der den Schlußstein dieser europäischen Geschichte bedeutet, auch von Kleist, auch von Wagner, auch von dem, was uns vom Deutschen so wichtig ist und was Hitler okkupiert hat, zum Teil mit Recht.

Aber wie wollen Sie diese Kraft aufgreifen und weiterführen? Was ist das Zukunftsweisende in dieser Kraft?

HJS: Für Europa als politisches Gebilde weiß ich nichts zu sagen. Aber innerhalb der Kunst meine ich doch, daß wir privilegiert sind. Da verfügen wir über etwas, was andere nicht haben.

Die deutsche Geschichte ist eine Geschichte der Opfer und eine Geschichte der Täter. Aber es gibt nach Ihrer Meinung eine andere Kraft, die nicht Täter- ist und nicht Opfer, sondern?

HJS: Diese Täter- und Opfer-Rolle verstehe ich nicht. Für mich ist ein Jude auch ein Deutscher, wir sprechen von deutschen Juden, also ist ein Jude für mich auch ein Deutscher, und insofern ist er nicht mehr der Andere, aber natürlich ist er der Andere in bezug auf diese Leidensgeschichte. Die Nazis sind auch nicht immer nur die brutalen Täter. Darüber kann man viel philosophieren, wieweit ein Täter nicht nur in der Kriminalgeschichte, sondern auch in der Kunst sein Kreuz trägt, nicht wahr? Nicht nur, wenn er bekennt durch Einsicht, sondern da gibt es allerhand Facetten. Trotzdem muß es dargestellt werden. Man weiß, daß die Juden sowohl in Amerika wie in Israel die deutschesten Deutschen sind. Wir kennen das aus der Rezeptionsgeschichte unserer Filme, daß sie dort mehr geliebt werden als in Deutschland, weil die Deutschen ihre Identität verloren haben.

Die Geschichte eines Menschen, der die Bombennächte erlebt hat, ist eine andere als die Geschichte eines Menschen, der im KZ gewesen ist. Das sind verschiedene Geschichten, aber für mich sind es zwei Hälften desselben Kosmos, derselben Historie.

Haben Sie Leni Riefenstahl einmal kennengelernt, persönlich?

HJS: Nein, und ich glaube auch nicht, daß sie mich als Person interessieren würde.

Es scheint, das Hitlerbild wiederholt sich, sozusagen im kleinen, immer wieder in der Geschichte.

HJS: Ja, deswegen habe ich gesagt: Hitler in uns. Damit meine ich nicht nur in den Deutschen, sonst wäre das ein Sonderweg des Menschseins. Wir haben zwar die anderen ausgeschlossen, selbst einige im Lande ausgeschlossen, die hätten vielleicht ganz gerne mitgemacht. Es gibt gewisse Zeitphänomene, die zum Ausbruch gekommen sind und denen nachzugehen mich interessiert.

Chris. Marker nannte einmal den Film unsere heutige Art, uns zu erinnern. In Ihren Filmen spielt Geschichte eine größere Rolle als die Geschichten. Wie sehen Sie sich persönlich in der deutschen Filmgeschichte?

HJS: Wichtig waren mir bei der Herstellung von «Hitler» die Filme seiner Generation, also Stummfilme. Die habe ich teilweise auch zitiert, deutsche und Ausländer. Mit Ausländer meine ich jetzt Emigranten, Ausländer sind das ja gar nicht. Bei Fritz Lang haben mich die deutschen Filme mehr interessiert, allein schon wegen der Zitierbarkeit. Aber das habe ich dann später abgeworfen und zu einer eigenen Form gefunden, nachdem ich auch diese Vorbilder, diese Steine in der Geschichte, als Zitate verbannt hatte. In den Filmen, die ich in den letzten zehn Jahren gemacht habe, wird ein völlig neuer Weg beschritten, da gibt es keine Verweise mehr. Das wird sehr einsam, denn dann muß man neue Bilder schaffen, auch neue Klangräume, die mit Früherem schwer vergleichbar sind und nicht nur aus Zitaten bestehen, was ja in unserer Epoche heute so nahe liegt.

Aber lassen Sie mich noch einmal nachfragen, wie Ihre Art aussieht, sich mit Hilfe des Films zu erinnern.

HJS: Mein neuer Film heißt «Ein Traum, was sonst». Ein Traum, und da berühre ich etwas, was tabuisiert ist, nämlich Erinnerungen, von denen man heute so viel spricht, die Erinnerungen, die nicht sein dürfen, Antigone-ähnlich, nämlich, daß das Eigene nicht erlaubt ist. Wenn wir heute von Auschwitz sprechen, dann ist das die Erinnerung von anderen, vor denen wir uns verbeugen. Aber das ist nicht die eigene Erinnerung. Die Erinnerung von «uns», muß ich nun sagen, nicht aus völkischen, rassischen oder religiösen Gründen, ist in diesem Falle das, was die Familien und die Gruppen von Menschen erlebt haben, die in den Bombennächten saßen, auf der Flucht waren, in Stalingrad waren. Und diese Erinnerungen sind tabuisiert, weil sie auf der Seite der Täter, der Bösen, waren, darüber darf nicht gesprochen werden.

Nun, darüber haben Sie oft gesprochen. Wie aber bewerten Sie das Jahr 1945? Das Jahr 1945 teilt die bisherige Filmgeschichte genau in der Mitte. Das wäre ein Anlaß, sich auch in besonderem Maße den Bildern zu widmen, die sich in diesen beiden Jahrhunderthälften gegenübertreten. Die beiden Hälften sehen sich an und stellen Fragen: Was habt ihr gefilmt und was nicht? Vielleicht sind die nicht erzählten Geschichten und die nicht gefilmten Bilder die wichtigeren. Der Film bildet nicht nur ab, sondern er verdrängt auch die Wirklichkeit, die von den Menschen oft schmerzvoll erlitten worden ist und in Vergessenheit gerät, sobald sie nicht verfilmt wird. Als einer, der Filme macht, bin ich mir durchaus bewußt, daß der Film auch der Feind des Lebens werden kann, weil es so folgenreich ist, wenn er bestimmte Bereiche des Lebens nicht zur Kenntnis nimmt.

HJS: Ich bin immer wieder erstaunt, wie wenig letzten Endes von den Menschen anerkannt wird, was sie durchgemacht haben. Nicht am Stammtisch, sondern offiziell in der Kunst. Ohne dieses Eigene kommt man nicht zum Eigentlichen, auf das wir so viel Wert legen. Dieses Eigene, wenn es verdrängt und ersetzt wird durch ökonomische Leistungen, macht die Menschen krank. Fünfzig Millionen Menschen sind geflohen, und wie viele Tote gab es in den Städten, wie haben die ausgeschaut? Preußen ist verlorengegangen, die ganze Kultur. Das wird nicht zur Kenntnis genommen. Solange es nicht möglich ist, daß wir uns in unseren Filmen die Heldentaten der Stukas leisten, so wie Amerikaner ihre Heldentaten erzählen. Die Moral liegt ja woanders. Das hat mit der Landesgeschichte zu tun. Solange wir nicht die Geschichte von U-Booten erzählen können, nicht nur als Schuldbekenntnis, kommt man nicht auf ehrliche Weise zu der Trauer, die Tragik braucht. Das muß man natürlich auch auf sich nehmen. Am Ende sind es nicht nur Geschichten von Helden. In der Kunst, siehe «Prinz von Homburg», schauen die Helden anders aus als in Trivialgeschichten.

Herr Syberberg, ist es nicht verständlich, daß das Geschichtenerzählen im Angesicht von Auschwitz erst einmal verstummte? Ich verstehe, wenn Sie dafür eintreten, daß die Erinnerungen nicht nur verdrängt werden sollten. Aus diesem Grund habe ich mit den beiden «Heimat»-Zyklen meine Geschichte jenseits der historischen Moral zu erzählen versucht. Wenn ich nach diesen Überlegungen aber die beiden Hälften der deutschen Filmgeschichte in Gedanken einander gegenüberstelle, dann erschüttert es um so mehr, zu sehen, wie wenig sie aufeinander antworten und welch gewaltige Ausschnitte der Wirklichkeit ungefilmt geblieben sind. Die UFA-Produktion, von der Sie sagten, daß sie Weltgeltung gehabt habe und die einzige Produktion von europäischen Ausmaßen gewesen sei, hat zwar U-Boot-Helden und Stuka-Piloten zu Kinolegenden gemacht, aber sie gibt insgesamt nichts von den Verhältnissen wieder, denen damals die Menschen Europas ausgesetzt waren. Die Scheu vor dem Leben scheint bis heute die Filmbranche zu beherrschen.

Rudolf Thome

Edgar Reitz: *Wenn du die Wahl hättest, wärst du gern in einem anderen Land Regisseur geworden?*

Rudolf Thome: Ich bin Deutscher, das kann ich nicht ändern, aber wenn ich Filme mache, fühle ich mich nicht als deutscher Regisseur. Als ich anfing, gab es in diesem Land keine Vorbilder, an denen ich mich gern orientiert hätte. Was mich zum Filmemachen anregte, das waren die Filme der Nouvelle Vague, vor allem Godard, auch die Kritiken, die er geschrieben hat. Uns fehlten die Väter in Deutschland. Regisseure wie Rossellini, die sah ich hier nicht, bis auf einen Ausnahmefall: Ich hatte gerade meinen ersten Kurzfilm gedreht, da sah ich «Tabu» von Murnau. Das war für mich Kino par excellence, der schönste Film, den ich je gesehen habe. Eigentlich kein deutscher Film. Er ist aber von einem deutschen Regisseur gedreht worden. Dieser Film verkörpert, wovon ich träume, wenn ich das Wort «Kino» denke.

Friedrich Wilhelm Murnau ist auf eine große Reise gegangen, um diesen Film zu machen. Er drehte 1930 gemeinsam mit Robert Flaherty auf paradiesischen Südseeinseln. Auch andere deutsche Regisseure zogen oft und gern weit in die Ferne, um ihre Filmträume zu verwirklichen. Kennst du das auch, dieses Fernweh?

RT: Ich habe auch einen Film in der Südsee gedreht. Ein halbes Jahr lang drehte ich mit einer Crew von zehn Leuten «Beschreibung einer Insel».

Ist das auch ein Gefühl von Fernweh gewesen, das dich so weit fortgetrieben hat?

RT: Es ist der Traum aller Europäer, diese «Sehnsucht nach dem Paradies».

Du meinst, das sei keine speziell deutsche Neigung?

RT: Nein. Das haben die Maler und Schriftsteller seit Jahrhunderten auch schon getan, seit die Südsee entdeckt worden ist.

Ist dieses Fernweh ein romantischer Zug?

RT: Eigentlich halte ich mich für unromantisch. Ich denke, ich bin eher pragmatisch, praktisch, auf konkrete Dinge ausgerichtet. Ich will mit den Dingen, die ich im Kino zeige, nichts anderes zeigen als das Äußere. Ich will keine Symbole benutzen und setze die Bilder, die ich zeige, auch nicht symbolisch ein. Sie haben bei mir keine andere Bedeutung als das, was man konkret sieht. Die nackte Oberfläche und sonst nichts. In «Rote Sonne», den ich vor genau fünfundzwanzig Jahren gedreht habe, erschießt sich das Liebespaar bei Sonnenaufgang gegenseitig am Starnberger See. Darüber liegt Tomaso Albinonis berühmtes Adagio. Das ist nicht romantisch, aber es ist pathetisch. Ein Gefühl für Pathos habe ich schon. Das habe ich an Fassbinder geliebt, sein wirkliches Gefühl für Pathos.

Es gibt in der deutschen Literatur, vor allem in der romantischen Literatur, den Liebestod, den gemeinsamen Tod der Liebenden. Denken wir an Kleist, der den Selbstmord mit der Geliebten als romantische Inszenierung sogar in Realität vollzogen hat. Ist dieses Bild in «Rote Sonne» wirklich so unromantisch, wie du sagst? Kannst du Richard Wagner mit seinem Liebestod-Motiv nicht ein bißchen verstehen?

RT: Ich habe gelegentlich versucht, Platten mit Wagner-Opern zu hören, aber ich kann damit nichts anfangen. Sie kommen mir komisch vor. Ich habe schon Schwierigkeiten im normalen Theater, wenn Schauspieler spielen. Das Theater erscheint mir absurd, ich bin nicht in der Lage, in die Fiktion «das ist jetzt Theater» einzutauchen. Mit der Oper, wo die Leute singen, statt zu reden, habe ich besondere Schwierigkeiten. Ich bin halt von klein auf mit dem Kino aufgewachsen. Ich war fünfundzwanzig Jahre meines Lebens Filmkritiker. Ich glaube, ich habe etwa 20000 Filme gesehen!

In welcher Landschaft bist du aufgewachsen?

RT: In einer hügeligen Gebirgslandschaft in Hessen. Eine Landschaft mit vielen Wäldern, in denen man tagelang laufen kann, ohne daß man einem anderen Menschen begegnet. Zumindest damals, vor dreißig Jahren, war es so.

Es ist meine Hypothese, daß es deutsche Gefühle und Traditionen im Kino gibt. Beispiel: In den Märchen spielt der Wald eine große Rolle als

Schauplatz der alten Geschichten. Der Wald birgt alle Gefahren, alle Geheimnisse. Kommt der Wald deiner Jugend in deinen Filmen vor?

RT: Es fällt mir keine Szene ein. Ich habe im letzten Jahr ein Drehbuch geschrieben, wo der Wald eine Rolle gespielt hätte, aber dafür habe ich kein Geld bekommen.

Was mir in Landschaften wichtig ist, das ist Wasser: Seen, das Meer oder auch Flüsse. Der zentrale Schauplatz in «Tarot» ist ein altes Gutshaus, es liegt direkt an einem Fluß in der Nähe des Chiemsees.

Birgt diese Liebe zum Wasser eine Symbolik?

RT: Ja, denn Wasser erinnert mich an Tod, an die Ewigkeit, an die Zeit.

Alles fließt...

RT: Alles fließt, auch das Meer ist ständig in Bewegung. Es gibt keinen Ort, der mich so fasziniert wie das Meer.

Ureparapara ist ein erloschener Vulkan. Wir haben «Beschreibung einer Insel» in der Mitte des ehemaligen Kraters gedreht und ein halbes Jahr dort gelebt. Das war ein Platz, wo die Elemente extrem zusammenstoßen. Auch «Die Sonnengöttin», den ich vor anderthalb Jahren gedreht habe, endet auf einer Vulkaninsel, auf Santorin. Dieser Ort hat eine fast magische Bedeutung.

Du hast Murnau erwähnt. Gibt es in der Geschichte des deutschen Films andere Regisseure, zu denen du ein positives Verhältnis hast?

RT: Der Regisseur, der mich sicherlich am meisten beeinflußt hat, ist Jean-Marie Straub. Ich habe nahezu gleichzeitig mit ihm angefangen, Filme zu machen. Durch Zufall sind wir Freunde geworden. Er mochte meine Filme und hat mir am Anfang sehr geholfen, hat mich getröstet, wenn etwas schlecht ging, und hat mir auch aktiv geholfen, indem er mir manchmal Material, das er nicht mehr brauchte, gegeben hat. Ich habe über viele seiner Filme Kritiken geschrieben. Er ist einer der ganz wenigen Regisseure, die jede Einstellung genau planen. Man hat als Zuschauer das Gefühl, er weiß, was er tut. Und das hat den Effekt, daß man seine Filme, die alle sehr schwer zu sehen sind, nicht mehr aus dem Kopf kriegt. Die Bilder bleiben noch viele Jahre im Kopf, und das kann man nur von wenigen Filmen sagen.

Wie ist das, als Künstler unverstanden zu sein? Hast du solche Verständigungsschwierigkeiten mit den Zeitgenossen kennengelernt?

RT: Allerdings. Mir ist es zwar nie passiert, daß ich einen Film gemacht habe, den gar niemand mochte. Man findet ja immer Leute, die einen verstehen. Wenn ich Romane schreiben würde, könnte ich mit der Resonanz, die meine Arbeiten finden, bequem leben. Aber da ich Filme mache, brauche ich ein größeres Publikum. Das gelingt manchmal mehr und manchmal weniger. Ich ziehe mich nicht zurück und sage nicht: «Niemand versteht mich, nur im Ausland werde ich geliebt.» Die Situation ist im Moment so, daß nahezu niemand deutsche Filme sehen will, weder die Kritik noch das Publikum.

Wenn einer Bilder malt oder Romane schreibt, bleibt ihm die Hoffnung, mit derZeit erkannt zu werden. Die Geschichte ist voll von Beispielen davon, daß große Literaten hundert Jahre später Erfolg hatten, nach ihrem Tode.

RT: Das ist sogar der Normalfall. Ich glaube, daß der Prozentsatz der Leute, die zu ihren Lebzeiten berühmt wurden, geringer ist als der Prozentsatz derer, die posthum erkannt wurden.

Kann man als Filmemacher auch so denken?

RT: Man kann sich zumindest damit trösten. Also, ich habe eine solche Erfahrung gemacht. Ich habe vor fünfundzwanzig Jahren einen Film gemacht, «Rote Sonne», und ich weiß, daß die heutige junge Generation stärker und positiver auf den Film reagiert als das damalige junge Publikum. Aber man kann nicht unter diesem Aspekt Filme machen.

Natürlich würde ein Schriftsteller auch nicht unter solchen Aspekten schreiben. Aber nun eine Frage zur Vergangenheit: Wie steht es mit deiner Einschätzung der Klassiker des deutschen Kinos, der Zeitgenossen Murnaus?

RT: Wirklich beeinflußt oder beeindruckt hat mich eigentlich nichts. Selbst «Das Cabinet des Dr. Caligari» finde ich nicht so toll. Und Fritz Lang, ich sehe natürlich, daß er gute Filme gemacht hat, aber ich mag eher die Filme, die er ganz am Ende seines Lebens gemacht hat. Die beiden Indien-Filme – «Der Tiger von Eschnapur» und «Das indische Grabmal» – finde ich wirklich schön. Es gibt da eine Szene mit einem Schlangentanz, die ich aufregend finde. Selbst ein Film wie «M» hat mich eher kaltgelassen. Ich mag es lieber, wenn ich emotional reingezogen werde. Bei «Tabu» habe ich geweint, als ich aus dem Kino kam.

Wie ist das mit Max Ophüls?

RT: Ich bewundere seine Kunstfertigkeit im Umgang mit der Kamera. Ich dagegen versuche, möglichst einfach zu erzählen.

Wie ist das mit der Erotik?

RT: Ich mußte ziemlich alt werden, um mich zu trauen. Ich hatte früher eine natürliche Scheu, Erotisches zu zeigen, und ich habe in der Regel, wenn ein Paar miteinander schlief, vorher abgeblendet oder geschnitten. Heute traue ich mich.

Weißt du noch, wie es zu dieser Wende kam?

RT: Zufall. Mein Drehbuchautor, der in diesem Fall mein Produktionsleiter war, sagte, Rudolf, versuch doch, diesmal nicht zu schneiden, sondern zeig es doch. Da in meinen Filmen sehr viel improvisiert wird, gilt für die Schauspieler die Regel, daß weitergespielt werden muß, solange ich nicht «cut» sage. Also, wenn eine Liebesszene anfängt und ich nicht «cut» rufe, müssen sie weitermachen. Die Hauptdarstellerin sagt, sie hätte halt weitergemacht, weil ich nicht «cut» gesagt habe. Ich glaube es nicht ganz, aber im Buch war es nicht so vorgesehen.

Das klingt nach Humor, eine seltene Gabe im deutschen Film.

RT: Ich denke, daß ein Grundprinzip meines Erzählens die Ironie ist. Man ist als Erzähler näher bei den Personen, man fühlt mit ihnen, identifiziert sich mit ihnen, behält aber gleichzeitig Distanz. Dieser Widerspruch, das ist Ironie.

Ist das Kino unsterblich?

RT: Sieben Jahre ist es her, daß ich den letzten Film mit Martin Schäfer gemacht habe, meinem Kameramann, mit dem ich sechzehn Jahre zusammengearbeitet habe, bevor er plötzlich starb. Wir haben das Gefühl gehabt und es auch ausgesprochen, daß wir im Grunde Dinosaurier sind. Im Moment habe ich wieder mehr das Gefühl, das Kino wird überleben, denn diese elektronischen Medien brauchen das Kino. Sie brauchen dieses Ereignishafte des Kinos. Eine Serie, die läuft im Fernsehen, läuft und ist dann weg. Ein Film, der ereignet sich an einem bestimmten Ort, vor einem Publikum, das eigens gekommen ist, um daran teilzunehmen. Das ist ein großer Unterschied. Ich glaube, deswegen wird das Kino nicht so schnell verschwinden.

Man hat wieder ein Anwachsen des Kinobesuches festgestellt, aber an dieser Renaissance sind wir Deutschen, wir Europäer kaum beteiligt. Wird es denn bei dieser Perspektive überhaupt noch deutsche Filme geben?

RT: Ich habe meine ersten sieben Spielfilme ohne jede Förderung gedreht. Selbst wenn es plötzlich gar kein Geld mehr für deutsche Filme gäbe, wird man immer Filme machen können, wenn man unbedingt Filme machen will.

Margarethe von Trotta

Margarethe von Trotta: Es gibt einen schrecklichen deutschen Satz: «Humor ist, wenn man trotzdem lacht.» Ja, ich liebe Filme, in denen ich Humor oder Ironie spüre, aber ich fürchte, in meinen Filmen schlägt sich das weniger nieder.

Edgar Reitz: *Ist dieser feine, aus Beobachtung, Ironie und Menschenkenntnis entstehende Humor überhaupt im deutschen Film anzutreffen?*

MT: Lubitsch wird nicht umsonst mit dem Ausdruck «Sophisticated Comedy» verbunden. Bei deutschem Humor denke ich immer sofort an Karneval, an Büttenreden. Im Deutschen assoziiert man damit gleich etwas Vulgäres. Als bei uns die Juden weggingen oder weggehen mußten, ging mit ihnen auch die leichte ironische Komödie. Was übrigblieb, waren diese schwerfälligen Schwänke, die im Dritten Reich haufenweise produziert wurden.

Lubitsch ging zehn Jahre vor dem Dritten Reich weg und hat damals den deutschen Film seiner Humorlosigkeit und sich selbst überlassen. Es gibt allerdings auch nach der Nazizeit immer wieder die Gattung der deutschen Komödie, in den fünfziger Jahren und neuerdings wieder, Filme, die, wie du sagst, vulgär und geistlos sind.

MT: Gute deutsche Komödien gibt es eigentlich nur in der Vergangenheit auf dem Theater. Lessing war für mich ein wirklicher Komödienautor. Das Tragische und das Komische mischt sich in seinen Stükken. Ohne das Tragische, das nicht ausgespielt wird, aber spürbar sein muß, entsteht kein Humor. Die Suche nach Wahrheit muß auch in der Komödie vorhanden sein.

Und wie steht es mit der Erotik im deutschen Film?

MT: Du fragst mich Sachen! Also, mir wirft man ja immer vor, daß bei mir gar kein Sex und gar keine Erotik vorkommt, weil ich versuche, sie auf eine etwas subtilere Art darzustellen. Das hat für mich nichts damit zu tun, daß zwei Menschen miteinander ins Bett gehen oder sich aufeinander abschaffen oder daß man viel Fleisch zeigt. Ich verstehe darunter Spannungen, die sich zwischen Personen manifestieren, die auch einen erotischen Untergrund haben.

Diese subtilere Art von Erotik, wo kommt sie bei dir vor?

MT: In «Schwestern oder Die Balance des Glücks», auch in «Heller Wahn», also immer, wenn zwei Frauen sich miteinander beschäftigen, mehr geistig, aber auch wenn eine erotische Attraktion sich in Freundschaft sublimiert.

Also eher zwischen den Frauen als zwischen Männern und Frauen?

MT: Bisher schon, ja.

Du hast vorhin ein Wort gebraucht: Wahrheit.

MT: Das ist ja nun auch so etwas sehr Deutsches, die Suche nach der Wahrheit. Das hat zwar bei den griechischen Philosophen angefangen, aber wir gehen vielleicht besonders streng oder besonders tiefschürfend damit um, auch in unserer Philosophie. In der Romantik war das ein Inbegriff, die Suche des Künstlers nach der inneren Wahrheit und auch nach der transzendentalen Wahrheit.

In welcher Weise suchst du sie?

MT: Meistens in den Personen und in ihren Handlungen, ihren Gedanken oder Empfindungen. Das heißt aber nicht, daß Wahrheit etwas ohne Widersprüche ist. Man muß auch erkennen, daß man mit Widersprüchen und Zerrissenheiten in sich selbst leben muß.

Wo hast du deine Kindheit verbracht, in welcher Landschaft?

MT: In Berlin während des Krieges, nach dem Krieg dann am Rhein in Godesberg. Nach zerstörter Stadtlandschaft kam die heile Landschaft, der deutsche Fluß. Dann lebte ich in Paris, also wieder in einer Stadt, die aber intakt war, in einer Kulturstadt.

Kommt in deinen Filmen deutsche Landschaft vor?

MT: Eigentlich nicht, und wenn, dann im Sinne von Caspar David Friedrich. Vielleicht ist das ein wenig hoch gegriffen, aber ich meine Landschaft in dem Sinne, daß sie Inneres widerspiegelt.

Du lebst heute in Italien, und du weißt, daß die Italiener Landschaft anders sehen. Sie beschreiben ihre Städte, ihre Landschaften in den Filmen nicht symbolisch, sondern als Lebensraum, als natürliche Schauplätze.

MT: Das unterscheidet sie von uns. Ich glaube, das liegt bei uns an der Romantik. Sie kommt aus dem Protestantismus: Die Romantik ist nordeuropäisch, ist deutsch, schwedisch, norwegisch. Diese totale Subjektivität, auch das Subjekt als Künstler, der keine Maßstäbe oder Formen außerhalb von sich selber anerkennt. Es ist das Gefühl, endlich zu sein und doch die Unendlichkeit zu suchen, im Sinne von Schlegel: Jeder muß seine eigene Religion finden, die nichts mit Kirche zu tun hat. Die Italiener sind halt klassischer. Sie leben mit der katholischen Kirche, die ja viele Regeln vorgibt, und es kann nicht vorkommen, daß sie sozusagen das Subjekt zum Gott machen.

Wir haben in unserer Kulturgeschichte Figuren hervorgebracht, die die romantische Idee bis ins Wahnsinnige getrieben haben. Denke an Richard Wagner, Nietzsche, Hölderlin oder Kleist, alles Protestanten, die vom Ausland her betrachtet…

MT: …den Inbegriff der deutschen Kunst verkörpern.

Auch du bist in der protestantischen Welt aufgewachsen. Spürst du auch manchmal dieses, sagen wir einmal, «wagnerianische» Gefühl in dir?

MT: Ich bin eher eine Frühromantikerin, also noch ohne die ganz große Geste, ohne den großen Rausch. Bei mir äußert es sich zarter, nicht so bombastisch. Ich kann mich nicht hinstellen und die Welt neu erfinden, aber daß jeder seinen Gott in sich selbst finden muß, das meine ich auch.

Das Dämonische ist dir fremd?

MT: Natürlich nicht. Dämonen, Geister, die dich heimsuchen und versuchen, dich zu zerstören, die kenne ich gut.

Zurück zur Landschaft: Wir finden in der Geschichte des deutschen Films immer wieder die Berge, was aber fast nicht vorkommt, sind Küsten, Flüsse oder der deutsche Wald, der doch der Hauptschauplatz aller unserer Märchen und Mythen ist.

MT: Bei mir kommt Wald mehrmals vor in meinen Filmen. Nun gut, ich bin auch mit den Grimmschen Märchen aufgewachsen, und immer wenn in meinen Filmen Personen mit ihrem Leben nicht mehr zurechtkommen, nicht mehr wissen, wie sie ihre eigenen Ängste bewältigen können, dann gehen sie in den Wald und schreien.

Schreien?

MT: Zum Beispiel in «Das zweite Erwachen der Christa Klages» läuft Tina Engel durch den Wald und schreit. Sie stößt ihren Fuß gegen den Baumstamm, es ist gleichzeitig ein Zugeben der Angst, denn das kann man im Wald, weil man allein ist und nur die Finsternis einen hört. Das Herausschreien der Angst ist gleichzeitig ein Befreiungsschrei, wir wollen raus aus diesem beschränkten Körper.

Also, du lebst in einer Welt, in der du sozusagen gefangen bist? Der Körper, deine Sinne, die Landschaft sind ein Gefängnis?

MT: Das ist fast ein religiöses Gefühl. Es ist nicht nur dieses Gefühl, in einem Land zu leben, das mich gefangenhält, weil die gesellschaftlichen Zustände nicht dem entsprechen, was ich Freiheit nenne. Nein, das geht tiefer. Das ist auch ein Gefühl, eingesperrt zu sein im Körper, im Leben selbst. Und da ist immer diese Sehnsucht, über das Einengende hinauszugelangen. Diese Suche hat auch mit Düsterkeit zu tun, es ist immer nur dunkel, immer nur grau, und diese Bedrängnis, die man innen spürt und von außen reflektiert, gibt einem dieses Gefühl zu ersticken. Es ist eine ewige Sehnsucht, irgendwo auf der Welt einen Auslauf zu finden oder ein Aufatmen.

Ist das eine Art Fernweh?

MT: Vielleicht. Rosa Luxemburg hat einmal in einem Brief eine Erinnerung an die Kindheit beschrieben, wie sie in Warschau früh am Morgen zum Fenster ging, über die Dächer guckte und immer sagte, da über die Dächer hinaus, da ist das Leben.

Es gibt dieses Lied von Franz Schubert: «Da, wo du nicht bist, da ist das Glück.»

MT: Das ist etwas, was die Italiener nicht kennen. Die sind da, wo sie sind, entweder glücklich oder unglücklich. Dieser Unterschied hängt auch mit dem Lichtmangel in den nordischen Ländern zusammen. Das sieht man in den Filmen von Bergman oder wenn man nach Island fährt, dieses mystische Licht. Die Suche nach Geistern, nach dem, was uns übersteigt. Das Unsichtbare spielt eine viel größere Rolle als im Süden.

In deinen Filmen vermeidest du allerdings alles Mystische zugunsten des Gesellschaftskritischen, des Politischen.

MT: Es wird nicht wahrgenommen bei mir. Natürlich sind die Filme politisch und gesellschaftskritisch, aber das ist ja auch eine Form der

Suche, ein Versuch, sich zu befreien, vielleicht sogar ein Ausdruck dessen, daß man nach Erlösung sucht.

Bleiben wir noch ein bißchen bei deinen deutschen Gefühlen: Welche Jahreszeit ist dir die liebste?

MT: Der Herbst! Aber der Herbst ist im Film immer gleich so pittoresk und bunt. Als innerer Zustand sind mir Herbst und Frühling die verwandtesten. Im Film würde ich lieber den Frühling zeigen.

Aber die tiefere Berührung schafft ihnen der Herbst, sagen alle deutschen Künstler.

MT: Ja, ist doch seltsam.

Obwohl sie alle nach Italien wollen seit Goethe…

MT: So viele Deutsche sind nach Kalifornien gegangen, wo es gar keine Jahreszeiten gibt. Ich weiß nicht, ob ich das aushalten würde. Ich würde die Abwechslung vermissen, dieses Absterben im Winter und immer wieder das Neue. Das gibt mir das Wissen, so kann es weitergehen.

Kennst du einen Zustand, den man Unschuld nennen könnte?

MT: Wenn ich andere Menschen ansehe, denke ich manchmal, daß sie noch so einen Rest von Unschuld in sich tragen. Von mir selber kenne ich das nicht. Unschuld ist Aufgehobensein in seinem eigenen Wesen, keinen Widerspruch zu spüren zwischen Innen und Außen.

Nach der protestantischen Vorstellungswelt ist Unschuld immer das Gegenteil von Schuld. Wenn wir den Begriff historisch betrachten, dann tritt er uns plötzlich als deutsche Schuld entgegen. Hast du damit Schwierigkeiten?

MT: Ich bin bis zu meiner ersten Ehe staatenlos gewesen, habe mich gar nicht so sehr als Deutsche gesehen. Meine Mutter war nicht verheiratet, und ich trage den Namen meiner Mutter, die sich, nach der russischen Revolution mit ihrer ganzen Familie aus Moskau kommend, geweigert hat, die deutsche Staatsangehörigkeit anzunehmen, so daß ich mich eigentlich immer als heimatlos empfunden habe. Erst als ich mit achtzehn nach Paris kam und dort studierte, wurde ich auf einmal als Deutsche gesehen, mußte mich permanent verteidigen und unsere Geschichte erklären. Da bin ich auch zum erstenmal mit Schuld konfrontiert worden, weil ich immer sagte, ich gehöre nicht dazu. Aber wenn du Deutsch sprichst, mußt du akzeptieren, daß man dich auch danach befragt. Das ist ein wesentliches Thema meiner Filme gewesen, daß eine Schuld da war, die wir gerade in den fünfziger Jahren nicht wahrhaben wollten, die unsere Eltern oder auch unsere Erzieher uns nicht vermittelt haben, die wir aber gespürt haben. «Die bleierne Zeit» beschreibt diese Kappe, die über uns schwebte! Und da sind wir erst in den sechziger Jahren allmählich dahintergekommen, was wirklich stattgefunden hat.

Du sprichst viel von deiner Mutter. Spielt der Vater eigentlich keine Rolle in deiner Vorstellungswelt?

MT: Da ich mit meiner Mutter aufgewachsen bin, ist sie immer viel wesentlicher gewesen. Sie war das Vertraute, das, was mir Mut gemacht hat, eine Freundin. Den Vater sehe ich eher als Staat, als Ordnungsmacht, als das, was mich beengt.

Siehst du die Männer generell als Vertreter der Väter?

MT: Ja, sicherlich. Nun gut, mein Vater ist gestorben, als ich zehn war. Er war Maler, und ich habe schon mit vier oder fünf versucht zu zeichnen, konnte das auch so gut wie er, als er in dem Alter war, und dennoch hat er mich bei meiner Mutter immer als untalentiert und als zu nichts fähig dargestellt. So war der Vater mein Gegner von Anfang an. Ich habe ihm dann einen Handstand mit Überschlag und andere körperliche Fähigkeiten vorgeführt, weil ich sehr gelenkig war, nur um ihm zu beweisen, daß ich auch irgend etwas konnte. Meine Mutter war immer diejenige, die mich verteidigte und ermutigte. In meinen vielleicht ganz dummen und wirklich ungekonnten Äußerungen hat sie mir immer geholfen, hat mir Mut gemacht. Bei dieser Konfrontation von Männlichem und Weiblichem ist es immer für mich geblieben.

Wenn wir uns so unterhalten, kreisen die Gedanken immer um das eigene Leben, und es scheint, daß es beim Filmemachen letztlich auch darum ginge. Ist Film trotz aller politischen Inhalte für dich eine Hilfe, ein Mittel, dich selbst zu begreifen?

MT: Film ist eher ein Mittel der Erkenntnis für mich, ein Grund, mich auch mit anderen zu beschäftigen, also nicht nur mit mir selbst. Natürlich ist Film immer Ausdruck desjenigen, der ihn macht, zumindest im Autorenfilm, und insofern ist der Autorenfilm wieder etwas Romantisches, diese Verabsolutierung des Künstlers, der alles aus sich selber schafft, aus seinen eigenen Empfindungen.

Du bist nach Italien gezogen – was ist dein Hauptproblem mit dem Filmland Deutschland?

MT: Die Besserwisserei. Die deutschen Produzenten wissen alles besser, die Redakteure wissen alles besser, die Gremienmitglieder wissen alles besser, alle wissen immer alles besser als du selbst. Aber du mußt den Film machen. Das ertrage ich nicht mehr.

Luggi Waldleitner

Edgar Reitz: *Herr Waldleitner, Sie sind von den sogenannten Altproduzenten, die den deutschen Film von der Nachkriegszeit an bis in die sechziger Jahre geprägt haben, der einzige, der bei den Jüngeren noch in Ansehen steht. Mit Ihrer Produktionsfirma, der «Roxy-Film» haben Sie nicht nur die für jene Jahre typischen Schnulzen produziert, sondern auch Filme von künstlerischer Qualität, mit denen Sie hin und wieder ein beachtliches wirtschaftliches Risiko eingegangen sind. Sie haben unter anderem mit Rainer Werner Fassbinder gearbeitet und junge Regietalente entdeckt. Sie gelten mit Ihrer bayerischen Weltsicht als Unikum des deutschen Films. Viele Ungereimtheiten vereinen sich in Ihrem Charakterbild, das ich jetzt einfach einmal bajuwarisch nenne, nicht unähnlich Ihrem verstorbenen Freund Franz Josef Strauß, der sich in Filmfragen gern Ihres Rates bedient hat. Dennoch kann man Sie nicht parteipolitisch einordnen. Sie überblicken seit Ihren Anfängen in den dreißiger Jahren gut ein halbes Jahrhundert der deutschen Filmgeschichte. Fangen wir an: Welches war der erste Film, den Sie in Ihrem Leben gesehen haben?*

Luggi Waldleitner: «Pat-und-Patachon»-Filme oder «Rin-Tin-Tin». Draußen in Kirchseeon, wo ich geboren wurde, da gab's ja seinerzeit noch kein Kino, das kam erst nach dem Krieg.

Wo war das Kino, in dem Sie die ersten Filme gesehen haben?

LW: In München, da hat die Mutter mich mit reingenommen.

Die leichte Unterhaltung jener Tage. Können Sie sich auch an richtige Spielfilme mit dramatischer Handlung erinnern?

LW: Das waren die Bergfilme.

Eines Tages hatten Sie dann aber auch die großen Filmerlebnisse, bei denen Sie Feuer gefangen haben für den Film, fürs Kino?

LW: Gustav-Fröhlich-Filme und Jannings-Filme, so mit sechzehn, zwanzig Jahren. Da war ich fast kinobesessen.

Es muß eine aufregende Zeit gewesen sein, als das Kino noch so neu war. Sehe ich das richtig? Was war damals anders als heute?

LW: Alles war viel billiger. Die Kinos waren voll, Fernsehen gab's keins. Kino war das einzige Vergnügen, neben Musik und Tanzen.

Also ein Vergnügen für jedermann, für wenig Geld.

LW: Und die Wochenschauen! Die Wochenschauen nicht vergessen. Das war eine aktuelle Berichterstattung. Da haben wir doch Sachen gesehen, die man im Radio nicht einmal gehört hat.

Ich würde gerne erfahren, wie das bei Ihnen mit der Liebe zum Kino angefangen hat.

LW: Anfang der dreißiger Jahre durfte ich in den Kinos zu den Stummfilmen Platten auflegen. Dann bin ich in eine Clique reingerutscht, wie die «Lantschner-Buben», die bei der Riefenstahl und beim Trenker gearbeitet haben. Da sag ich, ach, wenn ihr mal Assistenz macht, da wäre ich sofort dabei. Und dann kam das Jahr 1936. Da hat der Lantschner Guzzi gesagt, Mensch, ich brauch einen Assistenten, hast du Lust? Da sag ich, um Gottes willen, da pack ich sofort die Koffer, nicht die Koffer, sondern einen kleinen Koffer, und dann ab nach Berlin.

Da waren Sie dann Kamera-Assi. Hatten Sie vorher schon ein bißchen Erfahrung?

LW: Überhaupt nicht. Da hat es noch keine ARRI gegeben. Wir haben die Bell-&-Howell-Kamera gehabt. Und Filmeinlegen, ich hatte solche Finger! Die Filme, die haben immer gescheppert in der Kamera. Ich wäre der schlechteste Kameramann der Welt geworden.

Was waren Ihre Aufgaben?

LW: Film einlegen, Batterie schleppen und Schärfe machen.

Frau Riefenstahl selber haben Sie nie gesehen, nie gesprochen?

LW: Gesehen habe ich sie schon, aber meistens per Distance. Nie eine Chance gehabt, mit ihr zu sprechen. Das war eine Göttin, hat auch hervorragend ausgesehen als Frau, sagen wir so: ein Vollblutweib, gell?

Ist sie sehr abgeschirmt gewesen?

LW: Nein, sie war schon eine Autoritätsperson, die hat sich nicht abschirmen lassen.

Sie sagen, eine Göttin, das heißt, alle haben sie entsprechend respektiert?

LW: Haben sie respektiert, ja.

Woran lag das? Lag das an ihren Beziehungen zu Hitler?

LW: Erstens konnte sie sehr viel. Sie war eine erstklassige Schauspielerin und hat auch für Aufnahmen einen ungeheuren optischen Blick gehabt und halt die Möglichkeit, alles anzufordern, was sie brauchte. Sie war eine Ausnahmeerscheinung.

Und Sie haben sie dann später auch kennengelernt?

LW: Ja, wir sind jetzt dauernd in Verbindung. Sogar sehr eng.

Wie haben Sie sie kennengelernt?

LW: Sie wollte mit Frau Kubaschewski sprechen, die seinerzeit den Gloria-Verleih hatte, wegen ihrer Olympia-Filme und fragte, ob wir da ins Geschäft kommen könnten. Und dann hat sie mich ein paarmal eingeladen zu Buchvorstellungen.

Ilse Kubaschewski, Spitzname «Die Schnulzenkönigin», war für den deutschen Film in den fünfziger Jahren eine entscheidende Figur. Sie war Produzentin, besaß eigene Studios, eigene Kinos und hat den Gloria-Filmverleih aufgebaut. Sie haben auch mit ihr zusammengearbeitet?

LW: Ich habe mir ihr ungefähr vierzehn Jahre wie verheiratet zusammengelebt, ja. Und sie hat mich in den Sattel gehoben bei der Spielfilm-Industrie. In Berlin, bei Siegel-Monopol-Film mit den freien Produzenten Geig, Ulrich, Otto Lubitsch und Wohlzogen, da war sie absolut die Herrscherin. Bei dem alten Siegel, da durfte nichts engagiert werden, weder ein Schauspieler noch ein Dienstmädchen oder Büromädchen, ohne ihr O. K. Und sie hat natürlich schon seit 1938 im Verleih gearbeitet, nicht erst nach dem Krieg. Sie war schon eine Expertin. Während des Krieges durfte sie ja nicht mehr arbeiten bei Siegel-Monopol-Film, dann habe ich sie mitgenommen als meine Sekretärin nach Holland. Durch meine Kriegsverletzung konnten sie mich nicht mehr einziehen, und da bin ich dann sehr begehrt gewesen für Auslandsdreharbeiten bei der Berlin-Film. Ich habe sie mitgenommen als meine Sekretärin, damit sie nicht dienstverpflichtet wurde. Und 1945 habe ich sie dann rausgeholt in meinen Heimatort. Wir haben uns alle von Berlin abgesetzt nach Kirchseeon, und von dort aus hat sich dann die Kubaschewski um die Lizenz bemüht für ein Kino. Da haben wir das Kino in Oberstdorf genommen. Wir hätten schon ein Kino in Reichenhall bekommen können, aber wir wollten Schifahren und ein bißchen weg sein von der Stadt. Reichenhall: schönes Kino, schlechte Abfahrt. Garmisch: kleines Kino, mittlere Abfahrt. Oberstdorf: schönes Kino und schöne Abfahrt. Also sind wir nach Oberstdorf gegangen, und von dort haben wir dann den Gloria-Verleih aufgebaut.

Sie sind wirklich ein lebendes Stück deutscher Film!

LW: Ja, nächstes Jahr bin ich sechzig Jahre ununterbrochen in der Filmindustrie tätig, habe viele kommen und gehen sehen.

Wie kam es, daß Sie Filmproduzent geworden sind?

LW: Also, Regisseur, Regieassistent: keine Geduld. Ich habe immer gesagt, was ist der Schauspieler schon, er wird geschminkt, er wird angezogen, er wird schön frisiert, und die Texte werden ihm vorgeschrieben. Der Regisseur sagt, wie er gehen muß, und der Kameramann fotografiert ihn gut. Das ist der Schauspieler. Er braucht dann bloß noch das Mienenspiel zu machen. Für die Kamera bin ich viel zu ungelenk mit den Fingern. Deshalb bin ich auf Organisation gegangen: Aufnahmeleiter, Produktionsassistent, Produktionsleiter, Herstellungsleiter, Produzent. Heute haben wir die Untugend, daß einer zweimal durchs Atelier durchgeht, da ist er schon Produktionsleiter. Wenn eins gut war bei der Reichsfilmkammer, dann war es dieser sogenannte Fähigkeitsnachweis. Nach zwanzig Filmen als Aufnahmeleiter und Assistent hast du vielleicht den Fachschaftsausweis bekommen. Du mußtest was nachweisen können. In der Reichsfilmkammer gab's auch viel Übles, aber der Gagenstopp, die Gagenfestlegungen waren sehr gut. Haben wir keinen Ärger gehabt.

Gibt es Filme aus der Hitlerzeit, die Sie heute als große Filme bezeichnen würden?

LW: Gewiß. Helmut Käutner hat großartige Filme gemacht, die Karl-Hartl-Filme, die Gustav-Ucicky-Filme, «Der Postmeister», alle diese großen Filme der Wien-Film, auch Willi-Forst-Filme und auch die Veit-Harlan-Filme, das sind großartige Filme gewesen.

Titel, die im Gedächtnis bleiben?

LW: Die Klassiker waren die besten, auch die Willi-Forst-Filme waren gut, «Wiener Blut», «Operette» und «Bel Ami». Filme von Hans Steinhoff. «Die Geierwally», glaube ich, hat er gemacht...

Ich erinnere mich an einige, von denen meine Mutter schwärmte.

LW: «Die goldene Stadt» von Harlan. Dann die Marischka-Filme. Da waren noch der Ernst Marischka und der Hubert Marischka. Beide waren ja Regisseure. Ernst Marischka ist ja nach dem Kriege viel populärer geworden durch die «Sissi»-Filme.

Ich habe vor ein paar Tagen meine Mutter besucht. Sie ist 85, und ich habe sie gefragt: Was waren deine Lieblingsfilme? Da hat sie genau dieselben Titel genannt. «Postmeister», «Operette», «Reitet für Deutschland» und dann «Wunschkonzert». «Heimat» mit Zarah Leander.

LW: «Zu neuen Ufern», das war vor dem Kriege mit Willy Birgel.

War der Regisseur nicht Detlef Sierck?

LW: Detlef Sierck, der ist rausgegangen, nach Amerika gegangen.

Die große Zeit, in der Sie sich selbständig gemacht haben, beginnt für Sie erst nach dem Krieg. Was war der erste Film, den Sie produziert haben?

LW: «Tausend rote Rosen blüh'n». Der hatte gleich einen tollen Start in dieser Glanzzeit, Anfang der fünfziger Jahre. O. W. Fischer, Rudolf Prack, das waren die zwei absoluten Spitzen. Da waren noch Winnie Markus dabei und Maria Holst. Der zweite Film war wieder ein künstlerischer Film: «Bis wir uns wiedersehen», der erste Film mit Maria Schell und O. W. Fischer. Der war auch gut, aber kein Volltreffer. Regie Gustav Ucicky. Und wenn man heute die Filme sieht, außer den beiden Hauptdarstellern alle tot.

Wie hat man damals einen Film finanziert?

LW: Ganz einfach. Man mußte ins Risiko gehen, und zwar bist du hinten gestanden als Produzent. Da gab es ein Atelier in Göttingen. Das war eine alte Flugzeughalle, die wurde von der «Filmaufbau Göttingen» gegründet und von der Vereinsbank Hamburg finanziert. Die Vereinsbank Hamburg war zugleich die Deutsche London-Film, später Hansa-Film. Wenn du einen Verleihvertrag hattest von der Hansa-Film oder Deutsche London, dann hast du Atelierkredit und eine hohe Verleihgarantie bekommen. Wenn der Film ging, hast du Gewinn gehabt. Das war alles. Da gab's noch kein Fernsehen, kein Video. Die Leute waren filmhungriger. Den ersten Reinfall hatte ich mit dem ersten CinemaScope-Film. Da konnte ich nichts dafür.

Was war das?

LW: Der Film hieß «Oase», ursprünglich «Der Kommandant». Das war eine Supergeschichte mit einer Bombenbesetzung, und vier Wochen vor den Dreharbeiten ist Vietnam in die Brüche gegangen, und da wurden auf Beschluß alle Fremdenlegionsfilme verboten. Also die Liebesgeschichten der Kommandanten mit Frauen. Und ich hatte den Pierre Brasseur, die Michelle Morgan, den Yves Allégret, Carl Raddatz und Cornell Borchers – und saß da. Wir haben alles umschreiben müssen, und aus der Liebesgeschichte mit Action wurde eine Safari. Dadurch, daß die Fox den Film sehr hoch finanziert hat, zu 90 %, bin ich nur mit 10 % hängengeblieben. Ich wäre beinahe ein Opfer der CinemaScope geworden.

Welche Rolle spielten bei der Finanzierung damals die Stars oder Schauspieler?

LW: Früher konnte man auf die Stars bauen, die haben Marktwert gehabt. Sagen Sie mir heute einen deutschen Schauspieler, der Marktwert besitzt. Einen Marktwert hat nur noch der Loriot oder Otto. Aber alles andere kannst du vergessen! Wir haben keine Stars mehr. In den siebziger Jahren, da haben sich noch internationale Stars herauskristallisiert, Curd Jürgens, Gert Fröbe und Romy Schneider, und die wurden dann von anderen Ländern engagiert, damit die Filme im deutschen Bereich besser vertrieben werden konnten. Diese Gagen konnten wir nie zahlen, was die Ausländer denen bezahlt haben.

Freie Finanzierung von Filmen, ist sie ohne Stars überhaupt denkbar?

LW: Das war früher nicht denkbar. Und heute kannst du's ja nicht mehr machen. Es gibt nur einzelne Filme, wo du sagen kannst, jetzt verzichte ich auf Gremien und finanziere den Film frei. Das ist aber außerordentlich selten.

Sie haben Loriot und Otto erwähnt. Hat der deutsche Film nur noch mit Komödien eine Chance?

LW: Humor war in Deutschland immer vorhanden, schon in der Stummfilmzeit, mit Weiß-Ferdl und Rühmann. Komiker war ja auch der Fröbe, und dann sortierten sich daraus die Gottschalks und die Mike Krügers und was da alles so nachgekommen ist. Das ist heute auch vorbei; wenn einer im Fernsehen spielt, da distanziert sich das Kinopublikum. Die sind dann übersättigt.

Es ist ja oft behauptet worden, die Deutschen hätten keinen Humor, es wäre unser tierischer Ernst, der dem Kino schadet.

LW: Nein, das will ich nicht sagen. Natürlich, jeder Regisseur möchte lieber einen ernsten Film drehen als eine Klamotte. Wenn du aber Spitzenbücher machst, dann brauchst du Leute wie Loriot. Den liebt ja auch das alte Publikum. Da geht man ins Kino. Dieses Geistreiche und so weiter, das kommt in der breiten Masse ja gar nicht an.

Es gibt Leute, die sagen, das Kino ist eine Kunst von gestern, es wird eines Tages sterben.

LW: Das Kino wird nie sterben. Die Technik wird uns zwar überrollen. Die Technik schreitet so ungeheuer fort, aber der Film wird immer bleiben. Die Leute wollen ins Kino gehen, die wollen nicht vorm Fernsehschirm sitzen, die wollen auch mal wieder Bewegung um sich haben, unter Menschen sein.

Ist das das Geheimnis des Kinos?

LW: Unter Menschen zu sein und die große Leinwand. Sie sehen ja selber, daß die modern ausgestatteten Kinos gute Geschäfte machen.

Welche Forderungen erheben Sie an die Zukunft des Kinos?

LW: Wir brauchen gute Unterhaltung. Und die gute Unterhaltung liefert halt der Amerikaner. Und der hat ja auch einen Marktanteil von ungefähr 86 %, deutscher Marktanteil 10 %. Die anderen 4 % sind Italien und Frankreich. Die heutige Jugend ist amerikanisch-filmisch erzogen worden, nach dem Krieg. Die kennen jeden amerikanischen Schauspieler, die deutschen kennen sie gar nicht mehr. Nach dem Krieg wurde doch genügend geboten, da gab's gute Regisseure. Rolf Thiele, Harald Braun, Kurt Hoffmann, Käutner, sagen wir, die Alten, die so gerne unterschlagen worden sind von den sogenannten jungen deutschen Filmern. Ich habe mit Thiele alleine zehn oder zwölf Filme gemacht, da waren Spitzenfilme dabei.

Wer diese Filme gesehen hat, der ist heute fast sechzig. Und nun scheint es, daß das Fernsehen auch an einen Wendepunkt gekommen ist. Es hat für viele Menschen an Attraktivität verloren. Bei den vielen Kanälen, die man jetzt empfängt, ist der einzelne Beitrag kein Ereignis mehr. Vielleicht ist Europa unsere neue Chance für das Kino?

LW: Wir sind das einzige Filmland der Welt, wo die Regierung weder vor noch hinter dem Kino steht, weil sie sich nicht zuständig fühlt, und deswegen wird es nie einen europäischen Film geben. Auf EU-Basis werden die Deutschen wieder das Nachsehen haben, da wird sich der romanische Block bilden – Frankreich, Italien, Spanien –, und wir gukken wieder, wie man so schön in Bayern sagt, mit dem Ofenrohr ins Gebirge. Für uns bleiben dann Griechenland, Portugal, Holland und Belgien übrig für Koproduktionen.

Aber Europa ist ein großer Kino-Markt!

LW: Länder wie Frankreich haben doch alle ihre eigenen Filmregelungen von Regierungsseite aus. Die haben wir ja nicht. Die können freie europäische Filme machen. Ich habe jetzt auch wieder gerade einen ganz großen europäischen Film versucht, aber der geht nicht. Das ist mit den Gebrüdern Taviani. Der ist schon wieder so gut, daß sich jetzt die Fernsehanstalten sträuben, ihn zu nehmen, weil der keine Quoten bringt. Der ist zu gut!

Europa ist eine Hoffnung für die Industrie, aber nicht für den Film. Die Länder sind nicht unter einen Hut zu bringen.

Sie meinen, daß der deutsche Film daran untergehen wird?

LW: Der geht nicht unter. Aber der einzige Weg zur Rettung ist: Abschaffung der Länderfinanzierung, wegnehmen von den Kultusministern und ansiedeln als Wirtschaftsteil in Bonn. Alle Länderfinanzierung in einen Topf rein, damit nicht so eine Unmasse von Low-Budget-Filmen gemacht wird. Das sind doch nur Lehrfilme für die Anfänger. Die müßten länger in der Praxis arbeiten, um dann erst einzusteigen. Wir haben auch sehr lange in der Praxis arbeiten müssen, bis man einmal Regie oder Produktion übernehmen konnte.

Also, nehmen wir mal an, das ganze Geld käme in einen Topf, dann würden die Produzenten doch wieder nur Antragsteller sein, und Gremien würden entscheiden wie bisher.

LW: Wenn es eine zentrale Verwaltung gibt, dann gibt es auch eine andere Zusammensetzung der Gremien. Da müssen Praktiker rein und auch Bankleute. Aber nicht, so wie jetzt, das Fernsehen, die Kirchen, Kritiker; diese Zusammensetzung ist sehr indiskutabel. Die Bayerische Filmförderung nehme ich aus. Da sind doch mehrere Praktiker drin.

Jetzt mal einen Sprung. Wenn man ins Ausland kommt und über Film spricht, dann hat man immer den Eindruck, der deutsche Film hat ein bestimmtes Image.

LW: Weil wir immer noch als Böse gezeichnet werden, draußen in der Welt, besonders in Amerika. Ich habe doch auch drüben einige Erfolge gehabt. Wenn Sie heute nach Amerika einen Film bringen, der ein bißchen die Regierung angreift, so ein bißchen antideutsch, kannst du ihn sofort verkaufen, z. B. «Das Mädchen Rosemarie» und «Die Blechtrommel».

«Das Mädchen Rosemarie» war dort ein Riesenerfolg. Elf internationale Preise, kein Prädikat hier. In Venedig habe ich den Kritiker-Preis bekommen, und dann durfte der nicht überreicht werden, weil es das Ansehen der Bundesrepublik geschädigt hätte. Ein Klassiker ist das, strotzte vor Erotik, nicht eine Bettszene, kein Busen zu sehen gewesen. Da mußte mir der Preis auf Intervention von Herrn Schöler, der ist schon gestorben, war Innenminister, mit der Holzkiste nach München geschickt werden. Vier Jahre black-listed, vier Jahre keine Auszeichnung, nichts bekommen von der Bundesregierung. Nur wegen der Nitribitt-Geschichte. Die meisten haben sich geärgert. Und der Film ist heute an die ganze Welt verkauft.

Also wieder so ein Fall, der zeigt, daß bei unserer Regierung das Filmverständnis fehlt.

LW: Absolut! Wer ist zuständig in Bonn? Wer?

Franz Josef Strauß war ein Politiker, der sich gern beim Film blicken ließ.

LW: Von Anfang an. Er hat sich eingesetzt, immer schon, nicht immer für mich. Und die bayerische Filmförderung, die lange führend war, hat allein Strauß aus der Taufe gehoben. Natürlich unter Mithilfe von einigen Leuten, aber ausschlaggebend war nur der Strauß. Und er fehlt uns jetzt an allen Ecken und Enden. Wir sind in Bayern nach dem Tod vom Strauß ziemlich runtergerutscht in den Medien. Früher habe ich zum Strauß gesagt, sag mal, wenn Berlin anfängt, müssen wir auch eine Filmförderung machen. Wenn Berlin erhöht hat, dann hat Bayern wieder nachziehen müssen. Doch das Spiel kannst du heute nicht mehr machen.

Obwohl Sie der CSU nahestehen und mit Strauß befreundet waren, haben Sie gern mit den Linken gespielt. Als einziger deutscher Produzent aus Ihrer Generation haben Sie mit Fassbinder gearbeitet.

LW: Ja, Fassbinder wollte schon eher Kontakt aufnehmen mit mir, genau wie ich mit ihm, und dann klappte es halt. Wir haben uns sofort glänzend verstanden. Fassbinder wollte immer schon einen Simmel-Film machen, ganz verrückt war er darauf. Aber dann habe ich mit ihm «Lili Marleen» gemacht, und es ging auch zu 80 % hervorragend. Dabei sind ihm dann seine beiden engsten Freunde durchgegangen, und dann spielte er ein bißchen verrückt, aber das hat sich alles wieder gegeben. Dann haben wir in Cannes 1982 einen Simmel mit der Romy Schneider abgeschlossen. Romy Schneider und Fassbinder – vier Monate später waren sie beide tot. Ich habe verschiedenen Leuten aus der jungen Garde Erstlingsfilme gegeben. Hans W. Geissendörfer hat den ersten Film bei mir gemacht, Wolfgang Petersen hat seinen ersten Film bei mir gemacht. Ich habe immer einen Hang gehabt, den Jungen zu helfen. Deswegen ist immer mein Wahlspruch, ich stehe im rechten Lager und arbeite mit den Linken.

Sie sind immer respektiert worden in unseren Kreisen, weil Sie ein Fachmann waren. Die Kategorien von links und rechts haben sich inzwischen ja ziemlich aufgeweicht. Mancher, den Sie damals links genannt haben, ist heute konservativer als die CSU.

LW: Ich engagiere auch einen Kommunisten, wenn er was kann. Er darf bloß keine Politik reinbringen. Wenn ich was versprochen habe, dann habe ich es eingehalten, auch wenn ich damit manchmal Geld verloren habe. Mein Kapital ist meine Pünktlichkeit: auf die Minute genau, und wenn ich etwas zusage, dann halte ich es auch ein. Meine politische Einstellung ist die gleiche geblieben, wird sich nicht ändern, ich steh halt im rechten Lager und mach die Filme mit den Linken. Ich habe das auch dem Strauß gesagt.

Wie finden Sie als Produzent einen Filmstoff?

LW: Romanverfilmungen sind heute gefährlich. Ich habe sehr viel Literatur, Trivialliteratur und echte Literatur, verfilmt. Da hast du früher bauen können darauf. Auf die Lesergemeinschaft. Da ist heute nichts mehr da, nur in außergewöhnlich seltenen Fällen.

Schade, denn die großen Romane sind oft auch große Vorgaben, weil sie menschliches Leben beschreiben.

LW: Da haben Sie völlig recht, aber ich würde heute keinen großen Roman, schon gar keinen Klassiker mehr verfilmen. Es ist ja alles zu teuer geworden. Es ist ja unglaublich, von Film zu Film sind die Kosten höher.

Wenn Sie an Ihre großen Jahre zurückdenken, als das Produzieren in Deutschland noch leicht war und Gewinne brachte, welche von den damaligen Filmen mögen Sie heute am liebsten?

LW: Meine Lieblingsfilme waren «Die Barrings», «Das Mädchen Rosemarie», das war der schwierigste, 16 einstweilige Verfügungen und dann haben sie alle aufgehoben. Mercedes hat sich am schlechtesten benommen. Die haben zwei Monate später schon auf ihrer Weltzeitung ohne Genehmigung die Nadja Tiller auf dem Kühler abgedruckt. Und der erste Simmel-Film «Und Jimmy ging zum Regenbogen». Auch der Film «El Hakim», auch «Die Schachnovelle» mit Curd Jürgens, Claire Bloom. Ich habe etliche Lieblingsfilme.

Wim Wenders

Edgar Reitz: *Gibt es einen deutschen Film, der dir so gut gefällt, daß du ihn mitnehmen würdest auf eine einsame Insel?*

Wim Wenders: O je, einen einzigen? Ja sicher, «Sunrise».

Von Murnau, 1927 mit seinem deutschen Team bei der Fox in Hollywood gedreht.

WW: Ja. Wenn die Straßenbahn aus der Stadt in den Wald fährt, wird die Szene zu einem Märchen. Das kann sich auch nur ein Deutscher ausdenken, der nach Hollywood kommt.

Der Wald.

WW: Die Technik, die Großstadt und die Natur. Da ist alles direkt zusammen. Das Grauen und die Freude, Gut und Böse, alles ganz eng beieinander.

Was bedeutet für dich Wald?

WW: Ich habe zur Natur kein Verhältnis, außer zur Wüste. Ich freue mich immer, wenn andere Leute Natur zeigen können: bei Murnau in «Tabu», das ist traumhaft.

Die Natur in der Ferne.

WW: Die Natur in der Ferne als Sehnsucht, als latente Alternative. Für mich war das immer nur die Wüste. Ich habe weder am Meer noch im Wald gewußt, was für Einstellungen man da machen kann.

Du hast aber auch in Deutschland gefilmt, deutsche Landschaft, den Rhein zum Beispiel.

WW: Am Rhein entlang, auch an der damaligen deutsch-deutschen Grenze entlang. Das war eine Art Wüstenlandschaft. Eigentlich kenne ich mich besser in den Städten aus. Am Rhein ging es, weil ich da geboren bin, meine Mutter daher kam. Da gab es Bilder aus der Kindheit, die mir ermöglicht haben, den Rhein zu filmen.

Die Landschaft hat im deutschen Film immer mehr Bedeutung, als daß sie Schauplatz ist.

WW: Zu Schauplätzen wollte ich die Landschaft nie verkommen lassen. Ich habe Landschaft immer als den Hauptdarsteller verstanden und die Leute dann als den Supporting Cast. Wenn die Leute aus dem Bild gehen, dann bleibt der Hauptdarsteller, die Landschaft, das Land, die Stadt und die Seele, da. Auch von den Leuten, die lassen ja alle immer was liegen – im Film.

Du hast Murnau erwähnt, der diese Landschaft in der Ferne gesucht hat wie du. Gibt es andere Regisseure des deutschen Films, denen du dich verwandt fühlst?

WW: Ja, einen. Das ist Fritz Lang. Eigentlich kenne ich ihn erst, seitdem ich in Amerika war. Ich habe vorher nicht viel über ihn nachgedacht. Ich kannte die Filme ein bißchen, aber dann, als ich anfing, in Amerika zu arbeiten, habe ich eine vollständige Lang-Retrospektive gesehen, jeden Tag einen Film im Pacific-Film-Studio, und zwar chronologisch, zuerst die deutschen Filme, dann die amerikanischen und am Schluß wieder die deutschen. Da habe ich Langs ganzes Leben vor mir gesehen.

Welches sind deine Lieblingsfilme von Fritz Lang?

WW: Die amerikanischen. «The Woman in the Window» z. B. Zu diesen Filmen habe ich ein viel stärkeres Verhältnis als zu den Filmen, die er vorher in Deutschland gemacht hat, oder zu seinen beiden letzten, die er nach der Rückkehr drehte. Denke ich an die deutsche Filmgeschichte, ist für mich der schmerzhafteste Moment, wenn Fritz Lang in einer Nacht in der Friedrichstraße seinen Handkoffer packt und abhaut. Noch schmerzhafter finde ich, daß er in den fünfziger Jahren wieder ein paar Monate lang im Hotel in Berlin saß, alleine, ohne Gesellschaft, gedreht hat und dann zurück ins Exil gereist ist.

Die Emigration, eine deutsche Erfahrung, vor allem eine Filmerfahrung. Einen Hauch davon hast du auch erlebt.

WW: Mit anderen gemeinsam, die in den sechziger bis in die achtziger Jahre in Deutschland Filme gemacht haben und immer eine latente Emigration erfahren mußten, weil man ihre Filme mit Erfolg in der Welt zeigen konnte, in Deutschland aber nur schlecht. Das ist auch eine Form von Emigration, daß man die Anerkennung, daß man sein Publikum woanders suchen muß als zu Hause. Wenn man erlebt, daß man seine Filme für Zuschauer macht, die in Amerika, Japan, Italien, Island oder Moskau leben, weniger für seine eigenen Landsleute, dann ist das eine Form von Emigration.

Was ist Muttersprache, was bedeutet sie dir?

WW: Auch diese Bedeutung habe ich erst erfahren, als ich dabei war, sie zu verlieren. In meinem siebten oder achten Jahr in Amerika habe ich in der Unterhaltung immer wieder nach dem deutschen Wort gesucht. Auch eben habe ich plötzlich «Supporting Cast» gesagt – ganz dusselig, in die Unterhaltung ein englisches Wort einfließen zu lassen. Man sucht nach dem deutschen Wort, und das war für mich der Punkt, wo ich gesagt habe, jetzt mußt du wieder nach Hause. Ich war in Gefahr, meine eigene Sprache zu verlieren. Also sich in einer Fremdsprache ausdrücken zu müssen, weil man die eigene nicht mehr richtig beherrscht. Das ist verheerend, deshalb konnte ich nicht in Amerika bleiben.

Gibt es auch eine Muttersprache in den Bildern?

WW: Viel weniger. Wenn, dann wäre das eine Vatersprache.

Wie meinst du das?

WW: Muttersprache ist schon richtig, auch das Wort Vaterland. Doch die Bilder sind ein Land: das Vaterland der Bilder, glaube ich.

Also, für dich besteht zwischen den Bildern und den Vätern eine engere Beziehung als zu den Müttern?

WW: Ja. Die Verbindung zwischen Sprache und den Müttern, das finde ich richtig, da ist die deutsche Sprache sehr klar: Muttersprache. Da braucht man sich ihr nur anzuvertrauen, und dann erzahlt sie einem, was man sagen wollte.

Und das heißt andererseits, wir haben das Sprechen mit Bildern von den Vätern gelernt.

WW: Ja. Das Bildermachen ist, glaube ich, eine männliche Angelegenheit. Dieses merkwürdige «In-Besitz-Nehmen», etwas rauben, Gewalt antun, was immer verbunden ist mit jedem Bildermachen, ist keine weibliche Sache. Es kommt nicht von ungefähr, daß es so wenige weibliche Fotografen, Kamerafrauen und letzten Endes auch Regisseure gibt in der Filmgeschichte.

Das Männliche, oft auch das Dämonische wählen sich die Bilder als ihre Sprache.

WW: Sicher, die Bilder haben sich das Dämonische mit als erstes angeeignet. Das Dämonische kann ja mit Bildern soviel besser in bestimmte Seelenregionen vordringen. Die Bilder haben sich auch immer weiter vorgetastet. Sie sind ja immer weiter in intimste Regionen reingeraten. Ich glaube, Gewalt ist etwas ganz Intimes. Geschlechtlichkeit und Sexualleben ist das Intimste, und da sind die Bilder so weit vorgedrungen, daß man sich kaum noch einen Lebensbereich vorstellen kann, wo die Bilder nicht angekommen sind. Den Bann, daß sie da nicht hingehören, haben sie beiseite geräumt. Deswegen habe ich einen Film gemacht über die Ankunft der Bilder in den Träumen, «Bis ans Ende der Welt», weil ich dachte, der letztmögliche Schritt wäre, daß wir die Bilder unserer Träume wie Videoband sehen könnten.

Es gab vor 1933 wunderbare Leute, die in Deutschland Filme machten. Wir haben sie weggejagt aus unserem Land, und sie haben Hollywood enorm bereichert. Unter Goebbels entstand dann eine gewaltige staatliche Filmindustrie. Die UFA war enorm produktiv und auch erfolgreich bei ihrem Publikum, zu dem beispielsweise auch meine Eltern gehörten. Meiner Generation hat dieses Kapitel immer Entsetzen eingeflößt. Als ich anfing, in den fünfziger Jahren, sah es aus, als wollte der Geist dieser UFA ewig weiterleben. Wir Jungen bangten, das Dritte Reich könnte durch die Hintertür der Unterhaltungsindustrie zurückkehren. Ich denke, daß auch du am Ende der sechziger Jahre noch diesen Generationskonflikt mitbekommen hast. Wir haben uns von allem abgewendet, was an die Unterhaltungsmaschinerie der UFA erinnerte. Heißt das auch, daß wir dem Publikum mißtrauten?

WW: Ich glaube, das kann man so sagen. Da ist sowohl das Publikum, das den Bildern mißtraut und ein abgrundtiefes Mißtrauen hat gegenüber Bildern aus Deutschland – und umgekehrt unser Mißtrauen dem Publikum und dessen Haltlosigkeit gegenüber. Wenn man diese Filme sieht, Propagandafilme oder auch die Unterhaltungsfilme aus der Nazizeit, ist es schwer, sich vorzustellen, daß sie so kritiklos gesehen worden sind. Es ist ein gegenseitiges Mißtrauen entstanden zwischen dem Filmemacher und seinem Publikum, in beide Richtungen. Das war unsere größte Hypothek, die wir letzten Endes nicht ausräumen konnten, keiner von uns, Rainer Werner Fassbinder nicht, niemand: Dieses

Mißtrauen zwischen dem Publikum und den deutschen Bildern ist nicht ausgeräumt worden, und jetzt sieht man halt deutlich, daß den Deutschen die fremden Bilder immer noch vertrauter sind als die eigenen.

Wenn wir über Literatur sprechen, verwenden wir gern den Begriff des Poetischen. In Frankreich ist mir oft aufgefallen, daß sich die Freunde des Kinos auf die Suche nach der Poesie im Film begeben. Es ist geradezu ein Qualitätsbegriff. Wir würdest du die Poesie von Bildern beschreiben?

WW: Wenn mit einer ähnlichen Einstellung gearbeitet wird wie in der Dichtung: assoziativ, spontan und rückhaltlos und auch mit großen Risiken. «Einstellung», das ist auch so ein schönes deutsches Wort, die Einstellung. So wie ein Dichter arbeitet, kann man auch mit der Kamera arbeiten, und dann entstehen vielleicht auch Bilddichtungen. Ich glaube, gerade in deutschen Filmen hat es die gegeben. Der expressionistische Film war eine große Bilddichtung.

Nun hat die Poesie andere Zeitmaße, andere Zeitvorstellungen als das Alltagsleben, möglicherweise auch andere als der Kinobetrieb. Gibt es eine Unverträglichkeit zwischen Poesie und Kino?

WW: Das erfolgreiche Kino hat immer nur diese gerade Linie gekannt, bei der die Geschichte stracks auf ihr Ziel losgeht. Das poetische Kino bewegt sich in Mäandern, macht Umwege und will nicht unbedingt an einem Ziel ankommen. Da ist der Weg schon das Ziel. Das Publikum hat sich daran immer gestoßen, weil es in einem Film immer eine «Autobahn» gesehen hat.

Man sagt, das Kino braucht Geschichten. Bist du ein Geschichtenerzähler? Sind Geschichten deine Leidenschaft?

WW: Da bin ich einen langen Weg gegangen. Ich hatte am Anfang mit Geschichten nichts am Hut. Im Gegenteil, ich dachte immer, daß Geschichten im Leben einfach nicht passieren. Geschichten sind Lügen, und Filme, die Geschichten erzählen, auch. Ich bin von den Bildern gekommen, ich habe an das Bilderkino geglaubt. Das Erzählkino habe ich für unmöglich gehalten. Ich bin erst allmählich drauf gekommen, daß mein Bilderkino letzten Endes nur existieren konnte wegen der rudimentären Geschichten, die drin erzählt wurden. Ich habe schließlich sogar einen Film gemacht, der das Geschichtenerzählen im Kino radikal in Frage stellte: «Der Stand der Dinge». Diesen Film, der als These hatte: «Geschichtenerzählen ist ausgeschlossen im Kino», gibt es nur, weil er dennoch eine kleine Geschichte erzählt. Letzten Endes hat diese kümmerliche Geschichte die These widerlegt. Deswegen habe ich den Regisseur am Schluß erschossen. Und dann habe ich gedacht, wenn dieses kümmerliche Mini-Geschichtchen, dieses Fetzchen von Geschichte, den Film zusammengehalten hat, dann machen wir es doch mal umgekehrt, dann schauen wir, ob man sich nicht doch auf eine Geschichte verlassen kann.

Ich habe gelernt, daß Geschichten tatsächlich existieren, ohne uns. Sie sind eine Art Fluß, und der Film ist ein Boot. Ich war vorher immer nur in den Nebengewässern herumgerudert, im Brackwasser. Dann bin ich mit dem Boot auf die Mitte des Flusses gefahren. Das war «Paris, Texas». Wenn man sich einmal diesem Fluß, dem Erzählstrom, wirklich hingegeben hat, ist man ans Meer gekommen. Diese Erfahrung habe ich seitdem immer wieder gesucht.

Wenn du im Zusammenhang mit Geschichten von Lüge sprichst, im Zusammenhang mit Bildern von Wahrheit, was meinst du damit? Gibt es im Film «Wahrheit», oder wie können Bilder unwahr sein?

WW: Auch da muß man sich an die Filme von Fritz Lang erinnern, die alle davon gehandelt haben, auf eine moralische Art und Weise eine Wahrheit zwischen Gut und Böse, Recht und Unrecht darzustellen. Es gibt eine einfache, phänomenologische Wahrheit, die sagt, daß wahr ist, was existiert. Eine These von Béla Balázs aus der Anfangszeit des Kinos lautet, daß der Film in der Lage sei, die physische Realität der Dinge, das heißt auch eine Form von Wahrheit, zu bewahren: nicht die Wahrheit von Geschichten, sondern die Wahrheit einer anderen Existenz. Dem bin ich verpflichtet. Eigentlich bin ich ein Dokumentarfilmer, der zwar versucht, Geschichten zu erzählen, aber in diesen Geschichten etwas aufbewahren will von dem, was er gefunden hat. Ich bin keiner, der gerne etwas *er*funden hat, sondern ich habe immer lieber etwas *ge*funden.

Du hast eben für das Erzählen das Bild des Flusses verwendet. Man sagt auch: der Fluß der Zeit. Ein Film von dir heißt «Im Lauf der Zeit». Der erzählende Film beteiligt sich am Fließen der Zeit.

WW: Genau. Was man in diesen privilegierten Momenten festhält, in denen die Kamera läuft, das kann durchaus eine Wahrheit herstellen, zwischen dem, was vor der Kamera ist, und den Leuten, die dahinter stehen. Diese Wahrheit stellt sich in der Art und Weise her, wie man sich zu den Dingen vor der Kamera verhält, wie man sie schätzt, wie man sie liebt, was für einen Blick man auf die Welt hat. Das übersetzt sich manchmal durch die Kamera.

Kann man dem Tod etwas entreißen durch den Film?

WW: Im Gegenteil. Man kann eigentlich nur den Tod bestätigen. Das ist beim Filmemachen unübersehbar: Jeder, der einmal durchs Bild läuft, wird von dem Film überlebt. Der Film ist also eine ständige Bestätigung von Sterblichkeit, finde ich. Nicht bei Landschaften. Die amerikanische Wüste von «Paris, Texas» ist hundert Millionen Jahre alt und ist völlig unbeeindruckt von unseren Geschichten und unserer Wichtigtuerei. Das ist ein Zeichen dafür, daß diese Kamera und dieses hundertjährige Kino ein absoluter Beweis von Sterblichkeit sind.

Die Zukunft der Bilder – ein Symposion

Teilnehmer
Hans Günter Pflaum, Filmkritiker, München. (Moderation)
Christiane von Wahlert, Journalistin, Frankfurt
Franz Kraus, Geschäftsführer ARRI TV, München
Reinhard Penzel, Broadcast Professional, Sony Deutschland
Joachim Polzer, Medienwissenschaftler, Berlin
Edgar Reitz
Das Gespräch fand am 14.2.1995 in Berlin statt.

Hans Günter Pflaum: Es war faszinierend, die Entstehung der Bilder zur «Nacht der Regisseure» zu verfolgen, wie über telefonische Anweisungen Perspektiven und Größen von Details verändert wurden – und gleichzeitig wirkte es absurd. Godard hat einmal gesagt, Film sei die Wahrheit, *vier*undzwanzigmal in der Sekunde. Herr Reitz, stehen wir nun vor der ketzerischen Frage, ob wir nicht in eine Phase eintreten, in der das Kino oder was immer an seine Stelle treten könnte, die Unwahrheit sein wird, *fünf*undzwanzigmal in der Sekunde?

Edgar Reitz: Nein, so nicht, aber mit der filmischen Wahrheit im godardschen Sinne ist es vorbei, das muß man ganz klar sehen. Was ja diesen Kinotheorien, wie Godard sie damals vertreten hat, zugrunde lag, war ein bestimmtes Verhältnis zur Kamera. Die Kamera wurde als unser künstlerisches Wahrnehmungsorgan verstanden und als ein Instrument der Wahrheitsfindung angebetet. Es paßte schön zu diesem poetischen Werkzeug, daß es vorn ein Auge besaß, das den beruhigenden Namen «Objektiv» trägt. So hielt man sich gern an die Vorstellung, daß das Auge der Kamera unbestechlich sei und selbst in die größte Traum- und Fiktionsgeschichte noch ein Stückchen Wirklichkeit, also dokumentarische Wahrheit, trägt. Ob das je so gestimmt hat, wage ich zu bezweifeln. Insofern aber, als es diesen Wahrheitsbeweis durch das Kamerabild geben konnte, ist es heute aus damit. Wir sind jetzt in der Lage, mit den Bildern beliebig umzugehen. Was wir in der «Nacht der Regisseure» gezeigt haben, das ist ja nur ein Kinderspiel gegen das, was nun möglich geworden ist und in Zukunft zum täglichen Handwerk gehören wird.

Hans Günter Pflaum: Vielleicht sollten an dieser Stelle die Technikprofis davon berichten, wie weit die Entwicklung noch gehen wird. Das, was Edgar Reitz gerade beschrieben hat, ist möglicherweise nur eine Andeutung von dem, was jetzt schon technisch möglich ist oder bald möglich sein wird.

Franz Kraus: Jeder von Ihnen, der den Film «Forrest Gump» gesehen hat, hat die Anwendung digitaler Bildmanipulation par excellence erlebt. Diese Techniken werden Sie in den Einstellungen vermutet haben, in denen sich amerikanische Berühmtheiten wie z. B. Präsident Nixon mit Tom Hanks unterhielten, mit ihm Hände schüttelten, ihm auf die Schulter klopften oder einen Orden überreichten. Wie, wenn nicht mit digitaler Bildbearbeitung, hätten diese Szenen sonst so glaubhaft natürlich erstellt werden können? Andere, mit gleicher Technik realisierte Einstellungen, wie die Tischtennisszenen, werden Sie möglicherweise nicht als Trickelemente erkannt haben; es hätte ja sein können, daß Tom Hanks ein begnadeter Tischtennisspieler ist oder von einem solchen gedoubelt wurde. Insgesamt wurde etwa ein Drittel des gesamten Filmes digital bearbeitet. Derzeit wird es kaum einen Film geben, der in Hollywood fertiggestellt wird und sich nicht der digitalen Bildmanipulation bedient. Das mag Ihnen einen Eindruck über den Umfang und die Präsenz der digitalen Tricktechniken im Kinofilm geben. Für mich ist es besonders erfreulich zu sehen, daß diese neuartigen Techniken sich nicht nur für Actionfilme wie «Terminator 2», «Jurassic Park» oder Effektfilme wie «Die Maske» eignen, sondern als neuartige Werkzeuge für die Filmemacher aller Genres gleichermaßen zur Verfügung stehen. Ich finde sie um so besser angewendet, je weniger man den Einstellungen einen Trickcharakter ansieht. Die neuen Techniken ermöglichen, daß die dem Film eigene Imagination sichtbar und damit erlebbar gemacht wird.

Hans Günter Pflaum: Sie sprechen jetzt vom Sichtbarmachen der Imagination. Vorher sagten Sie, je besser der Betrug oder je weniger die Illusion erkennbar ist, desto lieber mögen Sie sie. Das zweite ist das Gegenteil vom ersten!

Franz Kraus: Imagination wird dann sichtbar gemacht, wenn Bilder eine hohe Authentizität zu der erzählten Geschichte erhalten. Die Gefahr, daß dadurch die Illusion aus dem Kino verdrängt werden kann, sehe ich durchaus. Doch die digitale Bildverarbeitung ist nur ein weiteres, zusätzliches Werkzeug in der Hand der kreativen Gestalter von Filmen und wird von diesen sicherlich selektiv eingesetzt werden.

Hans Günter Pflaum: In Lateinamerika hat einmal ein Fußballspiel einen Krieg ausgelöst. Würde mich jemand fragen, ob es in Deutschland so etwas wie eine Bildergläubigkeit gibt, wäre die Antwort: Schaut fern! Betrachtet die Zeitlupenwiederholungen bei Fußballübertragungen. Aber wird der Tag kommen, an dem man diese Wiederholungen, im Fußball oder wo auch immer, auch den Politiker selbst, einfach erfinden kann?

Franz Kraus: Der digital geklonte Politiker in einer realen Umgebung wie z. B. dem Bundestag ist derzeit nicht machbar. Die manipulierte Zeitlupenwiedergabe z. B. eines Fouls bei einem Fußballspiel sollte mit den Mitteln heutiger Technik machbar sein. Lassen Sie mich ein Beispiel von Bildmanipulation vorstellen, über das auf dem Imagina-Kongreß im Februar 1995 in Monte Carlo Pierre Pleven referierte: Ziel der in Echtzeit erfolgenden Bildverarbeitung ist es, die Bandenwerbung, wie sie in allen Sportveranstaltungen zu finden ist, international zu vermarkten; das reale Plakat an der Bande wird durch beliebig viele virtuelle Plakate ersetzt. So entstehen spezifische, an die jeweiligen Interessen der nationalen Werbemärkte angepaßte Versionen der Sportreportage. Das in Beispielen gezeigte Verfahren der digitalen Bildmanipulation beeinträchtigte in keiner Weise die Art der Berichterstattung. Schnelle, ungleichmäßige Brennweitenveränderungen oder Schwenks der Kameras waren genauso möglich wie das beliebige Umschalten zwischen Kameras. Der Bildrechner, der der Bildregie nachgeschaltet wird, ersetzt während der laufenden Übertragung reale Bandenwerbung durch virtuelle. Die Beispiele zeigten, daß die digital in das Bild montierten Werbeplakate nicht von den realen zu unterscheiden waren. Auch dann nicht, wenn die Kamera bei einem Formel-1-Rennen, einen Wagen verfolgend, völlig unscharfe, sich hastig bewegende Bilder von den Banden und den Werbetafeln lieferte. Das Beispiel verdeutlicht, daß bei spezialisierten Aufgabenstellungen komplexe digitale Bildverarbeitung, die in Realzeit ausgeführt wird, bereits heute verfügbar ist. Im konditionierten Umfeld und bei klar vorgebbaren Aktionsmustern sind digital geklonte Darsteller bereits heute technisch realisierbar. Der virtuelle Darsteller in einer beliebigen realen oder real anmutenden Welt, der durch nichts von seinen leibhaftigen Kollegen unterscheidbar ist, bleibt nach meiner Meinung weiterhin für Jahre Forschungsobjekt.

Hans Günter Pflaum: Das heißt, der Tag könnte kommen, an dem wir keine Kriegsberichterstatter mehr brauchen, die an eine reale Front gehen, weil sich die Bilder auch bei ARRI oder Sony herstellen lassen?

Franz Kraus: Denkbar ja, aber man darf nicht unterschätzen, was geschickte Montage auch heute schon vermag. Die im Studio simulierte Kriegsberichterstattung wird aus technischer Sicht sicherlich eines Tages möglich sein. Man darf in diesem Zusammenhang jedoch nicht außer acht lassen, daß auch mit dem einfachen Schnitt Bilder aus ihrem Kontext herausgelöst und bei entsprechender Montage mit anderen Einstellungen zu komplett andersartigen Bezügen und Bildaussagen als den ursprünglichen verwendet werden können. Die neuen digitalen Techniken ermöglichen solche sinnentstellenden Bildmontagen nur wesentlich perfekter.

Hans Günter Pflaum: Wie weit werden wir uns damit unaufhaltsam von der Wirklichkeit entfernen? Wie weit wird die Wirklichkeit dann einfach gleichgesetzt mit Daten, die irgendwo gespeichert sind?

Christiane von Wahlert: Ich denke, wir haben uns von der Wirklichkeit entfernt in dem Moment, in dem Nicéphore Nièpce seine ersten Photographien gemacht hat, in den zwanziger Jahren des 19. Jahrhunderts. Eines seiner ersten Motive ist der Blick aus seinem Dachstübchen heraus. Das Hübsche an dieser frühen Photographie ist, daß sie gewissermaßen die cadrage antizipiert, die später in der Bildsprache des Films eine so große Rolle spielen wird. Wenn wir durch den Photoapparat auf die Welt gucken, haben wir immer ein Fenster, einen Ausschnitt vor Augen. Er ist definiert durch ein bestimmtes Format, ein rechtwinkliges Format, und durch die Kamera, also eine bestimmte physikalische Sehweise, nämlich die Sehweise der Zentralperspektive.

Und das mit der Wahrheit, die im Film vierundzwanzigmal in der Sekunde zu sehen sei, hat Godard doch wohl ein wenig polemisch gemeint. Denn auch Belmondo ist auf den Champs-Élysées nicht wirklich erschossen worden in «Außer Atem» (wenngleich Jean Seberg dieses wunderbare T-Shirt wirklich getragen hat). Ich denke, wir sind an einem Zeitpunkt angelangt, wo es wichtig ist, die Unterschiede herauszufinden, die bestehen zwischen der analogen Photographie, auf der hundert Jahre Filmgeschichte beruhen, und der digitalen Bilderzeugung, die jetzt auf uns zukommt, und diese Unterschiede dann genau zu benennen. Darüber müssen wir nachdenken, und das ist auch sehr spannend. Nur – das ist meine Gegenthese – ich glaube nicht, daß das Kriterium der «Wahrheit» das entscheidende ist, um diese Differenz zu benennen.

Hans Günter Pflaum: Ist der Unterschied zwischen der visuellen Realität des Kinos und der virtuellen Realität des errechneten Bildes denn schon gültig definiert worden?

Joachim Polzer: Ja, wenn wir hier Opernfestspiele hätten, würde jeder sofort wissen, um was es geht. Es würde nämlich um Opernwerke in Opernhäusern gehen. Aber beim Film ist das immer so eine Sache, weil der Film mittlerweile als Träger für die verschiedensten Medien Grundlage und Voraussetzung ist, wenn er nicht bereits schon als technisch antiquiertes Medium überwunden ist. Und weil Sie das Kino ansprechen, Herr Pflaum, sollten wir vielleicht mal kurz die heutige Situation des Kinos klären. Schließlich sitzen wir anläßlich der Berlinale beieinander, die ja – wenn man es institutionell besieht – eigentlich Kinofestspiele sind. Ich denke – und das ist meine erste These –, daß es den Film als projiziertes Filmmaterial, wie wir ihn heute noch kennen, bald nicht mehr geben wird. Und ich meine mit Filmmaterial: Polyester- oder Triacetat-Trägermaterial mit analogen Farbpartikeln bzw. Silberhalogeniden darauf. Denn es kann mir keiner erzählen, daß sich die Firma Sony und die Firma Matsushita – und wie die Elektronikmultis alle heißen – das Riesengeschäft entgehen lassen, die Kinos zu digitalisieren und zu elektronisieren, sobald dies technisch möglich und ökonomisch vertretbar ist. Devise: Sobald sich's rechnet, wird's gemacht. Multiplizieren Sie doch einfach: 500 000 Mark pro umsatzstärkste Leinwand mal 2000 solcher Leinwände weltweit, macht 1 Milliarde Mark Cash-flow. Und dann ist es nur noch die Frage, den richtigen Marketingfirlefanz zu veranstalten, damit es chic wird, in so was «reinzugehen»; nach dem Motto: Das Kino aus dem All! – Das Problem ist zur Zeit noch die vollfarbige, trägerlose und lichtstarke Laserprojektion. Der Blaulaser ist momentan noch technisch schwierig zu handhaben. Er läßt sich noch nicht serienreif ins Kino einbauen. Aber hier werden monatlich Riesenfortschritte gemacht, wie auf dem gesamten Gebiet der elektronischen Medien. – Warum sollten auch ausgerechnet die Kinos als einzige Institution der Unterhaltungsindustrie nicht an die Datenautobahn angeschlossen werden?

Neben diesem allgemeinen und natürlich fragwürdigen technischen «Fortschritt» wären aber noch weitere Gründe für den Untergang des Films anzuführen, die ebenfalls mit der inhärenten Logik der Kapitalwirtschaft zu tun haben. Meine zweite These: Film ist zu teuer, zu langsam und zu inflexibel. Er ist deswegen teuer, weil nicht nur Zehntausende Kopien von je drei Kilometer langen Filmstreifen hergestellt werden, sondern weil diese je zwanzig Kilogramm schweren Filmkopien auch noch durch die ganze Welt verschifft und transportiert werden müssen. Und diese 600 Filmkopien – bei einem Kinostart eines amerikanischen Films allein in Deutschland – werden dann nach sechs Wochen weggeschmissen, weil die Kinoauswertung abgeschlossen ist und die Videoauswertung beginnt. Die Lagerung der Kopien für eine eventuelle Reprise wäre wiederum viel zu kostenaufwendig. Ein historischer Vergleich: Die vierzig Filmkopien von «Doktor Schiwago» liefen damals in der Regel noch sechs bis zehn Jahre durch die Lande. Hier hat sich etwas fundamental verändert.

Film ist deshalb zu langsam, weil die Herstellung einer Filmfassung ca. drei Monate dauert. Bis das alles geschnitten, abgemischt und kopiert, die Titel hergestellt sind usw., dauert es seine Zeit. Sobald das Kino an die Datenautobahn angeschlossen sein wird, kann man den Film binnen drei Stunden grundlegend verändern. Da wird im hektischen Produktionsablauf dann eine Preview gemacht, und wenn die negativ ausfallen sollte, wird mal eben der ganze Film umgestellt. Wenn der Besuch in der dritten Woche stocken sollte, wird eilfertig ein filmischer

Relaunch realisiert und vermarktet, wie beim Waschpulver. Und da kann der filmische Träger einfach nicht mehr mithalten; er ist zu langsam und damit auch zu inflexibel. Der Film als Kunstwerk wird hinter dem Marketingprodukt immer mehr verschwinden. Nicht ohne Grund sprach ich von der Oper. Film als Kunst wird sich im 21. Jahrhundert in der Weise marginalisieren, wie sich die Oper als Medium im 20. Jahrhundert marginalisiert hat; beides wird zur Angelegenheit für Freaks.

Sobald das Digitalkino da ist, wird sich diese technische Apparatur selbst neue Möglichkeiten schaffen, und das heißt: Interaktionsformen im Kino werden möglich. Und das wird wiederum – wie bei der Entstehungsphase des Filmkinos – eine neue künstlerische Herausforderung schaffen, weil das dann wieder mit der Fließrichtung des Kapitals konform ist.

Hans Günter Pflaum: Ist es nun ein Generationsproblem, wenn ich diesen Perspektiven gegenüber ein tiefes Unbehagen verspüre? Andererseits braucht man nur die Beiträge zur Kinodebatte 1910 nachzulesen – Oswald Spengler hat im Kino einen Beitrag zum Untergang des Abendlandes gesehen –, um zu sehen, daß dieses seltsame Unbehagen nicht neu ist, daß ich eine Position einnehme, die ich für 1910 nie akzeptieren würde. Kommt nun eine neue Generation, die mit der unbegrenzten Möglichkeit, Bilder zu erzeugen, gar keine Probleme mehr hat? Und wie gefährlich ist diese Haltung?

Helma Sanders-Brahms (aus dem Publikum): Es ist natürlich so, daß die Geschichte des Kinos schon lange die Manipulation der Wirklichkeit kennt. Zum Beispiel waren die Dinge, die Leni Riefenstahl aufgenommen hat, in großem Stil kinomäßig manipulierte Wirklichkeit. Das heißt, da sind ein ganzes Volk, eine Sportbewegung und die politische Bewegung so manipuliert worden, daß es kinowirksam wurde. Ich glaube, das Problem betrifft überhaupt die Frage der Freiheit. Aber diese Frage beantwortet sich weder im Kino noch vor dem Fernsehbildschirm. Das ist nur politisch zu lösen, aus dem Bedürfnis der Leute danach. Es könnte sogar sein, daß sich die Leute wieder mehr zur Realität hin emanzipieren, je mehr sich die Bildschirme und das Kino verselbständigen. Sie kennen alle diese Anschläge, die in den späten zwanziger Jahren verteilt wurden, als der Tonfilm aufkam: Der Ton ist unser Ende, das Kino ist keine Kunst mehr. Jetzt kommen diese neuen Instrumente, und man kann, wie man in dem Film von Edgar Reitz gesehen hat, wunderbar darauf spielen. Man könnte mit diesem Instrument Dinge möglich machen, die nie möglich waren. Es kann auch passieren, daß die Leute nun wissen, daß Manipulation im Spiel ist, und verlangen, daß ihnen genau gesagt wird, wie es wirklich war.

Christiane von Wahlert: Was Sie sagen, ist ganz wichtig. Wenn die Bilder anders «gebaut» werden, was in Zukunft ja der Fall sein wird, fordert das natürlich in erster Linie, daß die Rezipienten lernen, die Bilder anders zu lesen. Ich meine dieses Illusionskino, dieses Überwältigungskino, das darauf beruht, daß der Zuschauer denkt, was dort oben auf der Leinwand passiert, sei wirklich wahr, das ist ja eigentlich ein Kino, das wir als kritische Geister doch eher ablehnen. Wir haben doch immer gesagt, das ist hochproblematisch, wenn Kino nur so funktioniert, daß die Zuschauer sich hundertprozentig mit dem Geschehen auf der Leinwand identifizieren. Die Tatsache, daß man lernen muß, Bilder zu lesen – und alle Kinder, die mit Computern spielen, haben eigene sinnliche Erfahrungen, wie Bilder entstehen und aufgebaut werden können –, diese Tatsache bedeutet ja nicht, daß die Bilder deswegen ihrer psychischen Wirkung völlig beraubt sind.

Wir wissen von «Forrest Gump», wie Massenszenen entstanden sind, wo Gump in Washington in diese gewaltige Friedensdemonstration gegen den Vietnamkrieg gerät und auf einmal vor hunderttausend Peaceniks eine Ansprache hält. Wir wissen, daß es bei den Dreharbeiten nur tausend oder wieviel Statisten gab und daß wir geklonte Massen vor uns sehen. Trotzdem hat diese Szene eine Wirkung – eben weil Zemeckis ein großer Regisseur ist. Wir sind beeindruckt und gerührt, wie auf einmal Forrest Gump als hochdekorierter Dschungelkämpfer vor dieser Szenerie steht, die er nicht versteht, und dann auch noch seine Jugendliebe wiederfindet. Wir müssen lernen, diese Bilder zu lesen – das setzt Kenntnisse über den Entstehungszusammenhang voraus, ist aber leistbar.

Die Geschichte des Kinos durchzieht die Klage. Als der Tonfilm erfunden wurde, hieß es, o Gott, das ist der Untergang der Filmkunst. Neue Technologien machen angst – das ist ein sehr altes kulturgeschichtliches Phänomen. Als die Buchdruckerkunst erfunden wurde, da hat die Kirche geklagt, weil die kostbaren und raren, bis dato handgeschriebenen

Bibeln auf einmal beliebig vervielfältigbar wurden. Und somit konnte jedes Individuum, das lesen konnte, sein eigenes Verhältnis zur Bibel, zur Tradition, zu Gott, zur Kultur überhaupt entwickeln. Victor Hugo hat das treffende Diktum geprägt, die Erfindung der Buchdruckerkunst habe die Kathedrale in tausend Stücke zerschlagen. Die mittelalterliche Kathedrale gilt als das Sinnbild eines kollektiven Gesamtkunstwerkes in der abendländischen Kultur. Die Menschen versammelten sich darin und erlebten eine wie auch immer geartete religiöse Erfahrung. Das Diktum von Hugo will besagen, daß mit der Erfindung der Buchdrukkerkunst eine Individualisierung eingetreten ist, die wir heute als Beginn der Moderne bezeichnen. Das ging einfach los im fünfzehnten Jahrhundert: explosionsartig. Eine etwa vergleichbare Situation haben wir heute. Das Fernsehen war bislang, wenn man so will, unsere gotische Kathedrale, nämlich ein kollektiv rezipiertes Gesamtkunstwerk. Es gab nur das, was fertig von den Sendern geliefert wurde und in überschaubarer Menge. Ein Tatort für alle. Wir sind jetzt an einem Wendepunkt: Stichwort interaktives Fernsehen, Spartenprogramme. Das Programm zerschlägt in tausend Sparten. Es wird einen ungeheueren Individualisierungsschub in der Rezeption geben, das ist erst einmal angsterregend. Zur Beruhigung will ich nur sagen, solche Ängste durchziehen die Menschheitsgeschichte.

Hans Günter Pflaum: Also, das Unbehagen, von dem ich gesprochen habe, hat sicher nicht mit einem Individualisierungsschub zu tun. Es zielt vielmehr in die Gegenrichtung. Ich fürchte den «Gleichschaltungsschub», der in einem ungeahnten Ausmaß stattfinden könnte. In meiner Kindheit haben wir Indianer gespielt; der Einfluß des Kinos hat uns immerhin physische Erfahrungen machen lassen. Heute wird dieses Spiel an den Computer delegiert. Das ist das Gegenteil von Individualisierung, nämlich die Gleichschaltung von Erfahrungen. Teilen Sie diese Sorge?

Edgar Reitz: Meine Sorge geht noch weiter. Ich fürchte, daß wir auf dem Umweg über diese Systeme, die sich als so individuell und demokratisch verkaufen wollen, eine neue Klassengesellschaft bekommen werden, eine Klassengesellschaft, die sich noch um vieles krasser etablieren wird, als wir das in anderen Menschheitsepochen kannten. Das klassische Fernsehprogramm war zwar kein Gesamtkunstwerk und auch nicht mit gotischen Kathedralen vergleichbar, aber dennoch stand hinter den Programmkonzepten das Bedürfnis, sich dem Besten zu widmen, was die Zeitgenossen hervorbringen. Es gab sozusagen einen pädagogischen Impetus, der von der Überzeugung getragen war, daß jeder Bürger einer aufgeklärten Gesellschaft seinen Horizont erweitern und an seinen Erfahrungen wachsen kann. So entstanden die Vollprogramme, die sich deutlich über den allgemeinen Konsumentengeschmack erhoben, um ihr Publikum mit der Zeit immer mehr zu Partnern einer gemeinsamen Kultur zu machen. Es ist ein pervertiertes Demokratieverständnis, daß man dieses Engagement zugunsten der Einschaltquote über Bord geworfen hat. Natürlich erntet man für diesen Verrat am kulturellen Erbe erst einmal Applaus von denen, die im Fernsehen ein populistisches Instrument der Konsumentenerziehung und politischen Befriedung sehen. Das öffentlich-rechtliche Fernsehen vernachlässigt seinen gesetzlichen Kulturauftrag von Jahr zu Jahr mehr. Offenbar ist man der Meinung, daß dieses wachsende Programm-Mittelmaß um so weniger bemerkt wird, je schleichender man es zum Alltagsbild werden läßt. Das passende modische Geschwätz über Akzeptanz und Konkurrenzzwänge hilft, die Hirne zu vernebeln. Dennoch glaube ich, daß die Sendeanstalten mit diesem Kurs ihren moralischen Anspruch auf Rundfunkgebühren nach und nach verspielen werden. Die neuen Informationsmedien werden uns nun als die Wiederherstellung des Wertesystems angepriesen. Man sagt, nun könne doch jeder über seinen PC – und man hat ja begonnen, jedes Wohnzimmer damit auszustatten – an jedes gewünschte Programm gelangen. Jedes Stichwort der Weltgeschichte, jedes audiovisuelle Programm der Welt stehe zur Verfügung, auch das anspruchsvollste. Auf jedem Bildungsniveau und in allen Sparten des Wissens hielten die Neuen Medien die Antworten bereit. Damit sei geleistet, was selbst die Kulturkanäle der Fernsehanstalten nicht bieten konnten. Die Frage ist aber: Wer wird in der Lage sein, die richtigen Fragen zu stellen? Wer verfügt über das spezielle Wissen, noch seinen Interessen richtig nachgehen zu können? Die Zufallsbegegnung im Abendprogramm fehlt in den Dateien der Computer. Im Supermarkt konnte man noch eine Freundin treffen, die einem Tips gegeben hat. Solche Begegnungen werden fehlen. Wir werden auf sehr krasse Weise auf unsere Allgemeinbildung und unser Insiderwissen angewiesen sein, um die Segnungen der Datenautobahn auch nutzen zu können. Es werden nur wenige sein, die sich der verzweigten Informationsdienste bedienen können. Wer sind diese wenigen? Die Masse wird mit den endlosen Weiten der Datennetze hoffnungslos überfordert sein. Hier wird ein Fußvolk herangezüchtet, das nach wie vor an der immer elender werdenden Glotze hängt und sich zum jämmerlichen Konsumenten herunterkonditionieren lassen wird. Die neue Klassengesellschaft deutet sich ja auch schon bei den Bildungsreformen an, die überall in Europa stattfinden. In den Niederlanden werden Privatuniversitäten eingeführt, die auf schnellsten Wegen zum Berufsziel führen. Hier spielt der Computer eine große Rolle. Alle allgemeinbildenden, historischen, philosophischen Fächer werden abgeschafft, das nennt man Ballast abwerfen. Im Berufsleben herrscht ja dann auch der erbarmungslose Konkurrenzkampf, der nur diejenigen zum Erfolg kommen läßt, die ihre Energien am engsten auf bestimmte Ziele bündeln können. Das hat mit Individualisierung nicht das geringste zu tun. Das ist eine Welt, die von Standards beherrscht ist, denen sich jeder unterwerfen muß, der genug verdienen will, um sich den PC zu Hause leisten zu können. Das Kino, von dem ich immer spreche, ist hingegen ein Liebesobjekt. Die Verlustangst, die ich da empfinde, ist mir von den frühesten Tagen her vertraut. Was war das Kino für uns? Es war nicht nur der Ort, an dem diese wunderbaren Filmkunstwerke zu besichtigen waren, sondern ein Ort, an dem sich sozusagen die Generationen versammelten. Hier haben wir ein Gefühl des Miteinanderlebens erfahren. Dieses Gefühl geht natürlich bei den elektronischen Medien vollkommen verloren. Dadurch, daß jeder seine elektronischen Programme alleine in den eigenen vier Wänden, bestenfalls noch im Familienkreise, empfängt, verlieren wir das Gefühl fürs Kollektive, für den Mitmenschen. Bei dieser Entwicklung fehlt mir das Kino um so mehr. Alle meine Hoffnungen richten sich auf die Weiterentwicklung des Kinos durch die Verwendung der neuen Techniken. Das Kino sollte unbedingt das Erlebnis vermitteln, an neuesten Industrie- und Ingenieurleistungen teilnehmen zu können, zugleich aber muß es wieder ein Ort der gesellschaftlichen Erfahrung werden. Das kann es nur durch seine Inhalte.

Reinhard Penzel: Ich hatte das Glück, den Film «Die Nacht der

Regisseure» als Videokassette vorab zu bekommen. Ich habe sie mit meinen Kindern, die sind fünfzehn und siebzehn Jahre alt, zu Hause angeschaut. Neben all den anderen Aspekten, die uns in den Kopf gekommen sind, war mir beim Betrachten einer wichtig: Meine Kinder haben erstmals gesehen, was in verschiedenen Zeitaltern filmisch geleistet wurde. Murnau und Lang und welche Gedanken sich andere Regisseure in Deutschland gemacht haben. Sie hatten beispielsweise Lust, einmal einen Film von Murnau zu sehen, und haben mich gefragt: Wo gibt es den? Und ich habe gesagt, die Idee, die hinter der Kinematik vom Anfang steckt, das wäre ein Terminal, wo man sich den Film raussuchen kann, wenn er digital in einem Archiv liegt. Das ist für mich der positive Aspekt der Digitalisierung der Bilder, daß der Info-Highway nicht nur Gleichschaltung bringt, sondern daß alles wirklich individuell abrufbar wird und mein Bedürfnis irgendwo mitbefriedigt.

Joachim Polzer: Also – dieses Argument habe ich schon mal gehört, und zwar Anfang der achtziger Jahre, als uns die Konservativen das Privatfernsehen verordnet hatten, da haben sie nämlich versprochen: je mehr Kanäle, desto mehr Vielfalt, und was wir bekommen haben, ist Einfalt. Ich teile den Pessimismus von Edgar Reitz und kann Ihnen den auch an ein paar Beispielen verdeutlichen. Denn – als das Fernsehen Ende der vierziger Jahre in Amerika groß wurde und in den fünfziger Jahren sich durchsetzte als prädominantes Medium, hat der Film als Medium und das Kino als Institution noch heftigst und erfolgreich reagieren können. Film und Kino haben reagiert mit der breiten und der hochauflösenden Leinwand, haben den Stereoton als erste unter die Leute gebracht, haben 3-D-Innovationen hervorgebracht, haben technisch reagiert und damit inhaltlich. Wie es ja immer eine sehr enge Verflechtung zwischen Technik und Inhalten gegeben hat, in der ganzen Mediengeschichte. Und dieses effiziente Reagieren auf Konkurrenzsituationen fehlt heute. Es gibt nur ein paar zaghafte Versuche. Die Kanadier, die ihr Imax- und Omnimax-Verfahren weiter zu verbreiten versuchen. Eine sehr spektakuläre und künstlerisch entwickelbare Sache, aber es interessiert hierzulande niemanden recht. Die Stimmung: Man kennt es nicht, man braucht es deshalb auch nicht und möchte sich eigentlich mit so etwas auch nicht beschäftigen – und wozu überhaupt, wo es doch VHS-Videos als die alleinseligmachende Droge gibt. – Auf der Berlinale geht das Gerücht um, daß die Firma Agfa-Gevaert den Hauptteil ihrer Kino-Rohfilmproduktion einstellen möchte. Schwarzweiß-Negativfilmmaterial gäbe es weltweit dann nur noch von einer einzigen Rohfilmfabrik. Wozu braucht man noch Schwarzweiß, wo man doch mit einem elektronischen Key alles simulieren kann? Es steht nicht gut um den Film.

Hans Günter Pflaum: Herr Reitz, Sie haben in einem Essay geschrieben, daß Sie sich einen Künstler vorstellen können, der sich mit seinen Ideen und einem Computer für zehn Jahre in ein stilles Kämmerchen zurückzieht und bei seiner Rückkehr ein filmisches Meisterwerk mitbringt, wie der Dichter im Elfenbeinturm früherer Jahrhunderte. Ist dies aus heutiger Sicht schon eine realistische Vorstellung? Wie teuer wäre so eine Produktionsweise?

Edgar Reitz: Unsere Diskussion berührt wirklich sehr verschiedene Aspekte. Ich bin, wenn ich an diese phantastischen Techniken denke, oft auch hin- und hergerissen. Die Gefahren, von denen wir bisher gesprochen haben, sind nicht zu leugnen. Für die Künstler erwachsen allerdings auch großartige neue Möglichkeiten. Dazu gehört, daß man mit Bildern auf eine Weise umgehen kann, wie wir uns das bisher nicht vorstellen konnten. Wenn wir erst einmal diese Vernetzung aller Bild- und Filmarchive der Welt haben, steht uns die gesamte audiovisuelle Kultur zur Verfügung, wenn wir an einem neuen Werk arbeiten. Das setzt die Autoren in die Lage, mit jeder Art vorhandenem Bildmaterial zu arbeiten, es zu verändern. Damit kommen wir in eine Situation, in der zum Beispiel die Komponisten schon immer waren. Wenn sie mit einer musikalischen Idee schwanger gingen, konnten sie sich aus dem Formenreichtum der ganzen Musikgeschichte bedienen. Sie alle, von Bach bis Schönberg, haben aus den Werken ihrer Kollegen und Vorgänger zitiert. Sie haben variiert, bearbeitet und ihre eigenen Visionen hinzugefügt. Wir werden beim Filmemachen eines Tages in der gleichen Lage sein. Wir können eigene mit fremden Bildern verschmelzen, wir können Räume und Phantasiebereiche schaffen, deren Bilder schon andere vor uns gestaltet haben. Ich denke, daß wir beim Filmemachen so frei sein können wie die Maler oder wie die Literaten, die auch nicht immer von vorn anfangen müssen, als müßten sie ihr Metier für jedes Werk neu erfinden. Das ist einer der durchaus positiven Aspekte dieser gewaltigen technisch-industriellen Entwicklung.

Hans Günter Pflaum: Wird das urheberrechtlich noch zu überschauen sein?

Edgar Reitz: Das Urheberrecht mußte ja auch in der Musik oder für die bildende Kunst geregelt werden. Das Problem liegt rechtlich ja weniger in dem, was der eine Künstler dem anderen antun kann, sondern vielmehr in den Möglichkeiten, die Werke aus kommerziellen Gründen zu verfälschen. Was Ihre Frage nach den Kosten angeht, glaube ich, daß Film schon immer eine teure Kunst gewesen ist. Es kann also nur von Vorteil sein, wenn man lernt, auf seinem PC zu Hause ansehnliche Bildkompositionen herzustellen, die unsere Geschichten gut erzählen. Der kreative Prozeß war ja nie der Teil der Arbeit, der viel kostete. Auch wenn wir Filmkameras, Rohfilm, Schneidetische usw. benutzten, waren wir abhängig von der Industrie. Daran wird sich wenig ändern.

Hans Günter Pflaum: Wenn Sie einen Spielfilm drehen, suchen Sie Ihre Mitarbeiter individuell aus, den Kameramann, den Cutter und so weiter. Läßt die neue Technik eine solche Auswahl noch zu? Wenn Sie sich, wie bei «Die Nacht der Regisseure», für ARRI entschieden haben, dann haben Sie damit auch das Personal der Firma «eingekauft», und damit könnten viele Faktoren verbunden sein, auf die Sie dann keinen Einfluß mehr haben.

Edgar Reitz: Ja, das ist so, wie Sie sagen. Wenn man Spielfilme in großen Studios mit konventionellen Mitteln dreht, ist es allerdings nicht viel anders, weil die Studiounternehmen seit je ihr Stammpersonal beschäftigen und mit ihrer Technik gemeinsam anbieten. Ich kenne andererseits den Entstehungsprozeß eines Films als eine Serie von Entscheidungen für die Menschen, mit denen man zusammenarbeitet. Die Frage, wer sind meine Darsteller, wer ist mein Kameramann, wer arbeitet in meinem Team, ist eine Schicksalsfrage für jede Produktion. Die Entscheidungen bestimmen das Produkt ebensosehr wie die Ideen des Autors. Das wird auch in Zukunft so bleiben, denn anders als in solcher Teamarbeit entsteht nichts Neues. Die innovative Energie entsteht – ob im künstlerischen oder kommerziellen Bereich – immer in den Teams. Alles, was sich nur aus dem Zitieren der anderen und aus der Nachahmung vergangener Erfolge nährt, ist schwach. Film wird immer ein

Produktionssektor sein, in dem die innovative, menschliche Arbeit eine große Rolle spielt. Es gibt ja auch solche Menschen in den Filmberufen. Junge Leute fühlen sich seit jeher angelockt vom Film. Von den technischen Neuerungen sind sie alle fasziniert. Sie merken das ja auch daran, daß große Firmen völlig irrational in neue Technologie investieren. In die bewährte alte Technologie des Kinos investiert man nicht einmal dann, wenn man das Geld dazu besitzt. Ich empfinde das klassische Kino mehr und mehr als ein untergehendes Schiff. Mit den neuen Schiffen, den elektronischen Digital-Dampfern, kann ich jedoch noch nicht fahren. Ich kenne die Regeln und Mechanismen noch nicht gut genug. Aber wenn ich mich mit ihnen beschäftige, befinde ich mich unversehens in der Gesellschaft von sehr lebendigen, phantasievollen, enthusiastischen jungen Leuten. In meinem Team war keiner über dreißig. Die besten Fachleute für die neuen Techniken sind wahnsinnig jung.

Hans Günter Pflaum: Herr Kraus, würden Sie die These von der «irrationalen Investition» bestätigen?

Franz Kraus: Ich hoffe nicht, daß wir irrational in die digitale Filmbearbeitung investiert haben. Aber wir haben gewagt, in die neue Technik zu investieren, und zwar mehrere Millionen DM alleine im letzten Jahr. Und das, obwohl wir wissen, daß deutsche Filme über vergleichsweise geringe Budgets verfügen und stets unzureichend finanziert sind, die Produzenten, Regisseure und Kameraleute in unserem Lande eine geringe Wertschätzung der Postproduktion gegenüber haben und die besten Special-Effect-Filme in Deutschland vor mehr als sechzig Jahren produziert wurden. Dennoch gehen wir davon aus, daß die vielfältigen Bearbeitungsformen der digitalen Technik einen kleinen Markt in Deutschland finden werden. Als anregend für unser Engagement haben wir die Vielzahl neuer Kinos in Deutschland und die in den letzten Jahren stetig steigende Besucherzahl empfunden. Wir haben unsere Investitionen nach der Maxime höchster Qualität und nach dem Motto «small is beautiful» vorgenommen. Wir verfügen in München über eine komplette digitale Bearbeitungskette für Film. Sie besteht aus Filmscanner, Workstation für die Trickbearbeitung und Filmrecorder für die Rückbelichtung der digitalen Bilder auf 35-mm-Film. Die Einzelkomponenten und Softwarepakete sind identisch mit denen der besten Bearbeitungsstudios in Hollywood. Lediglich im Umfang der eingesetzten Technik unterscheiden wir uns von dort. Auch sind in unserem Studio alle technischen Ressourcen miteinander vernetzt, so daß eine äußerst flexible und effiziente Nutzung möglich ist. Durch Einbeziehung des eigenen Kopierwerks und des eigenen Kinos ist es uns möglich, alle filmtechnischen Arbeiten unter Einbeziehung des digitalen Tricks aus einer Hand anzubieten.

Die technischen Anforderungen, die an hochwertige digitale Filmbearbeitung gestellt werden, sind gekennzeichnet durch eine gegenüber dem Fernsehen erforderliche fünfzigfache Datenmenge je Bild, die durch die wesentlich bessere Detailauflösung und den deutlich höheren Kontrastumfang des 35-mm-Negativfilms gegenüber Video begründet ist. Diese gegenüber dem Fernsehen gewaltige Qualitätsreserve des Films kann der Kinobesucher in den meisten deutschen Kinos nur sehr eingeschränkt erleben. Die Projektionsqualität – auch, aber nicht nur in den neuen Lichtspielhäusern – hat leider nicht mit der in den letzten Jahren deutlich verbesserten Tonwiedergabe Schritt gehalten. Selbst in neuen Kinos werden die mehr als zehn Jahre alten DIN-Normen bezüglich der Qualität der Bildprojektion deutlich unterschritten. Das in neuen Kinos häufig anzutreffende große Bild ist noch lange kein besseres Bild; im Gegenteil, denn es zeigt besonders bei geringem Abstand zur Leinwand alle Schwächen, wie unzureichenden Kontrast, mangelhafte Schärfe und unruhigen Bildstand, nur um so deutlicher. Es bleibt zu hoffen, daß es neben Kinos mit ansprechendem Bar- und Foyerbereich, hochwertiger digitaler Mehrkanaltonausstattung auch solche geben wird, die darüber hinaus über eine hochwertige Bildprojektion verfügen. Neben den in allen Ballungszentren in Deutschland neu entstandenen Multiplexkinos, die vornehmlich jugendliches Publikum anziehen, werden Spezialkinos gebaut, die auf einen besonderen Erlebniswert ausgerichtet sind. In ihnen werden keine Kinofilme gezeigt, sondern Produktionen von zehn bis dreißig Minuten Dauer, die speziell für diese Kinos erstellt werden. Eine Spezialform dieser Erlebniskinos sind die virtuellen Erlebnisreisen, in denen Gruppen von Zuschauern in Kabinen, die hydraulisch bewegt werden können, Platz nehmen. Diese Erlebniskinos sind in den Freizeitparks in Amerika sowie in Japan und Korea verbreitet. Die entsprechenden Filme sind in einer Kombination von Computeranimation, Motion-Control-Aufnahmen von Modellen und Realaufnahmen in hyperrealistischer Form hergestellt. In Hollywood haben sich einige Produktionsfirmen, die bisher im Special-Effect-Bereich für Kinofilme oder Werbung tätig waren, auf dieses neue Tätigkeitsfeld spezialisiert. Die hochwertig projizierten Bilder, zusammen mit den im Raum erzeugten Geräuschen, sowie die synchron zum Film in Bewegung versetzte Kabine suggerieren ein realistisches Fahr- oder Flugerlebnis. In dieser Phase kehrt der Film wieder zu seinem Ursprung, dem Rummelplatz, zurück.

Die Frage, ob die digitalen Techniken für den deutschen Spielfilm überhaupt erschwinglich sind, möchte ich in der Form bejahen, daß diese Techniken im amerikanischen Spielfilm sich deshalb durchgesetzt haben, weil sie die ökonomischeren waren. Durch digitale Postproduktion können Aufwendungen beim Dreh reduziert werden. Digitales Cloning bei Massenszenen ist im amerikanischen Spielfilm seit mindestens einem Jahr Standard. Dabei wird eine kleine Gruppe von Statisten in jeweils unterschiedlicher Anordnung und Zusammensetzung aufgenommen. In der digitalen Nachbearbeitung werden die Einzelszenen so miteinander kombiniert, daß der Eindruck der gewünschten Massenszene entsteht. Gebäude, Landschaften, Stadtbilder lassen sich in ähnlicher Technik beliebig gestalten. Die digitale Postproduktion ist wegen der hohen Investitionen und der hochspezialisierten Mitarbeiter alles andere als billig. Dennoch lassen sich selbst bei Tagessätzen von zehntausend DM durch die hohe Präzision und Effizienz dieser Technik Einsparungen im Gesamtbudget einer Filmproduktion erzielen.

Stimme aus dem Publikum: Ich möchte mich erst einmal bekennen zu dieser neuen Technik. Ich halte es für wunderbar, wenn ein Regisseur wie Edgar Reitz seine Bilder verwirklichen kann. Aber ich möchte nicht, daß alle ihre Bilder verwirklichen können. Die Frage ist für mich, wie kann man jetzt noch die Inhalte beherrschen? Werden Inhalte jetzt nicht viel wichtiger? Werden jetzt die Menschen nicht viel wichtiger, die ihre Bilder zeigen? Ich möchte nicht die Bilder aus dem Kopf eines Herrn Himmler sehen oder eines Herrn Schirinowski. Wenn Sie sagen, es sind alles junge Leute, die heute diese Bilder an den Computern machen, die sind alle durch das Fernsehen erzogen. Was sehen die denn für Bilder in diesem Fernsehen, welche Bilder sind in ihren Köpfen? Wird es so sein, daß der Mitmensch nur als Schmutz oder als Lustobjekt vorkommt und nicht als Ehrfurcht gebietendes Objekt mit eigener Würde?

Hans Günter Pflaum: Damit sprechen Sie ein Problem an, das nicht nur die jüngste Entwicklung in den Medien trifft. Auch die Medizin hat sich weit schneller entwickelt als die dazugehörige Ethik. Wir haben das gleiche Problem in der Gentechnik – oder überhaupt in allen technischen Bereichen, die sich schneller entwickeln als jede Ethik.

Edgar Reitz: Ich bin Ihnen dankbar für diesen Diskussionsbeitrag zur Ethik des Medienprogramms. Ich habe mir selbst kürzlich einmal versuchsweise die Frage gestellt, ob wir vor dem Ende des Humanismus stehen. Dies ist ja eine Frage, die üblicherweise nicht zuerst an die Medien gerichtet wird. Sie scheint in den sogenannten politischen Bereichen, in der Wirtschaft und der Waffentechnik angebrachter zu sein. Das humanistische Ideal, das im neunzehnten Jahrhundert zur tragenden Säule der modernen Gesellschaft geworden ist, wovon alle Gesellschaftsutopien des zwanzigsten Jahrhunderts noch gezehrt haben, ist offenbar ein Hindernis für viele Entwicklungen der Gegenwart geworden. Ich bemerke, daß man das Grundprogramm der Jugend auf einen Nenner bringen kann. Er lautet: Was bringt mir das? Ich habe immer wieder im Umgang mit Leuten unter dreißig, auch bei hochintelligenten und empfindsamen Leuten, diese Antwort gehört. Philosophie, Wertesysteme, Ideale, kulturelle Güter werden so beurteilt: Was bringt mir das? Es gibt ein neues, instrumentelles Verhältnis gegenüber der Kultur. Die Computergeneration lebt in der Vorstellung, jede Information, die sie im Leben gebrauchen kann, über die Netzwerke sofort zu bekommen. Man muß die Antworten nicht mehr in Form von Allgemeinbildung mit sich herumtragen. Das humanistische Bildungsideal, das uns einmal ein Menschenbild vorgetragen hat, das sich von seinem historischen Selbstverständnis herleitet, wird durch die Computernetze ersetzt, die uns das Gefühl suggerieren, alles stünde zu unserer Verfügung, wann immer wir es benötigen. Man sagt, daß man alle Antworten nur über die elektronischen Suchpfade abzurufen brauche, ob man nun ein Goethe-Zitat braucht, die Regeln, wie man in den USA eine Aktiengesellschaft gründet, oder die Filme von Murnau nebst Analyse ihres Erzählstils. An die Stelle der Bildung tritt das Know-how. Ich habe in Gesprächen mit den Jungen auch insistiert und gefragt: Wie stellt ihr eure Fragen? Woher wißt ihr, wonach ihr fragen könnt? Die Antwort hieß: Das ergibt sich aus der Lebenssituation. Wahrscheinlich wird man mit dieser Einstellung glücklicher als wir, denn es ist ein Lebenskonzept, das die Gegenwart akzeptiert. Vergangenheit und Zukunft, die meiner Generation in den sechziger und siebziger Jahren so wichtig waren, haben enorm an Wert verloren. Ich muß den jungen Leuten allerdings recht geben, wenn sie mir entgegenhalten, der Humanismus mit allen seinen Idealen habe keinen der Weltkriege verhindert und könne auch heute kein Elend auf der Welt beseitigen. Ich will es nicht Revolution nennen, was da heute in den Köpfen geschieht. Wir haben ja bekanntlich diesen Begriff seit Achtundsechzig eng mit historischem Denken verbunden, das heute eben ganz aufgehört hat. Äußerlich ändert sich auch vorerst sehr wenig. Wenn man die Computer kennt, sind sie meist nur bessere Schreibmaschinen, aber innerlich, in den Köpfen, findet eine rasante Veränderung statt, die wirklich Schluß macht mit diesem Jahrhundert.

Joachim Polzer: Man darf nicht vergessen, daß die ganze Medienbranche eine riesige Industrie ist, die sich zunehmend interstrukturell vernetzt hat. Das heißt, die Filmfirmen, die Telecoms, die Computerfirmen, die Unterhaltungsgeräteindustrie haben sich von Produktion bis Distribution wechselseitig durch Kapitaleinsatz zu einem gigantischen Medienverbund verflochten. Sie brauchen nur eine beliebige Wirtschaftsseite einer Tageszeitung aufzuschlagen.

Und wenn Sie da die Ethik ansprechen, dann ist doch die Frage berechtigt, wer es überhaupt ist, der diese Bilder herstellt, über die Bilderwelt verfügt. Und es ist der, der das Geld dazu hat. Bei ARRI TV zehntausend Mark pro Tag auf den Tisch zu legen, das können in der Regel Banken oder Investoren, die spekulieren. Und der Normalfall ist es nicht, daß der Künstler zugleich sein eigener Produzent ist. Es hat sich bei uns im Neuen Deutschen Film der sechziger und siebziger Jahre dank der Filmförderung so eingebürgert. Wieweit das erfolgreich war oder ist, bleibt offen. Jedenfalls war das kein Rezept gegen die Globalisierungsstrategie der Entertainment-Konzerne.

Hans Günter Pflaum: Herr Reitz, noch mal zurück zur früheren Frage. Zehntausend Mark pro Tag für die Postproduktion, das ist, auch wenn ein Drehtag mehr kostet, weit entfernt von der Situation des Künstlers in seinem stillen Kämmerlein. Kann man sich den alleinschaffenden Computerkünstler überhaupt wie den einsamen Poeten vorstellen?

Edgar Reitz: Ich weiß nicht, ob meine Hoffnung auf das Individuum von Künstler, der sich in seinem Dachstübchen verkriecht und ein geniales Werk schafft, nicht auch eins dieser Relikte des neunzehnten Jahrhunderts ist. Es ist anzunehmen, daß dieses Idyll nichts mehr zu suchen hat in der schönen neuen Welt. Vielleicht leiden die Genies auch nicht mehr unter ihrer Ausdrucksnot. Ich kann für mich selbst aber, weil ich noch so erzogen wurde, nur vom Individuellen ausgehen. Die Zersplitterung der Kathedralen, von der Frau von Wahlert gesprochen hat, hat ja den Humanismus hervorgebracht, von dem wir jetzt Abschied nehmen.

Christiane von Wahlert: Wenn Sie über das mögliche Ende des Autors sprechen, dem weine ich, ehrlich gesagt, keine Träne nach. Wenn wir darüber sprechen, wie der sogenannte Autorenfilm bei uns in Deutschland verstanden worden ist, dann steckte da doch eine ungemeine Hybris dahinter, nämlich Hybris des Regisseurs. Die Cutterin am Schneidetisch und der Kameramann fielen völlig unter den Tisch in ihrer Bedeutung. Daß diese dominante Betonung der Autorschaft durch den Regisseur abgebaut wird, zugunsten eines kreativen Teams oder vieler kreativer einzelner, finde ich nur gut. Ich finde es nicht schlimm, daß diese hypertrophe Vorstellung, da habe ein geniales Individuum einen großen Wurf gemacht, etwas relativiert wird.

Hans Günter Pflaum: Wir sollten hier nicht in die Debatte des Autorenfilms einsteigen; andererseits glaube ich, daß, wenn wir aus der abendländischen Kunst die Hybris abziehen würden, sehr viel verlorengehen dürfte. Es hätte vieles dann einfach nicht gegeben. Sie haben in einem Referat Wim Wenders zitiert, der erklärt hat, wer im Jahr 2000 die Bilder beherrscht, der beherrscht die Welt. Das klingt weit skeptischer als das, was Sie hier gesagt haben. Hat sich Ihre Einstellung inzwischen geändert? Sehen Sie die Entwicklung inzwischen positiver?

Christiane von Wahlert: Nein, das nicht. Aber meine persönliche Meinung dazu ist ja ganz irrelevant. Ich versuche erst einmal, die Phänomene zu verstehen, unabhängig davon, wie ich sie dann bewerte. Es gibt dominante Entwicklungstendenzen, die aber in sich widersprüchlich sind. Es gibt natürlich – und das meinte Wenders mit seinem Zitat, wer die Bilder beherrscht, beherrsche die Welt –, es gibt natürlich einen gigantischen Konzentrationsprozeß auf seiten des Kapitals. Der Export von audiovisuellen Produkten ist der zweitgrößte Außenhandelsposten der Vereinigten Staaten. Der erste ist Luftfahrttechnologie, Raumforschung und Militaria – das ist technologisch alles verwandt –, und der zweite sind die audiovisuellen Produkte. Und dieser Prozeß der Kapitalkonzentration wirkt sich natürlich so aus – Karl Marx, der Gute, hat ja in vielem recht gehabt –, daß die Kleinen sterben. Schauen Sie sich die deutsche Verleihszene und ihre Veränderungen an. Aber es ist einfach nicht mein Blick auf die Welt, daß ich dastehe und lamentiere. Ich analysiere lieber. Es gibt gleichzeitig widerläufig andere Tendenzen. Dadurch, daß die Fernsehkanäle so explosionsartig zunehmen und jedes einzelne Programm immer unwichtiger wird, weil sich nämlich die Programme in ihrer Wirkung gegenseitig aufheben, gibt es ja auch neue Freiheiten. Arte zum Beispiel hat sich unter der Hand zu der Filmförderungsanstalt Europas für kleine Produzenten entwickelt. Jeder versucht, seine individuelle Handschrift bei Arte unterzubringen, einen Themenabend vorzuschlagen oder zu beliefern. Wir haben es eben nicht nur mit Kulturverfall zu tun, sondern mit einer widersprüchlichen Situation. Natürlich läuft die Entwicklung herrschaftsförmig, konzentrationsförmig. Aber es gibt auch Lichtblicke. Kreativität läßt sich nämlich nicht bedingungslos vereinnahmen. Die Ultima ratio der Planung beruht auf Verfügbarkeit aller Faktoren. Kreativität ist genau das andere, nämlich nicht planbar und berechenbar. Und darin liegt eine große Chance. Die Planer, das Kapital, sind angewiesen auf kreative Köpfe. Es gibt zwei Engpässe, die nicht beliebig verfügbar sind. Der eine ist die Kreativität, die gibt es nämlich nicht in beliebig ausdehnbarem Maße. Es mag irgendwann einmal fünfhundert Fernsehkanäle geben, aber wer um Gottes willen soll denn da noch irgendeinen gescheiten Satz an Programm produzieren? Es gibt noch einen weiteren Engpaß – das ist die Lebenszeit. Vierundzwanzig Stunden hat der Tag, und jeder stirbt irgendwann einmal. Die fünfhundert Programme müssen durch zwei kleine Löcher, durch unsere Augen, in unser Hirn gelangen... Kreativität auf der einen, Zuschaueraufmerksamkeit auf der anderen Seite sind zwei knappe Güter, gewissermaßen naturwüchsige Regularien. Sie sind nicht beliebig vermehrbar und an der Börse nicht handelbar. Insofern sehe ich nicht schwarz.

Hans Günter Pflaum: Ich würde gerne noch einen anderen Aspekt ansprechen, der mir an dieser Entwicklung ein bißchen unheimlich ist. Nehmen wir zum Beispiel an, ein totalitärer Staat möchte den gesamten Briefwechsel seiner Bürger kontrollieren und stellt plötzlich fest, daß dies viel zu viel Arbeit macht. Da wäre es, technisch gesehen, die einfachste Lösung, zunächst die Postzustellung so zu verschlechtern, daß die Menschen auf Telefaxgeräte umsteigen; der Faxverkehr läßt sich mühelos aufzeichnen und ist schon deshalb leichter zu überwachen. Es wäre wohl auch kein Problem, ein Programm mit Reizvokabeln zu entwickeln, das dabei eine automatische Filterfunktion erfüllt. Verglichen mit dem konventionellen Briefverkehr könnte man dieses System weit einfacher kontrollieren. Mit solchen Gedanken macht mir ein Terminus wie «Vernetzung» einfach angst. Als wir für «Die Nacht der Regisseure» im Schneideraum saßen und am Bildschirm allmählich der virtuelle Kinoraum mit den deutschen Regisseuren entstand, war plötzlich Alexander Kluge am Telefon und wollte wissen, was wir da machen. Er hat bei ARRI ein Büro und konnte über seinen Monitor genau die Bilder sehen, die in unserem Schneideraum auf dem Bildschirm entstanden. Was im Kleinen möglich ist, geht auch im Großen – vor allem dann, wenn ein entsprechendes Interesse dahintersteht.

Joachim Polzer: In den Netzwerken stecken Gefahren und Möglichkeiten, wie in jeder Technik. Es ist in der Tat so, daß Sie den Zugriff technisch einschränken und erweitern können. Wenn man es positiv betrachten will, schaffen sie auch neue Foren von Öffentlichkeit. Es können unterschiedliche Grade an Öffnung und Öffentlichkeit hervorgebracht, gestaltet werden. Der totalitären Tendenz des Fernsehens können hier humanere Orte des Verweilens entgegengestellt werden. Menschen, die wahrscheinlich nie aufeinandergetroffen wären, können hier vielleicht wichtige Kontakte knüpfen und sie dann persönlich vertiefen. Die Netzwerke sind momentan noch relativ textlastig und stehen in ihrer Entwicklungsgeschichte gerade auf dem Niveau zwischen «Begossenem Rasensprenger» und «Birth of a Nation», um mal einen filmgeschichtlichen Vergleich heranzuziehen. Edgar Reitz sprach vorhin vom Kino als einem Versammlungsplatz der Generationen. Nun, die immens starke Integrationskraft der Netzwerke wird nicht nur die Generationen, sondern kann auch die Nationen integrieren. Es steckt ein starkes emanzipatorisches und demokratisches Potential in dieser Technik. Im Wettlauf der Medien um die Prädominanz siegt langfristig dasjenige Medium, welches über den höchsten Grad an Integrationskraft verfügt. Daß durch die Ambivalenz der Technik gerade das Emanzipatorische auch in sein Gegenteil verkehrt werden kann, braucht wohl nicht weiter ausgeführt zu werden. Berlusconi–Kirch–Gates und die «Demokratie on your fingertips». Eine Höllenvision.

Herr Reitz, ich muß Ihnen widersprechen. Wir stehen nicht etwa am Ende des Humanismus, wir stehen gerade erst an seinem Anfang. Nicht mehr Familienabstammung, soziale Schichtzugehörigkeit, beruflicher Hintergrund etc. bestimmen und determinieren den Menschen. Durch die gesellschaftliche Auflösung von Formierungen und Institutionen besitzt das Individuum nur noch seine Individualität als Einsatz, die er im Laufe seiner Individuation verwirklichen muß. Ihm bleibt keine andere Wahl: Individuation oder triebliche Regression zum Tier. Das ist die heutige Alternative. Und die Medienwelt gaukelt nun vor, daß im Konsum von Medienprodukten die harte Arbeit der Individuation übergangen werden kann und durch kaufbare Symbolverschmelzung die Individualität quasi «ansteigt» oder sich ausprägt. Diesen Wirkungszusammenhang gilt es zu überwinden. Der Humanismus wird sich dann ganz ohne Ideologie schon von selbst zeigen.

Christiane von Wahlert: Eines ist natürlich klar, je stärker Systeme interdependent sind, desto störanfälliger sind sie natürlich auch. Ich erinnere an den Frankfurter Flughafen; da hatte jemand vor zwei Wochen zwei Glasfaserkabel durchgeschnitten. Das heißt, 300 000 Fluggäste am Tag mußten ihr Gepäck eigenhändig zum Fluggate tragen, weil das gesamte Kommunikations- und Transportsystem des größten europäischen Flughafens für zwei Tage zusammengebrochen war. Und das mit einer Gartenschere! Das Verhältnis von Akt und Auswirkung ist grotesk – und darin liegt natürlich eine große Verletzbarkeit der Systeme.

Zum Stichwort «Ende des Humanismus». Der Analyse stimme ich

weitgehend zu; aber gleichzeitig bewegen wir uns ja in einer Diskussion, die die Aufwertung der zivilen Gesellschaft formuliert und postuliert. Eine bestimmte Form von Humanismus geht zu Ende. Gleichzeitig ist in den letzten Jahren so breit wie noch nie über die zivile Gesellschaft gestritten und gesprochen worden. In den meisten Köpfen wird doch klar, daß, wenn dieser Planet ein Überleben hat, er dieses Überleben nur als eine und in einer zivilen Gesellschaft hat. Das ist doch ein Stück Begleitmusik. Natürlich ist der Planet in einem beschissenen Zustand, aber glücklicherweise reift ein Bewußtsein heran, daß die Erde nur über eine Weltpolizei und gerechtere Strukturen zu regeln ist. Wenn langsam klar wird, daß UNO und NATO sich als Weltinnenpolizei verhalten müssen – trotz aller riesigen Schwierigkeiten –, dann ist das doch eine Form des politischen Denkens, die der Vernetzung und der Interdependenz auf der medialen Ebene entspricht. Das empfinde ich als positives Zeichen.

Edgar Reitz: Ich würde gern noch etwas über die Begriffe der privaten und der öffentlichen Natur des Menschen hinzufügen. Wir haben ja immer an der Vorstellung festgehalten, daß unsere Teilnahme an der Welt, d. h. am Leben der Gesellschaft, nicht trennbar ist von unserem Körper, von unseren Sinnesorganen und nicht trennbar von unserer sozialen Zugehörigkeit, daß sich unsere persönliche Geschichte nicht von der Gruppe von Menschen trennen läßt, zu der wir gehören, die uns hervorgebracht hat. Dieses Datengeschäft nimmt sich aber vor, den Naturzustand vollkommen zu ersetzen. Sein Angriff richtet sich auch auf unsere Privatbereiche, die Sexualität, die intimen Beziehungen zu Partnern, denn sie alle könnten vielleicht virtuell ersetzt werden, so denken schon besonders findige Cyberspace-Bastler. Offenbar ist gerade die Sexualität so anonymisierbar, daß man sie auch virtuell befriedigen kann. Man träumt von einer Art «Ganzkörperbrille», die alle Wahrnehmungen gleichzeitig, auch die der Haut, simuliert.

Die Teilnahme am öffentlichen Leben, unser Verhältnis zum Staat, wird längst schon durch die Medien ersetzt. Das Fernsehen hat dazu enorm beigetragen, denn Politik findet im Grunde nur noch im Fernsehen statt, und den Staat erfahren wir mit dem Blick auf die Mattscheibe. Wir kennen unsere Politiker längst schon als virtuelle Gäste in unseren Wohnzimmern. Nur wenn es einem Politiker gelingt, auf dem

Bildschirm eine gute Figur zu machen, gewinnt er die Wahlen. Selbstverständlich wird man nicht davor zurückschrecken, das Bild der Politiker einem digitalen «Stiling» zu unterziehen und den Zuschauerbedürfnissen anzupassen. Wir werden schon bald nicht mehr aus eigener Anschauung wissen, wer uns regiert, weil die Bilder der Politiker aus speziellen Designerbüros stammen.

Hans Günter Pflaum: Also, Kohl könnte digital abnehmen...

Edgar Reitz: Er kann sich auch verjüngen lassen. Er könnte auch seinen politischen Nachwuchs erzeugen, und eines Tages könnte jemand regieren, den es nur im Computer gibt. Bei uns sind die ethischen Bremsen noch wirksam. Die Presse wäre sehr motiviert, solche Manipulationen aufzuklären. Aber ist das überall auf der Welt so?

Unsere Augen, die Ohren, alle Sinne, die die Natur uns gegeben hat, sind biologisch und durch eine lange Evolution entstanden. Ich kann mir nicht vorstellen, daß diese unsere Sinnes-Organe mit der elektronischen Entwicklung Schritt halten werden. Auch unsere Seele, unsere Gefühle sind ja aus der langen Geschichte hervorgegangen, in der Menschen es lernen mußten, in realen Gemeinschaften mit anderen zu überleben. All das kann zwar vorübergehend getäuscht werden, aber die Evolution hat ein langes Gedächtnis. Jede Körperzelle erinnert sich daran, daß da etwas war, etwas anderes, Reales, eine Kooperation, eine Liebe, eine Hilfe, ein gegenseitiger Schutz. Diese Erinnerungsweise ist die eigentliche Wurzel der Politik. Ihr permanenter Ersatz durch Medien kann die Menschen nur zutiefst verunsichern. Jede Körperzelle rebelliert gegen die dauernde Täuschung. Dieser unbewußte Aufstand macht krank oder wird die Ursache von Mord und Totschlag. Wir haben heute schon ein gravierendes Defizit an Realität, nicht nur in den wohlhabenden Industriegesellschaften. Früher war es die Liebe, heute ist das Fernsehen das Brot der Armen.

Noch ein kurzes Wort zum Thema Kino. Meine Liebe zum Kino ist in den gefüllten Sälen der fünfziger Jahre entstanden. Ich litt zwar unter dem verlogenen Kitsch vieler Filme, aber ich erlebte auch die Wonne, mit dreihundert anderen im dunklen Raum einen Film zu sehen, der mich in die Nähe faszinierender Menschen entführte. Es waren damals meist europäische Filme, die diese Kraft besaßen, zum Beispiel Filme aus Italien oder Frankreich. Das Kino ist etwas Herrliches für die

Sinne: Wir fühlen im Kino die Gemeinschaft mit den anderen, und es gibt eine körperliche Befriedigung, in einem gutbesuchten Kino zu sitzen. Sinnesorgane und Seele werden gleichzeitig berührt. Das ist doch etwas ganz anderes als die virtuelle Einsamkeit, in die wir zu Hause gelockt werden sollen. Das Kino hat mir immer Hoffnung gemacht.

Diesseits der Zukunft – Die Filmkunst in Erwartung der digitalen Bilder

Der Verlust des Wir-Gefühls

Seit ein paar Jahren, genauer gesagt, seit ich «Die Zweite Heimat» fertiggestellt hatte, schrieb ich in unregelmäßigen Abständen meine Gedanken zu den Veränderungen auf, die sich in den sogenannten audiovisuellen Medien ankündigen. Nur zaghaft konnte ich zur Kenntnis nehmen, daß der Film und das Kino, die seit über dreißig Jahren meine geistige Heimat waren, unwiderruflich in den großen Medienverbund eingemeindet worden waren, in dem ganz neue Eigentumsverhältnisse und ungewohnte wirtschaftliche Interessen herrschen. Es war, als wäre man über Nacht ein Fremder geworden im eigenen Haus, das unversehens auf zugigem Gelände stand.

In allen meinen Aufzeichnungen, vor allem, wenn ich glaubte, mich im Namen aller Autorenfilmer zur Wehr setzen zu müssen, tauchte das Wort «wir» auf. *(Anm.: Wir, laut Duden früher von Herrschern gebraucht, heute noch von Autoren, wenn sie in ihren Büchern von sich selbst sprechen.)* «Wir» müssen uns wehren, «wir» haben ein kulturelles Erbe zu verteidigen, «wir» sind Teil einer wundervollen Filmgeschichte, «wir» feiern den hundertsten Geburtstag «unseres» Kinos, «wir» machen einen Fehler, wenn wir dem deutschen Selbsthaß frönen, «wir» haben eine gemeinsame Zukunft... etc. Schlagartig wurde mir klar, daß ich während der jahrelangen Dreharbeiten zu meinem Filmzyklus über die sechziger Jahre das tatsächliche Ende der Generationssolidarität dieser Jahre verschlafen hatte. Das «Wir» hatte mir bei den Dreharbeiten noch ein Gefühl der Stärke gegeben, mit dem ich diese jahrelange Produktion durchstehen konnte. Das «Wir» erinnerte außerdem so schön an das Gefühl, in einem gutbesuchten Kino zu sitzen. «Wir» genießen den Erfolg eines schönen Films! «Wir» sind in Cannes mit dem neuen Film von... vertreten. Aber es gibt dieses «Wir» nicht mehr. Es kommt seit einigen Jahren auch immer öfter vor, daß gar kein Film «uns» mehr in Cannes oder Venedig vertreten kann. Alle Selbstverständlichkeit, die man im Umgang mit dem Wörtchen hatte, ist verschwunden. Ich spüre nun, beim Durchlesen meiner Pamphlete, daß ich mich gerade durch die Beschwörung des «Wir»-Gefühls isoliere. Alles dreht sich um. Die gutgemeinten «Wir»-Sätze lesen sich sonderbar, exotisch. Atemlos bleibe ich vor Herta Müllers Äußerung stehen, die versichert, daß ihr das Wort «Solidarität» das große Kotzen verursache. Sie spricht aus, was jetzt viele spüren.

Heute muß man genau unterscheiden, wer mit «Wir» gemeint sein kann. Es kann die gesamte Menschheit gemeint sein, wenn ein Satz banal und nichtssagend genug ist. Es kann sein, daß ich eine exakt beschriebene Gruppe meine, die mit dem Plural des Personalpronomens noch ausdrücklich einverstanden ist. Einverständnis kommt allerdings selten vor, ist auch nicht vorteilhaft für den einzelnen, der sich seinen Weg durch die Filmwelt bahnen will. Eigentlich ist niemand mehr ein Teil eines «Wir». Wenn ich vom Film spreche, muß ich mich vor seinem Gebrauch hüten, denn jedes «Wir» nimmt heute einen falschen Klang an. Es klingt mitleiderregend-gestrig in seinem sozialutopischen Anspruch. Das Wort «Wir» suggeriert das Gefühl einer unangenehmen Umarmung, die leicht zur Umklammerung werden kann. Es klingt nach Minorität, aber auch nach Nation. Die Zugehörigkeit zu beidem ist peinlich. Abwehr ist die Reaktion. Jeder steht für sich und beobachtet die Konkurrenz. Der Verlust reicht bis weit in die Grammatik. Die Sprache wird ärmer ohne dieses Wort. Es wird schwerer, sich zu verständigen. Die erste Person ist singulär, was sie nie sein wollte. Das «Du» wird ungewiß, die dritte Person geht keinen mehr etwas an. Ohne «Wir» erstarren die Geschichten zur reinen «Action», ohne «Wir» gibt es kein Mitleid, ohne Mitleid keine guten Filme – hätte ich früher gesagt. Nun muß das Denken ganz von vorne anfangen.

Ich rechne mir vor, was da passiert ist: Das Ende der Utopien, der Zusammenbruch der Ost-West-Polarität, das Scheitern der Protestgeneration, der man schließlich angehört hat. Es ist aber noch etwas anderes, das mich hilflos macht, wenn ich meine gutgemeinten «Wir»-Sätze lese: Ich spüre die neuen Machthaber, die neuen Herren über alle Bilder der Welt, die sich zu neuem Einverständnis gefunden haben. Die Unterhaltungskonzerne, die Fernsehanstalten, die industriehörigen

Förderungsfunktionäre, sie sind nun im Besitze des «Wir». Sie genießen heute diese Einigkeit, über die man kein Wort mehr zu verlieren braucht, so selbstverständlich ist sie. Die Elektronikkonzerne werden alle Bilder, alle Worte, alle Musik, alle Gedanken, alle Informationen besitzen, in Datenarchiven horten oder auf ihren Kanälen vermarkten. Die Manager sind uns nicht bekannt, denn ihre Gesichter sehen grau und alltäglich aus, sie sind Angestellte, weiter nichts. Wie ein Messerstich trifft es mich, wenn sie «wir» sagen. Das Wir der anonymen Eigentümer! Sie wissen, wen sie meinen und wo sie ihr Geld verdienen. Damit ist die wichtigste Position verlorengegangen, die sich die Filmemacher meiner Generation als politisches Ziel gesetzt hatten: der Teilung von Kultur und Wirtschaft entgegenzutreten. Das föderalistische Prinzip mit seiner Kulturhoheit der Bundesländer wurde von Anfang an verwendet, um eine reine Wirtschaftspolitik in die Filmpolitik des Bundes einzuführen. So ist dieser Teilungsgedanke legal verankert worden. Erbarmungslos wurde der deutsche Film in die Bereiche Wirtschaft und Kultur zerteilt. Das, was die Rundfunkanstalten schon vor mehr als einem halben Jahrhundert der Musik angetan haben, indem man sie in E-Musik und U-Musik zerteilte, das tat man in den sechziger Jahren dem deutschen Film an. Das Prinzip von «divide et impera» erscheint am Horizont. Mit Teilungen haben wir Deutschen ja unsere Geschichte. Die Frage ist allerdings, ob es denn je eine Wiedervereinigung des Films geben kann. Wenn man sich ansieht, wie die Wirtschaftsabteilung des Films, genannt Filmförderungsanstalt, in der Berliner Waldbühne den hundertsten Geburtstag des Kinos feiert, mit den von Regisseuren selbstverstümmelten Filmen, moderiert von einem Fernsehstar: da wird erst klar, wem sich die «Filmwirtschaft» in den Rachen geworfen hat. Geteilt bleibt der Film nun wohl für immer in die beiden Schweinshälften, Kunst und Wirtschaft. Die gutgläubigen Kultusminister der Länder wissen inzwischen gar nicht mehr, was dem Film fehlen mag. Brav stecken sie ihre Fördermillionen in den kulturellen Aspekt und verdrängen, daß die Filmkultur ihnen unter der Hand wegstirbt. Sie haben sich damit abgefunden, daß sie bis in alle Ewigkeit kulturelle Filmförderung treiben müssen, ohne daß jemals eine eigenständige Filmkultur, so abgetrennt von ihrer wirtschaftlichen Hälfte, entstehen kann. Zwanzig Jahre lang konnten die Autoren, die Filmemacher, die kritischen Geister, sich wenigstens bemerkbar machen und den gemeinsamen Anspruch mit der Wirtschaft formulieren. Im nachhinein erweist es sich als ein merkwürdiges Unterfangen, denn die vereinigten Individuen, die da «wir» sagten, ahnten nicht einmal, welche Kräfte die Welt wirklich bewegen und welche Geisteshaltung, die man in Oberhausen glaubte, entmachtet zu haben, sich längst staatlicher Institutionen wie der Filmförderungsanstalt bemächtigt hatte. Haben die Streiter von damals wenigstens eine gemeinsame Erinnerung bewahrt, die sich zur gemeinsamen Geschichte der Irrungen und Leidenschaften formen ließe? Ihre Vergeßlichkeit ist groß und wird gefördert durch die bequeme Art, in der man Jahr für Jahr seine immer kleiner werdenden Projekte durchbringen kann. Gibt es heute wenigstens unter den Jungen, die von den Filmschulen kommen, ein Wir-Gefühl, das Gefühl, einen gemeinsamen Weg zu beschreiten? Ihr Desinteresse an Geschichte, an Vergangenheit und Zukunft, macht die junge Generation im Moment zwar stark, aber es verhindert, daß sie sich gemeinsam schützt. Jeder, der heute anfängt, Filme zu machen, muß sich mit der Teilung des Films in Wirtschaft und Kultur abfinden. Mancher wird sie schon für naturgegeben halten.

Ich habe die Gespräche mit den deutschen Regisseuren 1994 noch aus der Vorstellung der Gemeinsamkeit geführt. Sie hatte mich bei der Auswahl der Gesprächspartner geleitet. Mit vielen verbanden mich tatsächlich erlebte Begegnungen und Kämpfe in den frühen Jahren. Mit anderen glaubte ich, verpaßte Begegnungen nachholen zu können. Schließlich gab es Jüngere, die etwas fortzusetzen schienen, was «uns» einmal wichtig gewesen war. Während der Gespräche war unübersehbar, daß es diese Stimmung von Solidarität nicht mehr gibt. Ein wirkliches Gespräch, eins, das auf gegenseitigem Interesse basiert, ist in diesem Jahr, am Ende des ersten Kinojahrhunderts, nicht zustande zu bringen, mit digitalen Mitteln erst recht nicht. Was bleibt, ist die Hoffnung darauf, daß die historischen Kräfte eines Tages wirken und daß die Gemeinsamkeit der Geschichte zusammen mit der Gemeinsamkeit der ökonomischen Fronten wieder erkannt wird. Ich kann mir eine Blüte der Filmkultur nicht anders vorstellen denn als eine, an der mehrere Generationen gemeinsam teilhaben.

Eine internationale Sprache

Film ist eine Kunst ohne Grenzen. Diese Erkenntnis ist hundert Jahre alt und hat die klassischen Stummfilmjahre bestimmt. Die Sprache der Bilder hatte sich in den ersten dreißig Jahren zu einem gewaltigen Ausdrucksreichtum entfaltet, und es ist eine Binsenweisheit, daß die Erfindung des Tonfilms zunächst einmal einen Rückschritt brachte. Hinzu kommt, daß die gesellschaftlichen Katastrophen, der Zweite Weltkrieg und der Faschismus, die Filmkunst in nationale Grenzen zwangen. Die Vertreibung der Juden hat dem deutschen Film speziell ein wesentliches Stück seiner Internationalität genommen.

Die Regisseure, die in den sechziger Jahren begonnen haben, die deutsche Filmgeschichte aus der Provinzialität der Nazigeneration herauszuführen, haben unbewußt einem neuen Provinzialismus gehuldigt: Sie wurden zu Kritikern der gesellschaftlichen Provinzen und haben nur selten versucht, außerhalb ihrer Grenzen verstanden zu werden. Sie formulierten die Anliegen ihrer Generation sehr gut, aber sie klagten deren Lösung vom Staat ein. So haben sie das Funktionärswesen, das heute die deutsche Filmbranche beherrscht, mitverursacht, denn sie haben nach staatlicher Förderung und immer mehr Gremien geschrien. Daß sie sich hinterher über die gewaltig wachsende Bürokratie beklagten, ändert nichts daran, daß sie ihr zugetraut haben, die Filmkultur zu retten. In diesem Punkt können auch Künstler gute Preußen sein in ihrer Staatshörigkeit und dem protestantischen Unglauben an die Macht der Bilder.

Ich spreche von meiner Generation, den Filmemachern, die Mitte der sechziger Jahre angefangen haben, ihre ersten Spielfilme zu drehen. Ich spreche von Überzeugungen, die ich mit der Generation der Filmemacher teilte. Wir haben eine Politik gegen die Produzenten geführt. Warum? Wir kannten doch gar keine richtigen Produzenten! Es gab das deutsche «Schnulzenkartell» der Adenauerzeit. In dieser Zeit herrschten Produzenten, die durch die Heimatfilme, die Karl-May-Filme, durch die Pauker- und Lümmelfilme oder den sogenannten deutschen «Problemfilm» bekannt wurden. Atze Brauner hat es fertiggebracht, sogar einen Fritz Lang auf das Provinzniveau der Wirtschaftswunderjahre hinunterzuzerren, und Ilse Kubaschewski, die erfolgreiche Schnulzenproduzentin, legte das Geld der Kinobesucher in

Grundstücken und Immobilien an. So gering war damals schon ihr Glaube an die Zukunft des Kinos. Wir haben von diesen Produzenten der fünfziger Jahre unser Feindbild hergeleitet. Natürlich auch von der Staatsproduktion der Nazizeit. Wir haben das Autorenkino proklamiert, wurden manchmal gute Regisseure und fast immer schlechte Produzenten. Das hat uns nicht gestört, denn wir verachteten die Produzenten als einen Berufsstand, der sich entweder am Genie der Autoren bereichern will oder die Talente unterdrückt mit seiner Ignoranz. Niemand hat uns gesagt, daß es kein Widerspruch sein muß, wenn der persönliche (regionale) Stoff in der neuen Weltsprache des Kinos seinen (internationalen) Ausdruck sucht.

Es gab in den sechziger Jahren keinen anderen Weg als den des Autorenkinos. Es war nicht nur das Vorbild der Nouvelle Vague, das diesen Weg vorzeichnete, auch nicht der Kunstanspruch der jungen Regisseure, sondern auch die Produktionsverhältnisse im Lande. Die Filmgeneration, die das Kriegsende und den Zusammenbruch der UFA überlebt hatte, besaß einen berserkerhaften Überlebenswillen, der alle Bedenken beiseite drängte und absolut nachwuchsfeindlich war. Die Produzenten dieser Jahre waren hemmungslose Verfolger ihrer durch den Krieg verzögerten Lebensprogramme. Sie waren die Fortsetzung des Booms von 1938, nur ohne Hitler. Keiner von den Regisseuren des Neuen Deutschen Films wäre unter den damaligen Produzenten zum Zuge gekommen.

Die Filmförderungssysteme kann seit dreißig Jahren nur benutzen, wer ein Drehbuch vorlegt. Ich frage mich, wie hätte ich oder wie hätte irgendein anderer deutscher Regisseur je anfangen können, Filme zu machen, wenn er nicht eines Tages sein eigenes Drehbuch verfaßt hätte, das er dann zur Förderung eingereicht hat? Es gab seit dreißig Jahren in Deutschland gar keinen anderen Weg zum Film. So mußte das deutsche Autorenkino entstehen, es gab keine andere Chance. Es gab seit 1960 keinen Produzenten in Deutschland, der einem Wenders, einem Fassbinder, einem Kluge oder einem Herzog seine Filme ermöglicht hätte. Auch die späteren Filme wären niemals zustande gekommen, wenn man auf die Produzenten gewartet hätte. Es gibt sie auch heute noch nicht. Wenn die neue Förderungspolitik sich auf das Konzept des «Produzentenkinos» einstellt, wie die Funktionäre neuerdings betonen, dann muß man sich doch fragen, auf welche Produzenten? Die Förderungsgremien sind doch selbst die eigentlichen Filmproduzenten Deutschlands, denn sie allein entscheiden, was produziert wird und welches Projekt auf der Strecke bleibt. Eine Politik, die dreißig Jahre lang produzentenfeindlich war, kann heute nicht plötzlich mit genialen Produzenten rechnen, die sich als Talentsucher der Nation bewähren. So werden noch viele Jahre kommen, in denen kein deutscher Film im Wettbewerb von Cannes oder Venedig läuft, es werden noch Hunderte von jungen Regisseuren Drehbücher schreiben und hoffen, sich wenigstens als Autorenfilmer zu Wort melden zu können, wenn schon sonst kein Hahn nach ihnen kräht.

Der Produzententyp, den wir brauchen, ist so neu nicht. Es gab schon in der Frühzeit Leute wie Erich Pommer oder wie Serge Silberman in Paris. Auch Heinz Angermeyer war noch bis in die siebziger Jahre einer der letzten echten Produzenten mit Kultur. In Amerika (auch in diesem Punkt schätzen wir Hollywood falsch ein!) hat man immer schon über die Grenzen hinausgedacht, weil man eine multikulturelle Gesellschaft erreichen mußte. Unsere neue Herausforderung – und Chance des Films! – heißt Europa. Auch Europa ist multikulturell und hat gleichzeitig anspruchsvolle Traditionen in der Kultur. Ich behaupte, daß ein Film, der wirklich europäischen Ansprüchen gerecht würde und so kühn wäre wie einer der vielen Dome oder so universell wie einer der großen Romane oder so rätselhaft wie eine der klassischen Symphonien, daß ein solcher Film wie ein Sturm durch Europa wehen würde und alle amerikanischen Erfolge in den Schatten stellen würde. Es ist eine Skeptiker-Legende, der man mit aller Macht entgegentreten sollte, daß nur minderwertige Produkte Erfolg haben können. Das Publikum hat die Künstler oft enttäuscht. Aber es ist auch immer wieder gelungen, Qualität zum Erfolg zu bringen. Ich habe oft den Eindruck gewonnen, daß es ziemlich leicht ist, ein künstlerisches Gefühl kompliziert und dunkel auszudrücken. Allzu leicht hält man seine unklaren Gedanken für rätselhaft und tief. Es ist das allerschwerste, aber auch die notwendige Konsequenz guter Arbeit, sich einfach und verständlich auszudrücken. Die besten künstlerischen Leistungen verblüffen immer wieder durch ihre Einfachheit, so daß jeder meinen kann, auf solche Antworten wäre auch er gekommen. Autorenfilmer gefallen sich oft in der Dunkelheit ihrer Gedanken und profitieren davon, daß man im Dunkeln ihr ratloses Gesicht nicht sieht. Es gibt Ungerechtigkeit, ja, aber es gibt auch die Feigheit, die darin besteht, mehr als notwendig zu leiden. Wenn ich mir einen Produzenten wünschen dürfte, wäre es einer, der diese Mechanismen der kreativen Prozesse kennt und fähig wäre, den Filmwerken «zu sich selbst» zu verhelfen.

Die Sprache des Films ist eine Sprache ohne Grenzen, denn sie ist nicht in einem Land und nicht innerhalb bestimmter Grenzen entstanden. Wer es nicht fertigbringt, hinauszugehen in die Welt, wer keine Fremdsprachen spricht und wer sich festklammern will an den bekannten Bildern seines Lebensradius, der braucht wenigstens den Produzenten, der sich auf dem internationalen Parkett der Filmwelt bewegen kann. Die Rolle der Produzenten wird verkannt. Gefordert ist der Produzententypus, der nicht nur Erfolge nachzuahmen versucht und mit «Mainstream-Produkten» den internationalen Massengeschmack bedienen will.

Wenn eine neue Generation aus der Misere der hausgemachten Provinzialität ausbrechen will, wenn sie durchbrechen will in die wirkliche Welt des Films, wie es zur Zeit unsere englischen Kollegen schaffen, dann müssen sie auf die Zusammenarbeit mit dem Fernsehen und auf die Filmförderung konsequent verzichten, denn die Kulturbürokratie ist der Kern des Übels. Es gilt, Wege zu suchen, die an allen diesen Bürokratien und Verstrickungen in die deutsche Vorgeschichte vorbeiführen. Warum scheut man sich so, das Wort «Filmkunst» auszusprechen? Es gehört genauso dazu wie die Unterhaltung. Warum wird der Begriff «Filmkunst» heute so verteufelt? Ich vermute, daß gerade ihre Gegner diesen verquasten deutschen Kunstbegriff heiligsprechen, indem sie ihm jede Natürlichkeit des Gebrauchs verweigern. Die ganze übrige Welt weiß, daß es im Film auch Künstler gibt. So einfach können die Dinge sein, und man muß sich überhaupt nicht schämen, verstanden zu werden. Ich werde immer an der Möglichkeit des freien Autorenkinos festhalten und weigere mich, zu glauben, daß es die Ursache für die Misere des deutschen Films ist.

Neue Konzepte?

Es gibt viele positive Erscheinungen im deutschen Film. Das habe ich bei den Interviews gespürt, die ich mit den Regisseuren geführt habe. Ich war überwältigt von ihrer Ernsthaftigkeit, von ihrem Mut, ihrer Sensibilität, Phantasie und ihrem Wissen über den Job. Man mag einzelnen von ihnen vorrechnen können, daß sie den Herausforderungen ihrer Zeit mit ihren Projekten nicht gerecht geworden oder daß sie allzu subjektiv mit dem Medium umgegangen seien. In der Übersicht ergibt sich aber ein ganz anderes Bild: Die deutschen Autorenfilmer haben wie kaum eine andere Kulturbranche dazu beigetragen, das Nazierbe aufzuarbeiten und die Realität des Zeitklimas darzustellen. Sie waren immer am internationalen Austausch interessiert und haben oft über Jahre allein deutsche Kultur in die Welt getragen. Es gibt hervorragende Kameraleute, die an der Seite der Regisseure herangewachsen sind, und einige von ihnen haben das Format, in der ganzen Welt mit den besten Regisseuren unserer Zeit zu arbeiten. Wir haben weltbekannte Techniker und Equipments, die immer wieder Oscars gewinnen: Die Steenbeck-Tische, die Zeiss-Optiken, die Arriflex-Kameras oder die Sachtler-Stative, sie gehören zu den besten filmtechnischen Produkten, die es überhaupt gibt. Auch das ist deutscher Film! In einem Land ohne Filmblut wäre das nicht entstanden.

Deutschland ist ein Land mit einer ungeheuerlichen Geschichte, die zum Bersten voll ist von erzählenswerten Geschichten. Was Filmstoffe angeht, leben die Autoren hier auf unerschöpflichen Quellen, aber sie merken es kaum. Jedenfalls mußten wir uns oft von den amerikanischen Kollegen zeigen lassen, welchen Reichtum an Filmstoffen wir übersehen (siehe «Schindlers Liste»).

Das Berufsbild des Drehbuchautors hat sich in Deutschland anders entwickelt als in jedem anderen Filmland der Welt. Die Tätigkeit des Schreibens wird anders bewertet als andere Arbeit an der Herstellung eines Films. Es ist, als lebte eine geheiligte Vorstellung vom literarischen Autorentum auch im Selbstverständnis der Drehbuchautoren. Das Schreiben mag ihnen nicht so recht in die Welt des Films passen. Warum kann ein Drehbuchautor nicht, wie es anderswo üblich ist, engagiert werden, wie man einen guten Kameramann, einen Architekten oder einen Schauspieler anheuert, die es selbstverständlich finden, daß sie an der Entstehung eines gemeinsamen Werkes unter der künstlerischen Gesamtverantwortung eines Regisseurs teilnehmen? Ich spreche nicht vom amerikanischen Prinzip, das die Autoren entweder instrumentalisiert und entrechtet oder zu Markenartikelfabrikanten macht, die auf der Börse gehandelt werden. Ich spreche vom Teamwork, ohne das weder die Filmkunst noch die Unterhaltungsindustrie funktionieren kann. Es ist eine der unseligen Wirkungen der Förderungssysteme und des im Geiste mit ihnen verknüpften Fernsehens, daß die Autoren glauben, man könne Filme «schreiben», so wie man Bilder «malt». Das Fernsehen wird von Schreibtischen aus gemacht. Film kann an den Schreibtischen aber nur ruiniert werden. So war es nicht immer. Es gab in den Zeiten der Stummfilm-Klassik einige Drehbuchautoren, deren Einfluß auf die Regisseure enorm war, obwohl sie nichts anderes taten, als ihre Aufträge auszuführen. Man denke an Carl Meyer, der «nur» Drehbücher geschrieben hat. Er war keiner von diesen Schriftstellern, die im Film nichts anderes als eine Nebenerwerbsquelle oder eine Zusatzverwertung ihrer Stoffe sehen.

Drehbücher gelten in der Praxis als der halbe Film. In ihnen wird die Substanz gebildet, aus der die Filme und ihr Markt sich nähren. Es ist aber sehr selten, daß ein Drehbuch schon die cineastische Substanz enthält, die den Film zum autonomen Ausdrucksmittel machen würde. Insofern, als Filme Geschichten erzählen und spannend gebaut sind, hat das Drehbuch immer einen enormen Anteil an ihrem Zustandekommen. Insofern aber, als Filme die Zuschauer in die geheimnisvolle Welt der Bilder entführen und sie in die Magie einer Musikalität des Erzählens saugen, sind die Drehbücher kaum wichtiger als die Anteile der anderen Mitglieder des künstlerischen Stabes. Ob erfolgreich oder nicht, sind die meisten Filme, die produziert werden, unfilmisch. Sie mögen zum täglichen Geschäft der Filmbranche beitragen, aber sie bringen die hundert Jahre junge Kunst nicht voran und erhöhen nicht deren Ausdruckskraft. Ich will hier nicht die aussichtslose Diskussion zum Thema Kunst oder Geschäft fortsetzen. Es geht mir lediglich um die Feststellung, daß ein unendliches Feld von ungenutzten Möglichkeiten des filmischen Ausdrucks seit Jahrzehnten brachliegt, weil die Förderungspolitik gemeinsam mit den Fernsehanstalten ihr Heil ausschließlich in den Drehbüchern sucht. Ich frage mich, welches von den fragmentarischen Drehbüchern, die einem Fellini für seine Filme genügt haben, in Deutschland überhaupt hätte gefördert werden können. Ein größeres Vertrauen aller in die genuin filmische Arbeitsweise, im Team, mit Schauspielern, Kameraleuten, mit Licht und Schnittrhythmus, hätte geholfen, den Vorsprung, den der europäische Film einmal in der Welt hatte, wiederzugewinnen. Man muß doch einfach bemerken, daß selbst gängige Actionfilme aus Amerika meist unendlich viel cineastischer sind als unsere Schreibtischfilme. Daß wir den Verlust der europäischen Bilder im Kino beklagen und feststellen müssen, daß die Bilder immer amerikanischer geworden sind, das liegt natürlich auch daran. Wie kann der Glaube ans Kino überhaupt nachwachsen, wenn die gesamte Projektförderung vom Mißtrauen gegenüber den Bildern geprägt ist? Das geschriebene Wort, das in der Bibel des protestantischen Deutschen die höchste Instanz des Glaubens ist, beherrscht und verhindert den Film. Darin mag vielleicht auch die Überlegenheit der romanischen Länder begründet sein, die einen Fellini oder einen Renoir hervorgebracht haben, Bilderpoeten, die sich nie von den geschriebenen Worten haben führen lassen. Ich will nicht gegen die Drehbuchautoren argumentieren, denn ohne sie kann es keine funktionierende Filmkultur geben, ebensowenig wie ohne die Schauspieler oder die Regisseure. Aber ein Filmautor muß das Kino lieben, er muß tausend Filme studiert haben. Er muß die Intelligenz und die Kultur besitzen, einen subjektiven Stoff, wenn er aus der Erfahrungswelt des Regisseurs stammt, respektieren zu können und den Regisseur in seinem Talent und seiner Biografie anzuerkennen, um damit dem Film und seinem Schöpfer (das bleibt für mich der Regisseur) beistehen zu können. Alle Drehbuchautoren kennen doch die Erfahrung, daß ein schönes Buch nicht vermocht hat, den Film zu retten, wenn der Regisseur versagte, oder umgekehrt, daß ein guter Regisseur nach einem mäßigen Drehbuch ein großes Filmwerk gestaltet hat. Wenn ein Film einen Autor hat, im Sinne des gesamtverantwortlichen Urhebers, dann ist es der Regisseur, denn nur zu seinen Aufgaben gehört es, das Werk in allen Entstehungsphasen zu kontrollieren. Ich betone die Autorschaft der Regisseure vor allem auch deshalb, weil sie in manchen Teilen der Welt noch diskriminiert sind. In Ländern, in denen das angelsächsische Copyright gilt, sind Regisseure keine Autoren in unserem

Sinne. Es steht ihnen kein Recht am geistigen Eigentum zu. Drehbuchautoren und Komponisten haben es besser, Regisseure sind keine, wie es inzwischen deutschem Recht entspricht, gleichberechtigten Autoren. Regisseure sind auch bei uns noch «weisungsgebundene» Arbeitnehmer, die im Sinne der Steuergesetze zur Lohnsteuer veranlagt werden. Kein Architekt, Schriftsteller, Maler oder Komponist muß sich das gefallen lassen. Die Fernsehanstalten zahlen den Drehbuchautoren inzwischen immer ein angemessenes Wiederholungshonorar, bei den Regisseuren lassen sie sich nur selten auf solche Verträge ein. Bestenfalls werden ihnen 40 % des Honorars zugestanden, während die Drehbuchautoren 100 % erhalten. Auch deswegen blieb den Regisseuren nichts anderes übrig, als das Modell des Autorenfilms zu wählen, weil sie sich nur dann als Urheber ihres Werkes den Drehbuchautoren gleichstellen konnten. In Amerika, wo das Hauptrecht bei den Produzenten liegt, kann ein Regisseur seine Rechte nur dadurch wahren, daß er Mitproduzent wird. Die Diskussion um diese Fragen ist in den siebziger Jahren einmal mit Vehemenz geführt worden. Jetzt ist es still geworden um das Thema. Wie man hört, wollen die öffentlich-rechtlichen Sender (ZDF) genauso wie die kommerziellen (RTL) in Zukunft möglichst jegliche Vergütung für die weiteren Werknutzungen und Wiederholungen abschaffen, mit dem Argument, diese Ansprüche der Autoren bereiteten ihnen einen zu hohen Verwaltungsaufwand. Die Kommerziellen versuchen inzwischen, die Rechte der Autoren durch sogenannte Buy-out-Verträge auszuhöhlen. Ausgerechnet in Zeiten der weltweiten Ausbreitung von immer mehr audiovisuellen Programmen verlieren die Autoren ihr Selbstbewußtsein und lassen sich mit der Lüge von der Geldknappheit einwickeln. Ein Indiz für Resignation und Angst? Ein Zeichen von besonderer Dummheit ist es allerdings, daß manche Regisseure sich den Rufmordkampagnen gegen den Autorenfilm auch noch anschließen. Solange die Autorschaft der Regisseure nicht überall auch wirtschaftlich gleich behandelt wird, finde ich es Wahnsinn, auf die Mitautorschaft an den Drehbüchern dort, wo sich die Chance bietet, zu verzichten.

Die Filmkunst ist mit ihren hundert Jahren noch so jung, daß es nur wenige Regisseure gibt, die ihr ganz von innen heraus angehören, die heute schon ursprünglich und elementar filmisch, d. h. über die Grenzen hinaus, denken. Viele Filmemacher meiner Generation waren in ihren ersten Impulsen noch Literaten, Theaterleute, Musiker, Maler, Philosophen oder Rechtsgelehrte und arbeiteten sich irgendwie zu dieser faszinierenden neuen Bild-Sprache durch. Allzuleicht verliert diese Macher-Figur, der Regisseur, aber die Kontrolle über das gewaltige Spielzeug, dessen völlige Beherrschung selbst Genies wie Fellini oder Chaplin nicht immer gelungen ist. Jean Renoir nannte den Film ein Spiel mit der Wirklichkeit. Das bedeutet viel, vor allem Maßlosigkeit. Wenn ein Komponist mit Tönen arbeitet, besteht sein Material aus sehr abstrakten Elementarteilchen der Welt. Töne entstehen nur in einem engen Ausschnitt der physikalischen Natur. Ebenso arbeiten die Maler oder die Dichter mit seltenen Materialien, Farben, Linien, Worten, die Substrate der äußeren Welt darstellen. Ein Filmemacher arbeitet mit den bewegten Abbildern einer komplexen Wirklichkeit. Die Kamerabilder lassen sich nur mit großem Aufwand der Mittel auf den besonderen Aspekt, das wesentliche Detail, konzentrieren. Sie sind nicht abstrakt. Insofern ist das Spiel, von dem Renoir spricht, ein Riesenspiel, das oft übermächtige Schöpfernaturen verlangt, wenn es um die künstlerische Durchdringung ihrer Objekte geht. Es sind tatsächlich oft viel zu große Brocken der Welt, die man mit der Kamera erfaßt und zum Bilder-Rätsel umformt. Es ist möglich, daß Filmkunst auch deshalb nur als Teamwork denkbar ist, denn ein tatsächliches Spiel mit der Wirklichkeit überfordert vor allem die Autor-Regisseure.

Filmkunst ohne Grenzen bedeutet, daß die Autoren ihr Publikum weltweit suchen. Der beste Vergleich ist auch hier wieder die Musik: Auch sie ist eine internationale Sprache mit ihren Verbindungen und ihren Maßstäben in der ganzen Welt. Kein Komponist könnte sich in eine solche Provinz zurückziehen, wie man sie im Film zu denken wagt. Kann es heute noch nordrhein-westfälische Musik geben oder hessische Musik oder eine wirklich bayerische Symphonie? Ebenso wie jeder Musiker, der Noten lesen und sinnvoll sein Instrument benutzen kann, sofort in die Welt der Musik eintritt, muß auch ein Filmemacher, der ein Projekt aufgreift, die Welt des Films betreten, die eine gemeinsame Sprache spricht, die in allen Gegenden der Welt gültige Maßstäbe für Qualität kennt, die vor allem überall verstanden werden kann.

Die Autoren in den Neuen Medien

Hier geht es um einen scheinbaren Widerspruch, denn Filmemacher zu sein, das bedeutet für mich, zu machen, was nur ich machen kann, so gut wie möglich und so lange wie möglich. Es war mir auch von Anfang an klar, daß ich als Filmemacher ein Autor bin wie jeder andere Künstler, der die Kontrolle über sein Werk beansprucht. Was ist das, was nur ich machen kann? Zunächst, und besonders wenn man jung ist, ist das überhaupt keine Frage, denn man spürt die Kraft in sich und macht sich auf den Weg. Das nennt man Talent: Man erkennt es an dem, was einem leichtfällt. Später im Leben (vielleicht mit dreißig) bemühen sich alle Autoren, sich von ihren Kollegen formal abzugrenzen. Das hat einfache Gründe: die Erziehung, die Konkurrenz, die Kritik, die einen um so wichtiger nehmen, je origineller man ist. Wenn man schließlich ein noch längeres Stück Leben überschauen kann, fängt man an zurückzublicken. Man entdeckt sich als Teil der Zeitgeschichte und beginnt, sein eigenes Leben, seine Erinnerungen zu beschreiben. Jetzt hat man etwas gefunden, was es nur einmal auf der Welt gibt: die persönliche Geschichte. Alle Autoren entdecken eines Tages den autobiographisch gefärbten Stoff.

Dieses Selbstverständnis der Autoren, etwas machen zu wollen, was nur sie machen können, ist international. Es hat bestimmte kulturhistorische Hintergründe. Jeder kennt aus der Geschichte die Werke seiner genialen Vorbilder mit den dazugehörigen literarischen Biographien. Leitbilder wie Goethe, Kleist, Proust oder Hemingway werden schon in den Schulen vermittelt oder durch die Veranstaltungen der Theater geehrt. Man kennt die Komponistenlegenden von Mozarts Requiem, von Bruckners zehnter Sinfonie, von Schönbergs Angst vor der Zahl 13, die sein Todesdatum wurde. Die abendländische Kulturgeschichte kennt nichts anderes als diese Hybris der Künstler und die untrennbare, oft fatale Verknüpfung zwischen Biographie und Werk. Generationen von Philologen, Filmhistorikern, Musikologen haben sich mit nichts anderem beschäftigt als damit, aufzuzeigen, wie sich Leben und Kunst miteinander verstricken. Aus dieser gewaltigen Vorgeschichte erbt jeder Autor ein Stückchen, das ihn quält oder verpflichtet. Die Bildungs-Story setzt Maßstäbe für alle. Und gerade dann, wenn einer nichts zu tun haben will mit ihr und auf Kunst und Hochkultur flötet, weiß er es und kann sich nicht naiv einreden, er hätte mit alldem gar nichts zu schaffen. Jede Autorentätigkeit, selbst die beschissenste Gelegenheitsarbeit eines Verzweifelten, der sich außerdem für unbegabt hält, trägt in sich noch das Geheimnis der Autoren-Einsamkeit. Der rettende Einfall, wenn er denn überhaupt kommt, entsteht in den Tiefen des unteilbaren, unverwechselbaren Ich, das immer noch, wenn auch nur ein kleines bißchen, mit Goethe verwandt ist. Die einen mögen es kulturgeschichtliche Prägung nennen, daß Autoren so individualistische Leute sind, eine Prägung, die vielleicht in Europa anders ist als in Amerika oder Asien, die anderen mögen sagen, Kreativität gäbe es gar nicht anders als unter dieser Bedingung des einsamen, persönlichen Machens.

Ich bin erstaunt, wie radikal mein Autorenanspruch gleich klingt, wenn ich ihn so erkläre. Ich bin erstaunt, weil ich ja kein Literat bin und kein Komponist. Ich übe meist eine Tätigkeit aus, die nicht annähernd so einsam ist wie dieser Schöpfungsakt, den ich den Malern oder Komponisten zugestehe. Einen Film dreht man immer in Zusammenarbeit mit vielen anderen, die nicht weniger kreativ sein müssen als die Regisseure: die Kameraleute, die Drehbuchautoren, die Schauspieler, die Szenenbildner, die Cutter oder die Filmkomponisten. Auch unter den guten Produzenten finden sich die schöpferischen Mitgestalter der Filme, die vielleicht sogar einen besonders hohen Anteil am Zustandekommen des Werkes haben, wenn sich ihr Glaube an die Sache auch noch mit einem wirtschaftlichen Risiko paart. Der Film ist, weil er alle bisherigen Kunstgattungen zusammenfaßt, vergleichbar mit dem, was Wagner als «Gesamtkunstwerk» bezeichnete. Jeder, der einen Teil dieses Gesamtwerkes zu verantworten hat, empfindet sich als Autor, nicht nur als Autor seines Teilbereiches, sondern als Mitautor eines Ganzen. Das begründet auch diese unverwechselbare Stimmung, die in Filmteams herrscht und die einen großen Teil der Faszination ausmacht, die das Medium Film umgibt. In den dreißiger und vierziger Jahren, als der Kinofilm noch die einzige internationale Massenunterhaltung war, lebte die Branche von zahllosen Legenden über Teams, Studioarbeit, Schauspielerrivalität und die Schlachten, die für das Zustandekommen der Filme geschlagen wurden. In einem Filmteam wimmelt es von Autoren. Und sie alle fühlen sich ganz individuell, von ihrer Biographie geprägt, und sie alle fordern die Kontrolle über ihr Werk. Sie verhalten sich kollektiv zum Film so, wie der Einzelautor sich z. B. gegenüber seinem Roman verhält. Wenn man ihnen diese Kontrolle wegnimmt, fühlen sie sich enteignet. Hier entsteht in der täglichen Praxis der Filmherstellung eine Leidensgeschichte von Anfang an. Gerade in Hollywood sind zahllose Autoren und Teilautoren enteignet und um ihr Lebensglück gebracht worden. Man wird entgegenhalten, daß es andererseits auch keine erfolgreichere Produktionsmethode gibt als die amerikanische, die ihre Autoren am wenigsten schützt. Wenn einer diese Art von Erfolg anbetet, sollte er wenigstens begreifen, daß man um so mehr verpflichtet wäre, die Autoren zu entschädigen, denen man die Erfolge ja nur verdankt, weil sie das alles mit sich machen lassen.

Als ich anfing, vom Filmemachen zu träumen, gab es wunderbare europäische Vorbilder: die Filme des italienischen «Neorealismo» mit Autoren wie Rossellini, De Sica, Visconti, Pasolini, Fellini und Antonioni, der wie kein anderer das Lebensgefühl der frühen sechziger Jahre in immer neuen unglücklichen Liebesgeschichten beschrieb. Es gab die Nouvelle Vague in Frankreich, die den Begriff des Autorenkinos überhaupt erst propagierte, mit unsterblichen Autoren wie Truffaut, Rivette, Malle, Godard, Varda, Resnais, deren Filme eine ganze Generation von Filmleuten der Welt geprägt haben. Es ist ganz natürlich, daß auch in Deutschland eine Aufbruchsstimmung entstand, die von diesen Vorbildern inspiriert war. Was mir heute aber auffällt, ist, wie gut diese kulturelle Bewegung sich an alle anderen kulturellen Bewegungen anschließt, die es immer wieder in Europa gegeben hat. Ob das Bewegungen (Wellen) sind, die z. B. die Malerei im Frankreich der Jahrhundertwende geprägt haben, oder die «Schulen», die es in der Musikgeschichte (z. B. in Wien) gegeben hat oder im Theaterleben Berlins in den zwanziger Jahren. Diese Wellen, zu denen auch der Neue Deutsche Film gehörte, haben immer eine gemeinsame Botschaft für die Zeitgenossen gehabt: Nicht Systeme und herrschende Mächte wissen, was die Stunde gebietet, sondern nur die einzelnen Macher. Es sind immer die Individuen, die sich gegen die Denkgewohnheiten der Systeme stellen. In diesem Punkt waren die Filmautoren der ganzen Welt sich einig, daß sie mit ihrer Arbeit eine Tradition fortsetzen, die sich in nichts unterscheidet von den humanistischen Idealen, die alle Künste des Abendlandes seit zweihundert Jahren verbindet.

Es scheint, daß wir nun, am Ende des Jahrtausends, vor einer weltweiten Wende dieses Kulturverständnisses stünden. Erleben wir das Ende des Humanismus?

Der Film ist ein Kind des technischen Zeitalters, und es sind nicht die Autoren, die ihn erfunden haben, sondern Mechaniker, Ingenieure. Immer waren diese technischen Entwicklungen den künstlerischen Ideen voraus. Als es die Künstler gelernt hatten, sich im Stummfilm auszudrücken, kam der Tonfilm. Als man den Tonfilm begriffen hatte, stellte der Farbfilm neue Fragen. Die Fernsehtechnik wurde erfunden, lange bevor irgend jemand auf der Welt ahnte, was dieses Medium für den Film bedeutet, und es dauerte drei Jahrzehnte, bis man begriff, worin der Wirkungsmechanismus der bewegten Fernseh-Bilder in den Wohnzimmern besteht.

Den Autoren ist die merkwürdige Rolle zugefallen, immer nur hinterherzuhetzen. Vor allem die jüngeren von ihnen fühlen sich zwar mächtig angezogen von dem neuen Werkzeug und von der imponierenden Verbreitung, die die technischen Medien anbieten, sie kommen aber nie zur Besinnung. Sie reagieren immer nur, statt agieren zu können. Ich habe oft die Autoren der klassischen Künste, die Schriftsteller oder die Komponisten, um ihre Gelassenheit beneidet, die sie aus der langen Vorgeschichte und der Selbstverständlichkeit beziehen, die ihrem Gewerbe anhaftet. Nun beneiden die Schriftsteller möglicherweise die Filmemacher, um ihrer Unruhe willen.

Multimediale Bilderwelt

Über die Neuen Medien, über Datenautobahn, Digitalisierung, über die Macht der Bilder oder virtuelle Realität zu sprechen ist ein Modethema geworden. Erstaunlich, wie wenig Konkretes man andererseits in Autorenkreisen darüber weiß. Viele von den schreibenden Autoren hacken ihre Texte noch auf ihren alten Schreibmaschinen und geraten beim Anblick eines Schreibcomputers in Panik. Viele Regisseure klammern sich an den 35-mm-Film, stilisieren seinen Silbernitratgeruch zum Mythos und haben keine Ahnung davon, wie Fernsehbilder zustande kommen, obwohl sie seit Jahren vom Fernsehen leben. Gleichzeitig überspannt bereits heute ein gewaltiges Verteilernetz von immateriellen Bildern die Erde. Es ist wahrscheinlich nach der Erfindung von Auto, Flugzeug, Telefon und Fernsehen der folgenreichste Schritt der Menschheit, daß sie es gelernt hat, sich weitgehend von der Materie, aus der wir alle gemacht sind, zu trennen. Was damit in unser Blickfeld rückt, das ist eine neue, immaterielle Weltkultur.

Das Stichwort heißt Digitalisierung. Digital ist die Sprache der Computer. Sie zerlegt alle Informationen in den Code der Zahlen Null und Eins oder in die Grundbegriffe Ja und Nein. Das Geheimnis ist lediglich die Geschwindigkeit, mit der diese primitivste Art, sich auszudrücken, übertragen werden kann. Alles, was wir sehen, hören, fühlen, denken, schreiben, sagen, kann man angeblich in diese Sprache übertragen. Texte, Aufträge, Musik, Baupläne, Grafiken, Raumkonzepte und vor allem Bilder, bewegte Bilder, farbige Bilder, räumliche Bilder, fiktive Bilder, historische Bilder, die ganze unendliche Bilderwelt, lassen sich in Datensequenzen aus den Zahlen Null und Eins zerlegen. Daten können in Dateien oder Datenbanken verwaltet oder von ihnen aus weiterverteilt werden, Daten kann man in Computern verarbeiten, ändern, verknüpfen, beliebig verschieben. Alle Bibliotheken der Welt werden eines Tages digitalisiert sein, alle Bildarchive und Cinematheken, alle wissenschaftlichen Kenntnisse und alle Bilder aller Galerien, alle Konzerte, alle Partituren, alle Musikaufnahmen, alle Fernsehsendungen und alle Gesetzestexte, alle Sprachen und Lexika der Welt werden eines Tages digitalisiert sein und auf eine Weise verfügbar, die unser Weltbild total verändert. Denn nichts, was digitalisierbar ist, ist noch an die Materie, an Ort und Zeit gebunden. Die Menschheit verläßt damit in weiten Bereichen ihrer kulturellen Existenz die physikalische Bindung, die uns seit Jahrtausenden als Schicksalshorizont gegeben war. Was würde man dazu sagen, daß eine japanische Firma die Sixtinische Kapelle digitalisiert und vom Vatikan die Rechte dazu gekauft hätte? Daten nehmen keinen Raum ein. Daten verwesen nicht, Daten verlieren nichts an Substanz, wenn man sie kopiert, vervielfältigt. Daten sind unsterblich, denn sie können sich vermehren wie Bakterienstämme oder Viren. Bei Daten gibt es nicht mehr das Original. Das Werk der Autoren ist, sobald es in den Computer eingegeben wurde, kein Original mehr. Es kann nicht mehr in Autographensammlungen gehütet werden, es kann nicht mehr von Philologen in bezug auf den Originaltext und seine Bedeutung untersucht werden, es unterscheidet sich nicht mehr von seiner Verfälschung. Daten sind deswegen keine Dokumente mehr. Niemand kann mehr den Werdegang, den Entstehungsprozeß eines Werkes nachvollziehen, denn alle Computertexte sind perfekt, wie auf Hochglanzpapier gedruckt. Ich habe das selbst erfahren, als ich mir vor einigen Jahren einen Computer anschaffte, weil ich nicht zu den Neandertalern gehören wollte, die ihre Suppe noch auf dem Feuer kochen. Es war eine faszinierende Zeit, als ich den Umgang mit dem Schreibprogramm lernte. Die Nächte flogen dahin, während ich mit dem Computer spielte und mich immer wieder im Dickicht der Menüs, Dateimanager, Textbausteine oder Mausklicks verirrte. Ich habe in diesen Wochen lauter Schwachsinn geschrieben, aber er war perfekt in seiner Grafik und sah aus wie für die Ewigkeit gedruckt. Irgendwo befindet sich dieser Daten-Unfug auch immer noch in den Ritzen meiner Festplatte, denn der elektronische Papierkorb kann eigentlich niemals geleert werden. In der immateriellen Datenkultur wird ein Problem auf uns zukommen, das mir irrsinnig erscheint: Es wird unvorstellbare Mengen an Datenmüll geben, der nicht entsorgt werden kann, weil er nicht stinkt, nicht schmutzig ist und dennoch die ganze schöne neue Datenautobahn unter sich zu ersticken droht. Die digitale Kultur kennt keine Qualitätsunterschiede. Alles ist perfekt: der Dreck auch und die Kunst.

Bei den Bildern ist der digitale Fortschritt noch viel folgenreicher. Was haben sich doch Generationen von Filmschaffenden geplagt, Filmrollen in Blechbüchsen zu verschicken, schwere Kopien auf die Schneidetische oder in die Projektoren zu wuchten! Das gehört nun der Vergangenheit an, diese Plackerei. Ich habe vor einem Jahr den Schritt gewagt und gelernt, wie man Filmbilder mit dem Computer bearbeitet. Eine faszinierende Welt hat sich vor mir aufgetan: In die digitalen Bilder kann ich beliebig eingreifen. Wenn ein Schauspieler in die falsche Richtung schaut, drehe ich ihn einfach um, wenn er die falsche Haarfarbe hat, färbe ich ihn ein, wenn mir sein Gesicht nicht gefällt, unterziehe ich ihn dem «Morphing-Programm» und gebe ihm die Züge eines anderen. Ich kann mit Hilfe der Computeranimation ganz neue Schauplätze bauen. Man nennt das «kreieren», man kreiert mit der

Maus. Ich kreierte zum Beispiel einen dreidimensionalen Helikopter, der auf einem fiktiven Platz landet. Ich lasse meine guten alten Freunde, die noch in der schwerfälligen analogen Welt leben, einfach in meinen Digibildern auftreten. Ich bringe Menschen zusammen, die einander nie im Leben gesehen haben, und wenn ich zweitausend Komparsen brauche, dann werden die paar, die ich mir leisten kann, einfach elektronisch geklont. Ich muß mir auch nicht mehr alles selbst ausdenken, denn ich kann mir aus fremden Filmen die Elemente herausklauen. Das geht sehr leicht. Wenn mir ein Gebäude gefällt, eine Reitergruppe oder aus einem fremden Film das Licht, so vereinige ich die Teile in meinem Rechner zu neuen Szenen, denen niemand mehr ansieht, wie sie zustande gekommen sind. (So arbeiten heute auch schon viele Videokünstler, die keinen Grund sehen, ihre Bildelemente selbst mit der Kamera aufzunehmen. Sie greifen einfach auf die vorhandene Welt der Bilder zurück und verändern sie im Computer. Das Ergebnis nennen sie ihr persönliches Werk.) Es gibt ja auch bei den Bildern keine Originale mehr und keine Kopierverluste. Die Stadien der Herstellung verschwinden im Datenstrom und sind nicht mehr nachweisbar. Also, warum soll ich mir die Mühe machen und Bilder neu erfinden? Schon gibt es Agenturen, die computergenerierte Requisiten verkaufen, Oldtimer, Flugzeuge, Tiere, auch Innenräume, Bauten oder Komparsen, die aus anderen Filmen stammen. Die Studiofirmen verkaufen diese digitalen Bildelemente, die aus vorausgegangenen Produktionen stammen, schon heimlich an solche Agenturen. Ein Schauspieler darf sich nicht wundern, wenn er in Zukunft in einem Film auftritt, bei dem er niemals mitgewirkt hat. Ein Gebirge von urheberrechtlichen Fragen türmt sich vor uns auf.

Was sagt zum Beispiel der Gesetzgeber zu der Möglichkeit, die jeder Benutzer der Datennetze hat, die abgerufenen Texte, Bilder, Programme zu verändern und danach wieder in die Netze einzuspeisen? Es ist anzunehmen, daß ein wildwucherndes Geflecht von Subnetzen entstehen wird, durch die jeder, der damit spielt, ein völlig neues Rechtsempfinden bekommt. Die Autorenrechte, die bisher noch die Werke vor solchen Eingriffen schützen, werden als lästige Hemmnisse empfunden werden, die zu umgehen ein weltweiter Volkssport werden kann. Das Urheberrecht setzt ja heute schon kaum mehr Hemmschwellen, wenn es ums illegale Kopieren von Bild- oder Tonträgern geht. Der Begriff der Werkentstellung muß eines Tages im Gesetz genauer definiert werden, denn schon jetzt sind die Autoren eingeschüchtert und unsicher. Ist eine Werbeeinblendung schon eine Entstellung? Ich finde: ja. Ist es eine Entstellung, wenn man meinen Film, oder Teile daraus, mit anderen Werken verknüpft, um daraus ein «interaktives» Programm zu simulieren? Ist das Sendersignet in der Bildecke eine Entstellung? Die elektronischen Medien kennen an und für sich keinen Respekt vor der schöpferischen Leistung, obwohl sie ihr Geschäft doch mit nichts anderem als mit ihr machen können.

Die Möglichkeiten der digitalen Bildbearbeitung sind so vielfältig, daß es keinen Sinn macht, wenn wir Filmleute uns vor ihnen verschließen. Die Zeiten, in denen man Bilder nur mit Hilfe von Kameras machen konnte, erscheinen wie graue Vorzeit. Auch die Theorien sind überholt, die da sagten, die Kamera-Bilder enthielten eine dokumentarische Wahrheit, weil die Linse immer eine Art Augenzeuge sei, weil das Objektiv eben objektiv sei. Dies ist Unsinn, denn Film war immer schon Manipulation und Illusion. Jedes Detail dieser «Welt der schönen Täuschungen» ist nun nachträglich digital herstellbar, veränderbar. Damit sind, das müssen wir zugeben, der Gestaltung neue Wege geöffnet. Es werden Werke entstehen, die uns alle verblüffen. Ich stelle mir vor, daß der Weg von den Ideen zu ihrer Verwirklichung viel kürzer wird. Warum sollen die Produktionskosten auch in Zukunft in Ausstattung und gewaltige Studiobauten fließen? Wenn man in den filmhistorischen Sammlungen und Ausstellungen die Szenenbildentwürfe der großen Filmarchitekten sieht, dann kann man bewundern, wie ausdrucksvoll sie einmal waren, bevor sie als fertige Studiobauten, die wir aus Filmen zwischen «Metropolis» und «2001» kennen, den begrenzten finanziellen und technischen Realitäten angepaßt wurden. Ich denke mir, daß es mit Hilfe der Digitaltechnik eines Tages möglich sein wird, lebende Schauspieler in den phantastischsten Dekorationen agieren zu lassen, die keinerlei Rücksichten mehr auf Geld und Technik nehmen müssen. Ich glaube, daß man die erdachte Handlung dann auch in zeitgeschichtliche Bilddokumente oder in tatsächliche Kriege, in tatsächliche Massenveranstaltungen oder Katastrophengebiete verpflanzen kann. Das audiovisuelle Erzählen wird damit dem literarischen Erzählen viel näher kommen. Die Phantasie der Autoren muß sich dann nicht mehr nur an den Grenzen der Produktionsbudgets abplagen. Es ist sogar ein neuer Typus von Autorenfilm denkbar, den tatsächlich einer ganz allein an seinem Computer realisiert. Das wäre der neue Autorentypus, der die ganze Palette der digitalen Techniken wie ein spielendes Kind beherrscht. Aber auch von allen diesen neuen audiovisuellen Werken wird es kein schützbares Original geben. Man wird später nicht in die Museen gehen können, um die Entwürfe zu bewundern und zu studieren, wie es zum fertigen Werk gekommen ist. Wenn es Dokumente gibt, sind diese keine Originale, und niemand kann beweisen, daß sie echt sind.

Betrachten wir aber die andere Seite, nicht die der Macher, sondern die der Händler: Für sie sind digitalisierte Bilder die reine Freude. Sie sind jederzeit und überall auf der Welt verfügbar, sie können ihre Wirkung tun, wo sie gebraucht und bezahlt werden. Endlich kann mit allen Bildern gehandelt werden, ohne daß sie einem gehören. Das war mit Filmrollen in diesem Maße nicht möglich, weil es immer noch das materielle Originalnegativ gab, von dem man nur begrenzt viele Kopien von unterschiedlicher Qualität anfertigen konnte. Das gleiche gilt für Ton- und Videobänder, bei denen es noch das Original gab und das Naturgesetz vom Qualitätsschwund beim Kopieren. Die digitalen Bilder sind nicht an die Fernsehelektronik gebunden. Man kann Bilder in jeder Auflösungsqualität digitalisieren. Die Rechner brauchen nur etwas länger, wenn sie Daten in Bilder von Kinoqualität umrechnen. Die Märkte für Bilder sind unvorstellbar mit ihren Milliardenumsätzen. Sie übertreffen vielleicht bald den Handel mit Erdöl, Waffen oder Lebensmitteln. Die Datenmärkte sind immateriell. Man sieht sie nicht, man kann sie nicht betreten, man kann sie von außen nicht kontrollieren, denn sie sind mit raffiniertesten Datenschutzprogrammen geschützt. Die Bildermärkte sind unersättlich, vor allem was den Aufwand angeht, mit dem Bilder produziert werden. Jetzt schon ruinieren sich die größten Hollywoodkonzerne mit den Herstellungskosten solcher Bilder; jetzt schon wächst der Bedarf an Autoren, die solche Bilder und die dazugehörigen Geschichten erfinden. Die Bilder der Welt werden sich mit der Zeit im Eigentum einiger weniger Giganten befinden, die aus allen anstehenden Pleiten und Spekulationen an diesem immateriellen Markt übrigbleiben. Ein Medienmogul wie Leo Kirch ist vermutlich noch ein kleiner Fisch in diesem unsichtbaren Handelsgewässer.

Das Wohnzimmer als Schlachtfeld

Wie müssen wir uns die Zukunft der Konsumenten vorstellen? Man nennt sie ja nicht mehr Publikum, wie früher im Kino, auch nicht mehr Zuschauer, wie früher beim Fernsehen, sondern nur noch User. Also, die User werden ihre Fernsehgeräte und Videorecorder entsorgen lassen, um dafür einen Computer mit CD-ROM-Laufwerk, Festplatten und Modem, dies ist ein Anschluß an die öffentlichen Datennetze, aufzustellen. Damit können auch die Fernsehantennen und die neuen Satellitenschüsseln weggeworfen werden. (Der Elektronikmüll ist jetzt schon ein Entsorgungsproblem. Er wird noch gewaltig wachsen.) Auf den Computermonitoren, die wahlweise auch mit Flachbildschirmen und Heimprojektoren aufrüstbar sind, kann nun jedes gewünschte Programm gesehen oder über die Stereoanlage hörbar gemacht werden. Die Computermaus ersetzt die ehemalige Fernbedienung. Der glückliche User kann die Datenbanken anklicken und unter Millionen von Programmen wählen. Alles, was auf der Welt digitalisiert wurde, kann er sich auf seinen Bildschirm zaubern. Es gibt dabei keine Anfangszeiten mehr, keine thematische oder zeitliche Begrenzung. Auch Zensur oder Jugendschutz können entfallen, weil der Zugang zu brisanten Programmen durch Benutzercodes geregelt werden kann. Angeblich genießt der User die unendliche Freiheit der immateriellen Welt. Es hat bereits begonnen, mit den Online-Diensten, und was man seit ein paar Jahren «zappen» nennt, wenn man wahllos in den Fernsehkanälen herumstöbert, heißt nun «durch die Netze surfen». Natürlich wird dem User der Preis für jedes abgerufene Programm automatisch von seinem Bankkonto (immateriell) abgebucht, aber Geld war immer schon eine Fiktion. Sobald der User ein Programm auf seinem Computerschirm hat, kann er damit sehr viel mehr machen als es nur ansehen. Er kann es beschleunigen, verlangsamen, schneiden, umbauen, ergänzen, stehlen, zitieren, kurz, er kann damit beliebig umgehen. Das Programm ist nicht mehr ein festgefügtes Werk, das einen vom Autor vorgegebenen Rhythmus und Aufbau hat. Es kann in allen diesen Kriterien sowohl vom Verwerter als auch vom User mit Leichtigkeit abgeändert und dem momentanen Bedarf angepaßt werden. Das, was man «Interaktiv-TV» nennt, ist nichts anderes als die Nutzung dieser technischen Möglichkeit. Hier verändert bereits der Anbieter das Werk und bietet gewisse Nebenlinien an, zum Beispiel einen zweiten oder dritten Schluß für eine Geschichte, Zusatzinformationen oder formale Spielereien. Wenn sich früher ein Zuschauer seinen Traumfilm zurechtgeträumt hat, indem er, wenn die Geschichte tragisch ausging, sich in seiner Phantasie ein Happy-End inszenierte, könnte er das jetzt real haben. Beim «Bewegten Mann» könnte sich jemand hinsetzen und verlangen, daß die Schwulen zusammenkommen, obwohl es im Comic so ist, daß die Heteros wieder ein Paar werden. Alle Spiele sind erlaubt und müssen als «Interaktiv-Programm» angeboten werden. Die Produzenten werden auf die Autoren zukommen und solche Varianten des Stoffes in Auftrag geben. Es wird Autoren geben, die an solchen Interaktiv-Programmen Spaß finden und diese mitsamt allen ihren Varianten ausdenken. Genaugenommen arbeitet ja das menschliche Hirn auch digital. Es legt sich nie auf eine einzelne Lösung fest und variiert alles. Zumindest muß man festhalten, daß die Gedanken und schöpferischen Einfälle immateriell sind und insofern instabil. Dennoch wird das Autorenhonorar seit eh und je nach seinem immateriellen Wert bemessen, selbst wenn sich die künstlerische Leistung in Sprache oder materiellen Werken äußert. Eine weitere Frage, mit der sich der Gesetzgeber eines Tages befassen muß, ist, ob ein Werk auch dann noch ein schützenswertes Gut ist, wenn es mit Genehmigung des Autors digital völlig verändert werden durfte. Verliert der Autor seine Rechte nicht tatsächlich restlos, wenn er sich auf die Manipulierbarkeit vertraglich einläßt? Ist das «droit moral» der Autorschaft neuerdings zerstörbar geworden?

Die Wohnzimmer des Post-TV-Zeitalters, in denen anstelle der alten Glotze das neue Terminal steht, verwandeln sich in ein Schlachtfeld von Marktinteressen. Die Mehrzahl der User wird absolut nicht fähig sein, dieses gewaltige Angebot von Programmen und Serviceleistungen überhaupt zu begreifen, geschweige denn zu nutzen. Die gebotenen Bildungs- und Kulturgüter geraten ohnehin weit ins Abseits, weil man ihnen nicht mehr zufällig begegnen kann, wie früher im Fernsehprogramm, in Buchhandlungen, Plattenläden oder auf der Straße und in den Museen. Alle diese Institutionen sind ja überflüssig geworden, weil ihr Angebot angeblich in jeder Wohnstube verfügbar ist. Es wird eine Flut von Werbung geben, mit der man die User zum Konsum bestimmter Programme motivieren will. Es wird Kanäle geben, die nur für Kanäle werben. Es wird Postwurfsendungen, Printmedien, Plakate, öffentliche Veranstaltungen geben, die uns einhämmern, was wir zu Hause aus dem Internet zapfen sollen. Die Bedeutung der Verpackung wird sich wandeln, denn bis jetzt erwarten wir doch, daß etwas zum Vorschein kommt, wenn wir die bunten Hüllen entfernen: die eigentliche Ware. Was wird man aber tun, wenn die Ware völlig immateriell ist? In vielen CD-Läden treffen wir unsere Auswahl ja auch heute schon unter den leeren Hüllen. Die Plattenproduzenten wissen genau, daß sie nicht die immer gleichen Scheiben, sondern ihre immaterielle Musik mit Hilfe der Verpackung verkaufen. An der Kasse wird uns dann die glitzernde kleine Scheibe in die Hülle gesteckt. Dieser Vorgang kann entfallen, wenn das Programm über das Terminal zu Hause längst angekommen ist. Vielleicht wird man uns in den Verpackungen nur noch einen Code oder einen digitalen Schlüssel verkaufen, denn die menschliche Natur hört nicht auf, sich sinnlich an der Materie zu orientieren. Wir wollen das immaterielle Gut wenigstens sinnenfroh verpackt genießen. Genauso hat die Kirche schon vor tausend Jahren ihre immateriellen Segnungen, in Bilder und Zeremonien verpackt, an das Volk bringen können. Wir haben es also nicht nur mit brandneuen Vorgängen zu tun!

Die Massengewohnheiten werden allerdings in der Informationsgesellschaft primitiver ausfallen als im christlichen Mittelalter. Der Qualitätsverfall entsteht, weil die Zufallsbegegnungen mit dem Besseren fehlen. Stellen wir uns vor, daß es alles gäbe, was das Herz begehrt, aber es läge nicht mehr in den Schaufenstern der Buchhandlungen, den Regalen der Warenhäuser oder liefe nicht mehr unaufgefordert in den Abendprogrammen des Fernsehens, sondern wir müßten alles eigens abrufen und den Code für alles kennen, dann wären wir ganz hilflos: Gerade am Abend, wenn wir müde und einfallslos an unseren Terminals hängen und nicht wissen, was wir mit uns anfangen sollen, brauchen wir die Verführung zum Guten. Die Nachfrage nach Kultur wird jämmerlich gering werden, selbst wenn alles im Übermaß angeboten würde. Ich denke, daß man schon bald über die vielen konkurrierenden Kanäle von allem, was produziert wird, die Kurzfassung, den Zusammenschnitt, das Potpourri anbieten wird. Jeder Autor wird auch den Trailer zu seinem Stück verfassen oder dulden müssen. Er wird nicht verhindern können, daß sein Werk «marktgerecht» aufbereitet wird. Es gibt heute schon diese eleganten Geräte, mit denen die Privatsender jeden Film auf jede Länge bringen. Wenn alle 20 Minuten Werbung erlaubt ist, stauchen sie einen Film elektronisch von 90 Minuten Länge auf 80 Minuten. So gibt es nach der Werbung keinen Überhang. Die Maschinen, die zu diesen Zwecken gebraucht werden, können erkennen, ob ein Film bewegungsreich oder bewegungsarm ist. Automatisch werden aus den bewegungsarmen Sequenzen unmerklich die Bildelemente herausgenommen, so daß beim Beschleunigen des Films kein Zeitraffereffekt entsteht. Den Ton kann man schon seit Jahren beschleunigen oder verlangsamen, ohne daß man eine Veränderung in den Tonhöhen bemerkt. Alle diese Eingriffe erfolgen digital.

Das Wohnzimmer wird allerdings nicht nur der Ort der digitalen Unterhaltung und des Konsums sein. Auch die Arbeitswelt wird sich mehr und mehr dorthin verlagern. Sobald das Heer der Angestellten verkabelt und mit PC ausgestattet ist, wird es nicht lange dauern, bis die Betriebe merken, daß es wirtschaftlicher ist, die Bürokräfte an ihren Computern zu Hause arbeiten zu lassen und sie lediglich mit dem Betrieb digital zu vernetzen. So entfällt die teure Gewerbemiete für das Büro, die Arbeitszeit läßt sich in jeder Sekunde «interaktiv» kontrollieren, Kaffeeklatsch und private Reibung am Kollegen fallen aus. Auch Kantinen und andere soziale Einrichtungen können eingespart werden: Das Wohnzimmer wird immer weniger der Ort des Rückzugs in die Unantastbarkeit der Privatsphäre sein.

Ich möchte mich hüten, eine melancholische Note in die Betrachtung dieser Veränderungen unseres Lebens zu bringen. In meiner Arbeit als Regisseur, aber auch durch meine Lehrtätigkeit an einer Filmschule finde ich ausgedehnte Kontakte mit jungen Leuten, die nicht verstehen, wie wir in den sechziger und siebziger Jahren mit so viel Geschichtslast und Gesellschaftskritik leben konnten. Sie fragen mich immer wieder, was das für ein Lebensgefühl gewesen sein mag, als man sein ganzes

Leben historisch begründete und sich zur Gegenwart nur negativ verhielt. Sie stellen mich mit meiner Skepsis gegenüber dem Zerfall der kulturellen Verantwortung der öffentlich-rechtlichen Rundfunkanstalten immer wieder in Frage und versuchen meinen Blick auf das leichtere und gegenwärtigere Lebensgefühl der Jungen zu lenken. Sie trösten mich und sagen, daß die Dinge sich viel harmloser, viel menschlicher abspielen werden, als ich es mir gern ausmale. Wenn ich das Schreckensbild völlig vereinsamter Multimedia-Konsumenten entwerfe, die abgestumpft in ihren viel zu teuren Wohnungen sitzen und sich von virtuellen Bildern berieseln lassen, dann lachen sie mich aus und meinen, das ginge doch völlig gegen die menschliche Natur. Die Leute hätten weiß Gott andere Sorgen als die virtuelle Vernetzung und den stundenlangen Konsum von Bildern. Freundschaften, Familie, Kinder, Essen und Trinken, Liebe und Spaß, das sei eben doch stärker. Als ich das Rauchen aufhörte und meinen Farbfernseher auf den Speicher stellte, um mich gesund zu halten, mußte ich mir gefallen lassen, als sozialer Hypochonder zu gelten. Es ist tatsächlich ein neues Lebensgefühl entstanden, das einerseits realistischer ist, also weniger von Idealen zersetzt als das unsere, andererseits ist das Interesse an Vergangenheit und Zukunft, also an Geschichte und Utopie, verschwunden. Die Medien sind Bestandteil einer Gegenwartsfreude geworden, der auch die meisten jungen Autoren zustimmen. Die Leichtigkeit der digitalen Bilder ist nicht nur ein technisches Unvermögen, Erdenschwere auszudrücken, sondern sie entspricht auch zutiefst dem neuen Lebensgefühl und ist ihr ästhetischer Ausdruck.

Das Leben ist nicht digital. Die Verhältnisse, in die wir auf den Lebenswegen geraten, sind immer konkret. Wir können unseren Körper nicht einmal in Gedanken verlassen, ohne dem Tod zu begegnen. Unser Bewußtsein ist darauf angewiesen, daß es sich abgrenzen kann von der objektiven Natur. Wir suchen und finden Sicherheit nur darin, daß unser Leben einen Sinn hat. Nur diese Sinnsuche führt uns auch zu den anderen Menschen und motiviert uns zum Erzählen von Geschichten, denn in jeder Geschichte erinnern wir uns und bewahren ein Stück Leben vor dem spurlosen Verschwinden. Sinn empfinden wir, wenn nichts und niemand spurlos verschwinden kann. Wer je erlebt hat, wie seine Arbeit eines ganzen Tages beim Absturz eines Computers spurlos verschwindet, der weiß, was ich meine. In der digitalen Welt gibt es keine Sicherheit, und ihre lebensfrohe Leichtigkeit kann sich schnell in panische Angst verwandeln. Wenn unsere Sehgewohnheiten nur von der Schwerelosigkeit der virtuellen Realität geprägt werden, verlieren wir jede Art von Realitätsempfinden und von menschlichem Mitgefühl. Aber welche Geschichten kann man überhaupt noch spannend erzählen, wenn uns das Mitgefühl abhanden kommt?

Woher kommen die Bilder?

Die audiovisuelle Zukunft ist eine Welt, die Bilder produziert, Milliarden von Bildern, die sich alle auf merkwürdige Weise gleichen. Jeder der Bilderproduzenten, auch der private User der Consumer-Kameras, wird sich um Originalität bemühen und seinen individuellen Ausdruck zu finden glauben, aber die Bilder werden immer ausdrucksloser. Unter all den unzähligen Filmen, Videos, Fernsehsendungen und Computerbildern ist jetzt schon selten ein Bild zu finden, das unvergeßlich wäre. Je größer die Flut an Bildern ist, die sich über die Erde ergießt, um so seltener scheinen die guten Bilder zu werden. Selbst auf den großen Spielfilmfestivals der Welt findet man seit Jahren kaum noch einen Film, dessen Bilder die Kraft haben, sich für immer in unser Gedächtnis einzugraben, wie es die großen Werke der Filmkunst vermögen. Die meisten Bilder geben nichts anderes wieder als die zweckmäßige Anordnung von Requisiten und Personen, oder sie sind das Resultat von auffälligen Verrenkungen der Kamera. Manchmal scheint es, daß völlig in Vergessenheit geraten ist, was den Film eigentlich ausmacht: das Erfinden von Bildermythen. Nur so ist diese neue Kunst in ihrem ersten Jahrhundert so groß geworden, daß sie alle anderen Künste beeinflussen konnte.

Es scheint in Vergessenheit geraten zu sein, daß gute Bilder in der Imagination entstehen. Sie wachsen, wenn die Regisseure ihre Augen schließen und nach innen schauen. Die guten Bilder existieren nicht in der äußeren Welt. Sie kommen aus der Spannung zwischen Nähe und Chaos und müssen oft genug gegen die Fakten und die konkrete Wirklichkeit, der sie entstammen, verteidigt werden. Sie sind das Ergebnis von Empfindungen und Vorstellungsvermögen. Wer sich nur mit der Kamera auf die Suche begibt oder wer nur inszeniert und alles begründet, was er von seinen Schauspielern oder seinem Team fordert, ist kein Bilderregisseur. Die Versuchungen, schlechte Filmbilder zu machen, sind unendlich: Der Blick auf die Story, auf die Dialoge, auf die Dramaturgie, die Motive ist zwar nützlich, aber er verhindert meist die visuelle Inspiration. Auch die guten Kameraleute, von denen es in Deutschland erstaunlich viele gibt, sind eine Gefahr, denn sie bieten ihre perfekten, höchst ansehnlichen Bildarrangements gerade dann an, wenn der Regisseur über keine Vision verfügt und nicht fähig ist, am Set die Augen zu schließen und die Bilder aus seinem Innern zu erwecken.

Die Häufung von Alltäglichkeit und Mittelmaß in den Bildern hat nichts mit der Technik zu tun, deren man sich bedient. Wer mit der Kamera durch die Welt rennt und meint, es käme nur darauf an, im richtigen Moment dabeizusein, flotte Leute zu gewinnen oder tolle Storys zu erzählen, der wird mit keiner Technik, weder analog noch digital, gute Bilder machen. Nichts, weder Armut noch Reichtum, weder Bescheidenheit der Mittel noch die gewaltige Ausstattung sind die Quelle guter Bilder. Sie kommen einzig und allein aus der Liebe zu den Menschen, die wir beschreiben, und aus den inneren Bildern, die wir aufwecken und in die Sprache der Kamera übersetzen.

Ein gutes Bild ist selten allein. Man wird immer wieder sehen, daß ein ganzer Film entweder «bilderlos» ist oder von den inneren Bildern ganz beseelt. Diese inneren Bilder sind das eigentliche Thema guter Filme, nicht die Story, nicht die Spannung, der Witz oder die Philosophie, so eindrucksvoll diese Dinge sich manchmal als Leistung auch darstellen. Die Bildphantasie ist verwandt mit dem Träumen. Wir haben es also mit einer allgemein menschlichen Fähigkeit zu tun, die auch die Verständigungsmöglichkeit zwischen Regisseur und Publikum begründet. Wie in der Malerei handelt es sich hier um eine magische Gemeinschaft zwischen den Künstlern und ihren Sujets.

Das Bildermachen ist aus der Mode gekommen. Das ist ein großer Schaden für alle Bildermedien, für das Kino, das Fernsehen und auch für das, was an neuen elektronischen Bilder-Märkten gerade entsteht. Erstaunlich ist, daß selbst die Kritiker diesen Verlust kaum noch wahrnehmen. In den Fernsehanstalten und Förderungsinstitutionen ist es ohnehin nicht üblich, daß die Verantwortlichen sich für Bilder und ihre Qualität interessieren. Die Bilderlosigkeit der Bildmedien ist ein Symptom ihrer Herrschaftsgesinnung, die alles nur benutzt: die Geschichten und ihre Autoren. So scheint mir auch, daß der Verlust der Bilder vor allem ein menschliches Problem ist. Er ist eine Folge von institutioneller Verachtung: Verachtung der Menschen, die in den Filmen beschrieben werden, vor allem aber Verachtung der visionären Kraft, die immer das zarteste und zerbrechlichste Gebilde unter den Talenten der Regisseure gewesen ist.

John Berger spricht von der Einsamkeit, die täglich von einem Netz aus körperlosen und falschen Bildern verstärkt wird. Doch ihr Falschsein sei kein Irrtum, schreibt er weiter, denn wenn man in der Jagd nach Profit das einzige Mittel zur Rettung der Menschheit sieht, wird dieses Umschlagen zum Falschen zum obersten Gesetz, und konsequenterweise muß man sich über das Existierende hinwegsetzen, es nicht beachten, es unterdrücken. Heute mit geschlossenen Augen und nach innen gerichtetem Blick zu filmen, möchte ich in Abwandlung von John Bergers Betrachtung sagen, ist eine Art von Widerstand, der auf einen um sich greifenden Mangel antwortet und Hoffnung anzustiften vermag.

Das Kino von morgen

Der Ausweg aus dem virtuellen «Glück» zu Hause besteht darin, die Wohnung zu verlassen. Je mehr die Wohnzimmer zum Schlachtfeld der digitalen Unterhaltung werden, um so mehr wird unsere Hoffnung in der Flucht in die reale Öffentlichkeit bestehen, zu Veranstaltungen, in Kneipen, Parks, zu Sportanlagen oder Kulturereignissen. Das Kino wird davon profitieren und eine Renaissance erleben. Schon heute sprechen die Besucherzahlen für diese Annahme. Das Kino steht vor einer historischen Erneuerung. Sein Stellenwert als gesellschaftliches Angebot und als Gemeinschaftserlebnis wird vielerorts schon erkannt. Es entwickelt eine neue Selbständigkeit gegenüber den elektronischen Medien und dem Fernsehen. Es verkörpert ein neues Angebot an Freiheit und natürlicher Kommunikation. Aber das Kino wird sich vollkommen wandeln. Ich glaube mehr denn je an die Zukunft dieses Mediums, mit dem alles angefangen hat und dessen Kulturgeschichte die Maßstäbe für vieles abgeben kann, was wir heute beurteilen müssen.

Die hundertjährige Filmgeschichte enthält gewaltige kulturelle Leistungen. Sie ist weltweit miteinander verbunden. Jeder, der in Japan einen Film macht, weiß, was in Amerika gemacht wird, und jeder, der in Dänemark einen Film dreht, weiß, was in Frankreich oder Spanien produziert wird. Das Kino ist wirklich eine internationale Kultur geworden, mit ästhetischen Errungenschaften, die alles beeinflußt haben, die Literatur, die Musik, die Malerei. Am Anfang hat das Theater das Kino beeinflußt, bald aber hat sich das Verhältnis umgekehrt. In den zwanziger Jahren drangen die filmischen Elemente mit Macht in die Theaterkunst ein und verhalfen ihr zu neuer Blüte. Die bildenden Künste haben sich der Filmgeschichte regelrecht ergeben, indem sie Videokunst, Inszenierung und Bewegung einzubeziehen lernten. Die Musik montiert und «schneidet» heute ihr Klangmaterial filmisch, und die Literatur entdeckt seit Jahrzehnten schon filmisches Erzählen oder die Kinomythen als Stoff für Romane.

Dies ist etwas, das ich bewundere, und ich bin stolz darauf, zur Kinogeschichte zu gehören. Aber ich weiß auch, daß diese Geschichte zu Ende geht. Sie geht deswegen zu Ende, weil sich die anderen audiovisuellen Formen, die ursprünglich aus ihr hervorgegangen sind, zu weltweiten Systemen entwickelt haben. Das Ende der Kinogeschichte besteht eigentlich lange schon aus einer Trümmerlandschaft von Nachahmungen und Fehlentwicklungen. Wie ein Spiegel, der in Tausende von Teilbilder zersplittert, haben sich die Kinobilder in kleine Flimmerfetzen aufgelöst und wie ein Bilderstaub über den Erdball verteilt. Nach der Zersplitterung in viele parallele audiovisuelle Medienformen wird es aber in den kommenden Jahren dahin kommen, daß sich das Ganze wieder vereinigt zu einer weltweiten visuellen Kultur, die einen sehr hohen wirtschaftlichen und ästhetischen Standard hat. Wir werden dann nicht mehr von Kinoästhetik sprechen, auch nicht mehr von Fernsehästhetik, sondern nur noch von der Audiovision. Wenn man sich zum Beispiel manche Videoclips oder Werbesendungen ansieht, kann man feststellen, daß die gesamte Avantgarde des Kino-Jahrhunderts, daß alles, was da an neuen Kunstformen hervorgebracht oder ausprobiert worden ist, jetzt schon zu einer neuen Ästhetik verschmilzt. Umgekehrt benutzen viele Kinofilme genausogut schon die Ästhetik des Videos oder die des Computers. Nach und nach werden aus diesem Gemisch ästhetische Formen entstehen, die zum festen Erfahrungsschatz aller Menschen gehören. Überall, auf allen Erdteilen werden die Menschen diese Bilder-Sprache als eine moderne gegenwärtige Kommunikationsform benutzen, und damit bekommt dieses Medium gewaltige Dimensionen neuer Wirkungen: Es entsteht eine universelle, planetarische Metasprache. Heute nennen wir sie noch Kino, Fernsehen oder Video, morgen hat sie vielleicht nur noch einen Namen, der vielleicht heute schon in den Entwicklungszentren der Elektronikkonzerne benutzt wird. Auch da werden es die Techniker sein, die uns sogar sprachlich vorauseilen.

Nichts wird so expandieren wie die neue Bilderindustrie. Es werden viele Milliarden zur Verfügung stehen. Von Kunst ist dabei zunächst sehr wenig die Rede, aber bei einem so enormen Potential wird es auch neue Kunstrichtungen geben. Wie sich das im einzelnen abspielen wird, wissen wir nicht. Aber wir können am Ende des Jahrhunderts ein paar Signale erkennen. Was man voraussehen kann, ist, daß sich die Menschen in ihren Konsumgewohnheiten noch stärker polarisieren als bisher. Die private Sphäre trennt sich wieder deutlicher von der öffentlichen. Zu Hause, in der privaten Einsamkeit des einzelnen Wohnzimmers, werden neunzig Prozent der audiovisuellen Angebote konsumiert werden. Dort ist der Mensch aber allein und verliert das Gefühl, real in der Welt zu sein. Er wird um so mehr das Bedürfnis entwickeln auszugehen, je mehr sich auch noch die Arbeit an den Heimcomputer verlagert. Deswegen werden Menschen aller Altersklassen einen Mangel an Realität empfinden und versuchen, ihn auszugleichen, indem sie aus ihren Häusern in die Öffentlichkeit strömen. Die Erwärmung des Erdklimas wird diese Tendenz natürlich fördern.

Das Kino wird sich in einem Maße verändern, als ob es darum ginge, es zum zweitenmal zu erfinden. Es wird verbunden sein mit Live-Auftritten der Künstler, mit Live-Musik, mit organisierten Begegnungen, es wird den Charakter von Filmfestivals annehmen, aber auch integriert werden in andere Ereignisse, in Sport, Einkauf, Urlaub, Reise, Geselligkeit. Das Kino der Zukunft wird ein bacchantisches Element haben. Ich denke, daß eine Kultur, die ihre eigenen Ressourcen aufzehrt wie die unsere, immer ausgelassenere Vergnügungen erfinden wird, um die Angst vor der Zukunft zu verdrängen. Das hat es in Analogie schon in der Antike gegeben, mit den dionysischen Festen der

Griechen. Im Gemeinschaftserlebnis erfahren wir Realität, und die menschliche Natur ist für den kollektiven Rausch anfällig. Das kann man durch die Heim-Medien nicht ändern.

Ich frage mich vor allem, wie sich die audiovisuellen Medien eines Tages den Markt teilen werden. Die tiefgreifende Irritation, die durch die Konkurrenz des Fernsehens seit den fünfziger Jahren entstand und das Kino von einer Krise in die andere zog, hat sich verlagert und das vorübergehend allmächtige Fernsehen ergriffen. Die neue Krise rafft das klassische Fernsehen dahin. Das, was wir heute noch Fernsehen nennen, die Ausstrahlung von Vollprogrammen, wird verschwinden. Es wird seinen hundertsten Geburtstag, den das Kino immerhin noch recht rüstig feiern konnte, nur noch als Spartenmarkt erleben. Es erweist sich, daß die Idee des Kinos von Anfang an mehr war als nur eine Vorführung oder Verteilung von Filmen. Es war immer schon, was ihm heute seine Überlebenschance gibt, ein Gemeinschaftserlebnis. Die Menschen erkennen mehr und mehr den Unterschied zwischen der privaten Einsamkeit der Bildschirmunterhaltung und dem Erlebnis, im Kino anderen Menschen zu begegnen, die von den gleichen Sehnsüchten getrieben werden wie man selbst. Überall entstehen Kinoneubauten, von denen vor allem die Multiplex-Häuser Erfolg haben. Neue Großbildtechniken mit Digitalsound locken Hunderttausende von Besuchern an. Endlich vermittelt das Kino auch wieder das Gefühl, an den neuesten Erfindungen der Ingenieurkunst teilnehmen zu können. Die Bedeutung des «Ausgehens», der Verabredung zum Kinobesuch, wird um so größer, je ungewöhnlicher das angebotene Programm ist, je schöner die Kinosäle gestaltet sind, je mehr sich der Kinobesuch verbinden läßt mit dem Gefühl, an etwas Neuem, Zukunftsweisendem teilzunehmen. Nur noch wenige, heruntergewirtschaftete Kinos drücken jene Stimmung des Untergangs aus, mit der wir uns noch vor wenigen Jahren in Traurigkeit geredet haben. Es wird höchste Zeit, daß sich auch die Freunde der reinen Filmkunst aus den Bruchbuden herausbegeben, in denen sie in den vergangenen Jahren meinten, die schlimmen Zeiten überleben zu müssen. So erfreulich es ist, daß neue Kinos gebaut werden, so bedauerlich ist es andererseits, daß dies häufig ohne Konzepte geschieht, die in die Zukunft weisen. Es wird oft versucht, mit Neubauten auf den Erfolg gewisser Hollywood-Filme zu antworten. Man erinnert sich an entgangene Erfolge von früher und versucht sie bei verbesserter Konjunkturlage nachzuholen. Die Multiplex-Kinos wenden erfolgreich das Prinzip des Warenhauses auf den Film an, aber sie sind nicht in der Lage, dem einzelnen Film und seinem Publikum ein neues Zuhause zu bieten.

In drei Jahrzehnten europäischer Filmpolitik hat sich ein schwerwiegender Denkfehler eingebürgert. Man ist davon ausgegangen, daß die Filmkultur sich in einzelnen Filmen ausdrückt, deren Herstellung und Qualität gefördert werden muß. Der Gedanke ist auch naheliegend, denn wir alle sehen, daß es gute und schlechte, vor allem aber erfolgreiche Filme gibt, die alle sich wünschen. Andererseits wissen wir, daß erst die Aufführung eines Films in einem Kino die Geburtsstunde des Werkes ist. Der Film entsteht in der Phantasie der Zuschauer. Können die Zuschauer die Bilder eines Films in Zusammenhang mit ihren eigenen Träumen bringen, so sind sie geneigt, ihn zum Erfolg werden zu lassen. Zahllose Filme sind auf diese Weise zu Weltruhm gelangt oder – im Unverständnis der Zuschauer untergegangen. Der schöpferische Anteil des Publikums an dem, was wir hier Filmkultur nennen, ist also gewaltig; aber dennoch ist er unterentwickelt. Weite Teile der Bevölkerung, deren Lebenserfahrung und Ausdrucksfähigkeit groß sind, nehmen an diesem kreativen Prozeß überhaupt nicht mehr teil. Die Konsumgewohnheiten machen das Publikum passiv und anonym. Die eigentliche Filmkultur in den Kinos findet in Deutschland gar nicht mehr statt. Das liegt auch an dem Altersdurchschnitt des Kinopublikums, der in den Jahren der Krise immer weiter gesunken ist, bis das Kino nur noch Unterhaltung für Halbwüchsige und deren Erfahrungshorizont geworden war. Das Kino der Zukunft ist wieder ein Kino für alle Altersstufen und alle Ansprüche ans Leben. Nur so werden die Autoren auch wieder sich selbst und ihr Wissen von der Welt in ihre Kinogeschichten einbringen können. Der absolut untrennbare Zusammenhang zwischen Produktion und Aufführung von Filmen wurde in Jahrzehnten von Krisenmanagement und staatlicher Förderung des Einzelfilms aus dem Blick verloren. Solange das Kino das einzige audiovisuelle Medium war (bis Mitte der fünfziger Jahre), mag diese Blindheit noch folgenlos gewesen sein, denn es gab ja keinen anderen Aufführungsort für Filme als die Kinos. Jetzt aber, seit wir Filme jederzeit «abrufen» und auf unsere

Bildschirme zaubern können, kommt dieser Synthese aus Publikum und Film, die wir Kino nennen, besondere Bedeutung zu. Sie ist die eigentliche Basis einer cinematographischen Kultur.

In den Jahren der Krise sind die alten Kinos in andauernde Defensive geraten. Eine ehemals reiche Erfahrung im Umgang mit dem Kinopublikum ist verlorengegangen oder durch die neuen Verhältnisse überholt und wertlos geworden. Inzwischen ist die Kinokrise, die durch das Auftauchen neuer, bequemer Bildmedien bedingt war, aber überwunden. Das Publikum versteht immer mehr, daß der eigentliche Unterschied zwischen Kino und Fernsehen im «Ausgehen» liegt. Der Film, der zur Aufführung gelangt, steht zwar immer im Mittelpunkt des Interesses, aber er ist nicht der ganze Abend. Er ist nur Teil eines Erlebnisses, das sich zusammensetzt:

– aus Begegnungen mit anderen Menschen,
– aus dem Raumerlebnis in einem Kinogebäude,
– aus der Möglichkeit, an einem anregenden Ort zu verweilen,
– aus der Schönheit der technischen Wiedergabe,
– aus dem Erlebnis des Wiedersehens, des Vergleichens,
– aus dem Live-Gefühl dabeizusein,
– aus der festlichen Stimmung des Erfolges,
– aus der Veränderung des Zeitgefühls als kollektiver Erfahrung, etc.

Es wäre höchste Zeit, daß ein Experimentalkino gebaut wird, in dem die Grundlagen der neuen Kinokultur erforscht und durch Versuchsreihen weiterentwickelt werden. Die gewonnenen Erfahrungen könnten allen Kinobetreibern Europas zur Verfügung stehen und wären Anstöße zu einer neuen Selbständigkeit der europäischen Kinokultur.

Die stagnierenden Diskussionen über «hochauflösendes Fernsehen», über zukünftige Entwicklungen der elektronischen Bildübertragung zeigen in diesen Tagen, daß der klassische 35-mm-Kinofilm auf der Basis der fotografischen Bildaufzeichnung noch jahrzehntelang jeder elektronischen Aufzeichnung überlegen sein wird. Der Film wird als Produktionsstandard deswegen noch lange für alle Filmwerke besonderer Qualität weltweit die Studios beherrschen. Die volle Bild- und Tonqualität, die heute mit der klassischen Technik der fotografischen Aufzeichnung erreichbar ist, zeigt die von kanadischen Erfindern entwickelte Imax- und Omnimax-Technik. Bei diesen Verfahren werden

Leinwände von der Höhe mehrerer Stockwerke bespielt. Die Detailauflösung ist dabei so überwältigend, die Qualität der Tonwiedergabe so einmalig, daß es nur eine Frage der Zeit ist, bis auch Spielfilme in diesem fotografischen Verfahren produziert werden. Ich glaube vor allem, daß der fotografische Film noch sehr lange Zeit als Produktionsstandard überleben wird. Es sind nicht nur Gründe der technischen Überlegenheit, sondern auch ästhetische Vorteile, die zu dieser Annahme führen. Es ist bisher nicht möglich, mit elektronischen Kameras Bilder zu produzieren, die dieses erzählerische Klima enthalten, das den klassischen Kinofilm zum Menschheitsmythos gemacht hat. Der 35-mm-Film ist in allen Bearbeitungsstufen bisher mit seinen Qualitätsreserven nicht ausgeschöpft worden. Schon bei der Anfertigung von Kopien treten unnötige Substanzverluste auf, die sich in den Kinos noch potenzieren. In vierzig Jahren der Kinokrise haben sich die Qualitätsstandards in allen Bereichen verschlechtert: Die Projektoren, die Objektive, der Umgang mit den Filmkopien, die Leinwände, die Raumanordnung der Bestuhlung, fast alles, was man falsch machen konnte, ist in diesen Jahren falsch gemacht worden. Ich möchte behaupten, daß man allein auf der Basis der 35-mm-Technik gewaltige Fortschritte erzielen könnte, wenn man anfinge, dieses Format nach heutigen technischen Kriterien neu zu entdecken. Der Aberglaube an alles Elektronische verstellt vielfach den Blick und hält nur das für High-Tech, was «digitalisiert» werden kann.

Als Distributionsstandard werden jedoch schon bald neue elektronische Möglichkeiten in die Kinos eingeführt werden. Es ist völlig absurd geworden, daß man immer noch die schweren und teuren Filmkopien über den Globus transportiert, um eine simple Filmvorführung in kleinen Kinos zuwege zu bringen. Es wird bald schon möglich sein, auch die Premierenhäuser über Glasfasernetze mit den aktuellen Filmprogrammen zu beliefern. Die Kopierwerke werden dann vielleicht zugleich auch die Verteilerstationen für die Bilder an die Hochleistungsnetze werden, an die sich jedes neue Kino wird anschließen lassen. Hunderte von Premieren eines Films können dann gleichzeitig mit einer einzigen Kopie durchgeführt werden. Die Verleihfirmen könnten sich anderen Aufgaben widmen als dem Kopienversand und den dazugehörenden wirtschaftlichen Vorgaben. Vielleicht wird es auch eines Tages keiner Verleihfirma mehr bedürfen, denn die sofortige unbegrenzte Verfügbarkeit aller Filme in den Kinos erfordert ja auch ein neuartiges Abrechnungssystem. Auch dieses kann elektronisch kontrolliert werden. Ein Segen wäre jedenfalls der Wegfall der Programmpolitik, wie sie die Verleihfirmen seit Beginn der Filmgeschichte getrieben haben. Auch in den Kinos kann es interaktive Programme geben und Programmpakete, die das Publikum selbst zusammenstellt und aus den Metropolen oder von den Festivals ordert. Für die Produzenten und Urheber kann es nur gut sein, wenn alle ihre Filme jederzeit und überall verfügbar sind und wenn auf Grund der Technik alle Nutzungen ihrer Werke grenzüberschreitend automatisch überwacht werden können. Je höher der Qualitätsstandard ist, mit dem auch die digitalen Bilder in den neuen Kinos angeboten werden, um so weniger muß man mit illegalem Kopieren rechnen, weil es keine billigen Recorder geben kann, die diesen enormen Datenmengen gewachsen wären.

Auch in architektonischer Hinsicht können heute Lösungen gefunden werden, die für das Kinopublikum höchst attraktiv sind. Es geht nicht nur darum, neue räumliche Konzepte zu entwickeln, die das Filmtheater aus seiner Abhängigkeit vom Theaterbau und den Konzepten des ersten Jahrhunderts befreien. Die Optimierung der Sichtverhältnisse zur Leinwand, Experimente mit der Anordnung der Sitze, Konzepte für den Theaterraum als Schauplatz gesellschaftlicher Ereignisse, aber auch für Nebenräume, Foyers eröffnen ganz neue Perspektiven. Alles kann in Bewegung geraten: die Leinwand, die Sitze, die Wände, die Projektoren. Zu der einen Leinwand können weitere Projektionsflächen treten, zu den Filmbildern können Orchester Live-Musik einspielen, das Publikum kann in Bewegung versetzt werden, kann einen Film oder seine Handlung körperlich verfolgen, indem es durch ganze Labyrinthe von Projektionen geleitet wird. Es entstehen neue räumliche Konzepte für die Verbindung von Kino und Gastronomie, für cinephile Läden, für Pausen und Begegnungen mit den Stars. Auch städtebauliche Konzepte können rund um das Kino als neuartiges Wahrzeichen einer Stadt entstehen.

Erst in den letzten Jahren hat man an mehreren Plätzen der Welt begonnen, über eine Kinoarchitektur nachzudenken, die nicht mehr Imitation anderer Traditionen ist, sondern die sich logisch aus der Vorführung von Filmen in technischer und sozialer Hinsicht ergibt. Die verwirrende Fülle solcher Möglichkeiten neuer Kinoarchitektur ist im französischen Poitiers zu besichtigen. In einem «Futuroscope» genannten Freizeitpark haben die bekanntesten Architekten Frankreichs ein Dutzend utopischer Kinobauten errichtet, die viele Möglichkeiten der Raumnutzung und spektakulärer Filmprojektionen vorstellen, wie sie längst fällig waren nach 100 Jahren «Dampfkino». Man hat sich bei der Planung des «Futuroscope» darauf besonnen, daß die Wurzeln des Kinos auf dem Jahrmarkt liegen.

Fazit: Man muß nur die auffälligsten Entwicklungen miteinander verbinden, und schon sieht man, wie das Kino der Zukunft vor unseren Augen Gestalt annimmt. Seine Organisation übernimmt die Grundsätze der Festivals; seine Architektur ist neu und entwickelt sich aus der neuen Kinotechnik und den sozialen Anforderungen. Seine Bild- und Tontechnik betritt neue Dimensionen. Seine Programmierung wendet sich an Menschen aller Altersstufen. Verleih und Verteilung der Filmprogramme werden elektronisch abgewickelt und kontrolliert. Der Kinobesuch hebt sich aus der Alltäglichkeit des Lebens hervor und bedeutet Teilnahme an gesellschaftlichen Ereignissen. Dabei wird das Zusammentreffen mit einer großen Anzahl von Menschen ebenso als Ereignis erlebt wie das imponierende Gebäude, die phantastische Technik und der Film selbst.

An den Jahrhundertenden herrscht die Melancholie. Man trauert hinter den vielen unerfüllten Träumen des Jahrhunderts her, ehe man sich aufraffen kann, die neuen Chancen zu ergreifen. Die Künstler, die sich ja immer wieder einbilden, ihrer Zeit voraus zu sein, sind in Wirklichkeit die Langsamsten in der Entwicklung der Medien. Sie fokussieren die Ängste der Welt in ihren Seelen und haben das Bedürfnis, mit ihren Werken der Welt den Spiegel vors traurige Gesicht zu halten. Beim Publikum können wir aber gleichzeitig beobachten, wie es auf Entdeckungsreisen in das kommende Jahrhundert geht. Es bevorzugt die Geschichten, die Hoffnung machen, es geht lieber in die hellen, weiträumigen Gebäude, es liebt das Licht. In den gepflegten Premierentheatern läßt es sich lieber auf schöne Täuschungen ein als auf die Wahrheit, wenn sie sich nach rückwärts wendet oder die dunkle Seite des Lebens beschreibt.

Die Frage, was ein Kinofilm in Zukunft sein wird, ist am Ende des ersten Jahrhunderts der jungen Filmgeschichte noch ganz offen. Jede neue Antwort, die in diesen Tagen gegeben wird, bringt die Sache voran und hilft, die Weichen fürs neue Jahrhundert zu stellen. Das Kino erweist sich als der jüngste Sproß der Kultur.

Auf dem Wege zur Metakultur?

In der EU-Bürokratie wird man alles tun, was politisch und wirtschaftlich möglich ist, damit Europa am weltweiten Boom der Medien gehörig profitieren kann. Dazu gehört, daß man der Hardware-Industrie und dem Software-Handel alle Wege ebnet. Der Bedarf an audiovisueller Ware und deren Produktion wird gewaltig sein. Das ist eine historische Chance für Hunderttausende von Autoren, die dringend gebraucht werden. Die Industrie weiß es am besten, wie schlecht ihre Hardware sich verkaufen ließe, gäbe es die Autoren nicht, die immer wieder neue und alte Geschichten erzählen, um damit die Bildschirme, Leinwände, Boxen, Festplatten, Glasfaserkabel oder CD-ROM zu füllen. Mehr denn je sind es die Autoren, die das Wachstum dieser Wirtschaft unbewußt in Gang bringen. Weil sie es nicht wissen, können sie aber die Macht ihrer Phantasie nicht einschätzen. Sie erleben sich immer wieder als Bittsteller vor den Türen der mächtigen Produzenten, wie sollten sie sich da stark fühlen? Es ist ein ganz normaler Instinkt der Händler, den Macher nicht spüren zu lassen, was seine Arbeit wert ist. So funktionierte schon vor 4000 Jahren der Teppichhandel. Und was man in den Büros der Unterhaltungskonzerne gar nicht gebrauchen kann, ist der Anspruch der Autoren, auch noch die Kontrolle über ihre Werke behalten zu wollen. Man wird argumentieren, daß sie sich damit völlig unrealistisch verhalten und das verhindern, was den Marktwert ihrer Werke überhaupt erst ausmacht. Wie werden wir mit diesem Widerspruch umgehen?

Die technischen Entwicklungen bescheren uns ein weiteres Szenarium, das den meisten Autoren noch völlig fremd ist: die totale Verfügbarkeit aller Bilder und Töne bei gleichzeitigem Verlust des Realitätsbewußtseins. Nichts, was geschrieben wird, ist noch endgültig, und kein Bild ist noch ein Original. Wir werden lernen müssen, für eine zunehmend virtuelle Welt zu arbeiten, in der alles reversibel ist, Liebe, Haß,

Mißerfolg, Glück oder Tod. Alle großen Themen des Lebens müssen der Leichtigkeit des neuen Lebensgefühls weichen. Wie werden wir mit diesem Zwang zur Heiterkeit umgehen, der im Grunde von uns verlangt, daß wir auf die autobiographischen Themen verzichten, die immer eine gewisse Erdenschwere haben? Werden wir in der Lage sein, noch Einfluß auf die Programme und ihre Produktion zu nehmen? Welche Chancen schaffen wir für den innovativen Outsider?

Solange beim Hobeln noch Späne gefallen sind, solange wir noch überall die Spuren unserer Arbeit hinterließen, lag es nahe, daß wir gelegentlich den Blick zurückwenden und uns fragen konnten, woher wir kommen, wohin wir gehen. Nun ist aber das Interesse an Geschichte, wie wir gesehen haben, überall im Schwinden. Wenn uns die Computer alle Daten zur Verfügung halten, brauchen wir uns auch nicht mehr mit Allgemeinbildung oder Geschichtswissen zu belasten. Wenn wir unsere Irrtümer im digitalen Programm mühelos korrigieren, ohne daß vom Fehler auch nur eine Spur übrigbleibt, dann betreten wir eine immer perfektere Gegenwart, in der es bald auch keine Geschichten mehr gibt, an die man sich erinnern muß. Heißt das nicht auch, daß die digitale Gesellschaft ihre gesamte Kulturgeschichte schmerzlos abschaffen kann? Heißt das nicht, daß sie das, was wir noch Autor nennen, einfach beseitigen kann? Sind Autoren denkbar, die nicht mehr individualistische Geister, sondern pragmatische Handwerker sind, die vor Ideen sprühen und sie problemlos an den Markt anpassen?

Vorerst befinden wir uns noch diesseits der Zukunft. Sie existiert so umfassend digital, wie ich sie geschildert habe, erst in der Phantasie. Aber es ist nicht unsere, nicht die Phantasie der Autoren und Künstler, die der Zeit vorauseilt, sondern die Phantasie der Techniker. Wenigstens in diesem einen Punkt müssen wir schon jetzt Abschied nehmen vom humanistischen Weltbild, das uns 200 Jahre lang die Priorität des Geistes vor den Fakten verkündet hat. Was ist Freiheit der Kunst, wenn sie voll damit beschäftigt ist, auf die immer rasantere Entwicklung der Technologien nur zu reagieren? Es hilft uns nicht, zu lamentieren und die Zeit nicht mehr zu verstehen. Zu einem offensiven Autorenleben gehört es, die neuen Techniken zu akzeptieren und damit frei umgehen zu lernen. Wir müssen uns klarmachen, wieviel Geld mit unserer Arbeit auch dann noch verdient wird, wenn man uns die Schuld an schlechten Einschaltquoten in die Schuhe schiebt. Zum Agieren gehört auch, daß wir unseren Teil an den Gewinnen einfordern, die auch dann erzielt werden, wenn man die Arbeiten der Autoren verfälscht.

Diesseits der Zukunft sieht uns die Welt noch ziemlich «analog» und vertraut ins Auge. Viele Autoren denken zur Zeit auf eine fatale Weise defensiv: Reichen die traditionellen Geldquellen und Verteilerwege noch für ihre Lebenszeit? Wenn wir uns das Mittelalter ansehen, dann haben wir eine Welt vor Augen, die nicht humanistisch war, sondern hauptsächlich religiös determiniert. Und bis heute haben wir diese religiöse Phase noch nicht richtig abgeschafft. Wenn eine Kultur untergeht, bleiben immer Teile davon erhalten und bilden einen wesentlichen Bestandteil der folgenden. Nicht einmal der Zweite Weltkrieg mit all seinen Schrecklichkeiten hat die Grundlagen der humanistisch-bürgerlichen Kultur anzutasten vermocht. Wenn wir die verschiedenen Kongresse und Medientagungen ansehen, sehen wir ein Heer von Spezialisten, die die Technik perfekt beherrschen. Aber vor dem philosophischen Hintergrund erleben wir eine absolute Hilflosigkeit. Auch meine Überlegungen können hier nur die eines Autors sein, der einen bestimmten Werdegang zu verteidigen hat. Obwohl man sich immer bemüht hat, für technische Neuerungen offen zu sein und obwohl man gelegentlich bestimmte bürgerliche Vorstellungen bekämpft hat, ist man ein Teil dieses humanistisch-idealistischen Weltbildes, das nun (vielleicht) verschwindet. Hinter all den Fragen, was Kunst ist, was wir als Kultur bestimmen, was schöpferische Arbeit ist und was dahintersteckt, trage ich ein bestimmtes romantisches Weltbild in mir. Auch die Frage, woher ich das Recht nehme, immer wieder meine Stoffe und Ideen aus der eigenen Lebenserfahrung aufzugreifen und Geschichten zu erzählen, die in meiner Kindheit wurzeln, ist nur aus dem alten Kulturverständnis zu erklären, das in den romanischen Ländern, wie Italien oder Frankreich, noch tiefer verankert ist als bei uns. In Frankreich ist ein Mensch, der so denkt, immer noch politikfähig. Immer noch kann kein ungebildeter Franzose in Politik oder Wirtschaft Karriere machen. Bei uns ist Bildung in beiden Bereichen meist schädlich für die Karriere. Dennoch gibt es immer noch eine Verantwortung tragende gebildete Minderheit. Ich spreche als Betroffener, der ein dialektisches

Weltbild verteidigt, der sagt, daß der Weg zu den Herzen der Mitmenschen über das Selbstverständnis führen muß. Nur wer sich selbst versteht, wird demnach von den anderen verstanden. Menschen, die fähig waren, den Blick in die Abgründe der eigenen Seele zu werfen, erwiesen sich als sehr kommunikativ – und als die besseren Künstler. Insofern ist der um seine Anerkennung ringende Autor gar nicht so ein Sonderling, wie ihn die Medienkonzerne heute gern darstellen. Er tut etwas, was ihn oftmals äußerst begehrenswert und auch verständlich macht, denn es ist gerade das Interesse, das Menschen an sich selbst, an ihrem ganz persönlichen Leben haben, das Kultur entstehen läßt. Das betraf einmal alle Lebensbereiche: die Fragen, wie feiert man Feste, wie werden Hochzeiten, Begräbnisse oder Trennungen begangen, welche Kleidung trägt man zu welchen Anlässen, was ißt man, was trinkt man, wie ißt oder wie trinkt man. Alle diese Fragen konnten in der alten, physikalisch-mechanischen Industriegesellschaft noch als Beiträge zur Kultur der Selbstverwirklichung der Menschen verstanden werden. Insofern waren die Autoren noch in einen Ablauf gesellschafterhaltender Prozesse integriert, auch wenn sie sich kritisch verhielten oder eher ihr Leiden an der Welt beschrieben als ihre Freude. Wir wissen nicht, wie eine neue Metakultur aussehen wird, die sich nicht mehr auf das schöpferische Individuum mit seinem mittelständischen Aktionsradius gründet, sondern auf die Expansion von Weltkonzernen. Sicher wird es diese Metakultur im Bereich der audiovisuellen Medien eines Tages geben. Während wir uns heute noch herumschlagen mit Konkurrenzverhältnissen, wie sie zwischen Film und Fernsehen, Fernsehen und Netzwerken bestehen, wachsen schon überall auf der Welt die neuen Sprachformen eines Universalmediums heran. Eine weltweite audiovisuelle Ästhetik wird die Film- und Fernsehästhetik ablösen. Filme wie «Natural Born Killers» (von Oliver Stone) oder «Liebe und andere Grausamkeiten» (von Denys Arcand) beschwören schon jetzt eine permanente Anwesenheit von elektronischen Medien als Teil einer Welt-Ästhetik. Vielleicht kehrt der Begriff der «Bildung» ja auch zu seinen Ursprüngen zurück, und man wird diejenigen als gebildet ansehen, die sich die nötigen Bilder beschaffen können.

Die schöne neue digitale Welt kann einem aber wie Science-fiction vorkommen, wenn wir das Elend betrachten, von dem wir – auch im reichen Europa – umgeben sind. Natürlich werden die Menschen in Bosnien, in Albanien oder auch in unseren Vorstädten nicht mit den Reichen vernetzt werden. In weiten Teilen der Welt wächst die Armut. Wer einmal gesehen hat, wie aber gerade in den ärmsten Gegenden der Welt auf Millionen von Fernsehschirmen die bunten Bildchen flimmern, der wird sich fragen, ob es möglich ist, daß das Fernsehen Essen und Trinken, Haus und Familie, Gesundheit und Frieden ersetzen kann. In Gianni Amelios Film «Lamerica» sehen wir, wie Berlusconis Kommerzfernsehen mitten im trostlosesten Elend der Straßen und zerfallenden Behausungen plätschert und säuselt, als wäre es das Wasser zum Trinken oder die Luft zum Atmen. Werden auch diese Bilder bald digital sein? Wird man auch die Online-Netze so verwenden, wie die Menschen der alten DDR, Rumäniens oder Albaniens das Fernsehen benutzten, um damit die Bilder der Realität zu vergleichen? Kann man sich vorstellen, daß gerade die Ärmsten der Armen die Unerträglichkeit der Realität mit der Leichtigkeit der virtuellen Bilder vertauschen werden? Wenn sich der Blick der Reichen von den Bildschirmen abwendet, fällt er auf eine akzeptable Welt. Das befähigt die Reichen zur Kritik am Programm. Wir haben andererseits gesehen, daß der Blick auf das Elend neben dem Fernseher die Armen nicht motiviert, dem Fernsehen zu mißtrauen. Die elektronischen Bilder verlocken mit dem permanenten Versprechen, daß man Raum und Zeit beherrschen und grenzenlos genießen kann. So verbreiten die Medien eine Zuversicht, die geradezu einer spirituellen Hoffnung nahekommt. Die Hoffnung ist dem Menschen in Not realer als die Verhältnisse, unter denen er leidet: eine unglaubliche menschliche Fähigkeit, die Welt in Frage zu stellen und zu überleben. Millionen von Bildschirmen flimmern in den Behausungen und an den Wegrändern der Armen. Die eigentliche Virtualität herrscht auf der Straße.

Die Wiedergeburt des Epos aus den Netzwerken

Wenn ich von meinem Kaffeehaus-Platz auf die Straße hinaussehe, kann ich keinerlei Bild davon gewinnen, in welcher Welt diese Menschen alle leben, die vorbeieilen, die Geschäfte betreten, ihre Kinder traktieren oder über die Lenkräder ihrer Autos starren. Äußerlich sind sie alle ganz offenbar mit dem beschäftigt, was sie gerade tun. Sie rennen, kaufen, fahren, begehren, reden, arbeiten. Was aber hält sie zusammen, was steuert sie, was ist ihr inneres Prinzip? Sie gehören zu bestimmten Netzwerken. Sie sind zum Beispiel Deutsche, sie kennen die Gesetze des Landes, sie sind in Vereinen, arbeiten in Firmen, haben Freunde, sie schauen Fernsehen, sie haben Telefon- oder Faxanschlüsse, sie zahlen Miete, sie haben einen Namen, eine Adresse. Das sieht man den Leuten nicht an, wenn sie vorbeigehen, aber es ist ihre soziale Realität, ohne die sie in große Angst verfallen würden. Wer unser soziales Netz zerreißen könnte, würde uns absolut beherrschen. Es ist das Netzwerk, das unsere Teilnahme an der Welt bestimmt.

Vor ein paar Tagen habe ich einen Freund besucht, der in einem ganz neuen Netzwerk zu Hause ist: dem Internet. Ich hätte nie gedacht, daß er tatsächlich in einer anderen Welt lebt als ich. Ich habe seine elektronische Vernetzung, von der er seit einem Jahr redet, immer für eine irreale Ersatz-Verbindung angesehen, nicht zu vergleichen zum Beispiel mit der Staatsbürgerschaft oder dem Freundeskreis. Ich hielt ihn für einen Elektronik-Spinner und einen jener Computer-Freaks, die durch jeden technischen Schnickschnack verführbar sind. Ihm und seinen Schwärmereien für die Neuerungen der Telekommunikationssysteme begegnete ich gern mit ironischen Kommentaren oder, je nach Verfassung, mit depressiven Betrachtungen der Gesellschaft, die sich kritiklos von ihren überlieferten Kulturwerten trennt, um sich selbstmörderisch den Verkaufsinteressen der Industrie zum Fraß hinzuwerfen. Nun sah ich ihn draußen vor dem Kaffeehausfenster durch den Regen hasten, wie die anderen Passanten, von deren Netzwerken ich keinerlei Ansicht gewinnen konnte. Ich fing den Freund auf dem Gehsteig ein und bat ihn zu verweilen. Ich habe mir das Internet zeigen lassen. Das ist so, sagte er, als sollte ich dir meine Staatsbürgerschaft zeigen oder meinen Erfahrungshorizont. Das Internet sieht man nicht. Es besteht aus der Teilnahme daran und gewissen Regeln, einfachen, kleinen demokratischen Regeln. Es ist eigentlich aber eine Anarchie, denn alles ist erlaubt.

Ich begleitete den Freund in seine Wohnung. Er wohnte allein. Seine Küche war seit Tagen unaufgeräumt, es roch nach Einsamkeit. Aber da war das Arbeitszimmer mit dem Computer. Alles sah eher primitiv aus, kein High-Tech-Design, keine Anhäufung von Geräten, Kabeln oder Bildschirmen. Was auffiel, war der schwere alte Armsessel mit den durchgesessenen Kissen. Auf der Schreibtischplatte durchgescheuerte Stellen von seinen Ellenbogen und den Bewegungen der Computermaus rechts neben einer schäbigen Tastatur. Der Freund hatte schon während des Weges hierher viel geredet, Worte, die aber nur Programme und Techniken beschrieben, die üblichen Multimedia-Anglizismen eben, die man schon nicht mehr hören mag, so sind sie in aller Munde. Aber ich hatte an dem Freund noch etwas bemerkt, vor allem an seinen Bewegungen, an seinem Gesichtsausdruck, mit dem er sich in seinen Sessel fallen ließ: Er kehrte heim, der Platz vor dem Computer war sein Platz in der Welt.

Ich blieb einen ganzen Tag an seiner Seite. Wir «stiegen» gemeinsam ins Internet ein. Jetzt sind wir «online», sagte er, als eine hübsche blaue Graphik auf dem Monitor erschien und bald darauf ein endloses Verzeichnis von Stichwörtern. Nach und nach verstand ich etwas von der Faszination, die den Freund dazu gebracht hatte, jeden Tag seines Lebens ein paar Stunden «online» sein zu wollen, nein, zu müssen.

Ich hatte immer gedacht, das «Netz» sei eine Firma, ein Konzern, es gehöre irgendeinem spinnenartigen Monster, das uns mit seinen Systemen einfangen und aussaugen will. Dem ist aber nicht so. Das Netz gehört tatsächlich niemandem. Es besteht aus nichts anderem als aus den Leitungswegen, die heutzutage überall in der Welt bestehen. So wie es die Telefonnetze gibt, die von den Staaten der ganzen Welt eingerichtet wurden, damit jeder sie gegen Gebühren benutzen kann, so bestehen inzwischen Datenleitungen, die den Erdball umspinnen. Jeder kann seinen Computer an diese Leitungswege anschließen lassen. Das Internet ist nichts als die Tatsache, daß Millionen Privatpersonen, aber auch Universitäten, Institute, Datenbanken, Stadtverwaltungen, Interessengruppen, staatliche Stellen oder Firmen dies tun. Ich hatte immer gedacht, daß es da Speicherzentralen gibt oder Mautstellen, daß der gesamte Datenverkehr irgendwie geregelt würde. Dem ist aber nicht so. Die Benutzung des Netzes ist genauso frei wie das Telefon, nur mit dem Unterschied, daß man mit allen Teilnehmern gleichzeitig verbunden sein kann. Jeder, der einen Text, ein Bild oder Tonsignale ins Netz gibt, stellt diese sozusagen der Weltbevölkerung zur Verfügung. Ebenso hat jeder, der «online» ist, Zutritt zu den Daten aller anderen Teilnehmer. Das ist das Geheimnis der gewaltigen Speicherkapazität des Systems. Man stelle sich vor, daß heute schon die Festplatten von 20 Millionen Computern weltweit am Netz sind. Das heißt, 20 Millionen Menschen sitzen täglich so wie mein Freund stundenlang an ihren Terminals, schicken sich «mails» oder stöbern in ihren gegenseitigen Festplattenspeichern herum, um sich zu informieren, zu amüsieren, zu erholen oder zu motivieren. Es ist unvorstellbar, was einem da begegnet. Alle Fragen des Lebens, alles, was Menschen in Schrift oder Bild ausdrükken können, ist in den unendlichen Verzweigungen der «files» zu finden: neueste wissenschaftliche Ergebnisse aller Disziplinen, ungedruckte Literatur, Pornographie, Veranstaltungshinweise, Einblicke in Museen und die Kataloge der Weltbibliotheken, Tourismus, Kultur, Technik, aber auch privateste Äußerungen von normalen oder verrückten Menschen aus allen Erdteilen. Ich mache einen Test: Ich suche in den Verzweigungen des «Net» nach mir selbst. Es dauert nicht lange, da kann mir der Freund Texte und Bilder vorführen, aus denen mein ganzes Leben zu ersehen ist. Ich kann es nicht fassen, auch ich bin längst im Netz gefangen. Ich hatte es nicht geahnt.

Wer macht so etwas? Warum macht einer das? Der Freund erklärt mir die Sache: Einige tausend Benutzer des Netzes sind Filmleute, Filmpublizisten, die sich dafür interessieren, auch ihr Fachgebiet im Netz zu diskutieren. Niemand kann sagen, wo sich alle diese Filmfreunde befinden. Aber jeder von ihnen verbringt viele Stunden damit, völlig kosten- und selbstlos sein Wissen, seine Gedanken zum Film ins Netz zu geben.

Manche von ihnen signieren ihre Beiträge mit ihren Teilnahme-Codes, viele leisten diese Arbeit aber auch völlig anonym. Mein Freund versucht mit mir gemeinsam festzustellen, wer die Datei über mich angelegt und mit Material angefüllt hat. Einige Autoren können wir identifizieren: Sie sind in Kalifornien, in Schottland, in Berlin und in der Schweiz. Die meisten Beiträge sind aber anonym. In Sekundenbruchteilen springen wir so über den Erdball und holen uns die Texte aus fremden Festplatten. Wir entdecken einen Fehler in meiner Biographie. Wir machen uns daran, ihn zu korrigieren. Auch das ist möglich. Es ist auch möglich, mit den unbekannten Freunden in Kontakt zu treten, ihnen eine «mail» zu schicken oder eine Rundfrage zu veranstalten nach Leuten, die noch mehr über mich wissen. Wir bekommen Dutzende von Antworten. Wir müssen uns überall bedanken und mühsam versuchen, eine Lawine aufzuhalten, die wir im weltweiten Netz losgetreten haben.

Als ich meinen Blick zum Fenster wende, sehe ich, daß es draußen dunkel geworden ist. Haben wir jetzt wirklich sechs Stunden hier gesessen? Der Freund hat inzwischen seine «Post» hereingeholt und in der ganzen Welt beantwortet, ich habe zehn internationale Museen besucht, Kinokarten in San Francisco bestellt und wieder abbestellt, ich habe die Liebesgedichte eines scheuen Teenagers aus Frankfurt gelesen und dem Jungen Mut gemacht, ich habe einer Schülergruppe aus Leipzig erklärt, wer Luis Buñuel war, und versucht, einen schwulen Privatporno aus dem Hongkong-Englisch zu übersetzen. Es war eine Weltreise. Die Zeit war verflogen, weil ich offensichtlich «unterwegs» gewesen bin und nicht bemerkt habe, wie das Zimmer um uns herum versank. Die Sprache ist Englisch. Selbst der kleine Lyriker in Frankfurt antwortete in diesem holprigen Computerenglisch, in dem alle Texte oder Briefe abgefaßt werden. Ganz selten las ich ein deutsches oder ein französisches Wort auf meiner Reise.

Ich frage den Freund: Was motiviert dich? Was treibt dich täglich ins Netz? Er zögert mit der Antwort. Nervös surft er noch ein bißchen über den Erdball, blickt in die Herzen von Liebenden oder läßt sich erklären, welches Wetter in Mexiko zu erwarten sei. Dann schaut er mich lächelnd an. Die Neugier, sagt er. Ich werde immer neugieriger auf all diese Menschen. Aber du siehst diese Menschen doch gar nicht, halte ich entgegen. Doch, sagt er, ich sehe in sie hinein. Ich bin innerlich mit ihnen verbunden. Wir sind das Netz. Und es ist international. Ich lebe nicht in München, sondern auf dem Planeten. Das ist es. Es entsteht ein planetarisches Gefühl, sagt er.

Kürzlich, als der Freund wieder stundenlang durchs Netz gehüpft war, bemerkte er im letzten Moment, daß er eine Verabredung in der Stadt versäumte. Schnell rannte er zu seinem Auto, das unten im Hof stand. Er startete den Motor und fuhr in die Hausdurchfahrt. Das große Holztor, mit dem die Ausfahrt zur Straße verschlossen war, erschien ihm «virtuell». Er raste, ohne zu bremsen, durch dieses Tor. Der völlig zerknautschte Kühler kam auf dem Trottoir zum Stehen. Er konnte von Glück sagen, daß da kein Mensch vorbeiging, den er in seinem Computerwahn ohne weiteres überfahren hätte.

Es wird nur noch wenige Jahre dauern, bis das Internet und alle anderen öffentlichen oder kommerziellen Netzwerke audiovisuell sein werden. So, wie man heute schon Texte und Standbilder in beliebigen Massen speichern und übertragen kann, wird man dann bewegte Bilder und dazu den Ton in allen Sprachen übertragen können. Die Netze werden dann nicht mehr nur denen gehören, die lesen und schreiben können, sondern allen, die sich über Bilder verständigen, sei es, daß sie alte oder neue Filme ansehen oder selber filmen oder sich über Bildtelefone unterhalten.

Es ist gewiß, daß die Zugehörigkeit zu diesen Netzen die Menschen und ihr Bewußtsein völlig verändern wird. Was das Fernsehen und das Kino nur in Ansätzen vermochten, wird Realität werden: Wir werden ein globales Bewußtsein bekommen. Selbst wenn es vielen Menschen am primitivsten geographischen Wissen mangelt, selbst wenn einer nicht weiß, daß die Erde rund ist, wird er an einer neuentstehenden Weltkultur teilnehmen. Der Grund wird einfach sein, daß es für Daten keine Grenzen gibt und daß die Zeit zu ihrer Übertragung immer kürzer wird. Wir wissen nicht, wie reich oder wie primitiv diese Weltkultur der Netzwerke sein wird, aber wir wissen, daß sie ihre eigene audiovisuelle Metasprache entwickeln wird, in der sich nach und nach alle Künstler auszudrücken lernen. Die bisherigen Kulturen werden darin nur noch teilweise enthalten sein. Vieles wird untergehen, aber es wird ein ungeheuerlicher Horizont hinzugewonnen.

Mein Freund erklärt mir etwas, was ich mir bisher nicht klargemacht hatte: Wir stehen vor dem Ende des linearen Denkens. Er erklärt mir das am Beispiel des Films. Seit hundert Jahren werden Filme auf Bändern, auf Filmspulen, produziert. Sie haben deswegen einen Anfang, eine bestimmte Dauer und ein Ende. Die ganze Ästhetik des Kinos, aber auch die des Fernsehens war von diesem Gesetz bestimmt, daß ihr der mechanische Ablauf eines Bandes zugrunde liegt. Dieser Ablauf ist in der Regel auch ununterbrechbar. Der ganze Rhythmus, die Dramaturgie, die Formen des Erzählens oder des Ausdrucks waren hundert Jahre lang von dieser Logik des linearen Ablaufs beherrscht. Wir konnten uns auch überhaupt keine andere Regel vorstellen, denn sie korrespondiert ja mit dem Grundgesetz der modernen Welt, in der die Kausalität herrschte. Ursachen und Wirkungen sind ja nicht nur Grundlage des Films, sondern auch der Naturwissenschaft, der Verkehrsmittel, der Philosophie, der Medizin. Das allgemeine Symbol für diese Moderne ist die Autobahn. Wir erleben unsere persönliche Biographie ebenso linear als Autobahn wie die Bücher mit ihren in Zeilen aufgereihten Wörtern oder das Fernsehen mit seinem Abendprogramm und die Arbeitszeiten von Menschen und Maschinen. Seit der Erfindung der Buchdruckerkunst denkt der Mensch linear. Die Zeit erleben wir als Vektor, der für uns alle nur in eine Richtung läuft. Vor allem aber laufen alle Maschinen nach diesem Gesetz, das für alles einen Anfang, eine Dauer und ein Ende definiert. Der Tod aller Lebewesen schien dies immer als Naturgesetz zu bestätigen, ebenso wie die Musik. Für mich war dieses Naturgesetz, dem alles Leben gehorcht, auch immer das tiefste Geheimnis der Filmkunst. Ich erzählte meine Geschichten gern als «Chronik», denn sie folgte diesem Gesetz auf wunderbare, unentrinnbare Weise.

Das digitale Zeitalter aber ist nicht linear. Sobald ein Film digitalisiert ist, können wir ihn völlig anders benutzen als bisher. Er ist nun nicht mehr auf einem Band gespeichert, sondern quasi auf einer Fläche oder im Raum. Jede Stelle daraus ist augenblicklich erfaßbar. Der Zeitablauf kann jederzeit verändert, umgekehrt, fragmentiert werden. Ähnlich, wie wir in die Festplattenspeicher unserer Computer mit Leichtigkeit eingreifen, ohne noch an eine Reihenfolge gebunden zu sein, werden die audiovisuellen Ereignisse in den Kommunikationsnetzen der Zukunft nicht mehr an Anfang, Ende oder Dauer gebunden sein. Es gibt auch keine Anfangszeiten mehr, denn jeder kann jedes Programm jederzeit und augenblicklich ansehen. Er kann den Ablauf beschleunigen, umkehren, verlangsamen, anhalten, ohne daß damit irgendein anderer Benutzer desselben Programms in irgendeiner Weise in seinem Zugriff beeinträchtigt würde. Wir können die Programme bestimmten Auswahlkriterien unterziehen und zum Beispiel sagen, daß uns nur Sex interessiere, nur Traum, nur Geld oder nur Philosophie. Der digitale Zugriff ist nicht linear. Das wird unser Weltbild verändern.

Das wird aber vor allem das Erzählen verändern. Die neue Erzählkultur wird kaum noch dramaturgisch sein, denn gerade das, was bisher das Publikum bei der Stange hielt, die dramaturgische Logik, der scharf kalkulierte zeitliche Ablauf, ist in Zukunft hinderlich. Er zwingt die Zuschauer, immer das Ganze zu sehen, weil es sonst nicht unterhält. Aber wenn das Angebot der Netzwerke so riesig ist, wird man sich nur noch ungern die Zeit nehmen, zwei Stunden lang auf eine lineare Handlung zu starren. Man wird nach dem Knopf schielen, mit dem man seine Triebrichtung wählen kann. «Kill!» wird der User rufen und verlangen, daß der Mord sofort passiert und nicht erst, wenn der Dramaturg ihn vorgesehen hat. Die neuen Erzählformen müssen ebenfalls digital werden. Was bedeutet das? Sie werden in kleine, eng auf das Leben bezogene Einheiten zerfallen. Die großen Zusammenhänge entstehen erst durch die Benutzung, durch Kombinationen. Das klingt alles sehr kompliziert, weil wir im linearen Denken verhaftet sind und immer noch vor unserem geistigen Auge ein Band laufen sehen, wenn wir «Film» sagen.

Es hat aber alles schon einmal gegeben. Vor dreitausend Jahren haben die Menschen nicht linear gedacht. Das war die Zeit, in der die großen Epen wie die Odyssee entstanden sind oder noch früher das Gilgamesch-Epos oder die Edda. Die Menschheitsgeschichte ist unendlich bereichert worden in dieser Zeit, als die Geschichten nicht aufgeschrieben, sondern vorwiegend mündlich weiterverbreitet wurden. Alle klassischen Konflikte, alle bewegenden Gefühle und menschlichen Konstellationen sind, wie wir wissen, in diesen frühen Mythen, Märchen und Epen enthalten. Aber bei aller Dramatik und Tiefe der Empfindung kommen sie nicht in einer bestimmten Reihenfolge der Erzählung vor. Die Figuren der griechischen Mythologie können nie zu Ende erzählt werden, denn es gibt von jeder Szene zahllose Varianten, Anmerkungen und Verweise auf andere Erzählzyklen. Das Road-Movie von Odysseus ist eben kein Film, denn es konnte jederzeit angehalten, verlassen, in Nebenlinien aufgelöst werden und wurde auch so benutzt, wie man heute ein Netzwerk benutzen kann. Das «Speichermedium» war dabei das menschliche Gedächtnis, das, wie wir inzwischen wissen, sehr ähnlich funktioniert wie die Computernetze. Unsere Erinnerung kann frei in den Windungen des Hirns herumspringen, kann assoziieren, raffen, neuordnen, verändern. Die epischen Gesellschaften, die der aufgeklärten humanistischen Gesellschaft vorausgingen, verfügten im engen Rahmen der jeweiligen Kultur über alle diese erzählerischen Fähigkeiten, solange sie sich nicht schriftlich äußerten. Natürlich hatten die archaischen Menschen auch eine Zeitwahrnehmung. Diese war aber kosmisch, zyklisch. Wenn abends die Sonne unterging und Dunkelheit sich breitete über die Erde, wären die Menschen vor Angst verrückt geworden, wenn sie nicht gewußt hätten, daß die Sonne am Morgen auf der anderen Seite des Horizontes wiederkehren wird. Sie hätten den langen Winter nicht überlebt ohne dieses Wissen von den Jahreszeiten, von der Wiederkehr der Sternzeichen und des Lichtes. Von Licht und Schatten umkreist sahen sich die Menschen inmitten der Welt. Geburt und Tod erklärten sich anders, waren nicht nur Anfang und Ende eines Programms, das Leben heißt. Die Geschichten, die erzählt wurden, haben niemals nur einen Autor gehabt, der gegen die Angst vor dem Tod anschreibt, wie unsereins. Allzugern wird der blinde Homer als moderne Figur ins Altertum projiziert. Es ist aber umstritten, ob es ihn je gab. Wenn wir uns vorstellen, wie perfekt dieses Seefahrervolk der Griechen seine kleine Inselwelt kultivieren konnte, wie schnell jede Geschichte von einem Gestade zum anderen wanderte und wie leicht jeder, der sie weitererzählte, sie sich aneignen und dem Anlaß entsprechend ummodeln konnte, der wird verstehen, was es bedeutete, damals Grieche zu sein. Es gab ein Netz, das jeden mit jedem verband und dessen Inhalt die Geschichten der Mythologie waren.

Was wir heute «digital» nennen, ist die Wiederentdeckung der biologischen Beziehungen in der Gesellschaft. Das Hirn des einzelnen wird mehr und mehr das Modell für das gesellschaftliche Ganze. Wir werden in dem Maße, wie die künstlichen Netzwerke wachsen, lernen, neue Mythen zu bilden und in epischen Formen zu erzählen. Vieles, was ja im Leben ohnehin so geordnet ist, wird in den endlos verzweigten Formen erzählbar. Die Formen der Chronik, des Dramas, der Reportage oder des Vollprogramms haben ausgedient. Schon seit hundert Jahren können wir in Literatur, Kunst und Musik beobachten, wie an der Abschaffung der individuellen Großform gearbeitet wird. Es fehlte allerdings lange Zeit an Kommunikationssystemen und Märkten für fragmentarische oder epische Werke. Ein Gesamtkünstler wie Richard Wagner ist, so sehr seine Zusammenfassung der Künste in unser Jahrhundert deutet, zutiefst ein Künstler des mechanisch-linearen Zeitalters, dessen Höhepunkt die alte Filmgeschichte wurde, deren Wurzeln im neunzehnten Jahrhundert enden.

Ich bin bei der Betrachtung der Medienzukunft hin- und hergerissen. Es ist nicht zu leugnen, daß es Trauer und Ablösungsschmerzen gibt von einer aufgeklärten Filmkultur mit ihren Möglichkeiten, gegen den Tod anzufilmen und ästhetische Zeichen seiner persönlichen Existenz wie ein Vermächtnis in die Welt zu setzen. Ich mag mir auch nicht vorstellen, daß eine bessere Welt so aussieht wie die traurige Wohnung meines Freundes, der ins Netz flüchtet, wenn er Angst vor sich selber bekommt. Es ist aber gut möglich, daß die Dinge sich ganz anders entwickeln, daß die Teilnahme an den Netzen nur eine Art neuer Staatsbürgerschaft sein wird, die uns den größten Teil des Tages auch völlig egal ist. Ob wir nun an der Fernsehglotze hängen oder an dem «Terminal», das wird den Alltag der Menschen kaum verändern. Aber die Veränderung der Geschichten finde ich wirklich aufregend und inspirierend. Man kann sich vorstellen, daß mit den neuen Geschichten und dem planetarischen Lebensgefühl auch ein neues kosmisches Weltbild entsteht, daß wir Tage und Nächte wieder deutlicher wahrnehmen und unser eigenes Leben eher in den Jahreszeiten widerspiegeln als im Bild der Autobahn. Die Zukunft der Bilder hängt nicht davon ab, wie man sie erzeugt und wie man damit Handel treibt. Die Bilder entspringen aus den Geschichten und verändern sich mit ihnen. Die Bilder und die Geschichten müssen zusammenwachsen wie früher die Götter und die Menschen.

Anhang

Der Autor und seine Gesprächspartner

Edgar Reitz

Geboren am 1. November 1932 in Morbach (Hunsrück), studierte nach dem Abitur in München Theaterwissenschaft und Kunstgeschichte. Seit Mitte der fünfziger Jahre Filmarbeit, Autor und Regisseur von Kultur-, Dokumentar- und Industriefilmen, daneben intensive Beschäftigung mit der Avantgarde. Mitglied der Oberhausener Gruppe, die 1962 bei den Kurzfilmtagen «Papas Kino» für tot erklärte. Gemeinsam mit Alexander Kluge gründet Reitz im folgenden Jahr die Abteilung Film an der Hochschule für Gestaltung in Ulm, wo er bis zur Schließung 1968 Dozent ist. 1965 Kamera bei Kluges Film «Abschied von gestern», 1966 erster Spielfilm «Mahlzeiten»: Beide Filme begründen den Neuen Deutschen Film. Seit 1971 verfügt er über eine eigene Produktionsfirma, die auch Projekte anderer Regisseure realisiert. Zahlreiche Veröffentlichungen über Filmtheorie und Filmästhetik, gesammelt in dem Band «Liebe zum Kino» (1984).

Bundesfilmpreis 1963 für den Kurzfilm «Geschwindigkeit», 1975 zusammen mit Alexander Kluge für die Musikdramaturgie von «In Gefahr und größter Not bringt der Mittelweg den Tod», 1977 für die Produktion von «Stunde Null». Für «Heimat» wurde Reitz mit zahlreichen Preisen ausgezeichnet, u. a. erhielt er den Fipresci-Preis bei den Filmfestspielen in Venedig, den Berliner und den Londoner Kritiker-Preis, den Bundesfilmpreis, die Goldene Kamera sowie den Adolf-Grimme-Preis mit Gold. Die British Film Academy wählte 1986 «Heimat» zum besten ausländischen Film. Für «Die Zweite Heimat» wurde Reitz 1992 mit dem Spezialpreis der Biennale Venedig und dem Kulturellen Ehrenpreis der Stadt München ausgezeichnet.

«Schicksal einer Oper» 1952
Kurzfilm, zus. mit Bernhard Dörries, 16 min

«Baumwolle» 1959
Dokumentation, 35 min

«Krebsforschung» 1960
Zwei Dokumentationen, je 30 min

«Yucatan» 1960
Kurzfilm, 12 min

«Kommunikation» 1961
Kurzfilm, 11 min

«Post und Technik» 1961
Dokumentation, 30 min

«Weltärztekongreß Berlin» 1961
Dokumentation, 30 min

«Geschwindigkeit» 1962
Kurzfilm, 13 min

«Unendliche Fahrt – aber begrenzt/ Varia Vision» 1964/65
Projektion von 36 unterschiedlich langen Filmstreifen auf 120 bewegliche Leinwände; ca. 60 Stunden

«Binnenschiffahrt» 1965
Kurzfilm, 9 min

«Die Kinder» 1966
Kurzfilm, 12 min

«Mahlzeiten» 1966/67
Spielfilm, 94 min; B: Reitz; D: Heidi Stroh, Georg Hauke, Nina Frank

«Fußnoten» 1967
90 min, Kurzfassung 35 min

«Uxmal» 1968
Spielfilm, 80 min; B: Reitz; D: Petra Schürmann, Peter Berling

«Filmstunde» 1968
Dokumentarfilm, 120 min; B: Reitz

«Cardillac» 1968/69
Spielfilm, 97 min; B: Reitz, nach der Erzählung «Das Fräulein von Scuderi» von E. T. A. Hoffmann; D: Hans Christian Blech, Catana Cayetano, Rolf Becker

«Geschichten vom Kübelkind» 1969/70
Spielfilm in 23 Episoden, 204 min; B: Reitz; D: Kristine de Loup

«Kino Zwei» 1971
Fernsehfilm, 90 min; B: Reitz; D: Urs Jenny, Werner Egger, Vlado Kristl

«Das goldene Ding» 1971
Spielfilm, 113 min; B: Reitz, Ula Stöckl, Alf Brustellin, Nicos Perakis

«Die Reise nach Wien» 1973
Spielfilm, 102 min; B: Reitz, Alexander Kluge; D: Elke Sommer, Hannelore Elsner, Mario Adorf, Nicolas Brieger

«In Gefahr und größter Not bringt der Mittelweg den Tod» 1974
Spielfilm, 89 min; B: Alexander Kluge, Reitz; D: Dagmar Bödderich, Jutta Winkelmann

«Bethanien» 1975
Dokumentation, 30 min

«Picnic» 1975
Dokumentarfilm für Kinder, 28 min

«Wir gehen wohnen» 1975
Kurzfilm, 28 min

«Stunde Null» 1976
Spielfilm, 108 min; B: Peter Steinbach, Reitz, Petra Kiener, Karsten Witte; D: Kai Taschner, Herbert Weissbach, Erika Wackernagel

«Deutschland im Herbst» 1977/78
Gemeinschaftsfilm v. Alf Brustellin, Rainer Werner Fassbinder, Alexander Kluge, Maximiliane Mainka/Peter Schubert, Reitz, Katja Rupé/ Hans Peter Cloos, Volker Schlöndorff, Bernhard Sinkel; 124 min

«Der Schneider von Ulm» 1978
Spielfilm, 120 min; B: Reitz, Petra Kiener; D: Tilo Prückner, Vadim Glowna, Hannelore Elsner

«Geschichten aus den Hunsrückdörfern» 1980/81
Dokumentarfilm, 117 min

«Heimat. Eine Chronik in 11 Teilen» 1980–84
Spielfilmzyklus, 15 Stunden 59 Minuten; B: Peter Steinbach, Reitz;

D: Marita Breuer, Gertrud Bredel, Willi Burger, Rüdiger Weigang, Karin Rasenack, Gudrun Landgrebe

«Die Zweite Heimat. Chronik einer Jugend» 1988–92
Spielfilm in 13 Teilen, 16 Stunden; B: Reitz; D: Henry Arnold, Salome Kammer, Anke Sevenich, Noemi Steuer, Armin Fuchs, Martin Maria Blau, Laszlo I. Kish, Susanne Lothar, Franziska Traub, Hannelore Hoger

«Die Nacht der Regisseure» 1994
Dokumentarfilm, 87 min

Wolfgang Becker

Geb. 22. Juni 1954 in Hemer, Westfalen. Studium der Germanistik, Geschichte und Amerikanistik in Berlin, anschließend Studium an der Film- und Fernsehakademie in Berlin. Kameramann und Filmemacher.

Student Film Award 1988, Max-Ophüls-Preis und Goldener Leopard des Filmfestival Locarno für «Schmetterlinge». 1992 erhielt er den Regie-Förderpreis der Hypo-Bank für «Kinderspiele», im Jahr darauf den Preis der deutschen Filmkritik.

«Schmetterlinge» 1987
Spielfilm, 57 min; B: Becker, nach einer Erzählung von Ian McEwan; D: Bertram von Boxberg, Lena Boehncke, Dieter Oberholz, Uwe Helfrich

«Blutwurstwalzer» 1991
Fernsehfilm, 116 min; B: H. J. Sczerba, Becker; D: Jürgen Vogel, Günter Lamprecht, Ralf Richter, Heinz Hönig

«Kinderspiele» 1991/92
Spielfilm, 106 min; B: Horst J. Sczerba, Becker; D: Jonas Kipp, Oliver Bröcker, Burghart Klaußner, Angelika Bartsch, Matthias Friedrich, Hildegard Wensch

«Celibidache – The Triumphant Return» 1992
Dokumentarfilm, 57 min

Frank Beyer

Geb. 26. Mai 1932 in Nobitz/Thüringen. Ab 1952 Studium an der Filmhochschule FAMU in Prag, Regie-Diplom. Ab 1958 Regisseur bei der DEFA. Nach dem Verbot von «Spur der Steine» 1966 kann er knapp zehn Jahre lang nur am Theater und fürs Fernsehen arbeiten.

Zahlreiche Auszeichnungen in der DDR, u. a. den Nationalpreis I. Klasse für «Nackt unter Wölfen» sowie Nationalpreis II. Klasse für «Jakob der Lügner». Regie-Preis für «Nackt unter Wölfen» bei den Filmfestspielen in Moskau 1963, 1975 Oscar-Nominierung von «Jakob der Lügner», 1991 Bundesfilmpreis für sein Gesamtwerk.

«Wetterfrösche» 1954
Kurzfilm, 9 min

«Zwei Mütter» 1956/57
Spielfilm, 87 min; B: Jo Tiedemann, Beyer; D: Françoise Spira, Helga Göring, Ruth Wacker, Wilhelm Koch-Hooge

«Fridericus Rex – 11. Teil» 1957
Kurzfilm, 10 min; B: Hans Schlehufer, Beyer; D: Erich von Dahlen, Paul R. Henker

«Das Gesellschaftsspiel» 1957
Kurzfilm, 7 min; B: Herbert Theuerkauf, Georg Honigmann, Beyer; D: Willi Narloch, Rolf Ludwig

«Eine alte Liebe» 1958/59
Spielfilm, 92 min; B: Werner Reinowski, Beyer; D: Gisela May, Erich Franz, Doris Abeßer, Günther Simon

«Fünf Patronenhülsen» 1959/60
Spielfilm, 88 min; B: Walter Gorrish; D: Erwin Geschonneck, Ulrich Thein, Edwin Marian, Ernst-Georg Schwill, Armin Mueller-Stahl, Manfred Krug, Günter Naumann

«Königskinder» 1961/62
Spielfilm, 89 min; B: Edith und Walter Gorrish; D: Annekathrin Bürger, Armin Mueller-Stahl, Ulrich Thein

«Nackt unter Wölfen» 1962
Spielfilm, 116 min; B: Bruno Apitz, Beyer, nach dem Roman v. Apitz; D: Erwin Geschonneck, Armin Mueller-Stahl, Krystyn Wójcik, Fred Delmare

«Karbid und Sauerampfer» 1963
Spielfilm, 85 min; B: Hans Oliva, Beyer; D: Erwin Geschonneck, Marita Böhme, Manja Behrens

«Spur der Steine» 1965/66
Spielfilm, 139 min; B: Karl Georg Egel, Beyer, nach dem Roman v. Erik Neutsch; D: Manfred Krug, Krystyna Stypolkuwska, Eberhard Esche

«Rottenknechte» 1969/70
Fünfteiliger Fernsehfilm, 340 min; B: Klaus Poche, Gerhard Stueber, Beyer; D: Dieter Mann, Klaus Piontek, Jaecki Schwarz

«Die sieben Affären der Doña Juanita» 1972/73
Vierteiliger Fernsehfilm, 348 min; B: Eberhard Panitz, Beyer, nach dem Roman v. Panitz; D: Renate Blume, Alfred Müller, Werner Tietze, Winfried Glatzeder, Dieter Wien

«Jakob der Lügner» 1974
Spielfilm, 104 min; B: Jurek Becker, Beyer, nach dem Roman v. Becker; D: Vlastimil Brodský, Erwin Geschonneck, Manuela Simon, Henry Hübchen, Armin Mueller-Stahl

«Das Versteck» 1976/77
Spielfilm, 101 min; B: Jurek Becker, Beyer; D: Jutta Hoffmann, Manfred Krug, Dieter Mann

«Geschlossene Gesellschaft» 1978
Fernsehfilm, 118 min; B: Klaus Poche, Beyer; D: Jutta Hoffmann, Armin Mueller-Stahl, Andreas Pfaff, Sigfrit Steiner

«Der König und sein Narr» 1980/81
Fernsehfilm, 108 min; B: Ulrich Plenzdorf, Beyer, nach dem Roman v. Martin Stade; D: Götz George, Wolfgang Kieling, Monika Gabriel

«Die zweite Haut» 1981
Fernsehfilm, 108 min; B: Klaus Poche, Beyer; D: Angelica Domröse, Hilmar Thate, Jana Brejchová, Edith Heerdegen

«Der Aufenthalt» 1981/82
Spielfilm, 101 min; B: Wolfgang Kohlhaase, nach dem Roman v. Hermann Kant, D: Sylvester Groth, Fred Düren, Matthias Günther, Klaus Piontek, Hans-Uwe Bauer

«Bockshorn» 1983
Spielfilm, 101 min; B: Ulrich Plenzdorf, nach dem Roman v. Christoph Meckel; D: Jeff Dominiak, Bert Löper, Djoko Rosić, Anton Karastojanow

«Der Bruch» 1988
Spielfilm, 105 min; B: Wolfgang Kohlhaase; D: Götz George, Rolf Hoppe, Otto Sander, Hermann Beyer, Ulrike Krumbiegel

«Ende der Unschuld» 1990
Zweiteiliger Fernsehfilm, 94 u. 90 min; B: Wolfgang Menge; D: Jürgen Hentsch, Udo Samel, Rolf Hoppe, Hanne Hiob, Walter Kreye, Fred Düren, Jörg Gudzuhn

«Der Verdacht» 1991
Spielfilm, 97 min; B: Ulrich Plenzdorf, nach einer Erzählung von Volker Braun; D: Christiane Heinrich, Nikolaus Gröbe, Michael Gwisdek, Christine Schorn

«Sie und Er» 1991
Zweiteiliger Fernsehfilm, 95 u. 89 min; B: Klaus Poche, Beyer; D: Senta Berger, Reimar J. Bauer

«Das große Fest» 1992
Fernsehfilm, 91 min; B: Klaus Poche; D: Hans Christian Blech, Rolf Hoppe, Iris Berben, Elsa Grube-Deister, Michael Gwisdek, Katrin Saß

«Das letzte U-Boot» 1993
Fernsehfilm, 99 min; B: Knut Boeser; D: Ulrich Mühe, Ulrich Tukur, Kaoru Kobayashi, Goro Ohashi

«Wenn alle Deutschen schlafen» 1995
Fernsehfilm, 72 min; B: Jurek Becker, nach der Erzählung «Die Mauer» von Becker; D: Benjamin Kaatz, Robin Timptner

«Nikolaikirche» 1995
Zweiteiliger Fernsehfilm, 80 u. 86 min; B: Beyer, Eberhard Goerner, Erich Loest, nach dem Roman v. Loest; D: Barbara Auer, Ulrich Mattes

Detlev Buck

Geb. 1. Dezember 1962 in Bad Segeberg. Landwirtschaftslehre in Schleswig-Holstein und Bayern. 1985–89 Studium an der Deutschen Film- und Fernsehakademie Berlin.

Bundesfilmpreis 1993 für «Wir können auch anders».

«Erst die Arbeit und dann!?» 1984
Spielfilm, 43 min; B: Buck; D: Buck, Ela Nitzsche

«Normal bitte» 1986
Kurzfilm, 5 min

«Eine Rolle duschen» 1987
Kurzfilm, 5 min

«Worauf wir abfahren» 1987
Kurzfilm, 8 min

«Was drin ist» 1988
Dokumentarfilm, 11 min

«Schwarzbunt Märchen» 1989
Kurzfilm, 11min

«Hopnick» 1989/90
Spielfilm, 55 min; B: Buck, Roger Heereman, Hans E. Viet; D: Sophie Rois, Buck, Viet

«Karniggels» 1991
Spielfilm, 94 min; B: Buck, Wolfgang Sieg; D: Michael Lade, Ingo Naujoks, Julia Jäger, Inga Busch, Hans E. Viet

«Wir können auch anders» 1992
Spielfilm, 92 min; B: Buck, Ernst Kahl; D: Joachim Król, Horst Krause, Konstantin Kotljarow, Sophie Rois

Peter Fleischmann

Geb. 26. Juli 1937 in Zweibrücken. Studium am Deutschen Institut für Film und Fernsehen (DIFF) in München sowie am Institut des Hautes Études Cinématographiques (IDHEC) in Paris. Fleischmann, der 1969, zunächst mit Volker Schlöndorff, die Produktionsfirma Hallelujah Film gründete, ist seit 1992 stellvertretender Direktor des Studios Babelsberg.

Bundesfilmpreis 1969 für «Jagdszenen aus Niederbayern».

«Die Eintagsfliege» 1957
Kurzfilm, 11 min

«Geschichte einer Sandrose» 1961
Kulturfilm, 30 min

«Brot der Wüste» 1962
Kurzfilm, 18 min

«Begegnung mit Fritz Lang» 1963
Kurzfilm, 14 min

«Der Test» 1964; Kurzfilm, 14 min

«Alexander und das Auto ohne linken Scheinwerfer» 1965
Kurzfilm, 12 min

«Herbst der Gammler» 1965
Dokumentarfilm, 67 min

«Jagdszenen aus Niederbayern» 1968
Spielfilm, 88 min; B: Fleischmann, nach dem Theaterstück von Martin Sperr; D: Sperr, Angela Winkler

«Das Unheil» 1970
Spielfilm, 110 min/95 min; B: Fleischmann, Martin Walser; D: Vitus Zeplichal, Ingmar Zeisberg, Reinhard Kolldehoff, Werner Hess

«Dorotheas Rache» 1973
Spielfilm, 92 min; B: Fleischmann, Jean-Claude Carrière; D: Anna Henkel, Gunther Thiedicke, Regis Genger

«Der dritte Grad» 1974/75
Spielfilm, 111 min; B: Jean-Claude Carrière, Martin Walser, Fleischmann; D: Michel Piccoli, Ugo Tognazzi, Mario Adorf, Adriana Asti

«Rückkehr nach Unholzing» 1976
Dokumentarfilm, 43 min; B: Peter Gehrig, Inez Regnier

«Die Hamburger Krankheit» 1978/79
Spielfilm, 139/117 min; B: Fleischmann, Otto Jägersberg, Roland Topor; D: Carline Seiser, Helmut Griem, Rainer Langhans, Tilo Prückner, Fernando Arrabal, Ulrich Wildgruber

«Frevel» 1981–83
Spielfilm, 97 min; B: Fleischmann, Jacques Rozier, Werner Sommer; D: Angela Stute, Fleischmann, Isolde Barth, Baldenius Baas

«Al Capone von der Pfalz» 1985
Dokumentarfilm, 90 min

«Es ist nicht leicht, ein Gott zu sein» 1987–89
Spielfilm, 119 min; B: Fleischmann, Jean-Claude Carrière, nach dem Roman v. Arkadij und Boris Strugatzkij; D: Edward Zentara, Alexander Filipenko, Anne Gautier

«Deutschland, Deutschland» 1991
Dokumentarfilm, 90 min

Hans W. Geissendörfer

Geb. 7. April 1941 in Augsburg. 1962–1967 Studium der Germanistik, Theaterwissenschaft, Psychologie und afrikanischen Sprachen, Reisen nach Afrika und Asien. 1971 Mitbegründer des Filmverlags der Autoren. 1983 Gründung einer eigenen Produktionsfirma, die u. a. die Fernsehserie «Lindenstraße» produziert. Geissendörfer ist Initiator, Mitautor und teilweise Regisseur der seit Dezember 1984 wöchentlich ausgestrahlten, inzwischen mehr als 500 Folgen umfassenden Serie.

Bundesfilmpreise: 1970 als bester Nachwuchsregisseur für «Jonathan», 1976 für die Gestaltung von «Sternsteinhof», 1978 für «Die gläserne Zelle» (1979 wurde der Film auch für den Oscar nominiert), 1982 für «Der Zauberberg».

«Befriedung/Lächle Seki» 1966
Dokumentation, 45 min

«Dynamitfischerei» 1967
Kurzdokumentarfilm, 18 min

«Anna Khan» 1967
Kurzfilm

«Fastentage in Griechenland» 1967
Dokumentation, 45 min

«Netzfischfang im Ägäischen Meer» 1967
Kurzdokumentarfilm, 30 min

«Eins & Eins» 1967
Kurzfilm, 40 min

«Manfred Schoof-Quintett» 1967
Kurzdokumentarfilm, 30 min

«Der Fall Lena Christ» 1967/68
Fernsehfilm, 90 min; B: Geissendörfer, nach der Autobiographie «Erinnerungen einer Überflüssigen» v. Lena Christ; D: Heide Stroh, Edith Volksmann, Eberhard Peiker

«Jonathan» 1969
Spielfilm, 97 min; B: Geissendörfer, nach dem Roman «Dracula» v. Bram Stoker; D: Jürgen Jung, Paul Albert Krumm, Hertha von Walter

«Eine Rose für Jane» 1970
Fernsehfilm, 92 min; B: Roald Koller, Geissendörfer; D: Heinz Bennent, Martine Brochard, Paul Albert Krumm, Eddie Constantine

«Carlos» 1970
Spielfilm, 102 min; B: Geissendörfer, nach dem Bühnenstück «Don Carlos» v. Friedrich Schiller; D: Anna Karina, Geraldine Chaplin, Gottfried John, Bernhard Wicki, Horst Frank

«Marie» 1972
Fernsehfilm, 93 min; B: Geissendörfer, Klaus Bädekerl; D: Anna Martins, Maria Schell, Heinz Bennent, Liz Verhoeven

«Die Eltern» 1973
Fernsehfilm, 96 min.; B: Geissendörfer, Klaus Bädekerl, Bernd Eichinger; D: Anne Bennent, Heinz Bennent, Henri Serre

«Perahim – die zweite Chance» 1973/74
Spielfilm, 104 min; B: Geissendörfer, Bernd Eichinger, Uli Edel, nach dem Roman «Gangster Maximilian Perahim» v. C. V. Gheorghiu; D: Heinz Bennent, Leon Askin, Blanche Aubry

«Lobster» 1975
Sechsteilige Fernsehserie, je 58 min; B: Peter Berneis, Karl-Heinz Willschrei, nach einer Idee v. Geissendörfer; D: Heinz Baumann, Léonie Thelen

«Sternsteinhof» 1975/76
Spielfilm, 125 min; B: Geissendörfer, Herman Weigel, nach dem Roman v. Ludwig Anzengruber; D: Katja Rupé, Tilo Prückner, Peter Kern, Agnes Fink, Gustl Bayrhammer

«Die Wildente» 1976
Spielfilm, 105 min; B: Geissendörfer, nach dem Theaterstück v. Henrik Ibsen; D: Jean Seberg, Bruno Ganz, Peter Kern, Anne Bennent

«Die gläserne Zelle» 1977
Spielfilm, 93 min; B: Geissendörfer, Klaus Bädekerl, nach dem Roman «The Glass Cell» von Patricia Highsmith; D: Helmut Griem, Brigitte Fossey, Dieter Laser

«Theodor Chindler» 1978/79
Achtteilige Fernsehserie, 7 × 58 min, 1 × 66 min; B: Geissendörfer, nach dem Roman v. Bernhard von Brentano; D: Hans Christian Blech, Rosemarie Fendel, Katharina Thalbach, Gottfried John

«Der Zauberberg» 1981
Spielfilm, 153 min; 1984 auch als dreiteiliger Fernsehfilm; B: Geissendörfer, nach dem Roman v. Thomas Mann; D: Christoph Eichhorn, Rod Steiger, Marie-France Pisier, Flavio Bucci, Hans Christian Blech

«Ediths Tagebuch» 1983
Spielfilm, 108 min; B: Geissendörfer, nach dem Roman v. Patricia Highsmith; D: Angela Winkler, Vadim Glowna, Leopold v. Verschuer

«Bumerang – Bumerang» 1989
Spielfilm, 102 min; B: Irene Fischer, Dorothee Schön; D: Katja Studt, Jürgen Vogel, Jan Plevka, Lambert Hamel

«Gudrun» 1991
Spielfilm, 97 min; B: Fitzgerald Kusz, Geissendörfer; D: Kerstin Gmelch, Barbara Thummet, Roman Mitterer, Veronika Freimanová, Bernd Tauber

«Justiz» 1993
Spielfilm, 106 min; B: Geissendörfer, nach dem Roman v. Friedrich Dürrenmatt; D: Maximilian Schell, Thomas Heinze, Anna Thalbach, Mathias Gnädinger, Norbert Schwientek, Suzanne von Borsody, Hark Bohm

Vadim Glowna

Geb. 26. September 1941 in Eutin. Besuch einer Schauspielschule in Hamburg. Theaterarbeit mit Gründgens, Zadek, Minks, Palitzsch, Heyme, Kipphardt u.a. Eigene Inszenierungen in Göttingen und Hamburg. Schauspieler und Regisseur.

Als Darsteller (Auswahl):
«Im Schatten der Großstadt» (1964, R: Johannes Schaaf), «Frühlingserwachen» (1966, R: Peter Zadek), «Verbrechen mit Vorbedacht» (1967, R: Peter Lilienthal), «Tramp» (1968, R: Peter Lilienthal), «Horror» (1968, R: Peter Lilienthal), «Liebe usw.» (1969, R: George Moorse), «Die Gartenlaube» (1970, R: Wolfgang Staudte), «Ermittlungen gegen Unbekannt» (1974, R: Roland Gall), «Steiner – das Eiserne Kreuz» (1976, R: Sam Peckinpah), «Der Hauptdarsteller» (1977, R: Reinhard Hauff), «Der Schneider von Ulm» (1978, R: Edgar Reitz), «Ediths Tagebuch» (1983, R: Hans W. Geissendörfer), «Ein fliehendes Pferd» (1985, R: Peter Beauvais), «Alte Zeiten» (1988, R: Krzysztof Zanussi), «Georg Elser – Einer aus Deutschland» (1989, R: Klaus Maria Brandauer), «Quiet Days in Clichy» (1989, R: Claude Chabrol), «Die Lügnerin» (1991, R: Siegfried Kühn).

Eigene Filme:
«Desperado City» 1981
Spielfilm, 98 min; B: Noemi Ivich; D: Siemen Rühaak, Beate Finckh, Vera Tschechowa, Karin Baal, Glowna

«Dies rigorose Leben» 1982
Spielfilm, 100 min; B: Glowna; D: Angela Molina, Jerzy Radziwilowicz, Vera Tschechowa, Viveca Lindfors, Elfriede Kuzmany

«Tschechow in meinem Leben» 1984
Dokumentarspielfilm, 89 min; B: Glowna; D: Vera Tschechowa, Wjatscheslaw Kuprijanowa, Maja Turowskaja

«Des Teufels Paradies» 1987
Spielfilm, 96 min; B: Leonhard Tuck, Glowna, Joe Hembus, Christopher Doherty, nach Motiven des Romans «Sieg» von Joseph Conrad; D: Jürgen Prochnow, Sam Waterston, Suzanna Hamilton, Mario Adorf, Ingrid Caven

«Eines Tages irgendwann» 1991
Spielfilm, 87 min; B: Petra Fuchs; D: Anne Kasprzik, Kim Kübler, Hacky Ginda, Bertram von Boxberg

«Der Brocken» 1991
Spielfilm, 97 min; B: Knut Boeser; D: Elsa Grube-Deister, Rolf Zacher, Muriel Baumeister, Ben Becker

«Eine Frau wird gejagt» 1995
Fernsehserie, 14 Stunden 55 min; B: Ralf Huttanus; D: Nicola Tiggeler, Alexander Radszun

Reinhard Hauff

Geb. 23. Mai 1939 in Marburg/Lahn. Fernseharbeit, 1963–68 zahlreiche Shows und Unterhaltungssendungen, Assistenzen bei Rolf von Sydow, Heinz Liesendahl und Michael Pfleghar. 1973 gründete er zusammen mit Volker Schlöndorff und Eberhard Junkersdorf die Produktionsfirma Bioskop-Film. Seit Januar 1993 Direktor der Deutschen Film- und Fernsehakademie Berlin.

1979 Bundesfilmpreis für «Messer im Kopf». 1986 Goldener Bär der Internationalen Filmfestspiele Berlin für «Stammheim».

«Wirb oder Stirb» 1967
Fernsehfilm, 54 min; B: Louis Jent, Hauff; D: Hella Möckl, Karin Kernke, Ulrich Radke, Jochen Busse

«Untermann – Obermann» 1968/69
Dokumentarfilm, 44 min; R u. B: Hauff, Volker Koch

«Die Revolte» 1969
Fernsehfilm, 93 min; B: Peter Glotz, Volker Koch, Hauff; D: Hans Brenner, Raimund Harmstorf, Katrin Schaake, Marquard Bohm, Hanna Schygulla

«Ausweglos. Aussagen über einen Lebenslauf» 1969/70
Dokumentarfilm, 72 min; B: Martin Walser, Gottfried Just, Hauff

«Offener Haß gegen Unbekannt» 1970
Fernsehfilm, 88 min; B: Georg Feil, Hauff, Philippe Pilliod, nach dem Buch «Erklärung» v. Heine Schoof; D: Paul Scherbe, Jürgen Matheis, Edgar Mandel, Heide Deutschmann

«Mathias Kneißl» 1970/71
Spielfilm, 94 min; B: Martin Sperr, Hauff; D: Hans Brenner, Frank Frey, Eva Mattes, Alfons Scharf, Ruth Drexel, Peter Müller, Andrea Stary, Hanna Schygulla, Volker Schlöndorff, Kurt Raab, R. W. Fassbinder

«Haus am Meer» 1972
Fernsehfilm, 99 min; B: Philippe Pilliod, Hauff; D: Hanna Schygulla, Rolf Becker, Paolo Bonetti, Brank Pleša, Milan Srdoč

«Desaster» 1972/73
Fernsehfilm, 96 min; B: Manfred Grunert; D: Klaus Löwitsch, Dieter Laser, Ruth-Maria Kubitschek, Georg Marischka, Eva Mattes, Margarethe von Trotta

«Die Verrohung des Franz Blum» 1973
Spielfilm, 109 min; B: Burkhard Driest, nach seinem Roman; D: Jürgen Prochnow, Eike Gallwitz, Burkhard Driest, Tilo Prückner, Karlheinz Merz

«Zündschnüre» 1974
Fernsehfilm, 102 min; B: Burkhard Driest, nach dem Roman v. Franz Josef Degenhardt; D: Michael Olbrich, Bettina Porsch, Kurt Funk, Thomas Visser, Tilli Breidenbach

«Paule Pauländer» 1975
Spielfilm, 94 min; B: Burkhard Driest; D: Manfred Reiss, Manfred Gnoth, Katharina Tüschen, Angelika Kulessa

«Der Hauptdarsteller» 1977
Spielfilm, 91 min; B: Christel Busch-

mann, Hauff; D: Michael Schweiger, Vadim Glowna, Mario Adorf, Rolf Zacher, Hans Brenner

«Messer im Kopf» 1978
Spielfilm, 113 min; B: Peter Schneider; D: Bruno Ganz, Angela Winkler, Hans Christian Blech, Heinz Hoenig, Hans Brenner, Udo Samel, Eike Gallwitz

«Endstation Freiheit» 1980
Spielfilm, 112 min; B: Burkhard Driest; D: Burkhard Driest, Rolf Zacher, Katja Rupé

«Der Mann auf der Mauer» 1982
Spielfilm, 101 min; B: Peter Schneider; D: Marius Müller-Westernhagen, Julie Carmen, Karin Baal, Towje Kleiner, Patricia von Miseroni

«10 Tage in Calcutta» 1983/84
Dokumentarfilm, 82 min

«Stammheim» 1985
Spielfilm, 107 min; B: Stefan Aust; D: Ulrich Pleitgen, Ulrich Tukur, Therese Affolter, Sabine Wegner, Hans Kremer

«Linie 1» 1987
Spielfilm, 99 min; B: Volker Ludwig, Hauff, nach dem Musical v. Ludwig; D: Thomas Ahrens, Claus-Peter Damitz, Inka Groetschel, Dieter Landuris, Dietrich Lehmann, Christian Reiff

«Blauäugig» 1989
Spielfilm, 88 min; B: Dorothee Schön; D: Götz George, Miguel Angel Sola, Julio de Grazia, Alex Benn

«Mit den Clowns kamen die Tränen» 1990
Dreiteiliger Fernsehfilm, 83, 87 und 84 min; B: Horst Vocks, Thomas Wittenburg, nach dem Roman v. Johannes Mario Simmel; D: Sunnyi Melles, Olgierd Lukaszewicz, Hans Christian Blech, Bernard-Pierre Donnadieu, Ida di Benedetto, Flavio Bucci

Werner Herzog

Geb. 5. September 1942 als Werner Stipetič in München. Studium der Geschichte, Literatur- und Theaterwissenschaft, abgebrochen. Eigene Produktionsfirma seit 1963. Operninszenierungen, u. a. in Bayreuth und an der Mailänder Scala.

Silberner Bär bei der Berlinale 1968 für den ersten Spielfilm «Lebenszeichen», Sonderpreis der Jury der Filmfestspiele Cannes 1975 für «Jeder für sich und Gott gegen alle»; Regiepreis in Cannes 1982 für «Fitzcarraldo». Bundesfilmpreise 1968 für «Lebenszeichen», 1975 für «Jeder für sich und Gott gegen alle», 1978 für «La Soufrière», 1982 für «Fitzcarraldo», 1984 für «Wo die grünen Ameisen träumen».

«Herakles» 1962
Kurzfilm, 12 min

«Spiel im Sand» 1964
Kurzfilm, 44 min

«Die beispiellose Verteidigung der Festung Deutschkreuz»
Kurzspielfilm, 14 min

«Lebenszeichen» 1967
Spielfilm, 90 min; B: Herzog; D: Peter Brogle,Wolfgang Reichmann

«Letzte Worte» 1967/68
Kurzfilm, 13 min

«Maßnahmen gegen Fanatiker» 1968, Kurzfilm, 11 min

«Die fliegenden Ärzte von Ostafrika» 1968/69
Dokumentation, 45 min

«Fata Morgana» 1968/69
Experimentalfilm, 79 min; B: Herzog; D: Wolfgang von Ungern-Sternberg, James William Gledhill, Eugen des Montagnes

«Auch Zwerge haben klein angefangen» 1969/70
Spielfilm, 96 min; B: Herzog;
D: Helmut Köring, Paul Glauer, Gisela Hertwig

«Behinderte Zukunft» 1970
Dokumentation, 63 min

«Land des Schweigens und der Dunkelheit» 1970/71
Dokumentarfilm, 85 min

«Aguirre, der Zorn Gottes» 1972
Spielfilm, 93 min; B: Herzog;
D: Klaus Kinski, Helena Rojo, Del Negro, Ruy Guerra, Peter Berling

«Die große Ekstase des Bildschnitzers Steiner» 1973/74
Dokumentation, 45 min

«Jeder für sich und Gott gegen alle» 1974
Spielfilm, 109 min; B: Herzog;
D: Bruno S., Walter Ladengast, Brigitte Mira

«How much Wood Would a Woodchuck Chuck» 1975/76
Dokumentation, 44 min

«Mit mir will keiner spielen» 1976
Kurzfilm, 14 min

«Herz aus Glas» 1976
Spielfilm, 94 min; B: Herzog, Herbert Achternbusch; D: Josef Bierbichler, Stefan Güttler, Clemens Scheitz, Volker Prechtel

«La Soufrière» 1976
Dokumentation, 31 min

«Stroszek» 1976/78
Spielfilm, 107 min; B: Herzog; D: Bruno S., Clemens Scheitz, Eva Mattes

«Nosferatu – Phantom der Nacht» 1978
Spielfilm, 107 min; B: Herzog, nach dem Roman «Dracula» v. Bram Stoker und dem Film «Nosferatu» von F. W. Murnau; D: Klaus Kinski, Bruno Ganz, Isabelle Adjani, Roland Topor

«Woyzeck» 1978
Spielfilm, 81 min; B: Herzog, nach dem Theaterstück v. Georg Büchner; D: Klaus Kinski, Eva Mattes, Wolfgang Reichmann, Josef Bierbichler

«Glaube und Währung» 1980
Dokumentation, 43 min

«Huies Predigt» 1980
Dokumentation, 43 min

«Fitzcarraldo» 1980/81
Spielfilm, 158 min; B: Herzog; D: Klaus Kinski, Claudia Cardinale, José Lewgoy

«Wo die grünen Ameisen träumen» 1983
Spielfilm, 100 min; B: Herzog; D: Bruce Spence, Wandjuk Marika

«Ballade vom kleinen Soldaten» 1984
Dokumentation, 46 min; R zus. mit Denis Reichle

«Gasherbrum – Der leuchtende Berg» 1984
Dokumentation, 45 min

«Cobra Verde» 1987
Spielfilm, 111 min; B: Herzog, nach Motiven des Romans «Der Vizekönig von Quidah» v. Bruce Chatwin; D: Klaus Kinski, King Ampaw, José Jewgoy, Salvatore Basile, Peter Berling

«Les Gauloises» 1988
Kurzfilm, 12 min

«Wodaabe – Die Hirten der Sonne. Nomaden am Südrand der Sahara» 1988/89
Dokumentation, 43 min; B: Herzog

«Echos aus einem düsteren Reich» 1990
Dokumentarischer Spielfilm, 85 min; B: Herzog nach einer Idee v. Walter Saxer; D: Michael Goldsmith, François Gibault, Augustine Assemat

«Jag Mandir. Das excentrische Privattheater des Maharadscha von Udaipur» 1991
Dokumentarfilm, 82 min; B: Herzog

«Schrei aus Stein» 1991
Spielfilm, 105 min; B: Hans-Ulrich Klenner, Walter Saxer, nach einer Idee v. Reinhold Messner; D: Nittorio Mezzogiorno, Stefan Glowacz, Mathilda May, Donald Sutherland

«Lektionen in Finsternis» 1991/92
Dokumentarfilm, 52 min; B: Herzog

«Bells from the Deep» 1993
Dokumentarfilm, 60 min; B: Herzog

Alexander Kluge

Geb. 14. Februar 1932 in Halberstadt. Jura-Studium, Promotion. 1962 einer der Initiatoren des Oberhausener Manifests. Ab 1962 Leiter des Instituts für Filmgestaltung an der Hochschule für Gestaltung in Ulm. Schriftsteller, Filmemacher, Produzent. Seit 1988 Kultursendungen in Eigenverantwortung (unabhängiges DCTP-Programm bei RTL bzw. SAT. 1): «10 vor 11» / «Ten to Eleven», «News and Stories», «Prime Time» und «Stunde der Filmemacher».

Sonderpreis der Jury der Filmfestspiele Venedig 1966 und Bundesfilmpreis 1967 für «Abschied von gestern». Großer Preis der Filmfestspiele Venedig 1968 und Bundesfilmpreis 1969 für «Die Artisten in der Zirkuskuppel: ratlos». Weitere Bundesfilmpreise 1976 (zus. mit Edgar Reitz) für die Musikdramaturgie des Films «In Gefahr und größter Not bringt der Mittelweg den Tod» und 1979 für «Die Patriotin». 1986 mit dem Heinrich-von-Kleist-Preis, 1990 mit dem Lessing-Preis der Stadt Hamburg ausgezeichnet. 1992 Adolf-Grimme-Preis mit Gold.

«Brutalität in Stein» 1960
Kurzfilm, zus. mit Peter Schamoni, 12 min

«Rennen» 1961
Kurzfilm, zus. mit Paul Kruntorad, 9 min

«Lehrer im Wandel» 1962/63
Kurzfilm, zus. mit Karen Kluge, 11 min

«Porträt einer Bewährung» 1964
Kurzfilm, 13 min

«Abschied von gestern» 1965/66
Spielfilm, 88 min; B: Kluge, nach seiner Erzählung «Anita G.»; D: Alexandra Kluge, Hans Korte, Alfred Edel

«Frau Blackburn, geb. 5. Jan. 1872, wird gefilmt» 1967
Kurzfilm, 14 min

«Die Artisten in der Zirkuskuppel: ratlos» 1967
Spielfilm, 103 min; B: Kluge; D: Hannelore Hoger, Siegfried Graue, Alfred Edel

«Die unbezähmbare Leni Peickert» 1967–69
Fernsehfilm, 60 min; 1976 Kinofassung, 356 min

«Feuerlöscher E. A. Winterstein» 1968
Kurzfilm, 11 min

«Willi Tobler und der Untergang der 6. Flotte» 1969–71
Spielfilm, 96 min; B: Kluge; D: Alfred Edel, Helga Skalla, Hark Bohm

«Der große Verhau» 1969/70
Spielfilm, 86 min; B: Kluge; D: Vinzenz und Maria Sterr, Siegfried Graue

«Ein Arzt aus Halberstadt» 1969/70
Kurzfilm, 29 min

«Wir verbauen 3 × 27 Millia. Dollar in einen Angriffsschlachter» 1970
Kurzfilm, 18 min

«Besitzbürgerin, Jahrgang 1908» 1973
Kurzfilm, 11 min

«Gelegenheitsarbeit einer Sklavin» 1973
Spielfilm, 91 min; B: Kluge, D: Alexandra Kluge, Franz Bronski, Sylvia Gartmann

«In Gefahr und größter Not bringt der Mittelweg den Tod» 1974
Spielfilm, 89 min; R u. B: Kluge, Edgar Reitz; D: Dagmar Bödderich, Jutta Winkelmann

«Der starke Ferdinand» 1975 ff
Spielfilm, verschiedene Fassungen in verschiedenen Längen, 85–100 min; B: Kluge; D: Heinz Schubert, Verena Rudolph

«Die Menschen, die das Staufer-Jahr vorbereiten» 1977
Dokumentation, zus. mit Maxi Mainka, 42 min

«Nachrichten von den Staufern» 1977
Zwei Kurzfilme, zus. mit Maxi Mainka

«Deutschland im Herbst» 1977/78
Gemeinschaftsfilm v. Alf Brustellin, Rainer Werner Fassbinder, Kluge, Maximiliane Mainka/Peter Schubert, Edgar Reitz, Katja Rupé/Hans Peter Cloos, Volker Schlöndorff, Bernhard Sinkel; 124 min

«Die Patriotin» 1977–79
Spielfilm, 121 min; B: Kluge; D: Hannelore Hoger, Alfred Edel, Dieter Mainka

«Der Kandidat» 1979/80
Gemeinschaftsfilm v. Stefan Aust, Alexander von Eschwege, Kluge, Volker Schlöndorff; 129 min

«Biermann-Film» 1982
Kurzfilm, zus. mit Edgar Reitz, 3 min

«Krieg und Frieden» 1982/83
Gemeinschaftsfilm v. Heinrich Böll, Kluge, Volker Schlöndorff, Stefan Aust, mit einem Beitrag v. Axel Engstfeld; 120 min

«Die Macht der Gefühle» 1982/83
Spielfilm, 115 min; B: Kluge; D: Hannelore Hoger, Alexandra Kluge

«Auf der Suche nach einer praktisch-realistischen Haltung» 1983
Kurzfilm, 13 min

«Der Angriff der Gegenwart auf die übrige Zeit» 1985
Spielfilm, 111 min; B: Kluge; D: Jutta Hoffmann, Armin Mueller-Stahl, Rosel Zech, Michael Rehberg, Peter Roggisch, Alfred Edel, Rosemarie Fendel

«Vermischte Nachrichten» 1986
Spielfilm, 101 min; B: Kluge; D: Marita Breuer, Rosel Zech, Sabine Wegner, André Jung, Sabina Trooger

Wolfgang Kohlhaase

Geb. 13. März 1931 in Berlin. Autor von Drehbüchern, Hörspielen und Prosa, ein Film in eigener Regie: «Inge, April und Mai» (Spielfilm, 1993, 86 min).

Zahlreiche Auszeichnungen in der DDR, u.a. 1954 Nationalpreis III. Klasse für «Alarm im Zirkus», 1968 Nationalpreis I. Klasse für «Ich war neunzehn», 1974 Goethe-Preis der Stadt Berlin, 1977 Nationalpreis II. Klasse, 1977 Kunstpreis des FDGB für «Mama, ich lebe», 1981 DDR-Kritikerpreis für «Solo Sunny» und «Orden Banner der Arbeit», 1984 Heinrich-Greif-Preis für «Der Aufenthalt». Internationale Auszeichnungen: 1977 Prix Italia (Hörspiel) für «Die Grünstein-Variante», 1980 Goldene Plakette (Buch) des Film-Festivals Chicago für «Solo Sunny».

Drehbücher u.a. für:
«Die Störenfriede» (R: Wolfgang Schleif, 1952/53); «Streichholzballade» (Puppenfilm, R: Johannes Hempel, 1953); «Alarm im Zirkus» (R: Gerhard Klein, 1953/54); «Eine Berliner Romanze» (R: Gerhard Klein, 1955/56); «Berlin – Ecke Schönhauser» (R: Gerhard Klein, 1957); «Der schweigende Stern» (R: Kurt Maetzig, 1959); «Der Fall Gleiwitz» (R: Gerhard Klein, 1960/61); «Josef und alle seine Brüder» (R: Erwin Stranka, 1962); «Sonntagsfahrer» (R: Gerhard Klein, 1963); «Ich war neunzehn» (R: Konrad Wolf, 1967); «Fisch zu viert» (R: Kurt Jung-Ahlsen, 1970); «Turek erzählt» (Dokumentarfilm, R: Richard Cohn-Vossen, 1972); «Der nackte Mann auf dem Sportplatz» (R: Konrad Wolf, 1973); «Lasset die Kindlein...» (R: Evelyn Rauer, 1976); «Mama, ich lebe» (R: Konrad Wolf, 1976); «Ein Trompeter kommt» (R: Edgar Kaufmann, 1977); «Zünd an, es kommt die Feuerwehr» (R: Rainer Simon, 1979); «Solo Sunny» (R: Konrad Wolf, 1978/79); «Der Aufenthalt» (R: Frank Beyer, 1982); «Die Grünstein-Variante» (R: Bernhard Wicki, 1984); «Die Zeit die bleibt. Ein Film über Konrad Wolf» (R: Lew Hohmann, 1985); «Der Bruch» (R: Frank Beyer, 1988)

Peter Lilienthal

Geb. am 27. November 1929 in Berlin. 1939 Emigration der Familie nach Uruguay. 1956 Stipendium an der Hochschule für Bildende Künste in Berlin. 1959–1964 beim Südwestfunk-Fernsehen, zunächst als Assistent, später als Regisseur. 1967/68 Dozent an der Deutschen Film- und Fernsehakademie in Berlin. Mitbegründer des Filmverlags der Autoren. Seit 1985 Direktor der Abteilung Film- und Medienkunst der Akademie der Künste in Berlin.

1967 Adolf-Grimme-Preis für «Der Beginn», 1979 Goldener Bär der Berliner Filmfestspiele für «David». Bundesfilmpreise: 1970 für «Malatesta», 1967 für «Es herrscht Ruhe im Land», 1979 für «David», 1980 für «Der Aufstand», 1983 für «Dear Mr. Wonderful», 1985 für «Das Autogramm», 1987 für «Das Schweigen des Dichters».

«Im Handumdrehen verdient» 1959
Dokumentarfilm, 23 min

«Die Nachbarskinder» 1960
Fernsehspiel, 36 min; B: Benno Meyer-Wehlack; D: Hanne Hiob, Lili Schoenborn-Anspach, Norbert Kappen

«Biographie eines Schokoladentages» 1961
Fernsehspiel, 64 min; B: Dieter Gasper; D: Ludwig Thiesen, Lili Schoenborn-Anspach, Elke Arendt

«Der 18. Geburtstag» 1960
Fernsehfilm, 47 min; B: Klaus Roehler, Theodor Kotulla, nach einer Erzählung von Roehler; D: Hans W. Hamacher, Eike Siegel, Burghild Schreiber

«Stück für Stück» 1962
Fernsehfilm, 66 min; B: Benno Meyer-Wehlack; D: Eva Brumby, Jens-Peter Erichsen, Heinz Schubert

«Picknick im Felde» 1962
Fernsehfilm, 23 min; B: Fernando Arrabal; D: Friedrich Mertel, Ludwig Thiesen

«Schule der Geläufigkeit» 1962
Fernsehfilm, 37 min; B: Dieter Gasper; D: Max Haufler, Ursula Diestel

«Striptease» 1963
Fernsehfilm, 30 min; B: Slawomir Mrozek; D: Joachim Wichmann, Max Haufler

«Guernia – Jede Stunde verletzt und die letzte tötet» 1963
Fernsehfilm, 30 min; B: Fernando Arrabal; D: Heinz Meier, Annemarie Schradiek, Friedrich Mertel

«Das Martyrium des Peter O'Hey» 1964
Fernsehfilm, 57 min; B: Lilienthal, nach dem Stück von Slawomir Mrozek; D: Joachim Wichmann, Angelica Hurwicz

«Marl – Porträt einer Stadt» 1964
Dokumentarfilm, 60 min

«Seraphine oder Die wundersame Geschichte der Tante Flora» 1964
Fernsehfilm, 60 min; B: Lilienthal, nach der Story «Little Doritt» von David Perry; D: Heinz Mier, Käte Jaenicke, Else Ehser

«Abschied» 1965
Fernsehfilm, 42 min; B: Günter Herburger, nach seiner Erzählung «Waldfriedhof»; D: Max Haufler, Angelika Hurwicz, Peter Nestler

«Unbeschriebenes Blatt» 1965
Fernsehfilm, 42 min; B: Adrian Rhys; D: Axel Bauer, Heinz Meier

«Der Beginn» 1966
Fernsehfilm, 75 min; B: Günter Herburger; D: Kim Parnass, Jochen Wichmann, Eva Brumby

«Robert» 1966
Fernsehfilm, 35 min; B: Lilienthal, Peter Schneider, nach der Story von Stanley Ellin; D: Else Quecke, Thomas Rosengarten

«Claire» 1966
Fernsehfilm, 45 min; B: George Moorse, Lilienthal, nach der Story von Patrick Quentin; D: Boy Gobert, Elfriede Irrall, Sigrid Johanson

«Verbrechen mit Vorbedacht» 1967
Fernsehfilm, 75 min; B: Pier Paul Read, Lilienthal, nach einer Erzählung von Witold Gombrowicz; D: Willi Semmelrogge, Vadim Glowna, Andrea Grosske

«Tramp oder Der einzige und unvergleichliche Lenny Jacobsen» 1968
Fernsehfilm, 74 min; B: Barry Bermange; D: Franciszek Pieczka, Vadim Glowna

«Horror» 1968
Fernsehfilm, 78 min; B: Lilienthal, nach einem Roman von Henry Farrell; D: Vadim Glowna, Gerda-Katharina Kramer, Else Quecke

«Malatesta» 1969
Spielfilm, 80 min; B: Lilienthal, Heathcote Williams, Michael Koser; D: Eddie Constantine, Christine Noonan, Vladimir Pucholt

«Noon in Tunesia» 1969
Dokumentarfilm, 53 min

«Die Sonne angreifen» 1970
Fernsehfilm, 83 min; B: Lilienthal, nach Motiven des Romans «Verführung» von Witold Gombrowicz; D: Jess Hahn, Willi Semmelrogge, Ingo Thouret

«Ich, Montag/Ich, Dienstag/Ich, Mittwoch/Ich, Donnerstag» 1970
Filmporträt Witold Gombrowicz, 46 min

«Jacob von Gunten» 1971
Fernsehfilm, 90 min; B: Ror Wolf, Lilienthal, nach dem Roman von Robert Walser; D: Hanna Schygulla, Alexander May, Reinhard Hauff

«Start Nr. 9» 1971
Dokumentarfilm, 51 min

«Shirley Chisholm for President» 1972
Dokumentarfilm, 60 min

«La Victoria» 1973
Spielfilm, 105 min; B: Lilienthal, Antonio Skármeta; D: Paula Moya, Vincente Santa Maria, Carmen Lazo

«Hauptlehrer Hofer» 1974
Spielfilm, 105 min; B: Lilienthal, Herbert Brödl, nach der Erzählung von Günter Herburger; D; André Watt, Sebastian Bleisch, Kim Parnass, Tilo Prückner

«Es herrscht Ruhe im Land» 1975
Spielfilm, 100 min; B: Antonio Skármeta, Lilienthal; D: Charles Vanel, Mario Pardo, Eduardo Duran

«Kadir» 1976
Dokumentarfilm, 75 min

«David» 1978/79
Spielfilm, 125 min; B: Lilienthal, nach dem Bericht «Den Netzen entronnen» von Joel König; D: Mario Fischl, Eva Mattes, Walter Taub

«Der Aufstand» 1980
Spielfilm, 105 min; B: Lilienthal, Antonio Skármeta; D: Augustin Pereira, Carlos Catania, Maria Lourdes

«Dear Mr. Wonderful» 1981/82
Spielfilm, 112 min; B: Sam Koperwas, Lilienthal; D: Joe Pesci, Karen Ludwig, Evan Handler

«Das Autogramm» 1983/84
Spielfilm, 94 min; B: Lilienthal, nach dem Roman «Cuarteles de Invierno» von Osvaldo Soriano. D: Juan José Mosalini, Angel del Villar, Anna Larreta, Hanns Zischler

«Das Schweigen des Dichters» 1986
Spielfilm, 102 min; B: Lilienthal, nach der Erzählung «Das wachsende Schweigen des Dichters» von Abraham B. Jehoschua; D: Jakov Lind, Len Ramras, Daniel Kedem, Towje Kleiner

«Der Radfahrer von San Christobál» 1987
Spielfilm, 87 min; B: Lilienthal, Antonio Skármeta, nach der Erzählung von Skármeta; D: René Baeza, Luz Jinénez, Roberto Navarre, Dante Pesce

«Don Giovanni oder Der bestrafte Wüstling» 1991
Fernsehfilm, Beitrag für die Reihe «My favorite Opera», 57 min

«Wasserman» 1994
Fernsehfilm, 100 min; B: Lilienthal, nach dem Roman von Yoram Kaniuk; D: Roy Nathanson, Tal Feingold, Jill Feingold, Rusty Jacobs

«Angesichts der Wälder» 1994/95
Spielfilm, 83 min; B: Lilienthal, nach der Erzählung von Abraham B. Jehoschua; D: Rusty Jacobs, Adi Nizan, Rami Danon, Ami Vainverg, Raha Abu Site

Jeanine Meerapfel

Geb. 14. Juni 1943 in Buenos Aires. Studium an der Hochschule für Gestaltung in Ulm, 1965–1968 in der Filmklasse von Edgar Reitz und Alexander Kluge. Seit 1990 Professur an der Kunsthochschule für Medien in Köln.

«La Amiga» wird 1989 nominiert für den Bundesfilmpreis, «Amigomio» erhält 1990 den Saarländischen Drehbuchpreis.

«Abstand» 1966
Kurzfilm, 10 min

«Regionalzeitung» 1967
Dokumentarfilm, 70 min

«Am Ama Am Amazonas» 1969/70
zus. mit Reinhard Kahn, Michel Leiner u. a., 114 min

«Team Delphin» 1969/70
Kurzfilm, zus. mit Reinhard Kahn, Michel Leiner u. a., 9 min

«Malou» 1980/81
Spielfilm, 95 min; B: Meerapfel; D: Ingrid Caven, Grischa Huber, Helmut Griem, Ivan Desny, Marie Colbin, Peter Chatel

«Im Land meiner Eltern» 1981
Dokumentarfilm,» 93 min; B: Meerapfel

«Solange es Europa noch gibt – Fragen an den Frieden» 1983
Videodokumentation, 53 min; zus. mit Peter Schäfer

«Die Kümmeltürkin geht» 1984/85
Dokumentarfilm, 88 min; B: Meerapfel

«Die Verliebten» 1986/87
Spielfilm, 88 min; B: Meerapfel; D: Barbara Sukowa, Horst-Günther Marx, Bata Zivojinovic

«Desembarcos – ‹Es gibt kein Vergessen›» 1986–89
Dokumentarfilm, zus. mit Alcides Chiesa, 74 min

«La Amiga» 1987/88
Spielfilm, 108 min; B: Meerapfel, Alcides Chiesa; D: Liv Ullmann, Cipe Lincovsky, Federico Luppi, Victor Laplace, Harry Baer

«13 Minuten vor zwölf in Lima» 1989
Dokumentation, zus. mit Alcides Chiesa, 13 min

«Im Glanze dieses Glückes» 1990
Dokumentarfilm, zus. mit Johann Feindt, Helga Reidemeister, Dieter Schumann, Tamara Trampe, 85 min

«Amigomio» 1993
Spielfilm, 114 min; B: Meerapfel, Alciedes Chiesa, nach dem Buch «Historias de Papá y Amigomio» v. Pablo Bergel; D: Daniel Kuzniecka, Diego Mesaglio, Mario Adorf, Deborah Brandwajnman, Gabriela Salas, Atilio Veronelli

Ulrike Ottinger

Geb. 6. Juni 1942 in Konstanz. Kunststudium in München, Malerin und Fotografin in Paris. Inszenierung von Theaterstücken Elfriede Jelineks in Stuttgart und Graz.

Bundesfilmpreis 1989 für die visuelle Gestaltung des Films «Johanna d'Arc of Mongolia».

«Berlinfieber – Wolf Vostell» 1973
12 min

«Laokoon & Söhne» 1972–74
zus. mit Tabea Blumenschein,
48 min

«Die Betörung der Blauen Matrosen» 1975
zus. mit Tabea Blumenschein, 47 min

«Madame X – eine absolute Herrscherin» 1975
Spielfilm, 147 min; B u. K: Ottinger; D: Tabea Blumenschein, Roswitha Janz, Monika von Cube, Yvonne Rainer, Ottinger

«Bildnis einer Trinkerin» 1979
Spielfilm, 107 min; B u. K: Ottinger; D: Tabea Blumenschein, Lutze, Magdalena Montezuma

«Freak Orlando» 1981
Spielfilm, 126 min; B u. K: Ottinger; D: Magdalena Montezuma, Delphine Seyrig, Albert Heins, Eddie Constantine

«Dorian Gray im Spiegel der Boulevardpresse» 1983
Spielfilm, 151 min; B u. K: Ottinger; D: Delphine Seyrig, Veruschka von Lehndorff, Irm Hermann, Barbara Valentin, Magdalena Montezuma, Eddie Constantine

«China. Die Künste – der Alltag. Eine filmische Reisebeschreibung» 1985
Dokumentarfilm, 270 min

«Superbia – Der Stolz» 1986
Episode des Films «Sieben Frauen – Sieben Sünden», Gesamtlänge 109 min
15 min; B u. K: Ottinger; D: Delphine Seyrig, Irm Hermann, Else Nabu

«Usinimage» 1987
Kurzfilm, 10,5 min

«Johanna d'Arc of Mongolia» 1988/89
Spielfilm, 165 min; B u. K: Ottinger; D: Delphine Seyrig, Irm Herrmann, Gillian Scalici, Inès Sastre, Xu Re Huar, Peter Kern

«Countdown» 1990
Dokumentarfilm, 189 min; B u. K: Ottinger

«Taiga» 1991/92
Dokumentarfilm, 501 min; B u. K: Ottinger

Rosa von Praunheim

Geb. 25. November in Riga als Holger Mischwitzky. Filme, Bücher, Hörspiele. Bundesfilmpreis 1979 für «Tally Brown».

«Von Rosa von Praunheim» 1967
Kurzfilm, 12 min

«Rosa Arbeiter auf Goldener Straße» 1. Teil und 2. Teil 1968
Kurzfilme, je 12 min

«Schwestern der Revolution» 1969
Kurzfilm, 20 min

«Samuel Beckett» 1969
Kurzfilm, 12 min

«Macbeth Oper von Rosa von Praunheim» 1970
Spielfilm, 45 min; B: Praunheim; D: Magdalena Montezuma, Berryt Bohlen, Volker Eschke

«Die Bettwurst» 1970
Spielfilm, 78 min; B: Praunheim; D: Luzi Kryn, Dietmar Kracht, Steven Adamczewski

«Nicht der Homosexuelle ist pervers, sondern die Situation, in der er lebt» 1970
Spielfilm, 67 min; B: Praunheim; D: Bernd Feuerhelm, Berryt Bohlen, Ernst Kuchling

«Was die Rechte nicht sieht…, kommt erst recht aus dem Ohr heraus» 1970
Kurzfilm, 17 min

«Homosexuelle in New York» 1971
Kurzfilm, 12 min

«Leidenschaften» 1971/72
Spielfilm, 73 min, B: Praunheim, Mitarbeit Oh Muvie, d. i. Elfie Mikesch; D: Fritz Mikesch, Mr. World

«Berliner Bettwurst» 1973
Spielfilm, 90 min; B: Praunheim; D: Luzi Kryn, Dietmar Kracht, Berryt Bohlen, Lou van Burg

«Axel von Auersberg» 1973
Fernsehfilm, 45 min; B: Praunheim, nach dem Theaterstück v. Villiers de l'Isle-Adam; D: Vincent Kluwe, Gundula von Woyna, Evelyn Künneke

«Rosa von Praunheim zeigt» 1974
Kurzfilm, 20 min

«Monolog eines Stars» 1974
Dokumentarfilm, 68 min; B: Praunheim; D: Milli Büttner, Mr. Frankfurt, Evelyn Künneke

«Underground and Emigrants» 1975/76
Dokumentarfilm, 89 min; B: Praunheim

«Porträt Marianne Rosenberg» 1976
Kurzfilm, 12 min

«Ich bin ein Antistar» 1976
Dokumentarfilm, 81 min; B: Praunheim; D: Evelyn Künneke

«Frühling für Frankfurt» 1977
Kurzfilm, 13 min

«Der 24. Stock» 1977
Zweiteiliger Dokumentarfilm, 89 u. 84 min; B: Praunheim

«Portrait George and Mike Kuchar» 1977
Kurzfilm, 20 min

«Tally Brown, New York» 1977/78
Dokumentarfilm, 97 min; B: Praunheim

«Armee der Liebenden oder Revolte der Perversen» 1972–79
Dokumentarfilm, 107 min

«Das Todesmagazin oder: Wie werde ich ein Blumentopf?» 1979
Dokumentarfilm, 73 min; B: Praunheim; D: Helen Adam, Al Goldstein, Praunheim

«Gräfin von Richthofen» 1979
Kurzfilm, 10 min

«Rote Liebe (Wassilissa)» 1980/81
Spielfilm, 92/86 min; B: Praunheim, nach Motiven des Romans «Wassilissa Malegyna» v. Alexandra Kolontai; D: Sascha Hammer, Mark Eins, Eddie Constantine, Rolf Eden, Olga Demetriescu, Helga Goetze

«Unsere Leichen leben noch» 1981
Spielfilm, 90 min; B: Praunheim; D: Lotti Huber, Inka Köhler, Luzi Kryn, Maria Christina Leven, Madlen Lorei

«Mein New York» 1982
Fernsehfilm, 29 min

«Stadt der verlorenen Seelen. Berlin Blues» 1982
Spielfilm, 91 min; B: Praunheim; D: Jayne County, Angie Stardust, Judith Flex, Gary Miller, Joaquin la Habana

«Horror Vacui» 1983/84
Spielfilm, 85 min; B: Praunheim, Marianne Enzensberger, Cecil Brown; D: Lotti Huber, Friedrich Steinhauer, Ingrid van Bergen

«Ein Virus kennt keine Moral» 1985/86
Spielfilm, 82 min; B: Praunheim; D: Dieter Dicken, Maria Hasenäcker, Christian Kesten, Eva Kurz, Praunheim

«Anita – Tänze des Lasters» 1987
Spielfilm, 89 min; B: Praunheim, Hannelene Limpach, Marianne Enzensberger, Lotti Huber; D: Lotti Huber, Ina Blum, Michael Honnesseau, Tillmann Lehnert

«Überleben in New York» 1989
Dokumentarfilm, 90 min; B: Praunheim; D: Anna, Claudia, Uli

«Die AIDS-Trilogie» 1989–1990
B: Praunheim; 1. Teil: Positiv, 83/79 min; 2. Teil: Schweigen = Tod, 55 min, 3. Teil: Feuer unterm Arsch, 30 min

«Affengeil» 1990
Spielfilm, 87 min; B: Praunheim; D: Lotti Huber, Praunheim, Helga Sloop, Gertrud Mischwitzky

«Schrill, schräg und schwul» 1991
TV-Magazin, acht Folgen, je 60 min

«Ein Mann namens Pis» 1991
45 min; B: Praunheim; D: Schauspielschüler der Hochschule für Schauspielkunst Ernst Busch

«Stolz und schwul» 1991
45 min; B: Praunheim

«Ich bin meine eigene Frau» 1992
Dokumentarischer Spielfilm, 90 min; B: Praunheim, Valentin Passoni, nach dem Buch v. Charlotte von Mahlsdorf; D: Charlotte von Mahlsdorf, Jens Taschner, Ichgola Androgyn, Robert Dietl, Beate Jung

Günter Rohrbach

Geb. 23. Oktober 1928 in Neunkirchen (Saar). Studium der Germanistik, Promotion. Ab 1961 Redakteur beim WDR, 1965–79 Leiter der Abteilung Fernsehspiel. 1979–1994 Geschäftsführer der Bavaria Atelier GmbH. Seit 1992 Professor an der Hochschule für Fernsehen und Film in München. Produzent.

Rohrbach wurde mit dem Emmy Award, drei Bundesfilmpreisen, zweimal mit dem Bayerischen Filmpreis und der Goldenen Kamera ausgezeichnet und erhielt beim Bundesfilmpreis 1994 den Ehrenpreis für herausragende Verdienste um den deutschen Film

Zu den Kino- und Fernsehfilmen, die Rohrbach für die Bavaria produzierte, gehören u. a.: «Berlin Alexanderplatz» (R: Rainer Werner Fassbinder, 1980), «Das Boot» (R: Wolfgang Petersen, 1981), «Exil» (R: Egon Günther, 1981), «Ein Stück Himmel» (R: Franz Peter Wirth, 1982), «Die wilden Fünfziger» (R: Peter Zadek, 1982), «Rote Erde» (R: Peter Stripp, 1983), «Die unendliche Geschichte» (R: Wolfgang Petersen, 1983), «Väter und Söhne» (R: Bernhard Sinkel, 1986), «Ödipussi» (R: Vicco von Bülow, 1987), «Die Katze» (R: Dominik Graf, 1988), «Spieler» (R: Dominik Graf, 1990), «Schtonk» (R: Helmut Dietl, 1991/92), «Pappa ante Portas» (R: Vicco von Bülow, 1992), «Stalingrad» (Joseph Vilsmaier, 1992), «Die Sieger» (R: Dominik Graf, 1994)

Helma Sanders-Brahms

Geb. 20. November in Emden/Ostfriesland. Studium der Germanistik und Anglistik, Fernsehansagerin. Eigene Produktionsfirma seit 1970.

1977 Bundesfilmpreis für das Drehbuch zu «Heinrich».

«Angelika Urban, Verkäuferin, verlobt» 1969
Kurzfilm, 38 min

«Gewalt» 1970
Fernsehfilm, 90 min; B: Sanders-Brahms; D: Werner Umberg, Angelika Bender

«Die industrielle Reservearmee» 1970/71
Kurzfilm, 36 min

«Der Angestellte» 1971/72
Fernsehfilm, 99 min; B: Sanders-Brahms; D: Ernst Jacobi, Giselheid Hönsch

«Die Maschine» 1972
Dokumentation, 53 min

«Die letzten Tage von Gomorrha» 1973
Fernsehfilm, 105 min; B: Sanders-Brahms, D: Mascha Rabben, Matthias Fuchs, Ernst Jacobi

«Erdbeben in Chili» 1974
Fernsehfilm, 86 min; B: Sanders-Brahms, nach der Erzählung v. Heinrich von Kleist; D: Julia Pina, Victor Alcazar

«Unter dem Pflaster ist der Strand» 1974
Spielfilm, Kinofassung 103 min, Fernsehfassung 117 min; B: Sanders-Brahms, Grischa Huber, Heinrich Giskes; D: Grischa Huber, Heinrich Giskes

«Shirins Hochzeit» 1975
Spielfilm, 120 min; B: Sanders-Brahms; D: Ayten Erten, Jürgen Prochnow

«Heinrich» 1976
Spielfilm, 125 min; B: Sanders-Brahms; D: Heinrich Giskes, Grischa Huber, Hannelore Hoger

«Deutschland, bleiche Mutter» 1979
Spielfilm, 123 min; B: Sanders-Brahms; D: Eva Mattes, Ernst Jacobi, Elisabeth Stepanek

«Vringsveedeler Triptychon» 1979/80
Dokumentarfilm, 155 min

«Die Berührte» 1981
Spielfilm, 110 min; B: Sanders-Brahms, nach Texten v. Rita G.; D: Elisabeth Stepanek

«Lügenbotschaft» 1982
Episode des Films «Die Erbtöchter», Gesamtlänge 185 min
30 min, B: Sanders-Brahms; D: Elisabeth Stepanek, Sanders-Brahms

«Conte pour Anna et tous les enfant qui savent danser sous la lune» 1982, 62 min

«Flügel und Fesseln» 1984
Spielfilm, 116 min; B: Sanders-Brahms; D: Brigitte Fossey, Hermann Treusch, Hildegard Knef, Ivan Desny

«Alte Liebe» 1985
Dokumentation, 44 min; B: Sanders-Brahms; D: Bruno und Irmchen Dunst

«Laputa» 1986/87
Spielfilm, 92 min; B: Sanders-Brahms; D: Sami Frey, Krystyna Janda

«Er am Ende» 1987
Episode des Films «Felix», Gesamtlänge 95 min
25 min; B: Sanders-Brahms; D: Ulrich Tukur

«Mein Vater Hermann S.» 1987/88
Dokumentarfilm, 52 min

«Manöver» 1988
Spielfilm, 87 min; B: Sanders-Brahms, D: Alfred Edel, Adriana Altaras, Johannes Herrschmann, Elisabeth Zündel, Dominik Bender, Isabella Mamais, Dorothea Moritz

«Apfelbäume» 1991
Spielfilm, 110 min; B: Sanders-Brahms; D: Johanna Schall, Thomas Büchel, Udo Kroschwald, Steffi Spira, Anna Sanders

Peter Schamoni

Geb. am 27. März 1934 in Berlin. Studium der Kunst-, Literatur- und Theatergeschichte, Schauspielschule. 1962 Mitunterzeichner des Oberhausener Manifests.

1966 Silberner Bär der Internationalen Filmfestspiele Berlin für «Schonzeit für Füchse», 1972 Oscar-Nominierung für «Hundertwassers Regentag». Bundesfilmpreise: 1963 für «Die Teutonen kommen», 1964 für «Max Ernst – Entdeckungsfahrten ins Unbewußte», 1965 für «Dresden 1964 – Im Zwinger», 1967 für «Maximiliana», 1972 für «Hundertwassers Regentag».

«Moskau 1957» 1957
Kurzfilm, 12 min

«Jazz im Kreml» 1957
Dokumentarfilm, 44 min

«Osterspaziergang» 1958
Kurzfilm, 10 min; zus. mit Enno Patalas

«Alles für den Hund» 1959
Kurzfilm, 9 min

«Mississippi-Illusion» 1960
Kurzfilm, 31 min

«Brutalität in Stein» 1960
Kurzfilm, 12 min; zus. mit Alexander Kluge

«Jugend fotografiert» 1960
Kurzfilm, 11 min

«Mißbraucht» 1961
Kurzfilm, 30 min

«Schach dem Zufall» 1961
Kurzfilm, 11 min

«Bodega Bohemia» 1961
Kurzfilm, 12 min

«Die Teutonen kommen» 1962
Kurzfilm, 13 min

«Der Topf» 1963
Kurzfilm, 13 min; zus. mit Vlado Kristl

«Max Ernst – Entdeckungsfahrten ins Unbewußte» 1963
Kurzfilm, 11 min; zus. mit Carl Lamb

«So zwitschern die Jungen» 1964
Kurzfilm, 13 min

«Dresden 1964 – Im Zwinger» 1964
Kurzfilm, 13 min

«Schonzeit für Füchse» 1965/66
Spielfilm, 92 min; B: Günter Seuren, nach dem Roman «Das Gatter» von Seuren; D: Helmut Förnbacher, Christian Doermer, Andrea Jonasson, Willy Birgel

«Maximiliana oder Die widerrechtliche Ausübung der Astronomie» 1966
Kurzfilm, 12 min; zus. mit Max Ernst

«Deine Zärtlichkeiten» 1969
Spielfilm, 92 min; R: Schamoni, Herbert Vesely; B: Esteban Lopez, nach seinem Roman; D: Doris Kunstmann, Ulli Lommel, Bernhard Wicki

«Test in Studio 1» 1969
Kurzfilm, 13 min

«Hundertwassers Regentag» 1971
Kulturfilm, 43 min

«Wieviel Farben hat die Hand?» 1971
Kulturfilm, 41 min

«Was ist ein Wald?» 1973
Kurzfilm, 11 min

«Potato Fritz/Zwei gegen Tod und Teufel» 1975
Spielfilm, 96 min; B: Paul Hengge; D: Hardy Krüger, Stephen Boyd, Anton Diffring, Paul Breitner, Arthur Brauss

«Drei Nanas für Hannover» 1976
Kurzfilm, 12 min

«Dorothea Tanning – Insomnia» 1978
Kurzfilm, 15 min

«Frühlingssinfonie» 1982
Spielfilm, 103 min; B: Schamoni, Hans A. Neunzig; D: Nastassja Kinski, Herbert Grönemeyer, Rolf Hoppe, André Heller, Bernhard Wicki

«Caspar David Friedrich – Grenzen der Zeit» 1986
Spielfilm, 84 min; B: Schamoni, Hans A. Neunzig; D: Helmut Griem, Sabine Sinjen, Hans Peter Hallwachs, Walter Schmidinger, Hans Quest

«Deutsche Landschaft – heute» 1986
Kurzfilm, 12 min

«Schloß Königswald» 1987
Spielfilm, 89 min; B: Horst Bienek, Schamoni, nach der Novelle von Bienek; D: Camilla Horn, Carola Höhn, Marianne Hoppe, Fee von Reichlin, Marika Rökk

«Camilla Horn 85» 1987
Kurzfilm, 11 min

«Max Ernst: Mein Vagabundieren – Meine Unruhe» 1991
Dokumentarfilm, 105 min

«Niki de Saint Phalle: Wer ist das Monster – du oder ich?» 1994
Dokumentarfilm, 93 min

Volker Schlöndorff

Geb. 31. März 1939 in Wiesbaden. Studium der Volkswirtschaft und Politischen Wissenschaft sowie am Institut des Hautes Études Cinématographiques (IDHEC) in Paris. Regieassistent bei Louis Malle, Jean-Pierre Melville, Alain Resnais. 1973 Gründung der Produktionsfirma Bioskop-Film zusammen mit Reinhard Hauff und Eberhard Junkersdorf. Operninszenierungen in Frankfurt, Berlin und Paris. Seit 1992 Geschäftsführer der Studio Babelsberg GmbH.

Bundesfilmpreise 1966 für «Der junge Törless», 1967 für «Mord und Totschlag», 1971 für «Der plötzliche Reichtum der armen Leute von Kombach», 1977 für «Der Fangschuß», 1979 für «Die Blechtrommel», 1991 für «Homo Faber». 1979 Goldene Palme in Cannes für «Die Blechtrommel», 1980 Oscar für «Die Blechtrommel» als bester ausländischer Film.

«Der junge Törless» 1965/66
Spielfilm, 87 min; B: Schlöndorff, Herbert Asmodi, nach der Erzählung «Die Verwirrungen des Zöglings Törleß» v. Robert Musil; D: Mathieu Carrière, Bernd Tischer, Marian Seidowsky, Barbara Stelle

«Mord und Totschlag» 1966/67
Spielfilm, 87 min; B: Schlöndorff, Gregor von Rezzori, Arne Boyer, Niklas Frank; D: Anita Pallenberg, Hans Peter Hallwachs, Werner Enke

«Ein unheimlicher Moment» 1967
Kurzspielfilm, 13 min

«Michael Kohlhaas – Der Rebell» 1968/69
Spielfilm, 100 min; B: Schlöndorff, Edward Bond, Clement Biddle-Wood, nach der Erzählung von Heinrich von Kleist; D: David Warner, Anna Karina

«Baal» 1969
Fernsehfilm, 87 min; B: Schlöndorff, nach dem Stück v. Bertolt Brecht; D: Rainer Werner Fassbinder, Margarethe von Trotta, Sigi Graue, Hanna Schygulla

«Der plötzliche Reichtum der armen Leute von Kombach» 1970
Spielfilm, 102 min; B: Schlöndorff, Margarethe von Trotta; D: Reinhard Hauff, Georg Lehn, Margarethe von Trotta

«Die Moral der Ruth Halbfass» 1971
Spielfilm, 94 min; B: Schlöndorff, Peter Hamm; D: Senta Berger, Helmut Griem, Peter Ehrlich, Margarethe von Trotta

«Strohfeuer» 1972
Spielfilm, 101 min; B: Schlöndorff, Margarethe von Trotta; D: Margarethe von Trotta, Friedhelm Ptok, Martin Lüttge

«Übernachtung in Tirol» 1973
Fernsehfilm, 78 min; B: Schlöndorff, Peter Hamm; D: Margarethe von Trotta, Reinhard Hauff, Herbert Achternbusch

«Georginas Gründe» 1974
Fernsehfilm, 65 min; B: Peter Adler, nach der Erzählung v. Henry James; D: Edith Clever, Joachim Bissmeier, Margarethe von Trotta

«Die verlorene Ehre der Katharina Blum» 1975
Spielfilm, 106 min; R u. B zus. mit Margarethe von Trotta, nach der Erzählung v. Heinrich Böll; D: Angela Winkler, Mario Adorf, Dieter Laser

«Der Fangschuß» 1979
Spielfilm, 95 min; B: Margarethe von Trotta, Geneviève Dorman, Jutta Brückner, nach dem Roman «Le Coup de Grâce» v. Marguerite Yourcenar; D: Margarethe von Trotta, Mathias Habich, Rüdiger Kirschstein

«Nur zum Spaß – nur zum Spiel. Kaleidoskop Valeska Gert» 1977
Dokumentation, 60 min; D: Valeska Gert, Pola Kinski

«Deutschland im Herbst» 1977/78
Gemeinschaftsfilm v. Alf Brustellin, Rainer Werner Fassbinder, Alexander Kluge, Maximiliane Mainka/Peter Schubert, Edgar Reitz, Katja Rupé/Hans Peter Cloos, Schlöndorff, Bernhard Sinkel, 124 min

«Die Blechtrommel» 1978/79
Spielfilm, 145 min; B: Jean-Claude Carrière, Franz Seitz, Schlöndorff, Günter Grass, nach dem Roman v. Grass; D: David Bennent, Mario Adorf, Angela Winkler, Katharina Thalbach, Daniel Olbrychski, Charles Aznavour, Tilo Prückner, Heinz Bennent

«Der Kandidat» 1979/80
Gemeinschaftsfilm v. Stefan Aust, Alexander von Eschwege, Alexander Kluge, Schlöndorff, 129 min

«Die Fälschung» 1980/81
Spielfilm, 110 min; B: Schlöndorff, Jean-Claude Carrière, Kai Hermann, Margarethe von Trotta, nach dem Roman von Nicolas Born; D: Bruno Ganz, Hanna Schygulla, Gila von Weitershausen, Jerzy Skolimowski

«Krieg und Frieden» 1982/83
Gemeinschaftsfilm v. Heinrich Böll, Alexander Kluge, Schlöndorff, Stefan Aust, mit einem Beitrag v. Axel Engstfeld, 120 min

«Eine Liebe von Swann» 1983
Spielfilm, 110 min; B: Peter Brook, Jean-Claude Carrière, Schlöndorff, nach einem Kapitel des Romans «Auf der Suche nach der verlorenen Zeit» v. Marcel Proust; D: Jeremy Irons, Ornella Muti, Alain Delon, Marie-Christine Barrault, Fanny Ardant

«Death of a Salesman/Tod eines Handlungsreisenden» 1985
Spielfilm, 136 min; B: Arthur Miller, nach seinem Bühnenstück; D: Dustin Hoffman, Kate Reid, John Malkovich, Stephen Lang

«A Gathering of Old Men/Ein Aufstand alter Männer» 1987
Spielfilm, 91 min; B: Charles Fuller, nach dem Roman v. Ernest J. Gaines; D: Louis Gossett jr., Richard Widmark, Holly Hunter, Joe Seneca

«A Handmaid's Tale/Die Geschichte der Dienerin» 1989
Spielfilm, 108 min; B: Harold Pinter, nach dem Roman v. Margaret Atwood; D: Natasha Richardson, Faye Dunaway, Robert Duvall, Aidan Quinn

«Homo Faber» 1990
Spielfilm, 117 min; B: Schlöndorff,

Rudi Wurlitzer, nach dem Roman v. Max Frisch; D: Sam Shepard, Julie Delpy, Barbara Sukowa, Dieter Kirchlechner

«Billy, how did you do it?» 1987/91 Billy Wilder im Gespräch mit Volker Schlöndorff und Hellmuth Karasek. Dokumentation; 6 Folgen, je 45 min

Hanna Schygulla

Geb. 25. Dezember 1943 in Kattowitz. Schauspielerin. Auf der Schauspielschule lernt sie 1967 Rainer Werner Fassbinder kennen, der sie mitnimmt zum Action-Theater, einer Kellerbühne, aus der Fassbinders antiteater hervorgeht.

1970 Schwabinger Kunstpreis; Bundesfilmpreis 1970 für «Liebe ist kälter als der Tod», «Katzelmacher» und «Götter der Pest», 1971 für «Whity» und «Mathias Kneissl», 1975 für «Falsche Bewegung». Bei den Internationalen Filmfestspielen in Berlin 1979 erhielt sie den Silbernen Bären für «Die Ehe der Maria Braun», bei dem Festival in Cannes 1983 den Preis für die beste Darstellerin für «Storia di Piera»

Als Darstellerin u. a. in: «Der Bräutigam, die Komödiantin und der Zuhälter» (Kurzfilm, R: Jean-Marie Straub, 1968); «Jagdszenen aus Niederbayern» (R: Peter Fleischmann, 1968); «Liebe ist kälter als der Tod» (R: Rainer Werner Fassbinder, 1969); «Katzelmacher» (R: Fassbinder, 1969); «Götter der Pest» (R: Fassbinder, 1969); «Rio das Mortes» (R: Fassbinder, 1970); «Das Kaffeehaus» (R: Fassbinder, 1970); «Whity» (R: Fassbinder, 1970); «Warnung vor einer heiligen Nutte» (R: Fassbinder, 1970); «Mathias Kneissl» (R: Reinhard Hauff, 1970/71); «Händler der vier Jahreszeiten» (R: Fassbinder, 1971); «Die bitteren Tränen der Petra von Kant» (R: Fassbinder, 1972); «Wildwechsel» (R: Fassbinder, 1972); «Acht Stunden sind kein Tag» (fünfteilige Fernsehserie, R: Fassbinder, 1972); «Fontane Effi Briest» (R: Fassbinder, 1972–74); «Falsche Bewegung» (R: Wim Wenders, 1974/75); «Die Ehe der Maria Braun» (R: Fassbinder, 1978); «Die große Flatter» (dreiteiliger Fernsehfilm, R: Marianne Lüdcke, 1978/79); «Die dritte Generation» (R: Fassbinder, 1978/79); «Berlin Alexanderplatz» (14teiliger Fernsehfilm; R: Fassbinder, 1979/80); «Lili Marleen» (R: Fassbinder, 1980); «Die Fälschung» (R: Volker Schlöndorff, 1981); «Il mondo nuovo» (R: Ettore Scola, 1981); «Passion» (R: Jean-Luc Godard, 1981/82); «Antonieta» (R: Carlos Saura, 1982); «Heller Wahn» (R: Margarethe von Trotta, 1982); «Storia di Piera» (R: Marco Ferreri, 1982/83); «Eine Liebe in Deutschland» (R: Andrzej Wajda, 1983); «Il futuro è Donna» (R: Marco Ferreri, 1984); «Peter the Great» (fünfteiliger Fernsehfilm, R: Marvin J. Chomsky, 1984/85); «The Delta Force» (R: Menahem Golan, 1985); «Forever, Lulu» (R: Amos Kollek, 1986); «Abrahams Gold» (R: Jörg Graser, 1989); «Dead Again» (R: Kenneth Branagh, 1990); «Madam Bäurin» (R: Franz Xaver Bogner, 1992)

Peter Sehr

Geb. 1951 in Bad König (Odenwald).

Hauptpreis des Filmfestivals in Uppsala für «Das serbische Mädchen», Bundesfilmpreis 1994 und zahlreiche internationale Preise für «Kaspar Hauser».

«Das serbische Mädchen» 1991
Spielfilm, 92 min; B: Sehr, nach Motiven einer Erzählung von Siegfried Lenz; D: Mirjana Jakovic, Ben Bekker, Pascal Breuer, Vladimir Torbica, Joachim Regelin

«Kaspar Hauser» 1993
Spielfilm, 137 min; B: Sehr; D: André Eisermann, Katharina Thalbach, Uwe Ochsenknecht, Udo Samel, Jeremy Clyde, Hermann Beyer, Hansa Czypionka

Hans Jürgen Syberberg

Geb. 8. Dezember 1935 in Nossendorf/Vorpommern. Studium der Germanistik und Kunstgeschichte, Promotion. Eigene Produktionsfirma seit 1976.

Bundesfilmpreis 1966 für «Fritz Kortner spricht Monologe für eine Schallplatte», 1970 für «Sex-Business – made in Pasing», 1972 für «Ludwig – Requiem für einen jungfräulichen König», 1973 für «Theodor Hirneis oder: Wie man ehem. Hofkoch wird».

«Fünfter Akt, Siebte Szene. Fritz Kortner probt Kabale und Liebe» 1965
Dokumentarfilm, 110 min

«Romy. Anatomie eines Gesichts» 1965
Dokumentarfilm, 90 min

«Fritz Kortner spricht Monologe für eine Schallplatte» 1966
Dokumentarfilm, 71 min

«Wilhelm von Kobell» 1966
Kurzfilm, 16 min

«Die Grafen Pocci – einige Kapitel zur Geschichte einer Familie» 1966/67
Dokumentarfilm, 92 min

«Scarabea – Wieviel Erde braucht der Mensch?» 1968
Spielfilm, 130 min; B: Syberberg, nach der Novelle «Wieviel Erde braucht der Mensch» von Leo Tolstoi; D: Walter Buschoff, Nicoletta Macchiavelli, Franz Graf Treuberg

«Sex-Business – made in Pasing» 1969
Dokumentarfilm, 100 min

«San Domingo» 1970
Spielfilm, 138 min; B: Syberberg, nach der Erzählung «Die Verlobung von San Domingo» v. Heinrich von Kleist; D: Alice Ottawa, Michael König, Carla Aulaulu, Peter Moland

«Nach meinem letzten Umzug...» 1970
Dokumentation, 72 min; B: Syberberg

«Ludwig – Requiem für einen jungfräulichen König» 1972
Spielfilm, 134 min; B: Syberberg; D: Harry Baer, Peter Kern, Peter Moland, Hanna Köhler, Ingrid Caven, Ursula Strätz

«Theodor Hirneis oder: Wie man ehem. Hofkoch wird»
Spielfilm, 84 min; B: Syberberg, Walter Sedlmayr; D: Walter Sedlmayr

«Karl May» 1974
Spielfilm, 187 min; B: Syberberg; D: Helmut Käutner, Kristina Söderbaum, Käthe Gold, Attila Hörbiger, Willi Trenk-Trebitsch

«Winifred Wagner und die Geschichte des Hauses Wahnfried von 1914–1975» 1975
Dokumentarfilm, 303 min

«Hitler. Ein Film aus Deutschland» 1976/77
Spielfilm, 407 min; B: Syberberg; D: Heinz Schubert, Peter Kern, Harry Baer, André Heller, Hellmuth Lange, Peter Lühr, Peter Moland, Martin Sperr

«Parsifal» 1981/82
Opernfilm, 260 min; B: Syberberg, nach der Oper v. Richard Wagner; D: Edith Clever, Michael Kutter, Karin Krick, Armin Jordan, Martin Sperr, Robert Lloyd, Aage Haugland; Gesangstimmen: Yvonne Minton, Rainer Goldberg, Wolfgang Schöne, Hans Tschammer, Robert Lloyd, Aage Haugland

«Die Nacht» 1984/85
360 min; B: Syberberg; D: Edith Clever

«Edith Clever liest Joyce» 1985
180 min, Video; Text: Das letzte Kapitel des Romans «Ulysses» v. James Joyce; D: Edith Clever

«Fräulein Else» 1986/87
120 min, Video; Text: Erzählung v. Arthur Schnitzler; D: Edith Clever

«Penthesilea» 1987
243 min, Video; Text: Schauspiel v. Heinrich von Kleist; D: Edith Clever

«Die Marquise von O. ‹…vom Süden nach dem Norden verlegt›» 1989
225 min, Video; Monolog-Stück nach der Erzählung v. Heinrich von Kleist; D: Edith Clever

«Ein Traum, was sonst» 1994
132 min, Video; Texte v. Euripides, Kleist, Goethe; D: Edith Clever

Rudolf Thome

Geb. 14. November 1939 in Wallau/Lahn. Studium der Germanistik und Geschichte, Filmkritiker.

«Die Versöhnung» 1964
Kurzspielfilm, 18 min

«Stella» 1966
Kurzspielfilm, 14 min

«Galaxis» 1967
Kurzspielfilm, 13 min

«Jane erschießt John, weil er sie mit Ann betrügt»
Kurzspielfilm, 15 min

«Detektive» 1968
Spielfilm, 91 min; B: Max Zihlmann; D: Marquard Bohm, Ulli Lommel, Walter Rilla, Uschi Obermaier

«Rote Sonne» 1969
Spielfilm, 89 min; B: Max Zihlmann; D: Marquard Bohm, Uschi Obermaier, Diana Körner, Gaby Go, Sylvia Kékulé

«Supergirl» 1970
Spielfilm, 100 min; B: Max Zihlmann, nach einem Exposé v. Thome und Niklaus Schilling; D: Iris Berben, Marquard Bohm, Nikolaus Dutsch, Karin Thome

«Fremde Stadt» 1972
Spielfilm, 107 min; B: Max Zihlmann; D: Roger Fritz, Karin Thome, Peter Moland, Georg Marischka

«Made in Germany und USA» 1974
Spielfilm, 140 min; Idee: Thome; D: Karin Thome, Eberhard Klasse

«Tagebuch» 1970
Spielfilm, 146 min; Idee: Thome, frei nach Goethes «Wahlverwandtschaften»; D: Angelika Kettelhack, Cynthia Beatt, Thome, Holger Henze

«Beschreibung einer Insel» 1977–79
Ethnografischer Spielfilm, 192 min; Idee: Thome,Cynthia Beatt; D: Gabrielle Baur, Brian Beatt, Cynthia Beatt, Susanne Christmann, Otto Kayser, Edda Köchl

«Hast du Lust, mit mir einen Kaffee zu trinken?» 1980
Kurzspielfilm, 10 min

«Berlin Chamissoplatz» 1980
Spielfilm, 112 min; B: Jochen Brunow, Thome; D: Sabine Bach, Hanns Zischler, Wolfgang Kinder, Gisela Freudenberg

«System ohne Schatten» 1982/83
Spielfilm, 114 min; B: Jochen Brunow; D: Bruno Ganz, Dominique Laffin, Hanns Zischler

«Zwei Bilder» 1984
Kurzspielfilm, 9 min

«Tarot» 1985
Spielfilm, 120 min; B: Max Zihlmann, nach «Die Wahlverwandtschaften» von Johann Wolfgang von Goethe; D: Vera Tschechowa, Rüdiger Vogler, Hanns Zischler, Katharina Böhm

«Das Mikroskop» 1987
Spielfilm, 97 min; B: Thome; D: Vladimir Weigl, Adriana Altaras, Malgoscha Gebel, Alexander Malkowski, Antje Goldau

«Der Philosoph» 1988
Spielfilm, 83 min; B: Thome; D: Johannes Herrschmann, Adriana Altaras, Friederike Tiefenbacher, Claudia Matschulla

«Sieben Frauen» 1989
Spielfilm, 90 min; B: Thome; D: Johannes Herrschmann, Adriana Altaras, Elisabeth Zündel, Alexandra Schnaubelt, Margarete Raspé

«Liebe auf den ersten Blick» 1991
Spielfilm, 103 min; B: Thome; D: Geno Lechner, Julian Benedikt, Margarita Broich, Kyana Kretzschmar, Nicolai Wolf Thome, Joya Thome

«Die Sonnengöttin» 1992
Spielfilm, 110 min; B: Thome; D: John Shinavier, Radhe Schiff, Susan Chesler

«Das Geheimnis» 1994
Spielfilm, 80 min; B: Thome; D: Adriana Altaras, Idil Üner, Johannes Herrschmann, Wolfgang Böhmer, Christiane Radlach, Marquard Bohm, Thomas Ruge, Günther Heck, Frank Hentschker

Margarethe von Trotta

Geb. 21. Februar 1942 in Berlin. Studium der Germanistik und Romanistik, abgebrochen; Schauspielschule. Zunächst Darstellerin, später Drehbuchautorin und Regisseurin.

Bundesfilmpreis 1978 für «Das zweite Erwachen der Christa Klages», 1982 für «Die bleierne Zeit», 1986 für «Rosa Luxemburg», 1989 nominiert für «Fürchten und Lieben». 1981 Goldener Löwe der Filmfestspiele in Venedig für «Die bleierne Zeit».

Darstellerin u. a. in:
«Brandstifter» (R: Klaus Lemke, 1969), «Baal» (R: Volker Schlöndorff, 1969), «Götter der Pest» (R: Rainer Werner Fassbinder, 1969), «Der amerikanische Soldat» (R: Rainer Werner Fassbinder, 1969), «Warnung vor einer heiligen Nutte» (R: Rainer Werner Fassbinder, 1970), «Der plötzliche Reichtum der armen Leute von Kombach» (R: Volker Schlöndorff, 1970), «Die Moral der Ruth Halbfass» (R: Volker Schlöndorff, 1971), «Strohfeuer» (R: Volker Schlöndorff, 1972), «Desaster» (R: Reinhard Hauff, 1972/73), «Übernachtung in Tirol» (R: Volker Schlöndorff, 1973), «Das Andechser Gefühl» (R: Herbert Achternbusch, 1974), «Der Fangschuß» (R: Volker Schlöndorff, 1976), «Bierkampf» (R: Herbert Achternbusch, 1976), «Blaubart» (R: Krzysztof Zanussi, 1983/84)

Als Koautorin:
«Der plötzliche Reichtum der armen Leute von Kombach» (zus. mit Schlöndorff), «Strohfeuer» (zus. mit Schlöndorff), «Die verlorene Ehre der Katharina Blum» (zus. mit Schlöndorff), «Der Fangschuß» (zus. mit Geneviève Dorman und Jutta Brückner), «Die Fälschung» (zus. mit Schlöndorff, Jean-Claude Carrière und Kai Hermann, 1981), «Unerreichbare Nähe» (zus. mit Dagmar Hirtz; R: Hirtz, 1983/84)

«Die verlorene Ehre der Katharina Blum» 1975
Spielfilm, 106 min; R u. B: zus. mit Volker Schlöndorff, nach der Erzählung v. Heinrich Böll; D: Angela Winkler, Mario Adorf, Dieter Laser

«Das zweite Erwachen der Christa Klages» 1977
Spielfilm, 88 min; B: von Trotta, Luisa Francia; D: Tina Engel, Silvia Reize, Katharina Thalbach, Marius Müller-Westernhagen, Peter Schneider

«Schwestern oder Die Balance des Glücks» 1979
Spielfilm, 92 min; B: von Trotta, Luisa Francia, Martje Grohmann, Jutta Lampe; D: Jutta Lampe, Gudrun Gabriel, Jessica Früh

«Die bleierne Zeit» 1981
Spielfilm, 107 min; B: von Trotta; D: Jutta Lampe, Barbara Sukowa, Rüdiger Vogler

«Heller Wahn» 1982
Spielfilm, 105 min; B: von Trotta; D: Hanna Schygulla, Angela Winkler, Peter Striebeck

«Rosa Luxemburg» 1985
Spielfilm, 123 min; B: von Trotta, D: Barbara Sukowa, Daniel Olbrychski, Otto Sander, Adelheid Arndt, Jürgen Holtz

«Eva» 1987
Episode des Films «Felix», Gesamtlänge 95 min
18 min; B: von Trotta; D: Ulrich Tukur, Eva Mattes, Annette Uhlen

«Paura e amore/Fürchten und Lieben» 1987/88
Spielfilm, 112 min; B: von Trotta, Dacia Maraini; D: Fanny Ardant, Greta Scacchi, Valeria Golino, Peter Simonischek, Sergio Castellitto

«L'Africana/Die Rückkehr» 1990
Spielfilm, 104 min; B: von Trotta; D: Barbara Sukowa, Stefania Sandrelli, Sami Frey, Jan Biczycki

«Il lungo silenzio/Zeit des Zorns» 1993
Spielfilm, 92 min; B: Felice Laudadio; D: Carla Gravina, Jacques Perrin, Alida Valli, Ottavia Piccolo, Giuliano Montaldo

«Das Versprechen» 1994
Spielfilm, 133 min; B: Peter Schneider, von Trotta; D: Meret Becker, Corinna Harfouch, Anian Zollner, August Zirner, Susann Ugé, Eva Mattes, Pierre Besson, Hans Kremer

Luggi Waldleitner

Geb. 1. 12. 1913 in Kirchseeon. Filmproduzent.

Kamera- und Regieassistent, 1941–1949 Aufnahme- und Produktionsleiter. 1952 Gründung der Roxy-Film, die bis heute mehr als 90 Spielfilme produziert hat. 35 Jahre Vorstandsmitglied des Verbandes der deutschen Filmproduzenten, Mitglied der Filmförderungsanstalt seit Gründung, Mitglied der CSU-Medienkommission Film.

Bundesfilmpreis 1983 für langjähriges und hervorragendes Wirken im deutschen Film

Die Produktionen der Roxy-Film in Auswahl: «Tausend rote Rosen blühn» (R: Alfred Braun, 1952), «Bis wir uns wiedersehn» (R: Gustav Ucicky, 1952), «Regina Amstetten» (R: Kurt Neumann, 1954), «Ihre große Prüfung» (R: Rudolf Jugert, 1954), «Oase» (R: Yves Allégret, 1955), «Die Barrings» (R: Rolf Thiele, 1955), «Das Mädchen Rosemarie» (R: Rolf Thiele, 1958), «Die tödliche Falle» (R: Joseph Losey, 1959), «Bumerang» (R: Alfred Weidenmann, 1959), «Conny und Peter machen Musik» (R: Werner Jacobs, 1960), «Ingeborg» (R: Wolfgang Liebeneiner, 1960), «Schachnovelle» (R: Gerd Oswald, 1960), «Straße der Verheißung» (R: Imo Moszkowicz, 1962), «Blüten, Gauner und die Nacht von Nizza» (R: Jean-Paul le Chanois, 1966), «Unser Boß ist eine Dame» (R: Dino Risi, 1966), «Die Abenteuer des Kardinal Braun» (R: Lucio Fulci, 1967), «Komm nur mein liebstes Vögelein» (R: Rolf Thiele, 1968), «Sieben Tage Frist» (R: Alfred Vohrer, 1969), «Das gelbe Haus am Pinnasberg» (R: Alfred Vohrer, 1969), «Cannabis – Engel der Gewalt» (R: Pierre Koralnik, 1969), «Und Jimmy ging zum Regenbogen» (R: Alfred Vohrer, 1970), «Liebe ist nur ein Wort» (R: Alfred Vohrer, 1971), «Der Stoff, aus dem die Träume sind» (R: Alfred Vohrer, 1971), «Einer von uns beiden» (R: Wolfgang Petersen, 1973), «Drei Männer im Schnee» (R: Alfred Vohrer, 1973), «Das Netz» (R: Manfred Purzer, 1975), «Sternsteinhof» (R: Hans W. Geissendörfer, 1975), «Die gläserne Zelle» (R: Hans W. Geissendörfer, 1977), «Lili Marleen» (R: Rainer Werner Fassbinder, 1981), «Die zwei Gesichter einer Frau» (R: Dino Risi, 1982), «Dies rigorose Leben» (R: Vadim Glowna, 1983), «Ediths Tagebuch» (R: Hans W. Geissendörfer, 1983), «Die Schaukel» (R: Percy Adlon, 1983), «Fiorile» (R: Paolo und Vittorio Taviani, 1992)

Wim Wenders

Geb. 14. August 1945 in Düsseldorf. Studium an der Hochschule für Fernsehen und Film in München, Filmkritiken. Gründungsmitglied des Filmverlags der Autoren 1971, eigene Produktionsfirma seit 1974. Seit 1991 Vorsitzender der European Film Academy.

Bundesfilmpreis 1975 für die Regie von «Falsche Bewegung», 1978 für Regie und Produktion von «Der amerikanische Freund», 1981 für «Nick's Film – Lightning Over Water», 1983 für «Der Stand der Dinge», 1984 für «Paris, Texas», 1988 für «Der Himmel über Berlin». 1982 Goldener Löwe der Filmfestspiele in Venedig für «Der Stand der Dinge», 1984 Goldene Palme der Filmfestspiele in Cannes für «Paris, Texas», 1987 Regiepreis der Filmfestspiele in Cannes und 1988 Europäischer Filmpreis für «Der Himmel über Berlin». 1991 mit dem Murnau-Preis der Stadt Bielefeld ausgezeichnet.

«Schauplätze» 1966/67
Kurzfilm, 10 min

«Same Player Shoots Again» 1967
Kurzfilm, 12 min

«Silver City» 1968
Kurzfilm, 25 min

«Polizeifilm» 1968/69
Kurzfilm, 11 min

«Alabama: 2000 Light Years» 1968/69
Kurzfilm, 21 min

«3 Amerikanische LP's» 1969
Kurzfilm, 13 min; B: Peter Handke

«Summer in the City» 1969–71
Spielfilm, 145/116 min; B: Wenders; D: Hanns Zischler, Edda Köchl, Libgart Schwarz, Gerd Stein, Muriel Werner

«Die Angst des Tormanns beim Elfmeter» 1971/72
Spielfilm, 100 min; B: Wenders, Peter Handke, nach dem Roman v. Handke; D: Arthur Brauss, Erika Pluhar, Kai Fischer, Libgart Schwarz, Rüdiger Vogler

«Der scharlachrote Buchstabe» 1972/73
Spielfilm, 100 min; B: Wenders, Bernardo Fernandez, nach dem Szenarium «Der Herr klagt über sein Volk in der Wildnis Amerika» v. Tankred Dorst und Ursula Ehler, basierend auf dem Roman «The Scarlet Letter» v. Nathaniel Hawthorne; D: Senta Berger, Hans Christian Blech, Lou Castel, Yella Rottländer

«Alice in den Städten» 1973/74
Spielfilm, 110 min; B: Wenders, Veith von Fürstenberg; D: Rüdiger Vogler, Yella Rottländer, Lisa Kreuzer, Edda Köchl

«Aus der Familie der Panzerechsen/Die Insel» 1974
Zwei Folgen der Fernsehserie «Ein Haus für uns», je 25 min; B: Philippe Pilliod; D: Lisa Kreuzer, Katja Wulff, Thomas Braut, Nicolas Brieger

«Falsche Bewegung» 1974/75
Spielfilm, 103 min; B: Peter Handke, Wenders, nach Motiven aus Goethes «Wilhelm Meisters Lehrjahre»;

D: Rüdiger Vogler, Hanna Schygulla, Hans Christian Blech, Peter Kern, Nastassja Kinski, Ivan Desny, Marianne Hoppe

«Im Lauf der Zeit» 1975
Spielfilm, 175 min; B: Wenders; D: Rüdiger Vogler, Hanns Zischler, Lisa Kreuzer, Rudolf Schündler, Marquard Bohm

«Der amerikanische Freund» 1976/77
Spielfilm, 126 min; B: Wenders, nach dem Roman «Ripley's Game» von Patricia Highsmith; D: Bruno Ganz, Dennis Hopper, Lisa Kreuzer, Gérard Blain, Andreas Dedecke, Nicholas Ray, Samuel Fuller, Peter Lilienthal, Daniel Schmid

«Nick's Film – Lightning Over Water» 1979/80
1. Fassung: 116 min, 2. Fassung: 91 min; R: Nicholas Ray, Wenders; B: Wenders; Mitwirkende: Nicholas Ray, Wenders, Ronee Blakley, Susan Ray, Martin Schäfer

«Hammett» 1980–82
Spielfilm, 97 min; B: Ross Thomas, Dennis O'Flaherty, nach dem Roman v. Joe Gores; D: Frederic Forrest, Peter Boyle, Marilu Henner, Roy Kinnear, Elisha Cook, Lydia Lei, Sylvia Sidney

«Der Stand der Dinge» 1981
Spielfilm, 121 min; B: Wenders, Robert Kramer; D: Patrick Bauchau, Samuel Fuller, Isabelle Weingarten, Paul Getty III, Allen Goorwitz, Rebecca Pauly, Jeffrey Kime

«Reverse Angel – New York City». March 1982/«Quand je m'éveille» 1982
Filmisches Tagebuch, 16 min; Mitwirkende: Wenders, Isabelle Weingarten, Tony Richardson, Louis Malle, Francis Ford Coppola

«Chambre 666/N'importe quand...» 1982
Filmisches Tagebuch, 50 min, Fernsehfassung 21 min; Mitwirkende: Jean-Luc Godard, Mike de Leon, Romain Goupil, Paulo Rocha, Paul Morrissey, Noël Simsolo, Werner Herzog, Michelangelo Antonioni, Mahroun Magdadi, Steven Spielberg, Rainer Werner Fassbinder, Wenders, Yilmaz Güney

«Paris, Texas» 1983/84
Spielfilm, 148 min; B: Sam Shepard; D: Harry Dean Stanton, Nastassja Kinski, Dean Stockwell, Aurore Clément, Bernhard Wicki

«Tokyo-Ga» 1983–85
Filmisches Tagebuch, 92 min; Mitwirkende: Chishu Ryu, Yuharu Atsuta, Werner Herzog

«Der Himmel über Berlin» 1986/87
Spielfilm, 127 min; B: Wenders, Peter Handke; D: Bruno Ganz, Solveig Dommartin, Otto Sander, Curt Bois, Peter Falk

«Aufzeichnungen zu Kleidern und Städten/Carnet de notes sur vêtements et villes» 1989
Filmessay, 79 min; Mitwirkender: Yohji Yamamoto

«U2» 1990
Beitrag zum Video-Magazin «Red, Hot & Blue», zum Welt-Aids-Tag am 1. 12. 1990

«Bis ans Ende der Welt» 1990/91
Spielfilm, 179 min; B: Peter Carey,

Wenders, nach einer Idee von Wenders und Solveig Dommartin; D: Solveig Dommartin, William Hurt, Rüdiger Vogler, Sam Neill, Jeanne Moreau, Max von Sydow, Chishu Ryu, Chick Ortega

«Arisha, the Bear, and the Stone Ring» 1992
Kurzfilm, 30 min; B: Wenders, D: Rüdiger Vogler, Anna Vronskaya, Arina Voznesenskaya, Wenders

«Faraway, so close!/In weiter Ferne, so nah! 1992/93
Spielfilm, 146 min; B: Wenders, Ulrich Ziegler, Richard Reitinger; D: Otto Sander, Bruno Ganz, Nastassja Kinski, Aline Krajewski, Monika Hansen, Rüdiger Vogler, Heinz Rühmann, Hanns Zischler

«Lisbon Story» 1995
Spielfilm, 105 min; B: Wenders; D: Rüdiger Vogler, Patrick Bauchau, Teresa Salgueiro

Filmtitel-Register